사회복지의 정책과 관리

도서출판 윤성사 168
사회복지의 정책과 관리

초판 1쇄 2023년 1월 2일

지 은 이 이재무
펴 낸 이 정재훈
꾸 민 이 (주)디자인뜰

펴 낸 곳 도서출판 윤성사
주   소 서울특별시 서대문구 서소문로 27, 충정리시온 제지층 제비116호
전   화 대표번호_02)313-3814 / 영업부_02)313-3813 / 팩스_02)313-3812
전자우편 yspublish@daum.net
등   록 2017. 1. 23

ISBN 979-11-91503-79-1 (93330)
값 25,000원

ⓒ 이재무, 2023

저자와의 협의에 따라 인지를 생략합니다.

이 책의 전부 또는 일부 내용을 재사용하려면 반드시 사전에 저작권자와
도서출판 윤성사의 동의를 받아야 합니다.

잘못 만들어진 책은 구입하신 서점에서 교환 가능합니다.

Policy and Management of Social Welfare

사회복지의 정책과 관리

이 재 무

머리말

　이 책의 원고는 관련된 핵심 내용들을 한 권의 책에 함축적으로 담아 독자들이 여러 권의 도서를 구입하거나 공부해야 하는 부담을 경감시킨다는 저술 취지에 따라 전작 『사회복지의 이해와 실천』과 함께 완성돼 있었다. 그러나 출간 분량과 같은 현실적 한계를 고려하지 않을 수 없기에 부득이 분리해 후속서로 발간하게 됐는데 부디 전작에서 언급한 바와 같이 이 책도 순수한 학업과 자격증 수험을 동시에 고민하는 학습자들에게 실용성 높은 학습 도구가 되길 바란다.

　이 책은 사회복지학의 영역에서 보편적으로 다뤄지는 정책과 행정 분야의 내용을 구조화했지만 기술(記述)은 독자적인 기준을 견지했다. 정치라는 사회적 과정을 통해 만들어지는 정책의 속성을 감안해 사회복지정책 부분은 기존의 과정 단위로 설명하는 일반적 방식을 수용했으나 사회복지행정 부분은 일선 사회복지기관의 경영과 관리 측면에 초점을 맞추고 설명한 것이다. 사회복지경영론 혹은 사회복지기관관리론의 학제적 개념이 타당하다는 관점으로 접근했음을 뜻한다. 물론 전술한 이 책의 궁극적 목적인 양립적 가치의 달성을 지향했기 때문에 관점의 차이로 인한 이 책의 내용과 다른 도서와의 간극은 정밀하게 정독했을 때나 지각할 수 있을 것이다. 이러한 사실을 인지하고 숨어 있는 시각의 상이함을 찾아가며 학습한다면 자칫 생길 수 있는 지루함을 차단하는 작은 재미가 될 것이다. 또한 이 책은 실용적 워크북으로서 반드시 학습해야 하는 내용들을 충실하게 전달하고자 전략적으로 구성됐으나 전작이 그러하듯 주요한 사항들만 간결하게 숙지해 효율적으로 학업 성취를 달성하는 데 방점을 두고 있다. 따라서 사회복지학을 좀 더 심층적이고 전문적으로 수학하려는 학습자들은 개별 각론서들을 활용하는 것이 더 적절할 수 있음을 참고하기 바란다.

　이 책이 나오기까지 많은 분의 격려와 도움이 있었지만 역시 가장 큰 감사는 나를 믿고 인정해 준 발행인 윤성사 정재훈 대표께 드려야 할 것 같다. 진심으로 고마움의 마음을 재차 전한다. 그리고 내가 세상에 존재하는 이유이자 고단할 때마다 언제나 내게 힘이 돼 준 나의 가족들, 어머니, 아내, 아이들에게 영원히 변치 않는 애정을 보낸다. 특히 아낌없이 주는 사랑이 무엇인지 깨닫게 해 준 막내딸 수현이에게 이 책을 바친다.

2022년 12월

이재무

목차

Policy and Management of Social Welfare

머리말 / 4

제1장　사회복지정책의 기초 · 17

1. 사회복지정책의 개념 / 17
　　1) 사회복지정책의 정의 : 사회복지와 정책 두 개념의 융합 형태로 보는 관점 / 17
　　2) 사회복지정책의 정의 : 기타 관점 / 20
　　3) 사회복지정책의 특성 / 21
2. 각국의 사회복지정책 개념 / 25
　　1) 영국의 사회복지정책 개념 / 25
　　2) 독일의 사회복지정책 개념 / 27
　　3) 미국의 사회복지정책 개념 / 28
　　4) 국가별 사회복지정책 비교 / 29

제2장　사회복지정책의 가치와 사상 · 30

1. 사회복지정책의 가치 / 30
　　1) 사회복지정책의 기본 가치 / 30
　　2) 사회복지정책의 상대적 가치 / 33
　　3) 사회복지정책의 방향을 결정하는 대립되는 가치 / 34
2. 사회복지정책의 사상 / 36
　　1) 중세의 사상 / 36
　　2) 조지(V. George)와 윌딩(P. Wilding)의 분류 / 38
　　3) 근현대의 사상 / 40

제3장　사회복지정책의 시작과 전개 · 43

1. 사회복지정책의 시작 배경 / 43

목차

  1) 사회복지정책의 발달 요인과 등장 시기 / 43
  2) 사회복지정책의 발달 과정에 대한 이해가 필요한 이유 / 45
 2. 영국의 사회복지정책 발달 과정 / 45
  1) 구빈법 단계 / 45
  2) 사회보험 및 복지행정국가 단계 / 48
  3) 복지행정국가 쇠퇴 단계 / 50
 3. 독일과 미국의 사회복지정책 발달 과정 / 51
  1) 독일의 사회복지정책 / 51
  2) 미국의 사회복지정책 / 52
 4. 한국의 사회복지정책 발달 과정 / 55
  1) 민주화 정부 이전 시대 / 55
  2) 민주화 정부 시대 / 56

제4장 사회복지정책 관련 이론 · 58

 1. 사회복지정책 형성 이론 및 모형 / 58
  1) 사회복지정책과 복지국가 형성을 설명하는 이론 / 58
  2) 사회복지정책 모형 / 62
 2. 사회복지정책 발달 이론 / 64
  1) 사회양심이론 / 64
  2) 시민권론 / 65
  3) 수렴이론(= 산업화이론) / 66
  4) 음모이론 / 67
  5) 전파이론(= 확산이론, 결과이론, 근대화이론) / 68
  6) 종속이론 / 69
  7) 기타 / 70

제5장 사회복지정책의 형성 과정과 결정 · · · · · · · · · · · · · · · · · 72

 1. 사회복지정책의 형성 과정 / 72
  1) 사회복지정책 형성의 의미 / 72

2) 사회문제의 정의와 이슈화 / 74
   3) 의제형성 / 76
   4) 정책대안의 형성 / 78
2. 사회복지정책의 결정 / 81
   1) 정책결정의 의의 / 81
   2) 정책결정 모형의 종류 / 83

제6장 사회복지정책의 집행과 평가 · 89

1. 사회복지정책의 집행 / 89
   1) 정책집행의 개념 / 89
   2) 사회복지정책의 집행이론 모형 / 92
2. 사회복지정책의 평가 / 94
   1) 정책평가의 개념 / 94
   2) 정책평가의 기준과 종류 / 98

제7장 사회복지정책의 대상과 전달 체계 · · · · · · · · · · · · · · · · 101

1. 사회복지정책의 대상 / 101
   1) 욕구를 가진 인간 / 101
   2) 할당 / 103
2. 사회복지정책의 전달 체계 / 106
   1) 전달 체계의 개념 / 106
   2) 공공 부문 전달 체계 / 109
   3) 민간 부문 전달 체계 / 111
   4) 혼합 체계 / 113
   5) 전달 체계의 발전과 통합 전략 / 114

제8장 사회복지정책의 재원과 급여 · 117

1. 사회복지정책의 재원 / 117

목차

   1) 사회복지정책 재원의 개념 / 117
   2) 사회복지정책 재원 조달 / 119
   3) 사회복지정책 재원 배분 / 122
 2. 사회복지정책의 급여 / 124
   1) 사회복지정책 급여의 개념 / 124
   2) 사회복지정책 급여의 유형 / 126
   3) 길버트(N. Gilbert)와 테렐(P. Terrell)의 급여 선택 모형 / 128

제9장 사회복지정책의 분석 · 130

1. 사회복지정책 분석의 의미 / 130
   1) 사회복지정책 분석의 개념 / 130
   2) 사회복지정책 분석의 유형 / 132
2. 사회복지정책 분석 방법 : 비용편익분석, 비용효과분석 / 136
   1) 비용편익분석 / 136
   2) 비용효과분석 / 142

제10장 빈곤과 사회보장 · 144

1. 빈곤의 의미 / 144
   1) 빈곤의 개념 / 144
   2) 빈곤의 원인에 관한 이론 / 147
2. 사회보장의 의미 / 148
   1) 사회보장의 개념 / 148
   2) 사회보장의 세부 형태 / 151

제11장 공공부조, 사회보험, 사회서비스 · · · · · · · · · · · · · 154

1. 공공부조 / 154
   1) 공공부조의 개념 / 154
   2) 공공부조의 종류 / 156

2. 사회보험 / 163
   1) 사회보험의 개념 / 163
   2) 사회보험의 종류 / 166
3. 사회서비스 / 176
   1) 사회서비스의 개념 / 176
   2) 사회서비스의 유형 / 177

제12장 사회복지정책의 미래와 복지국가 ···· 184

1. 복지국가 / 184
   1) 복지국가의 개념 / 184
   2) 복지국가의 성립과 발달 / 186
   3) 복지국가의 유형 / 189
2. 한국 사회복지정책의 동향과 과제 / 191
   1) 정부별 사회복지정책 / 191
   2) 향후 검토해야 할 과제 / 193

제13장 사회복지행정의 기초 ···· 197

1. 사회복지행정의 개념 / 197
   1) 사회복지행정의 정의 / 197
   2) 사회복지행정의 특성 / 199
   3) 사회복지행정의 이념과 가치 / 202
2. 사회복지행정의 발전 / 203

제14장 사회복지행정 관련 이론 ···· 206

1. 전통적 이론 / 206
   1) 고전주의 이론 / 206
   2) 신고전주의 이론 / 209
   3) 체제 이론 / 212

목차

2. 현대적 이론 / 215
   1) 현대적 조직관리 이론 / 215
   2) 조직환경이론 / 218
   3) 기타 이론 / 220

제15장 조직관리 · 223

1. 사회복지조직의 의의 / 223
   1) 사회복지조직의 개념 / 223
   2) 사회복지조직의 유형 / 228
   3) 사회복지조직의 조직화 방법 및 환경 / 231
2. 현대 사회복지조직의 상황 / 234
   1) 현대 사회복지조직의 특성 및 종류 / 234
   2) 공공사회복지조직의 민영화 / 237

제16장 인적자원관리 및 동기부여 · 239

1. 인적자원관리의 의의 / 239
   1) 인적자원관리의 개념 / 239
   2) 조직구성원의 역량 개발 / 244
2. 동기부여 / 246
   1) 동기부여의 개념 / 246
   2) 동기부여이론 / 247

제17장 리더십 및 조직문화 · 252

1. 리더십의 의의 / 252
   1) 리더십의 개념 / 252
   2) 리더십 이론의 종류 / 255
   3) 리더십의 측정과 개발 / 263
2. 조직문화 / 264

1) 조직문화의 개념 / 264
  2) 조직문화의 종류 / 266

제18장 재정관리 · 268

1. 재정관리와 사회복지재정 / 268
  1) 재정관리의 개념 / 268
  2) 사회복지재정의 의의 / 269
2. 예산 / 272
  1) 예산의 수립 / 272
  2) 예산의 집행과 결산 / 278

제19장 정보관리 및 사회복지서비스 전달 체계 · 283

1. 정보관리의 의의 / 283
  1) 정보관리 체계 / 283
  2) 사회복지조직의 정보관리 체계 / 285
2. 사회복지서비스 전달 체계의 이해 / 287
  1) 사회복지서비스 전달 체계의 개념 / 287
  2) 공적 및 사적 사회복지서비스 전달 체계 / 290

제20장 기획, 의사결정, 의사소통 · 295

1. 기획의 의의 / 295
  1) 기획의 개념 / 295
  2) 기획에 활용되는 기법 / 299
2. 의사결정의 의의 / 301
  1) 의사결정의 개념 / 301
  2) 의사결정의 방법 / 303
3. 의사소통의 의의 / 305
  1) 의사소통의 개념 / 305

목차

　　2) 의사소통의 원칙과 장애 요인 / 306

제21장　프로그램 설계 · 308

1. 욕구조사 / 308
　　1) 욕구의 의미 / 308
　　2) 욕구조사의 의미 / 311
2. 프로그램 설계 / 314
　　1) 프로그램 설계의 의의 / 314
　　2) 프로그램 설계의 과정 / 315

제22장　마케팅 및 홍보 · 318

1. 사회복지조직의 마케팅 / 318
　　1) 마케팅의 기초 / 318
　　2) 사회복지조직 마케팅의 의의 / 324
2. 사회복지조직의 홍보 / 330
　　1) 지역사회의 이해 : 홍보 전 단계 / 330
　　2) 사회복지조직 홍보의 의의 / 331

제23장　사회복지서비스 품질관리 · 334

1. 사회복지서비스 품질관리의 개념 / 334
　　1) 사회복지서비스의 정의와 특성 / 334
　　2) 사회복지서비스 품질의 개념과 판단 기준 / 335
2. 사회복지서비스 품질관리의 기법 / 338
　　1) 일반적 품질관리 기법 / 338
　　2) 위험관리 / 339

Policy and Management of Social Welfare

제24장 사회복지행정의 평가 · 342

1. 사회복지행정의 책임성 / 342
   1) 책임성의 개념 / 342
   2) 책임성 수행을 위한 사회복지행정 관리자의 역할 / 343
2. 사회복지행정에 적용되는 평가 / 344
   1) 평가의 의의 / 344
   2) 평가의 종류 / 350
   3) 한국 사회복지조직 평가의 현재와 미래 / 352

참고 문헌 / 354

찾아보기 / 359

POLICY
AND
MANGEMENT
OF
SOCIAL
WELFARE

사회복지의 정책과 관리

① 사회복지정책의 기초

이 장에서는 사회복지정책과 관련된 기초적 정보들이 다뤄집니다. 사회복지정책이 무엇인지 정확히 알아보고, 내포하고 있는 의미와 특성들에 대한 내용이 설명됩니다. 이 장의 내용은 향후 이어질 학습의 중요한 밑바탕이 되기 때문에 철저한 숙지와 이해가 필요합니다.

1. 사회복지정책의 개념

1) 사회복지정책의 정의 : 사회복지와 정책 두 개념의 융합 형태로 보는 관점

(1) 사회복지의 정의

사회복지 역시 사회와 복지 각기 다른 개념의 결합체

① 공동체 사회에서의 관계를 기반으로 사회구성원들이 전 생애에 걸쳐 건강하고 평안

사회(social)	복지(welfare)
• 일정한 경계의 설정을 통해 확보된 영역 내에서 문화를 비롯한 다양한 요인들을 공유하고 특정 제도와 조직을 형성함으로써 질서를 유지하는 인간이 살아가는 데 필연적인 공간 • '함께'라는 특성이 저변에 존재	• 만족스러움 · 적절함(well), 지내다 · 살다(fare)를 어원으로 함. • 건강하고 평안한 인간의 이상적인 상태 • '지속적 추구'라는 특성이 저변에 존재

하며 바람직한 삶을 살 수 있도록 추구하는 사회적 노력

② 사회가 추구하는 방향성에 따라 잔여적 혹은 제도적으로 운용됨. 최근 대부분 국가들이 잔여적 관점에서 제도적 관점으로 변모하는 추세를 보임.

- 잔여적 : 개인의 욕구는 스스로의 노력이나 가족의 지원으로 시장을 통해 충족하는 것이 가장 바람직하다고 인식함. 1차적 방법으로 해결되지 않거나 될 수 없을 때 잠정적, 일시적으로 기능을 대신하는 사회복지가 이뤄져야 한다고 보는 관점. 가족이나 시장이 제대로 기능해 사회복지 활동이 필요하지 않은 사회를 지향함.
- 제도적 : 개인의 노력이나 가족의 지원, 시장을 통한 충족이 이뤄지지 못하는 것은 일시적이지 않고 근원적으로 문제가 있어 지속될 수밖에 없는 실패로 인식하기 때문에 일상적 제도화를 통해 사회복지가 개인의 욕구 충족의 기능을 대신해야 한다고 보는 관점. 복지사회와 국가를 지향함.

잔여적	제도적
• 사회적 취약계층이 대상, 자선과 특수한 서비스 중심, 민간의 자발적 활동을 장려 • 빈곤은 개인의 책임(= 빈민복지), 자발성과 최저 조건 • 선별주의 이념 지향(= 보완적 개념) • 낙인 효과가 발생, 개인적 개혁 시도	• 사회구성원 전체가 대상, 시민권과 보편적 서비스 중심, 국가의 좀 더 많은 역할을 강조 • 빈곤은 사회구조적 문제(= 복지사회), 공공성과 최적 조건 • 보편주의 이념 지향(= 제도적 개념) • 낙인 효과가 발생하지 않음, 사회적 개혁 시도

(2) 정책의 정의

관점이나 학자에 따라 매우 다양한 개념 정의가 존재함.

이스턴(D. Easton)	• 사회를 위해 가치를 권위적으로 배분하는 활동
티트머스(R. M. Titmuss)	• 목표를 성취하기 위해 지향된 행동 원칙
라스웰(H. D. Lasswell)	• 목적 가치와 실행을 투사한 계획이며, 이때의 계획은 정책 결정 과정에 나타나는 일련의 행동 경로(course of action)를 의미하는 것으로 규정

① 사회의 특정 분야에서 구조, 문화, 가치, 규범, 행태, 물리적 환경 등을 변화시키기 위한 방향과 방법을 정부 간여 수단으로서 규정해 놓은 것
② 특정 목적을 달성하기 위해 필요한 행동들에 관한 조직화된 노력이고, 연속적·논리적·합리적 단계와 과정을 내포하고 있는 집단적 행동의 원리와 원칙
③ 제재와 규제를 동반한 합법적 강제성과 독점성을 가지며, 전체 사회의 공익을 위한 미래의 활동 지침이자 가치 배분의 수단이며, 공공문제를 해결하기 위해 공적 영역에서 결정한 방침
④ 정책 목표(= 정책을 통해 실현하고자 하는 바람직한 상태), 정책 수단, 정책 대상(= 정책의 영향을 받는 개인이나 집단, 기타 사회 구성 요인)으로 구성됨.
⑤ 여러 지향성 능 다양한 속성을 내포함. 특히 정책은 강제되고, 가치가 나눠지며, 상반된 영향을 받는 집단을 만들어 낼 수 있기 때문에 주의가 필요함.

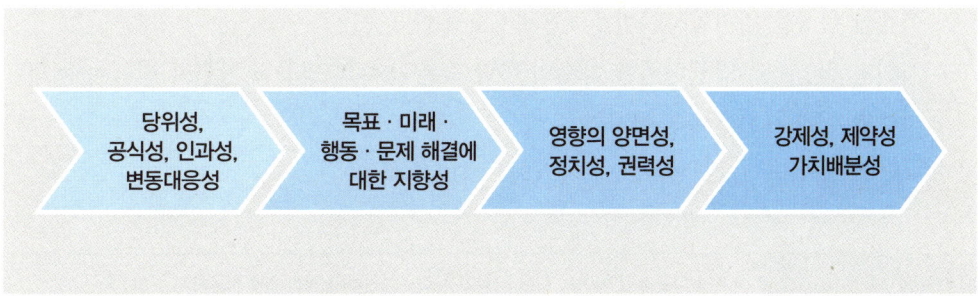

(3) 사회복지와 정책이 결합됐다는 관점에서 사회복지정책은 사회복지 프로그램과 사업들로 설명되며, 인간이 인간다운 삶을 영위할 수 있도록 기본적 욕구를 충족시켜 주고, 사회문제를 해결하기 위한 공적 지침이자 규정으로 볼 수 있음.

2) 사회복지정책의 정의 : 기타 관점

(1) 역사 · 사회적 형성체로서의 사회복지정책

사회복지정책은 특정 국가의 정치, 경제, 사회문제 상황들과 역사적 전개가 반영돼 형성된 형성체이기 때문에 각국의 고유한 환경적 특성과 차별적 상이성이 반영됨.

(2) 선택 과정의 산물로서의 사회복지정책

디니토(D. M. DiNitto)와 다이(T. R. Dye)가 사회복지정책을 정부가 국민 생활의 질에 영향을 미치는 활동을 행할 것인지 행하지 않을 것인지 선택하는 것으로 정의한 것처럼 사회복지정책은 문제 해결 혹은 욕구 충족을 위해 사회적으로 동의된 가치와 목표의 성취를 지향하는 결정의 산물

(3) 사회문제에 대한 대응책으로서의 사회복지정책

① 사회문제
- 사회적 규범이나 가치에서 벗어나 부정적 영향력을 많은 사람에게 미치는 사회 내 특정한 현상을 의미함(= 사회적 개선 조치가 요청됨).
- 사회적 원인으로 발생하지만 다수의 사람 혹은 소수의 영향력 강한 사람들이 문제로 판단했을 때 사회문제로 인식됨.

② 사회문제가 발생하게 되는 원인에 대한 이론적 관점

기능주의적 관점	• 지속적으로 변화하는 사회 상황에 사회구성원들이 적절하게 적응하지 못할 때 사회문제가 발생한다고 인식 • 해결 방법 : 문제에 처한 대상의 병리적 현상을 치료하기 위한 서비스를 강화, 공적 교육 및 교정 제도 개선 · 강화 등 사회제도 개선에 방점
갈등주의적 관점	• 계급, 인종, 성별, 연령 등 다양한 집단 간 경쟁에서 불평등한 자원 배분이 나타나고 그로 인해 사회문제가 발생한다고 인식 • 해결 방법 : 자원 배분에 취약한 대상들의 몫을 확대

상호작용주의적 관점	• 사회 내 상호 작용 과정에서 나타난 현상이나 행동을 사회가 동의하지 않거나 바람직하지 않다고 규정함으로써 사회문제가 발생한다고 인식 • 해결 방법 : 사회가 용납하는 범주에 일탈자의 접촉을 증가시켜 재사회화, 일탈에 대한 사회 규정 완화, 지나치게 엄격한 사회제도의 엄격성 유연화
교환주의적 관점	• 사회 내 인간관계를 통한 재산, 부, 권력, 명예와 같은 자원 교환 과정에서 나타나는 불균형으로 사회문제가 발생한다고 인식 • 해결 방법 : 부족한 교환자원 보충을 통해 교환 관계 균형을 이룸(= 사회보장제도를 통한 노인, 빈민에 대한 금품 제공 등).

(4) 경제정책과 상호 순환성을 가진 정책으로서의 사회복지정책

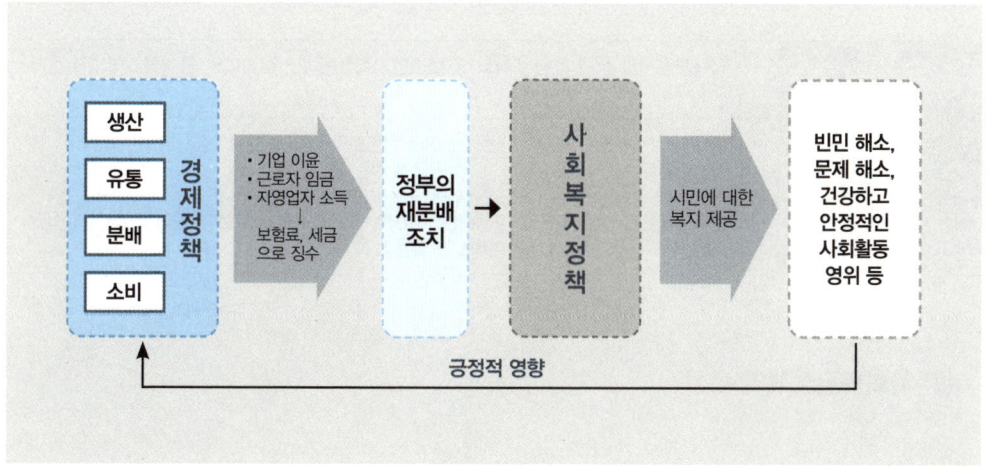

3) 사회복지정책의 특성

(1) 사회복지정책의 영역

치료적 영역	예방적 영역
• 기본 생계 능력이 없어 당장의 도움을 필요로 하는 개인이나 집단을 대상으로 함. • 기초생활보장, 의료급여 등 공공부조	• 향후 도움이 필요하게 될 것으로 예상되는 개인이나 집단을 대상으로 함. • 고용보험, 국민연금, 건강보험 등 사회보험

```
                  광의의 사회복지정책
           ┌─────────────────────────────┐
           │    중의의 사회복지정책         │        • 사회복지정책에
           │  ┌───────────────────┐       │ • 환경,   포함되지 않는
           │  │  협의의 사회복지정책  │       │  교통,   정책: 국방,
           │  │                   │ • 조세, 노동 │ 문화    외교, 치안,
           │  │ • 소득보장, 주거, 건강·의료, 교육, 사회서비스 │          농업, 산업 등
           │  └───────────────────┘       │
           └─────────────────────────────┘
```

(2) 사회복지정책과 구분되는 유사 개념

사회정책	• 사회복지정책의 상위 개념 : 사회가 공인한 사회행동이면서 사회의 공식적·체계적 질서 유지를 위한 정책
사회보장	• 사회복지정책의 하위 개념 : 직면하는 여러 위험으로 인해 일시적·장기적으로 소득이 중단·소멸된 사람에게 생활을 할 수 있도록 하는 프로그램
사회사업	• 인간과 환경 간 상호 작용을 구성하는 사회적 관계에 초점을 두는 활동이며, 개인과 집단 속 개인의 기능을 향상시키려 이뤄지는 전문적 활동

(3) 사회복지정책의 속성

① 기본 기능적 속성

인간 중심·지향적	• 헌법 제10조에 모든 국민은 인간으로서의 존엄과 가치를 가지며, 행복을 추구할 권리를 가진다고 명시됨(= 사회복지정책의 기본 가치). • 인간은 누구나 그 자체로 존엄성을 보장받아야 하고, 소속 사회가 지향하는 가치 체계 안에서 인간으로서 대우받을 수 있는 생활이 보장돼야 함. 따라서 존엄성을 위협받는 사람이나 집단은 사회복지정책의 대상이 됨.
소득재분배	• 사회복지정책의 가장 궁극적인 목적 • 사회 내 개인이나 집단으로부터 다른 개인이나 다른 집단으로 소득의 일부를 이전시키는 활동 : 수직적 재분배(= 일반적 의미의 재분배), 수평적 재분배(= 가족 간 소득 이전), 우발적 재분배(= 우발적 사건으로 피해본 사람에 대한 이전) • 경제정책은 시장 원리에 따른 쌍방적 이전을 전제로 하지만 사회복지정책의 이전은 가진 자로부터 못 가진 자로의 일방적 이전 • 인간의 존엄성과 정책결정에 필요한 가치의 권위적 배분도 모두 효율적인 소득재분배

비용과 효용의 양면성	• 정책 설정에는 반드시 비용과 편익에 대한 추정이 있어야 하며, 그를 누가 담당할 것인지에 대해서도 고려해야 함 : 사회복지정책도 당연히 이러한 정책 특성을 공유함. • 사회복지정책은 하위계층이 주 대상이며 이들을 위한 최소의 비용 투입을 통해 최대한 많은 성과를 창출할 수 있도록 지향해야 함.
정치 논리, 배타성	• 사회복지정책은 공공재로 볼 수 있는 사회자원을 국가가 배분하는 활동이 동반되기 때문에 시장 논리가 아닌 정치 논리에 의해 좌우되는 경향이 강함. • 직·간접적 활동이 혼용되고, 그에 따라 특정한 범주의 수급자만 효과를 보게 돼 배타성을 갖게 됨.

② 사회 변화에 가장 민감하게 반응해 변모하기 때문에 정책의 경계와 내용이 수시로 변경돼 국가나 사회마다 개념에 대한 통일된 합의를 도출하기 곤란하며, 내용 파악과 정책의 속성을 규정하기 어려움.

③ 정책에 투입되는 비용은 다시 회수되지 않는 매몰비용(= 경제정책의 비용은 기회비용, 비용이 새로운 투자로 작용)의 특성을 갖기 때문에 계량화하기 어렵고, 그로 인해 객관적 판단이 쉽지 않음.

④ 해결할 수 있는 문제나 욕구 충족보다 사회적 자원이 항상 부족하기 때문에 희소성의 원칙에 지배를 받음. 또한 사회복지정책이 운용된다고 해서 모든 사회구성원의 욕구가 충족된다고 보기 어려움.

⑤ 사회 전반의 문제 해결을 위해 사회서비스를 공동으로 향유하는 정책으로 이익집단의 영향력이 상대적으로 덜 미치며 정책이 사회적으로 수용되기 쉬움.

⑥ 정책 수혜자의 입장을 개별적으로 고려해야 하며, 물질적 충족만큼 정서적 충족과 심리적 상처 등을 예민하게 감안해야 함.

(4) 사회복지정책의 목표

장기적 또는 단기적 목표	• 장기적 목표일수록 정확한 예측이 어렵고, 추상적으로 설정돼 불분명해질 수 있으며, 장기적 목표는 이루고자 하는 지향성의 본질을 기반으로 설정되기 때문에 단기적 목표의 지침으로 작용함.
공표된 또는 숨겨진 목표	• 공표된 목표가 공식적인 주된 목표이며, 숨겨진 목표는 부수적 목표가 됨. • 예외적으로 숨겨진 목표가 주된 목표가 되는 경우도 있는데 바람직하지 않은 목표 설정 형태임.
의도적 또는 비의도적 목표	• 의도한 목표는 정책 대상이나 효과에 대한 분석 등이 이뤄진 체계적이고 계획적인 목표 • 비의도 목표는 정책 집행 과정에서 예상하지 못하게 나타난 부수적 결과로 확인 가능한 목표

① 기본적 목표

인간 존엄성 유지	• 인간은 누구나 인종, 종교, 연령, 성, 교육 수준, 경제·사회적 신분 등의 차이와 상관없이 존엄한 가치를 지닌 존재 • 사회복지정책은 사회적 장치로서 사회구성원 개개인의 충족되지 못한 다양한 욕구에 대응해 여러 서비스를 제공하고, 직면한 문제를 해결해 줌으로써 개인의 존엄성을 확보해 줌.
자립성 유지	• 자립성을 유지한다는 것은 개인 스스로 충분히 자신의 생활을 결정하고 영위할 수 있는 조건이 사회복지 실천을 통해 제공됨을 의미함. • 사회복지정책은 사회복지 실천의 상위 개념이자 목표이기 때문에 자립성 유지는 사회복지정책의 기본 목표가 됨.
개인적 성장과 개발	• 인간은 사회 속에서 제각기 능력에 따라 성장하고 발달할 수 있는 잠재력을 발휘할 수 있어야 함. • 사회복지정책은 인간의 잠재력과 성장가능성을 인정하는 원리를 바탕으로 실천됨으로써 개인적 발달을 원조함.

② 기능적 목표

경제 성장 및 안정	• 경기 변동에 적절히 반응해 경기를 조절하는 효과가 있음. • 욕구 충족과 문제 해결을 통해 경제활동의 여력이 늘어남에 따라 경제 성장과 안정에 간접적으로 기여함.
사회통합 및 안정	• 사회적 약자를 보호하고 지원하는 특정 가치를 실현해 사회통합에 기여
정치적 안정	• 불평등과 사회적 갈등 해소에 초점이 맞춰져 있어 정치적 정당성을 부여받기 때문에 표면적으로는 정치적 갈등이 표출되지 않음. • 실제로는 사회복지정책을 악용하려는 의도를 가진 정치 세력으로 인해 많은 갈등이 야기됨.

(5) 사회복지정책의 역기능

사회복지정책은 분명히 기능적으로 유용하고 다양한 의미를 지니지만 기획이나 운용 실패 시 부정적 영향을 미치게 됨.

① 빈곤의 덫
- 사회복지정책에 의해 높은 수준의 사회보장 급여가 다수에게 제공되는 경우, 수급자들이 근로에 매진하기보다 국가의 급여에 의존해 생활하려는 경향이 강해짐.

- 급여는 빈곤을 완전히 해결하는 수준으로 제공되는 것이 아니기 때문에 결국 수급자는 빈곤에서 벗어나지 못함.
- Welfare to Work : 근로와 자활 노동이 전제돼야 사회복지정책의 혜택을 볼 수 있는 기조의 정책이 마련, 시행됨.

② 경제 성장의 저해
- 사회복지정책이 증가함에 따라 늘어나는 재정 지출은 총 통화량을 증가시키고 스태그플레이션(= 경제 불황 + 물가 상승 상황)을 야기해 경제 활력을 약화시킴.
- 사회보장은 저축률을 낮춰 투자가 위축되며, 노동 동기를 약화시켜 노동시장 유연성을 악화시킴.
- 철저한 기획에 따른 적절한 수준의 사회복지정책의 시행이 요구됨.

③ 도덕적 해이(moral hazard)
- 사회보험의 재정은 사회구성원들이 공동으로 조성한 기금이기 때문에 개개인들이 눈먼 돈으로 인식하기 쉬우며, 그에 따라 부정직한 방법이나 술수로 기금의 일부를 유용하는 사례가 발생(예: 불필요한 의료행위를 통한 부정 수급 등)
- 관찰 가능한 경우와 그렇지 않은 경우를 차등화한 설계 등과 같은 방안이 적용될 수 있으나 개인 인성적 측면이 작용하는 바가 강해 완전히 배제하는 데 한계가 있음.

2. 각국의 사회복지정책 개념

1) 영국의 사회복지정책 개념

(1) 영국 사회복지정책의 개진

제2차 세계대전 이후 작성된 베버리지 보고서(Beveridge Report)가 등장한 이후 영국의 사회정책은 현대적 사회정책으로서 급성장했으며, 유럽과 미국 등 세계 각국의 사회보장에 커다란 영향을 미쳤음.

① 빈곤문제 해결을 주안점으로 놓고, 국민들이 기본적인 사회생활을 충족할 수 있도록 사회보험을 실시해야 한다고 주장. 또한 위기나 긴급 사태에 대처하기 위해 국가의 공공부조가 강화돼야 한다고 주장
② 5개의 사회악, 궁핍(want), 질병(disease), 무지(ignorance), 불결(squalor), 나태(idleness)를 처리하기 위해 통합적 사회 개혁에 관한 계획이 절실하며, 궁핍함에 강력하게 대응하는 사회보장 계획의 필요성을 역설함.
③ 사회보험의 성공을 위해 가족수당, 포괄적 보건서비스, 완전고용 등 세 가지 전제조건이 달성돼야 한다고 설명

(2) 영국 사회복지정책의 특징

사회정책(social policy), 개인 사회서비스(personal social service), 사회행정(social administration) 등의 용어로 지칭되며, 다른 나라에 비해 사회보장, 건강, 교육, 대인적 사회서비스, 고용, 주택, 가족정책 등 다양한 부문을 폭넓게 포함함.

① 중앙정부나 지방정부가 사람들의 욕구를 충족시키고 복지를 증진시키기 위해 제공하는 사회서비스 급여와 관련된 범위를 전 세계 국가 중 가장 광범위하게 책정하고 있는 국가(= 전 국민을 위한 시민권의 보장을 중시해 사회서비스로서의 사회복지정책을 강조)
② 유럽의 다른 국가들이 사회정책과 사회정치를 구별하지 않을 정도로 정책에 대한 정치성을 강조하는 반면, 영국은 정책에서의 정치성 배제를 지향해 사회 질서 유지보다 시민복지를 위한 탈권위에 초점을 맞추고 있는 것이 특징적
③ 영국 사회복지정책과 관련된 중요 학자들은 티트머스(R. M. Titmuss), 마셜(T. H. Marshall), 타운센드(P. Townsend) 등이 있음.

2) 독일의 사회복지정책 개념

(1) 독일 사회복지정책의 개진

세계에서 최초로 사회정책을 시행한 국가로 사회정책의 역사가 오래된 만큼 사회보장 제도는 현재까지도 다른 나라들에게 모범이 될 정도로 기반이 튼튼하고 효용성 높은 사업들로 구성됨.

① 비스마르크(O. E. L. von Bismarck) 재상의 주도하에 1883년 건강보험 시행 이후 1884년 산재보험, 1889년 노령폐질연금까지 일련의 사회입법이 시행됨(= 사회복지정책이란 용어를 처음 사용).
② 신흥 공업국이자 유럽에서 후진국으로 인정되던 독일이 세계 최초로 사회입법을 실행함에 따라 유럽의 각국들이 충격을 받고 후속적으로 다양한 사회복지정책 관련 활동들을 기획하고 집행하게 됨(= 사회복지정책의 활성화 계기로 작용).
③ 제2차 세계대전 이전 일본의 노동정책 중심 사회복지정책 개념에 큰 영향을 미침. 다만 최근의 일본 사회복지정책은 영·미의 사회정책 기조를 수용해 욕구 충족과 서비스 중심의 사회복지정책으로 변화하고 있음.

(2) 독일 사회복지정책의 특징

독일의 사회복지정책도 영국과 같이 사회정책(Sozialpolitik)으로 지칭되며, 최근에 들어서야 공공부조와 사회복지서비스 대상자를 포괄하는 본질적 사회복지정책 개념으로 확대되고 있음.

① 오랫동안 공공부조와 사회복지서비스 위주가 아닌 노동자와 그 가족의 생활문제를 해결하기 위한 사회보험 중심의 정책을 선호해 왔음(= 사회정책을 노동이나 경제정책의 하나로 인식하는 경향이 강함).

② 독일에서는 노동 조건을 규제하는 노동법이 사회복지 프로그램에서 매우 중요한 위치를 차지 : 독일의 노동법은 자본주의 경제 체제 운용에 따른 문제 해결에서부터 근본적 사회구조를 평등사회로 바꾸려는 여러 정책을 포함하며, 계급 갈등의 제도적 해소를 지향하는 계급정책의 성격을 함의함(= 독일의 사회정책은 국가의 사회개혁 정책 이상으로 노동 계급에 대한 정략적 행위로 인식되며, 다양한 정치적 의의를 내포함).
③ 독일 사회복지정책과 관련된 중요 학자들은 바그너(A. G. H. Wagner), 쉬몰러(G. von Schmoller), 분더리히(F. Wunderlich) 등이 있음.

3) 미국의 사회복지정책 개념

(1) 미국 사회복지정책의 개진

1930년대 대공황의 여파에 대응하기 위해 사회보장법(Social Security Law)을 제정하면서 사회보장 체계가 구축됐고, 1960년대에 최고조에 이름.

(2) 미국 사회복지정책의 특징

유럽의 국가들과 달리 사회정책이 아닌 사회복지정책 용어를 선호함(= 국가정책뿐 아니라 민간기관의 사회복지정책까지 포함하기 때문).

① 사회사업(social work)의 발달
- 협의의 사회복지정책 개념이라고 할 수 있는 자생적 사회 적응이 미진한 사람들을 대상으로 제한적으로 사회적 급여를 제공하는 방식의 정책을 선호함.
- 생활 영위가 어려운 시민들을 위한 고용 기회와 주택, 생활 변동에 대비한 시민의 생활 보장책으로 성격이 강함(= 사회복지서비스 제공에 집중되는 편).
② 사회복지정책 대부분 서비스나 소득을 제공해 직접적으로 시민들에게 영향력을 행사하며, 공공기관보다 민간기관이 주도하는 사적 정책집행이 활발해 개인주의적 복지가 발달함.

4) 국가별 사회복지정책 비교

(1) 국가별 사회복지정책 체계

영국	• 핵심 제도 : 사회서비스(social service) • 하위 체계 : 소득보장(사회보험, 공공부조), 보건의료(국민건강서비스), 주택정책, 교육정책, • 개인 사회서비스(아동, 노인, 장애인, 여성복지)
독일	• 핵심 제도 : 사회정책(social policy) • 하위 체계 : 사회보험(국민보험) 중심, 공공부조와 사회복지서비스는 부차적
미국	• 핵심 제도 : 사회보장(social security) • 하위 체계 : 사회보험, 공공부조, 사회복지서비스

(2) 국가별 사회복지정책 개념의 차이

	질서 유지	사회복지 수준 향상 지향
국가 주도	• 독일의 사회정책	• 영국의 사회정책
국가와 민간	–	• 미국의 사회복지정책

제1장 되돌아보기

- 사회복지와 정책 각각의 정의를 통해 사회복지정책에 대한 개념을 확고히 정립할 것
- 사회복지정책의 순기능과 역기능에 대해 숙고하고 어떠한 수준에서 이뤄지는 것이 적절할지 고민해 볼 것
- 영국, 독일, 미국의 사회복지정책 내용을 참조해 향후 한국의 사회복지정책 체계에 적용할 점을 생각해 볼 것

❷ 사회복지정책의 가치와 사상

> 이 장에서는 사회복지정책이 지향하는 가치와 정책의 근간을 이루는 사상에 대해 학습하게 됩니다. 어떠한 가치를 지향하는가에 따라 정책의 형태는 완전히 달라지며, 사상의 본질적 영향력에 따라 정책의 성격은 상이해질 수밖에 없습니다. 그래서 가치와 사상에 대해 이해하는 학습은 사회복지정책을 제대로 인지할 수 있다는 점에서 중요합니다.

1. 사회복지정책의 가치

1) 사회복지정책의 기본 가치

(1) 가치(value)

중요함이나 소중함의 수준과 관련이 있으며, 개인적·주관적 기준에 따라 상이함(= 주관적 선호를 의미함). 행동과 태도의 준거로 작용하며, 개인적 환경이나 상황, 사회경제적 여건 등에 따라 달라질 수 있음.

(2) 평등(equality = 동일하게 대우함)

① 복지국가의 형성과 확대에 기초가 된 가치(= 평등 중에서도 수량적 평등)
② 형평성(= 비례적 평등, 공평) : 자본주의 경제 체제의 독점 상황에서 빈부 격차와 부(富)의 편재 현상에 대응해 강조되고 있는 가치. 구제를 받는 빈민의 처우는 독립 노동자의 최하 수준보다 낮아야 한다는 열등 처우의 원칙의 기초가 되는 가치

기회의 평등	• 결과의 평등을 고려하지 않고, 결과를 얻을 수 있는 과정상 기회만 똑같이 제공해 주는 것(= 가장 소극적 평등 개념)
비례적 평등	• 개인의 욕구, 능력, 기여도 등에 따라 사회자원을 다르게 분배하는 것(= 형평성(equity))
수량적 평등	• 모든 사람을 동일하게 취급해 욕구나 능력차에 무관하게 사회자원을 분배하는 것 (= 가장 적극적 평등 개념, 결과의 평등)

(3) 자유(liberty = 구속되지 않음)

사회복지정책의 주된 가치로 보기는 어려우나 전체주의나 공산주의와 같이 자유가 허용되지 않은 국가 체제에서는 사회복지정책이 운용되지 않는다는 측면에서 사회복지정책의 가치로 간주될 수 있음.

소극적 자유	적극적 자유
• 사람들 상호 작용 관계에서 다른 사람의 간섭이나 강제 없이 자신의 의지대로 활동할 수 있는 상태	• 일체의 제약 없이 원하는 것을 무엇이든 할 수 있는 상태

(4) 정의(justice = 마땅한 도리의 이행)

사회적 취약계층이나 불평등한 처우를 받는 사람에 대한 자원 배분의 근거로 작용함(= 정의 중에서도 분배적 정의).

능동적 과정으로서의 정의	• 불의한 현상을 예방하고 치료하는 과정을 강조함(= 사회복지가 강조하는 정의).
실질적 정의	• 경제적 요소를 포함한 모든 편익과 부담의 사회구성원 간 분배의 공정성 추구 결과로서 분배의 수준에 따라 달성됨(= 사회복지가 강조하는 정의).
절차상 정의	• 법률에서 정한 합법적 절차의 준수를 통해 달성됨.

(5) 연대(solidarity = 다수의 결합과 협동, 책임)

사회복지정책은 공동체 구성원들 간 상호의존성을 제도적 장치로 복원한 것. 사회구성원 간 감정적 연대와 통합이 사회자원의 재분배에 대한 저항을 방지할 수 있음.

기계적 연대	유기적 연대
• 공통의 이해와 속성에 근거한 개인과 집단의 연대	• 사회적 분야가 급격하게 발생하는 현대 사회에서 질서를 유지하기 위해 상이한 역할을 수행하는 사회구성원의 상이성에 근거한 연대

(6) 인간 존중 및 생존권

① 인간은 어떠한 조건과 무관하게 인간으로 태어난 자체만으로 존중받아야 하고, 사회복지정책은 인간 존중의 가치를 실현하기 위해 구체화된 실체(= 자신뿐 아니라 타인도 존중받아야 함을 자각하는 것을 전제함)
② 사람은 누구나 인간으로서 존중받는 것은 물론 인간답게 살 권리를 지님. 사회구성원은 자신이 속한 사회나 국가에 생활을 위해 필요한 서비스를 요구할 권리를 가지며, 그러한 요구에 대응한 것이 사회복지정책임.

(7) 사회적 적절성

사회복지정책의 수준이 심신의 안녕을 가능한 수준에서 이뤄져야 함을 의미함(= 안녕의 영역에는 표현의 자유, 자아실현 등이 포함됨).

(8) 민주성 제고

민주성은 자유롭게 자신의 의견을 표출하고 자신에게 영향력을 미칠 수 있는 결정에 참여함으로써 자신만의 생활을 유지하면서도 타인과 함께 공동체에서 더불어 살 수 있음을 의미함(= 자기결정 원칙의 엄수와 같이 사회복지정책의 근간이 되고 있음).

2) 사회복지정책의 상대적 가치

(1) 효율성

① 투입된 비용 대비 산출된 성과의 정도를 의미하며, 성장적 가치의 속성을 지님(=경제성, 생산성과 유사하게 취급됨).
② 사회복지정책에서는 수단으로서 효율성에 의미를 둠 : 효율성 자체가 1차 목표가 되는 것이 아니라 궁극적인 목표를 달성하기 위한 수단으로 선택된다는 의미(= 여러 정책 중 택일해야 할 때 상대적으로 효율적 수단을 선택해야 한다는 뜻)
③ 최근 사회 전반적으로 가장 추구하는 가치이지만 사회복지정책에서 중심 가치로 설정하기에는 바람직하지 않음 : 효율성의 핵심은 계량화이지만 인간의 욕구를 수치화하는 데 제약이 크기 때문에 준거적·목표적 가치로서 한계가 있음.

(2) 효과성

① 투입된 비용을 고려하지 않고 의도하거나 기대한 결과가 나타난 정도를 의미하며, 중도적 가치의 속성을 지님.
② 사회복지정책은 사회적 약자의 문제 해결과 욕구 충족에 초점이 맞춰져 있기 때문에 효과성을 제고하는 것이 바람직함.

(3) 기타 중도적 가치

대응성	• 시민 요구에 부응하는 행정을 수행했는지 여부 : 시민 요구에 대한 파악이 우선돼야 하고, 자원 확보가 필요함.
접근성	• 복지서비스 제공을 얼마나 쉽게 알 수 있고, 서비스에 다가갈 수 있는지 여부 : 효과성, 형평성, 책임성, 대응성 제고에 영향을 미치는 가치
책임성	• 목적 달성에 충실했는지 집행 과정에서 법을 준수했는지 여부 : 합목적성과 합법성이 향상됨.

3) 사회복지정책의 방향을 결정하는 대립되는 가치

(1) 개인주의 vs 집합주의

① 사회의 중심 단위를 어디에 두는가의 차이로 구분됨. 개인주의는 개인과 개인 권리를 우선하며, 집합주의는 개인보다 집단 공동의 목표와 그를 달성하기 위한 공동 행동을 중시함.

② 통상 집합주의는 좌파의 사상과 밀접하게 연관되며, 사회문제를 산업자본주의의 역기능에서 야기된다고 간주함. 다만 자본주의를 부정하지 않고 개인주의를 비판하고 정부의 적극적인 역할 수행을 강조함.

(2) 선별주의 vs 보편주의

① 복지의 수혜 대상 범위에 따라 구분됨. 선별주의는 자산조사를 통해 개인적 욕구 충족 차원에서 도움을 필요로 하는 대상으로 판별된 경우에만 자원이나 서비스를 제공해야 한다고 주장하며, 보편주의는 사회복지 자체를 인간의 기본권으로 봐 모든 국민에게 차별 없이 주어져야 한다고 주장함.

② 선별주의에 따르면, 자원의 불필요한 낭비를 막을 수 있고, 필요로 하는 사람에게 집중적으로 자원이 제공될 수 있으며, 불필요한 의존심을 견제할 수 있음. 하지만

사회적 낙인 효과가 유발되고, 빈곤의 덫 안에 들 수 있으며, 조사 절차 등이 필요해 행정절차가 복잡해짐.
③ 보편주의에 따르면, 간소하게 행정적 처리가 가능하고 사회복지정책의 역기능을 차단할 수 있음. 그러나 재정에 심각한 위협이 될 수 있고, 정치적으로 악용될 여지도 있음.

(3) 자유 vs 결과의 평등

① 사회복지정책을 통해 결과의 평등을 적극적으로 지향할 경우 일부 사회구성원들의 소극적 자유를 침해하는 상황이 야기됨.
② 자유는 개인주의, 선별주의의 저변에, 결과의 평등은 집단주의, 보편주의의 저변에 있는 가치
③ 통상 자유와 결과의 평등 어느 한쪽에 치우치기보다 양극단 내 범주에서 사회나 국가의 사정에 따라 선택하게 됨.

(4) 효율 vs 결과의 평등

① 결과의 평등을 추구하는 사회복지정책은 효율의 가치가 훼손되고 반대로 경제적 효율성을 강조하면 사회복지정책의 평등이라는 가치가 저하됨(= 평등 추구 사회복지정책은 근로, 저축, 투자 동기를 약화시킴).
② 효율과 평등의 대척적 관계는 수단적 효율이 아닌 파레토 효율(= 어느 한쪽의 효용을 늘리기 위해서는 다른 사람의 효용을 감소시켜야 하는 상태)에서 중요한 쟁점이 됨.

(5) 경제 성장 우선 vs 국가 복지 확대

경제 성장 우선	국가 복지 확대	
	분립 복지	통합 복지
• 국가 기조가 경제 성장에 방점을 둠.	• 사회정책의 재분배 기능을 낮게 평가	• 사회정책의 재분배 기능을 적극적으로 시행
• 개인의 욕구 충족은 개인의 노력, 가족 단위, 1차적 시장에서 해결	• 국가적 예산 확보에 소극적	• 국가적 예산 확보에 적극적
• 국가 복지는 극빈자에 한정	• 사회보험은 중시하되 공공부조에 대한 관심 미약	• 총체적 사회안전망에 관심
• 경제 성장에 순기능적 복지서비스만 허용	• 사회보험 재정 통합 반대	• 사회보험의 통합 주장
• 분배정책은 시기상조로 간주	• 국가 복지의 확대에 소극적	• 국가 복지 확대에 적극적
• 사회보험의 결정 여부는 노사가 행사	• 자영업자 소득 파악의 가능성을 부정함.	• 자영업자 소득 파악의 가능성을 인정함.

2. 사회복지정책의 사상

1) 중세의 사상

(1) 온정주의

① 토지를 소유한 봉건영주에 소작 농민이 인격적으로 귀속되는 봉건사회의 생산 양식 특성에 기인한 사상으로, 봉건영주가 자신에게 소속된 농민들에 대해 가부장적 가족 관계 양식에 따라 보호하고 통제하는 행태를 의미함.
② 사회복지정책에 대한 영향

노블리스 오블리주 (noblesse oblige)	• 봉건영주는 농민들에 대한 보호를 명분으로 온정주의에 입각해 사회적·경제적·정치적 불평등을 정당화했지만 자신의 영지 내 빈민, 부랑자, 과부, 홀아비, 고아 등 사회문제에 대해 도덕적 책임을 전담하는 노블리스 오블리주를 함께 수용
사회보험의 등장	• 서구 최초의 사회보험인 비스마르크 사회입법은 노동자가 국왕에 충성하고, 복종적 협력자로서 자신들의 이익을 국가의 이익으로 제공하게 만들고, 그를 통해서 노동자계급을 국가에 속박시키려는 의도에서 시행됨. • 비스마르크의 사회보험은 개인과 국가 간 전통적 관계 보존, 노동자 계급의 정치적 권리 확대 억제에 중점(= 사회통제적 성격)을 둔 온정주의의 산물

(2) 중상주의

① 국가의 보호 아래 수출 증대를 이루고, 그를 통해 나라를 부강하게 만들어야 한다는 사상(= 당연히 경제정책이 포괄됨)

② 중상주의자들은 금과 은의 대량 유입, 값싼 상품 원료의 다량 공급, 상품 수출 시장 확보를 위한 해외식민지 개발 등을 통해 유통을 활성화하고, 그를 기반으로 수출을 늘려 국부의 팽창을 지향함.

③ 대외무역의 발전은 공장제 수공업을 획기적으로 발전시킴 : 유통과 생산 부문의 이윤이 다른 수익 수단들을 상회하자 상공업에 종사하던 부르주아들은 경제력과 사회적 지위가 서서히 강화됐고 봉건영주나 귀족은 약화됨.

④ 수출을 위한 상품의 생산을 늘리기 위해서는 성실한 생산자의 확보가 중요했기 때문에 빈민들의 노동력에까지 관심을 가짐. 또한 그러한 노동자들에게 높은 임금을 줄 경우 나태해질 것으로 예상해 저임금 신조를 고수함.

⑤ 사회복지정책에 대한 영향 : 빈민에 대한 일자리 제공과 관련해 상반된 주장이 등장함.

빈민에게 일자리 제공 찬성	• 17세기 차일드(J. Child) 경의 주장 • 빈민층의 자녀는 구태와 나태 속에서 자라기 때문에 성장 후에도 노동에 대해 염증을 느끼게 되며 노동을 기피하고, 이러한 행위는 결국 국가에도 바람직하지 않은 영향을 미친다고 주장 • 성별과 연령을 불문하고 모든 무능한 빈민들에게 일자리를 제공하면 매년 큰 공적 이득을 볼 것이며 그것이 국가의 의무라고 주장
빈민에게 일자리 제공 반대	• 17세기 로크(J. Locke)의 주장 • 빈민의 나태 교정을 위해 일자리를 주는 것보다 술집과 같이 나태를 조장하는 근거를 제거하거나 강제노동과 같은 빈민에 대한 교육훈련을 강화하는 것이 효과적이라고 주장

2) 조지(V. George)와 윌딩(P. Wilding)의 분류

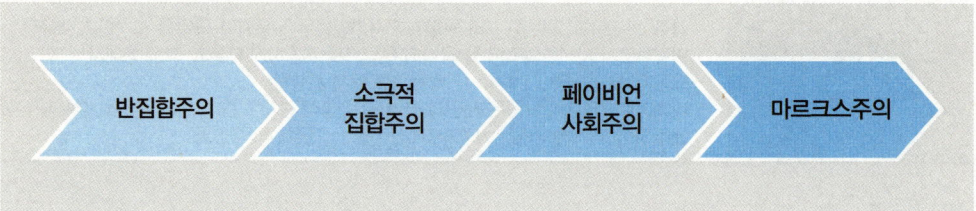

(1) 반집합주의

① 소극적 자유, 개인주의, 불평등이 사상의 핵심 개념
② 빈곤이나 불평등은 시장의 활동에 따라 발생하는 지극히 자연스러운 현상으로 국가가 담당하는 활동의 대부분은 개인이 수행하는 것이 바람직하다고 인식함(= 국가는 개인의 자유를 위협하고, 비효율적이며, 바람직한 목표를 성취하기 어려움).
③ 국가가 활동할 수 있는 영역은 자신의 삶을 스스로 책임질 능력이 없다고 사회가 인정한 사람들에 한정되며 그들에 대해 가부장적 역할로써 공적 부조를 수행할 수 있다고 간주함(= 빈곤을 구제할 책임이 국가에게 있다는 것에는 동의하지만 필요악으로 자선과 이웃 사랑의 정신에 입각하는 것이 더욱 바람직하다고 인정함).
④ 하이에크(F. Hayek), 프리드먼(M. Friedman) 등이 대표적 학자

(2) 소극적 집합주의

① 실용주의, 인본주의, 합리주의가 사상의 핵심 개념
② 자본주의의 유용함은 인정하지만 낭비적 요소를 지니고 비리와 빈곤을 소멸시킬 수 없으며 강자의 이해관계가 강조되기 쉽다고 인식함(= 효율적이고 공정한 자본주의의 기능을 위해 사려 깊은 규제와 통제가 필요하다고 생각함).
③ 국가는 사회의 모든 구성원의 이익에 관심을 가지고, 그것을 증진시키기 위해 독립적인 실체로서 기능해야 한다고 간주하며, 분권화, 참여, 비공식 및 자원봉사 부문

의 역할을 중시함(= 국민 최저 수준의 보장에만 국가의 책임 인정).
④ 베버리지(W. H. Beveridge), 케인스(J. M. Keynes) 등이 대표적 학자

(3) 페이비언 사회주의

① 평등, 적극적 자유가 사상의 핵심 개념
② 마르크스주의의 정통적 혁명노선을 비판하고 계급혁명을 통한 사회개혁이 아니라 의회민주주의를 통한 개혁을 추구하는 실용주의적이고 점진적 사회주의(= 소극적 집합주의와 마르크스주의 사이의 모호한 중간 영역에 위치)
③ 자유시장 체계는 필연적으로 실패할 수밖에 없기 때문에 시장 체계를 수정하고 사회적 선을 달성하는 데 국가의 역할이 매우 긍정적으로 인식하며, 윤리, 공리주의, 사회적 통합, 부(富)의 평등, 자유, 우애 등을 강조함.
④ 복지국가의 확산이 자본주의의 개혁을 야기한다고 믿지만 복지국가도 여전히 불안정한 타협물이며 사회주의를 향한 전단계로 간주함.
⑤ 티트머스(R. M. Titmuss), 크로슬란드(A. Crosland) 등이 대표적 학자

(4) 마르크스주의

① 평등, 적극적 자유, 우애가 사상의 핵심 개념
② 생산 수단의 사적 소유는 자본가 계급이 경제력을 장악하는 원동력이 되고, 경제적 장악을 통해 정치 권력도 자본가들이 독점하게 된다고 주장함(= 자본주의의 병폐인 계급 간 갈등은 필연적이며 국가는 중립적 심판관의 기능을 할 수 없음).
③ 복지국가는 자본 계급이 노동 계급을 달래기 위한 최소한의 양보에 불과하며, 그로 인해 복지국가를 통한 사회주의 건설은 불가능함. 자본주의 체제가 존속하는 한 빈곤은 어떠한 형태의 국가 개입으로도 소멸시킬 수 없다고 인식함.
④ 사기업의 국유화 등의 조치로 생산 수단을 노동자들의 대표인 노동당에 귀속시킴으로써 평등을 실현해야 한다고 강조함.
⑤ 마르크스(K. Marx), 밀리반드(R. Miliband), 라스키(H. J. Laski) 등이 대표적 학자

구분	반집합주의	소극적 집합주의	페이비언 사회주의	마르크스주의
사회가치	• 소극적 자유 (개인주의, 불평등 인정)	• 소극적 자유 (실용주의, 인본주의)	• 적극적 자유, 평등	• 적극적 자유, 평등, 우애
시장경제	• 옹호	• 보완	• 수정	• 부정
국가 역할	• 최소한	• 다소 적게	• 다소 많게	• 적극적
복지국가	• 잔여적	• 국민의 최저 수준 보장	• 제도적	• 복지국가 반대
정치 이념	• 극우	• 중도우	• 중도좌	• 극좌

3) 근현대의 사상

(1) 신자유주의

① 케인스를 중심으로 한 국가개입주의 사상으로 인해 큰 규모의 정부가 실패 양상을 나타냄에 따라 등장함 : 국가의 개입으로부터 시장을 자유화하고, 시장 자체의 자연적 움직임으로 시민사회 내 발생하는 문제들을 조절하고 해결해야 한다는 사상
(= 17~18세기 유행한 자유주의와 구분하기 위해 신자유주의로 명명)
② 큰 정부와 복지국가로 인해 발생한 공공부채와 재정적자를 해결하기 위해, 작은 정부 지향 및 증세 지양, 시장 경쟁력 강화를 위한 국가 개입 최소화, 복지국가 포기와 사회보장제도 축소, 국영기업 민영화와 노동시장 유연화 등을 주장함.
③ 정부는 집단 간 견해 차 조정과 매우 기초적 규칙에 불응하는 대상을 순종시키는 역할에만 집중하고, 자발적 교환 비용이 지나치게 높거나 불가능할 때, 자신의 행동에 책임질 수 없는 대상에 대해서만 책임지면 된다고 주장함(= 일체의 정부 개입 거부가 아니라 일부 인정한다는 측면에서 과거의 자유주의와 차별됨).
④ 신자유주의 사상에 따라 국가의 개입을 최소화하고 시장 기능에 빈곤문제와 노동자 계급문제를 위임한다고 해서 문제가 해결된다는 보장이나 근거가 없음(= 근본적으로 시장이 실패해 국가가 개입한 것).

⑤ 1980년대 영국의 대처 정부(= 대처리즘)와 미국의 레이건 정부(레이거노믹스)의 정책 기조가 대표적인 신자유주의 적용 사례(= 실제 최근까지 대부분의 국가가 신자유주의 노선을 견지하고 있음)

대처리즘	• 대처(M. H. Thatcher) 수상은 집권한 뒤, 비효율적 국영기업 민영화, 공공 부문 축소, 공공서비스 시장화, 엄격한 사회보장 급여수급 자격제도 시행, 사회 급여율 및 정부 규모 축소, 감세 및 노동유연성 확보, 기업환경 개선 등으로 시장 활성화 도모 • 실업급여를 삭감하고, 일할 능력이 있음에도 일하지 않는 국가복지에 기생하는 존재로 비하하며 실업자들에 대해 냉혹한 정책으로 일관함.
레이거노믹스	• 레이건(R. W. Reagan) 대통령은 집권한 뒤, 강한 미국을 주장하며 복지와 환경 예산을 삭감하고, 세금을 감면해 시장의 활성화를 도모함.

(2) 제3의 길

① 중도와 중도좌파의 본질적 가치를 기반으로 실용적 관점에서 변형시켜 새롭게 사회에 적용하고자 하는 이념적 시도 : 자유주의 시장경제 노선을 견지하며 복지제도를 개혁하지만 교육과 훈련, 기간 시설에 대한 정부 개입을 강화하며, 국제주의를 통한 우파의 고립주의 타파 등을 내세움.
② 제1의 길(= 복지국가 지향의 사회민주주의)과 제2의 길(= 시장경제를 지향하는 신자유주의) 사이의 절충적 대안으로 제3의 길(the Third Way)을 지향해야 한다고 주장함.
③ 영국, 독일, 프랑스에서 고유의 형태로 나타남.

영국	• 복지국가의 위기를 타개하고 신자유주의에 대항할 전략으로서 사회민주주의가 취해야 할 새로운 대안으로 간주함. • 블레어(T. Blair) 총리(노동당) • 탈규제적 경제정책, 복지로부터 근로로 전환되는 사회정책, 성장과 고용 중심의 정책 도모, 노조의 참여는 배제함.
독일	• 1989년 베를린 강령에서 시작돼 1999년 블레어-슈뢰더 성명으로 신중도 노선을 완성 : 베를린 강령은 사회적 정의를 재산과 소득, 권력의 분배에서 더 많은 평등이 달성되는 것으로 규정함. • 슈뢰더(G. F. K. Schröder: 사민당, 녹색당) • 근로를 촉진하는 국가로 대표되는 사회정책, 고용 협정을 활용해 노조의 의사결정 참여를 불허함.
프랑스	• 조스팽(L. Jospin: 사회당, 공산당, 녹색당) • 시장경제 보장하에 국가 개입, 소외층 강조, 노동 시간 단축 등을 통한 실업 해결, 연대와 고용 중심의 정책 도모, 사회협약 시도

④ 제3의 길 지향점
- 자본주의를 파괴하는 것이 아니라 인간 중심적 자본주의를 지향함.
- 복지정책은 노동시장에서의 개인의 상품화를 추구하는 개인주의와 공정한 기회 균등과 분배적 정의를 실현하려는 사회연대 기반의 탈상품화를 추구하는 집합주의를 동시에 지향함.
- 사회보장과 재분배를 강조하지만 함께 경제적 부(富)를 산출하는 주도적 주체로서의 복지 수혜 계층의 역할도 중요하다고 강조함.

(3) 자본주의, 사회주의 사회복지정책에 대한 태도로 구분한 사상 분류

	자본주의에 긍정적	사회주의 지향
사회복지정책에 긍정적	• 소극적 집합주의	• 페이비언 사회주의
사회복지정책에 부정적	• 신자유주의	• 마르크스주의

제2장 되돌아보기

- 사회복지정책이 지향하는 각 가치들의 고유 특성을 구분해 숙지할 것
- 사회복지정책의 근간을 이루는 각 사상들의 의미에 대해 일관된 맥락에서 기억할 것
- 한국 사회복지정책의 현재 가치와 사상은 무엇이며, 향후 어떠한 가치와 사상이 작용하는 것이 바람직할지 생각해 볼 것

❸ 사회복지정책의 시작과 전개

> 이 장에서는 처음 사회복지정책이 등장한 이래로 그동안 어떻게 발달해 왔는지 학습하게 됩니다. 전례를 성찰함으로써 미흡했던 부분을 확인하고, 그를 통해 미래에 더 나은 사회복지정책의 기획과 집행이 가능하다는 측면에서 역사를 되돌아보는 것은 유익한 활동이 됩니다.

1. 사회복지정책의 시작 배경

1) 사회복지정책의 발달 요인과 등장 시기

(1) 사회복지정책의 발달 요인

사회복지정책을 발달시키는 요인에 대한 의견은 매우 다양하지만 크게 다음과 같은 요인들로 정리할 수 있음.

① 정치적 요인
- 정치 세력들의 목적은 정치 권력을 획득하고 유지하는 것이며, 그러한 목적 달성을 위해 사회구성원들의 지지가 필요하기 때문에 사회복지정책을 활용하고 발전시킴.
- 집권한 정치 세력들은 사회가 불안할 경우 자신들의 정치 권력이 안정적으로 유지하는 데 저해가 될 수 있기 때문에 불안을 야기하는 계층에 대한 위로책으로 사회복지정책을 활용하고 발전시킴.
- 다른 정책의 수립이나 운영을 위해 부수적으로 사회복지정책이 수립되기도 함.

② 경제적 요인
- 사회문제를 완화하거나 해결하는 데 소모되는 사회적 비용을 감소시키기 위해 예방적 측면에서 사회복지정책이 활용됨.
- 실업과 같은 사회문제는 사회적 및 경제적 생산에 치명적 영향을 미치기 때문에 정책으로 해결하고자 사회복지정책이 활용됨.

③ 사회·문화적 요인
- 사회계층이 고착화되면서 빈곤의 대물림 현상과 같은 새로운 사회문제를 차단하기 위해 사회복지정책이 발전하게 됨.
- 고령화 및 저출산과 같은 새로운 인구학적 구조 변화 현상이 나타나고, 도시 비대화로 인한 문제들이 다량 발생하면서 사회복지정책이 발전하게 됨.

④ 역사적 요인 : 과거부터 사회복지정책에 대한 활용도와 의존도가 높은 사회나 국가는 그 자체가 발전 동인으로 작용해 사회복지정책이 발전하게 됨.

(2) 사회복지정책의 등장 시기

사회복지정책이 등장하게 된 시기는 각국마다 차이가 있지만 대체적으로 다음과 같은

| 산업화로 인한 인구의 도시집중, 핵가족화, 인구구조적 변화, 자본 축적 등의 사회구조 변동이 발생 | → | • 빈곤문제가 발생, 심화되지만 개인, 가족, 민간단체 등의 힘만으로는 해결되지 않음.
• 국가가 개인의 삶에 일정 부분 개입할 수 있는 당위성이 생성 |

현상이 나타날 때 관심을 기울이게 됨.

2) 사회복지정책의 발달 과정에 대한 이해가 필요한 이유

① 사회복지정책이 기획되고 집행되는 일련의 과정은 역사성, 실천성, 경험성, 전체성 등의 속성이 함의되며, 사회 현상 속 사회문제들에 대처하기 위한 실용적 과정임.
② 과거의 역사성과 실천성을 공유하면서 그를 합리적으로 인식하고 분석하는 활동은 사회복지정책의 기획과 집행, 관련된 현상에 대한 이해를 체계적이고 용이하게 할 수 있도록 도와줌.

2. 영국의 사회복지정책 발달 과정

구빈법 단계 ▶ 사회보험 및 복지행정 국가 단계 ▶ 복지행정국가 쇠퇴 단계

1) 구빈법 단계

(1) 엘리자베스 구빈법 이전의 사회복지

① 엘리자베스 구빈법이 등장하기 이전에도 사회복지처럼 보이는 조치들이 취해졌음.
② 현대적 사회복지의 취지나 내용과는 상이하며, 왕이나 귀족 등 집권층의 권력 유지

를 위한 시혜, 자선, 농민들의 상부상조 형태가 대부분임.

1349년 노동자 조례 (the Statutes of Laborers)	• 사회보장의 기원으로 볼 수 있음. • 봉건제 붕괴로 농노(農奴) 노동자에 대한 귀족의 통제가 무력화되고, 흑사병 창궐로 노동력이 감소함에 따라 지주들의 임금 부담이 크게 증가 • 부랑자들을 강제 노동시켜야 한다는 칙령(= 부랑자를 부정적으로 인식) • 1351년 구걸과 부랑 금지, 임금상한제 실시
1388년 구빈법 (the Poor Law)	• 임금 고정, 노동력 이동 금지 • 통상 지칭하는 엘리자베스 구빈법 이전에 발효된 빈민법
1531년 걸인·부랑자 처벌법	• 인클로저운동 등장으로 양모 공업과 상업, 무역이 활성화됨에 따라 노동력 있는 농민이 부랑자가 되고 빈민으로 몰락 • 노인, 노동 능력이 없는 자들만 구걸 허용, 그렇지 않은 경우는 처벌과 추방 조치

(2) 1601년 엘리자베스 구빈법(the Elizabethan Poor Law of 1601)

① 인클로저운동, 지속적 흉작, 인플레이션 등의 영향으로 빈민이 대거 발생해 이들에 대한 구제 조치가 절실해짐.
② 노동력 보유 여부에 따라 처우

노동력이 있는 빈민	노동력이 없는 빈민	공적 부양이 필요한 아동
• 구제할 가치가 없다고 취급 • 교정원이나 작업장에서 강제 노동. 거부할 경우 처벌	• 병자, 노인, 장애인, 정신이상자, 육아하는 과부 등 • 구빈원에 수용해 구빈 조치	• 고아, 버림받은 아동, 빈곤으로 정상적 양육이 불가능한 가정의 아동 • 도제 교육을 받도록 조치

③ 구빈에 대한 국가의 책임과 공적 구제의 필요성을 최초로 인정하고 성문화(成文化)
④ 추밀원이라는 담당 행정기관을 수립해 중앙집권적 빈민 통제를 시도했으며, 각 교구의 교회에는 자체 구빈제도와 시장이 임명한 구빈감독관이 구빈 업무와 지방세 징수 업무를 관장함.
⑤ 그전까지 민간이 담당하던 구빈을 조세를 통해 재원을 마련해 실시 : 교구 주민의 능력에 따라 징수. 초기 지방소득세 성격이었으나 부동산 재산세 형태로 변모
⑥ 친족 부양의 우선 책임, 최소 적격의 원칙(= 구호를 받은 사람은 그렇지 않은 사람의 생활

수준을 넘어설 수 없음) 강조
⑦ 진정한 복지로서의 구빈이 아니라 빈민을 강력하게 통제하려는 취지로 운영됨.

(3) 구빈법 이후 입법

1662년 정주법 (the Settlement Act)	• 공업의 발달과 도시화로 인구 이동이 가속화되면서 구호를 받기 위한 교구 간 이동이 심화(= 부랑인 유입과 구빈 비용의 지속적 증가) • 빈민에 대한 거주 이전을 제한하는 조치로 제정된 법 : 엄격한 제약하에 자유, 평등이라는 법적 지위는 영위할 수 있으나 직업과 거주지 선택의 자유가 제한되고 노동을 강요받음. • 반인권적 조치, 노동유연성을 저해하는 반경제적 조치, 빈민 관리의 무능력과 편법이 난무함.
1696년 작업장법 (the Workhouse Act)	• 교구 단위로 작업장을 설립해 빈민을 투입, 1722년 작업장 시험법으로 개정, 작업장 수용을 거부하면 구제 자격 박탈 • 노동력 있는 빈민의 고용으로 국부 축적, 빈민 감소, 구빈세 부담을 줄이려는 의도로 시행됐으나 작업장 처우가 열악하고 비인도적 행위가 자행됨.
1782년 길버트법 (the Gilbert Act)	• 기존 구빈제도로는 빈민에 대한 효과적 대처가 어렵고, 작업장에서의 비참한 생활과 착취 개선 목적으로 제정 • 노동력은 있으나 자활 능력이 없는 빈민의 원외 구호를 인정하고, 낮은 임금을 보충해 주는 임금보조 제도의 법적 기초가 됨. • 유급 구빈 사무원을 채용해 빈민 업무를 전담시킴.
1795년 스핀햄랜드법 (the Sppenhamland Act)	• 버크셔 지방의 임금보조 제도의 일종(= 버크셔 빵법) : 구빈세를 재원으로 저임금을 받고 있는 노동자에게 표준임금 부족분을 보조 • 현대 최저생활 보장, 가족수당, 최저임금 제도 등의 기반이 됨. • 구빈세의 폭증을 가져와 결국 실패하고 빈민에 대한 억압정책으로의 회귀를 야기함.

(4) 1834년 신구빈법(the New Poor Law)

① 스핀햄랜드법 시행에 따른 구빈세 급증과 도덕적 해이에 대응해 제정됨.
② 인도주의적 구빈을 포기하고 억압 속 구제라는 원칙으로 회귀돼 준수해야 할 세 가지 원칙이 마련됨.

균일 처우의 원칙	작업장 수용의 원칙 (= 원내 구호의 원칙)	최소 적격의 원칙 (= 열등 처우의 원칙)
• 지역이나 장소에 무관하게 동일한 조건 아래 구빈 조치가 제공됨.	• 원외구호 금지. 노동력이 없는 빈민을 제외하고 구빈은 작업장 수용을 통해 조치됨.	• 구빈은 구빈 조치를 받지 않는 사람의 최하 생활 수준보다 낮게 제공됨.

2) 사회보험 및 복지행정국가 단계

(1) 사회보험 단계에서 나타난 현상

① 1870년대 대규모 경제 공황이 발생하면서 자유주의에 대한 회의감이 만연하고 기존 노동운동에 대한 성찰 요구가 강해지는 등 노동시장의 분위기가 변화하기 시작
② 사회복지와 관련된 민간 영역 활동의 대대적 변화가 발생함.

(2) 1868년 자선조직협회(Charity Organization Society: COS)

① 이전까지 개인이나 민간의 종교단체, 사회단체들에 의한 무차별적 자선이 남발하고 있었음 : 빈곤의 원인, 구체적·합리적 구빈에 무관심(= 지원의 낭비, 중복 수혜, 효용성 낮은 봉사 등이 발생)
② 빈민 중 보호받을 가치가 있는 빈민과 없는 빈민을 구분 : 질환자 등 가치가 있는 빈민만 구호 조치, 태만·음주·낭비를 일삼는 사람은 원조를 금지하고 공공기관에서 억압적 조치를 받아야 한다고 믿음.
③ 자선기관들의 구호 중복 금지(= 현대적 지역사회복지 확립에 영향), 개인 필요에 대한 신중한 조사 실시(= 가족사회사업, 개별사회사업으로 발전), 무보수 봉사
④ 원조는 자조적 의식을 배양하는 도덕적 개혁을 지향했으나 빈곤을 개인의 도덕적 책임이 있는 죄악으로 간주하는 우월의식이 기초가 됐고, 사회구조적 문제에는 무관심했다는 점에서 한계가 있었음.

(3) 1884년 인보관(Settlement House) 운동

① 토인비 홀(Toynbee Hall = 세계 최초의 지역사회복지관)이 대표적
② 사회운동가나 대학생, 명망가 등 교양을 갖춘 사람이 빈민가에서 거주하며 의식 개혁과 환경 개선 등 빈곤문제 해결을 위해 실시한 활동
③ 빈곤을 정신적 문제로 간주해 교육을 통해 자신을 변화시킴으로써 빈곤에서 벗어날

수 있다고 믿어 사회교육, 보건위생, 기술교육, 오락 활동 등을 영위함(= 빈민을 위한 교육과 문화적 발전의 중요성을 최초로 강조).

(4) 구빈법 보고서와 국민보험법 제정

1889년 런던시 빈민 생활 실태 조사, 1901년 요크시 빈민 생활 실태 조사를 통해 빈곤은 개인적 문제가 아니며 인도주의적 자선으로 해결될 문제가 아님을 지적. 이후 1909년 왕립위원회는 구빈법 보고서(The Report on Poor Law)를 통해 구빈법 관리와 치료적 · 예방적 개혁을 강조함. 이때 보고서 내용에 대해 다수파와 소수파가 분리됐는데 기존 구빈법을 유지하자는 다수파와 달리 소수파는 구빈법 폐지와 보건, 교육, 사회보험의 대책이 필요함을 주장함. 이후 세계 최초로 사회보험을 도입한 독일의 비스마르크 입법을 참조해 1911년 영국 최초의 사회보험인 국민보험법 제정

(5) 1941년 베버리지 보고서(The Report by Sir William H. Beveridge)

① 제2차 세계대전 이후 영국의 복지국가화를 가속시킨 보고서 : 영국에 국한되지 않고 프랑스, 독일, 스웨덴 등 다양한 유럽 국가들에 영향을 미침.
② 3개의 원칙하에 작성됨 : 분파적 이해를 무시하고, 국가 재건을 위해 5대악(= 결핍, 질병, 무지, 불결, 나태)을 극복하며, 국가는 국민의 최저 생활만 보장할 뿐 그 이상은 개인과 가족의 노력에 달려 있음.
③ 사회보장의 6개 원칙과 6개 대상, 8개 욕구 원인을 제시

6개 원칙	• 일상생활 영위에 충분한 급여, 소득과 무관한 정액 갹출과 급여, 하나의 사회보험 금고가 관리하며 개인은 통합된 갹출료 1회만 납부하면 되는 행정책임의 통합, 다양한 방법으로 기본적이고 예측 가능한 모든 욕구를 해결해야 하는 포괄성, 6개 대상의 욕구를 보장한다는 분류화
6개 대상	• 피고용자, 자영업자, 전업주부, 기타 노동인구, 취업 전 청소년, 노동이 불가능한 고령자
8개 욕구 원인	• 실업, 장애, 생계 수단 상실, 퇴직, 기혼여성의 욕구, 장례비용, 유아, 질병 • 8개 욕구 원인에 대응하는 대책으로 실업급여, 장애 급여 및 연금, 직업훈련 급여, 연금, 결혼 · 출산 · 미망인 수당, 장제비, 아동수당, 질병 치료와 재활을 제시

④ 사회보험의 성공을 위해서는 가족수당, 포괄적 보건서비스, 완전고용이 전제돼야 한다고 주장함.

(6) 베버리지 보고서 이후의 복지정책

베버리지 보고서 이후 집권당인 노동당 정부는 1946년 실업·의료·출산·장제비 등을 규정한 국민보험법 개정, 정부가 책임지고 의료서비스를 무상으로 제공하는 국민보건서비스법 제정, 1948년 국민부조법, 아동법 등을 제도화함. 1951년 보수당이 정권을 잡지만 복지국가의 기조는 변하지 않고 이어짐.

3) 복지행정국가 쇠퇴 단계

1970년대 초반까지 경제 성장과 사회의 욕구에 대응하며 폭넓게 팽창하던 복지국가는 1973년 오일쇼크에 기인한 세계적 경제 침체로 위기에 직면함.

① 저성장과 물가 상승을 동반하는 스태그플레이션이 일자리 감소와 빈곤 증가라는 현상을 야기하자 사회복지정책을 줄이고 복지에 관한 정부 역할을 재정립해야 한다는 사회적 요구가 높아짐.
② 노사 분규와 파업까지 속출해 노동시장의 혼란이 가속화되는 상황이 혼재하면서 1979년 집권한 보수당의 대처 수상에 의해 대처리즘(Thatcherism)이 표명되고 신자유주의에 정책 기조를 설정해 복지국가를 해체, 재편하게 됨.

3. 독일과 미국의 사회복지정책 발달 과정

1) 독일의 사회복지정책

(1) 1788년 함부르크 구빈제도(Allgemeine Armenanstalt Hamburg)

① 교회를 통해 자선활동이 무분별하게 이뤄지는 현상을 해소하기 위해 독일 함부르크 시에서 도입한 제도 : 무직, 구직자 무리, 걸인, 부랑자들의 감소를 위해 중앙국을 설치하고, 시를 구별로 나눠 감독관이 자조를 지원하는 형태로 이뤄짐.
② 제도 초창기 문전 구걸 금지, 빈민을 위한 직업학교와 병원 건립, 요보호자 구제, 통합적 갱생 구축 등으로 실효를 거뒀지만 인구 집중과 구호를 바라는 사람이 급격하게 늘어남에 따라 재원과 감독관 확보에 실패해 제도가 붕괴됨(= 제도 운영 전보다 더 많은 빈민이 발생).

(2) 1852년 엘버펠트 제도(Det Elberfeldska fattigvardssystemet)

① 함부르크 구빈제도의 미흡했던 점을 보강해 독일 엘버펠트시가 도입한 제도 : 시를 546개 지구로 구분하되 각 지구별로 300여 명의 주민을 배당하고 빈민은 4명 이하가 되도록 구분함. 각 지구에는 명예직 구빈위원을 둬 빈민구제 담당관 역할과 상담역을 부여했고, 방문 조사와 생활 실태를 파악하게 함.
② 영국의 자선조직협회(COS)를 설립하는 데 지대한 영향을 미침.

(3) 1862년 근대화 이후

① 1862년 재상으로 취임한 비스마르크 주도하에 1883년 건강보험, 1884년 산재보험, 1889년 노령폐질연금이 마련되고, 사회주의 운동을 억제하는 한편 노동자 계급을

체제 내로 편입하기 위한 사회복지정책을 활용함.
② 제1차 세계대전에서 패망한 후 전쟁 군인과 실직자들을 위해 사회보장을 재정비하고 급여 수준을 개선하는 제도를 마련함. 히틀러 집권 시기 독일의 사회보장제도는 정치적 이해관계에 따라 변동돼 많은 비판을 받지만 사회보장 대상이 확대되고 노동자 급여가 향상된 점은 의의가 있음.
③ 제2차 세계대전에서 패망한 후 사회적·시장경제적 사회복지정책을 지향하며 국가의 간섭을 최소화하는 방향으로 나아감.
④ 1972년 연금보험 가입 범위가 자영업자, 주부까지로 확대됨. 1970년대 오일쇼크의 영향으로 경기 침체가 심해지자 의료보험제도를 확충했으나 국민 부담이 증대돼 1977년 의료보험 비용억제법이 제정됨. 이후 독일 통일 후 재정 부담을 위해 많은 사회복지정책이 중단·축소됐으며, 1991년 의료보험 체제의 전 지역 확대 적용, 1993년 의료구조법(Gesundheitsstrukturgesetz) 시행, 1995년 간병보험 도입 등이 이뤄짐(= 독일 사회보장제도의 5대 축 : 연금보험, 의료보험, 사고보험, 실업보험, 간병보험).

2) 미국의 사회복지정책

(1) 식민지 및 국가 형성 시기(1860년 이전)

도시에 빈곤자가 증가함에 따라 공적 구빈원에 의한 원내 구호가 시행됐으며, 국가 형성 시기에 들어와 시설보호 전문화, 다수의 민간 자선단체 설립, 정부의 민간시설 지원 증대, 정신질환에 대한 관심 향상 등의 활동과 현상이 나타남.

(2) 자유방임주의의 만연과 진보·개혁의 시기(1860~1930년)

① 1882년 자선조직협회 설립 : 조사, 등록, 협동, 우애방문의 원칙을 기초로 하며, 빈곤은 개인적 자활로 해결할 수 있다고 간주함.
② 1887년 뉴욕 인보조합 설립

- 사회문제의 원인을 개인의 나태와 무절제로 보지 않고 사회적 환경에 결정적 원인이 있다고 인식함(= 사회연대 의식을 기초로 한 사회개량주의 입장).
- 노동조합의 결성을 조장하고 다양한 분야의 활동을 전개함(= 집단사회사업, 사회복지조사 등의 기초가 됨).
③ 도시화, 산업화를 통해 경제적·사회적·정치적으로 급진적 성장을 이룸에 따라 빈부 격차가 심해지고 자본 독점 현상이 나타나며 자유방임주의에 대한 회의가 발생함 (= 진보주의 사상이 주창되고 국가의 빈곤과 사회문제에 대한 개입과 규제, 보호가 시작됨).
④ 1889년 인보관 운동 : 서비스와 교육의 제공을 통해 빈민들을 미국 생활의 주류로 편입시키고자 함. 사회조사의 실시, 노조운동·평화운동·아동복지운동 등과 결부해 활동했다는 점에서 사회적 의의가 있음.

(3) 대공황과 뉴딜정책, 안정과 번영의 시기(1930~1950년대)

① 대공황으로 경기 침체가 장기화되자 뉴딜정책을 실시했고, 1935년 사회보장법 제정으로 세계 최초로 사회보장이라는 용어가 사용됨(= 사회복지의 사회화 및 국영화 발생).
② 이후 경제적 번영과 안정이 지속돼 빈곤문제에 대해 심각하게 고려하지 않게 됨 : 1950년 사회보장법 개정, 1952년 사회사업교육위원회(Council on Social Work Education: CSWE) 결성, 1955년 전국사회복지사협회(National Association of Social Workers: NASW) 결성

(4) 빈곤과의 전쟁 시기(1960년대)

① 케네디 대통령은 실업문제와 흑인 민권운동에 관심을 갖고 개혁정책을 추구했으며, 이후 집권한 존슨 대통령은 빈곤정책을 제기함.
② 이 시기에 사회복지 프로그램을 위한 재원이 급격히 소비되고, 클라이언트의 욕구를 충족시키기 위해 환경이나 제도를 변화시키는 데 집중함. 사회개혁을 위한 정치적 조직가들이 사회행동가로서 적극적으로 활동

(5) 신자유주의 시기(1975년 이후)

① 사회복지정책과 프로그램의 난립으로 국가적 재정 위기가 발생함에 따라 사회복지 비용 삭감, 빈민을 위한 재정 급여와 사회서비스 대폭 감축
② 1980년 집권한 레이건 대통령은 레이거노믹스를 단행해 신자유주의 사상에 입각한 복지 체제에 대한 수정 단행(= 잔여적 복지 지향)
③ 1992년 클린턴 대통령은 산지유주의 기조를 이어가되 의료보험제도와 같은 부분에서는 제도적·개혁주의적 관점을 가지고 접근
④ 2014년 오바마 대통령은 통칭 오바마 케어(Patient Protection and Affordable Care Act: PPACA)로 불리는 의료보험법 개혁을 실시함 : 차상위 계층에게만 정부가 의료보험 혜택을 제공하고, 그 이외의 국민은 개인이 민간보험에 의무 가입하게 함으로써 전 국민 의료보험을 근간으로 함. 또한 무료 보험의 적용 대상 확대, 보험사의 병력 기반 가입자 차별 금지, 의료보험 가입을 거부하는 개인 및 기업에는 무거운 벌금 징수 등을 내용으로 함.

(6) 서구 시기별 사회복지정책 특성 비교

	구빈법 시기	사회보험 시기	복지국가 시기	복지국가 쇠퇴기
주체	• 국가, 교회, 봉건영주	• 국가, 노조	• 국가, NGO	• 국가, 민간 부문
대상	• 걸인, 부랑자, 구제 가치가 있는 빈민	• 노동자	• 모든 국민	• 국민 최저선 이하의 국민
지원 수준	• 최소한의 생존 지원	• 사회적 위험에 대한 최소한의 지원	• 보편적 지원	• 선별적 지원
대상의 권리 수준	• 권리 없음.	• 사회보험에 입각한 권리	• 높은 수준 시민복지 수급 권리	• 낮은 수준 시민복지 수급 권리
경제와의 관계	• 경제와 무관	• 경제에 종속	• 경제와 대등	• 경제에 종속

4. 한국의 사회복지정책 발달 과정

1) 민주화 정부 이전 시대

(1) 근대화 정부 수립 전후

왕조 시기	• 고조선부터 조선시대까지 왕가의 인정에 의한 민생구휼. 상평창, 의창, 사창 등 흉년을 대비한 전문 구황정책 운용 • 민간 차원의 두레, 품앗이, 향약, 계 등의 상부상조 활동
일제 강점기 및 미군정 시기	• 조선구호령(= 1961년 이전까지 한국 공공부조의 기본법 위치) 등의 일제의 구제는 근대적 복지 이념의 적용이 아니라 악랄한 식민정책의 일부로 한민족을 굴복시키려는 정치적 목적의 시혜와 자선활동 • 미군정 3년간 구호사업은 빈민들에 대한 식량과 의료, 주택 공급에 집중(= 임시변통적 조치로 창의적이거나 계획적 정책이나 입법은 없었음)
정부 수립과 한국전쟁 시기	• 빈곤이 만연하고 사회적으로 매우 혼란한 시기 • 사회복지교육이 시작, 1945년 대한적십자사 창립, 1952년 한국사회사업연합회 창립 (= 사회복지 용어가 공식적으로 등장) • 한국전쟁으로 모든 복지정책이 임시적·응급적 정책으로 전락, 외국 원조에 의존하는 구제 방식 심화

(2) 군사정부 시기

박정희 대통령 정권	• 경제 개발을 최우선해 관련된 사회문제가 다량 발생했지만 사회복지 제공에 소극적 (= 재원의 경제정책 집중 투입) • 쿠데타로 집권함에 따라 국민들에게 신뢰를 얻고 이전 정부와의 차별성을 부각시키려는 정치적 의도로 사회복지정책 생산(= 국가 중심 사회복지 체계 정립은 의미가 있으나 실제 효용성 측면에서는 미약함) • 1970년 사회복지사업법 제정으로 사회복지시설과 단체들이 정부 보조를 받을 수 있게 됨. 의료보험법, 아동복리법 등 제정
전두환 대통령 정권	• 쿠데타로 집권함에 따라 체제 정통성 확보를 위해 사회복지 입법을 단행 • 한국형 복지모형 등장(= 서구의 복지국가 위기를 반면교사로 삼음)
노태우 대통령 정부	• 제5공화국이 약속한 사회보험제도 대부분 시행 : 국민연금제도, 최저임금제도, 국민의료보험제도 등 소득과 의료보장 확대 시도 • 1989년 지방자치법 제정으로 복지와 관련된 다양한 업무가 지방정부로 이관 • 장애인, 영유아, 아동 복지 등 다양한 분야에 관심을 기울이고, 재가복지를 중시함.

2) 민주화 정부 시대

(1) 김영삼 대통령 정부

① 민주적 정통성을 갖고 합법적 선거를 통해 수립된 민간 정부로서 시혜가 아닌 당연한 권리로서 복지를 인식함(= 국민의 요구를 사회복지정책에 반영하려는 태도를 견지함).
② 지방자치제도를 다시 시행해 분권적 복지 발전에 기여하고, 잔여적 복지 관점에서 성장과 복지의 조화를 지향
- 현실적으로 보편적 복지를 추구할 정도의 사회적 합의나 경제 여건이 되지 못했기 때문에 상황에 맞는 합리적 복지를 추구하고, 그에 따라 새로운 제도의 도입보다 기존 정책과 제도의 내실을 기하는 데 집중
- 고용보험, 국민연금, 윤락행위등방지법, 국민건강증진법, 국민연금법, 입양특례법 등의 개정과 실시, 성폭력범죄처벌법 및 피해자보호 등에 관한 법, 여성발전기본법, 정신보건법, 사회복지공동모금회법 등 제정
③ 경제 활성화에 정부활동의 방점을 둬 전반적인 사회복지정책 예산은 축소됐으며, 중장기 사회복지 발전을 위한 복지위원회의 활동이 적극적으로 이뤄졌으나 재원 마련에 필요한 구체적 계획은 부족해 실효성이 떨어짐.

(2) 김대중 대통령 정부

① 생산적 복지를 지향하는 진보 정부로서 보건복지 행정 체계 전환, 사회복지 지출·사회보험 부문·실업 대책을 포괄하는 공공부조 부문 개선 노력이 부각됨.
② 사회복지관 대폭 신설, 민간복지 기관과 경쟁적 관계 구축, 전 국민 대상 국민연금 및 단일화를 통한 건강보험제도 개혁 추진, 국민기초생활보장법 및 고용보험의 전 사업장으로 확대
③ 1997년 IMF 경제 위기로 대량 실업 사태가 발생함에 따라 사회안전망을 확대했지만 실제로는 근로 연계 복지의 도입을 통한 빈민 통제의 속성을 띠게 됨.

(3) 노무현 대통령 정부

① IMF 이후 늘어난 저소득층에 대한 기초생활보장 확대, 적극적 탈빈곤 정책 시행 등 참여적 복지 관점에서 국민들이 자활 대책을 통해 곤궁함에서 벗어날 수 있도록 적극적으로 다수의 사회복지정책을 기획, 집행함.
② 기초생활보장수급자 선정 기준 현실화 및 차상위계층 범위 확대, 자활 사업 확대 및 자활 후견기관 등 인프라 구축, 사회복지공무원 증원, 사회복지사 1급 자격시험 실시, 노인장기요양보험제도 실시, 비정규직 근로자의 사업장 기가입지로 전환 추진 등 기존 사회복지정책들이 세분화되고 다변화함.
③ 정치적 지원 부족과 경제적 부담 증대로 실제적 집행에 한계에 직면함.

(4) 이후의 보수 정부

이명박 대통령 정부	박근혜 대통령 정부
• 능동적·참여적 복지를 지향해 예방적 복지정책을 중시했으나 실제로는 국정 전반에 걸쳐 4대강 개발사업에만 치중해 전시적 복지정책만 이뤄짐.	• 복지 목표를 명시하고 다양한 제도 도입을 시도했지만 증세 없는 복지 기조로 인해 실제 실효성을 거두기 어려웠음.

제3장 되돌아보기

- 각국의 사회복지정책이 시간 흐름에 따라 어떤 기조로 변화했는지 숙지할 것
- 각국의 사회복지정책에 지대한 영향을 미친 여가적 활동에 대해 구분해 기억할 것
- 각국의 사회복지정책이 시장 중심과 국가 중심 기조가 반복됐던 것에 착안해 한국 사회복지정책의 미래 바람직한 양상에 대해 고민해 볼 것

사회복지정책 관련 이론

이 장에서는 사회복지정책과 관련된 각종 이론에 대해 살펴볼 것입니다. 이론은 객관적인 실재를 반영하는 과학의 본질이자 중요한 목표입니다. 이론을 통해 누구나 논리적으로 검증할 수 있으며, 특정 대상이나 현상에 대한 예상을 쉽게 할 수 있습니다. 하지만 이론은 방대한 내용을 함축적으로 담고 있기 때문에 꼼꼼한 학습이 요구됩니다.

1. 사회복지정책 형성 이론 및 모형

1) 사회복지정책과 복지국가 형성을 설명하는 이론

(1) 국가중심 이론

① 사회복지정책의 공급 측면에 초점을 맞추고 있으며, 국가 자체의 독특한 내적 논리나 구조를 강조하고, 국가를 독특한 이해관계 행위자로 인식함(= 국가의 자율성과 공급자로서 역할 강조).

② 국가가 스스로 문제를 인식하고 해결하려는 노력 과정에서 사회복지정책이 생산되고, 그를 정부관료 조직의 역할로 간주함(= 사회적 쟁점과 해결이 복잡해질수록 정치인과 이익집단의 역할보다 관료와 전문가의 역할이 필요하다고 인식).
③ 각국마다 상이성이 강해 일반화가 어렵고, 복지에 대한 욕구 발생에는 관심을 두지 않아 사회복지정책 형성과 복지국가 활성화에 따른 본질적 원인을 간과할 수 있다는 한계가 있음.

(2) 코포라티즘(= 조합주의 이론)

① 자본가, 노동자, 국가 등 세 존재가 상호 협력해 경제와 사회복지정책을 결정한다고 인식함(= 자본가는 높은 임금을 제공하고, 국가는 복지 혜택을 제공하는 대신 노동자들은 산업 평화를 보장받는 협동 체제 추구).
② 협동 체제 속에서 국가는 국가 전체의 이익 확대와 사회 질서 유지를 위해 중립자가 아닌 능동적이고 적극적인 주도권을 행사한다고 주장함.
③ 국가의 주도권을 강조하지만 국가중심 이론보다 다른 존재의 비중을 높게 봄.

(3) 엘리트 이론

① 사회를 소수 엘리트집단(= 관료, 자본가, 군, 경제연합조직, 기술전문가, 지식인 등)이 중심이 되는 피라미드 구조로 간주 : 모든 정책은 엘리트에 의해 결정된 후 대중에게 일방적으로 하향 전달될 뿐 대중의 요구와 비판은 전혀 수용되지 않는다고 인식함.
② 사회 내 다양한 집단들의 갈등이나 요구도 무시되며, 권력은 조직을 이끌고 통제할 수 있는 능력과 그 지위에 의해 결정

고전적 엘리트 이론	신엘리트 이론	급진적 엘리트 이론
• 어느 사회나 조직 내부에 집단이 생기면 소수 엘리트에 의한 지배가 불가피하다고 인식함. • 파시즘의 이론적 기반	• 정치 권력은 정책을 결정할 때, 정책결정을 위한 정책문제를 선택할 때 영향력을 행사한다고 인식. • 무의사결정을 통한 은밀한 권력 행사에 초점을 맞춤.	• 파워 엘리트는 단일지배 계급이 아니라 기업, 관료기구, 군대 요직에 있는 간부를 지칭하며 이들의 밀접한 결합이 심화되고 있다고 간주

(4) 이익집단 이론

① 미국과 같이 다원화된 국가에서 여러 이익집단이 자신들의 다양한 이익을 추구하는 과정 속에서 상호 갈등과 타협의 산물로 사회복지정책 형성된다고 인식함(= 실제 경제 발전과 민주주의 진전으로 이익집단의 욕구가 커졌으며, 서로 다른 이해를 가진 집단들의 영향력을 설명하는 데 유용하게 활용됨).
② 사회복지정책의 내용과 형태는 이익집단들의 상대적 영향력에 따라 달라짐(= 이익집단의 영향력은 구성원 수와 능력, 재원, 조직력, 지도자의 리더십, 정책결정자에 대한 접근가능성, 내적 결속력 등에 의해 결정).
③ 이익집단이 활성화되지 않은 후진적 민주주의 국가나 계급별 권력 차이가 심해 계급문제가 심한 국가의 경우에는 설명하기 어렵다는 한계가 있음.

(5) 페미니즘 이론

사회복지정책이 형성되는 주된 이유는 남성 중심 사회가 여성에 대한 지배력을 강화하기 위함으로 인식함. 특히 마르크스주의에 입각한 페미니즘은 자녀 양육이나 남편 내조 등의 역할 수행 시 무보수로 활동함에 따라 노동력 재생산 측면에서 여성들이 희생되고 있으며, 취업 시에도 산업예비군 취급을 받아 가장 먼저 해고당하는 존재라며 강력하게 비판함.

(6) 다원주의 이론

① 사회 내 개인과 집단의 다양성이 존중받고 실현되는 것을 가장 이상적으로 간주하며, 정치는 소수 엘리트가 아니라 다양한 정치 참여자의 자율적 참여를 바탕으로 이뤄져야 하고, 이질적 문화가 존중 속에 공존해야 한다고 인식함(= 특정 세력이나 이념의 일방적 지배를 거부).
② 사회복지정책과 복지국가가 형성되는 과정은 사회 속 다양한 개인과 집단 간 갈등이 발생하면 정부가 공정하고 종합적인 입장에서 조정한 결과 나타난 균형적 산물이라

고 봄.
③ 사회복지정책 형성 과정에서 사회 내의 모든 집단이 주 분석 대상이 되며, 국가는 수동적이고 집단 사이의 강력한 조정관 역할을 한다고 설명함.

(7) 사회민주주의 이론

① 조합주의와 유사한 성격을 가지며, 기능적 필요성보다 노동 계급을 대변하는 정치적 세력이 커질수록 사회복지정책의 형성이 촉진된다고 강조하면서 복지국가는 자본과 노동 간 계급 투쟁에서 노동자 계급이 얻어낸 성과물로 간주함(= 노동자 계급의 정치적 권력이 확대돼 복지국가가 형성됐다는 권력자원이론에 근간함).
② 자유시장경제 체제를 지양하고, 국가가 개입하는 혼합경제 체제를 추구하며 정치와 경제민주주의를 함께 지향함(= 실업보험과 같은 적극적 노동시장 정책, 각종 사회복지서비스의 제공을 통한 포괄적 복지국가 실현을 목적으로 함).
③ 정치적 변수에 주목하고 정치적 요소에 대한 분석이 중요함을 보여 줌으로써 설명의 폭을 넓혔고, 실증적 연구를 통해 이론의 가치가 입증됐다는 점에서 사회복지정책 형성을 설명하는 데 유용함.

(8) 마르크스주의 이론

① 자본주의 체제에서 국가는 자본가 계층의 이익을 대변하는 도구에 불과하다고 인식하며, 사회복지정책이나 복지국가의 형성 과정보다 관련된 사회 전체 구조나 계급에 상대적으로 관심을 더 기울이고, 국가 엘리트를 사회 내 권력집단으로 간주함(= 자본주의 자체를 인정하지 않기 때문에 사회복지정책을 부르주아들의 위선적 획책으로 인식함).
② 제2차 세계대전 이후 등장한 신마르크스주의는 자본주의가 고도로 발달할수록 복지국가가 형성된다고 봤고, 자본주의에 대한 단순한 거부가 아니라 분석을 통해 국가가 적극적으로 개입하는 복지국가의 내용을 이해할 수 있게 한 점은 과거의 마르크스주의와 차이가 있음.

2) 사회복지정책 모형

(1) 윌렌스키(H. L. Wilensky)와 르보(C. N. Lebeaux) 모형

가장 일반적으로 활용

잔여적 복지 모형	제도적 복지 모형
• 국가 역할 최소화, 한정적 대상에 대한 사회복지정책 적용	• 국가 역할 극대화, 모든 국민 대상의 사회복지정책 적용

(2) 조지(V. George)와 윌딩(P. Wilding) 모형

자유방임적·반복지적 사상인 반집합주의(anti-collectivism), 케인스 사상·국가개입적 사상인 소극적 집합주의(reluctant collectivism), 실용주의적·점진적 사회주의 사상인 페이비언 사회주의(Fabian socialism), 자본주의를 거부하고 사회복지정책도 결국 사회주의 완성에 방해물이라고 주장하는 마르크스주의(Marxism)로 분류

(3) 미쉬라(R. Mishra)의 2분법

분화적 다원주의 복지국가 모형	통합된 조합주의 복지국가 모형
• 경제정책과 사회복지정책은 명백히 대립됨 : 경제정책에 부정적인 사회복지정책은 제한적이고 잔여적 역할만 수행해야 한다고 간주 • 이익집단들의 이익 추구 과정에서 사회복지정책이 형성되며, 통합적·포괄적이지 않고 단편화되는 경향이 강함.	• 경제정책과 사회복지정책은 상호의존적 관계 : 사회구성원의 이익이 통합되는 복지국가 형태를 추구하게 된다고 간주 • 경제집단 혹은 계급 간 상호 협력하에 사회복지정책이 추진되며, 집합적 책임을 강조하고, 완전고용정책과 포괄적 사회복지정책이 주를 이룸.

(4) 티트머스(R. M. Titmuss)의 3분법

보완적 모형	제도적 재분배 모형	산업성취 수행 모형
• 가족과 시장을 통해 1차적 욕구 충족이 불가능한 대상에 사회복지정책 적용	• 불평등 해소, 평등 추구, 보편적 급여를 중심으로 한 사회복지정책 제공	• 생산성·경제적 기여에 따라 사회복지급여 제공(= 사회복지정책은 경제 성장의 수단)

(5) 에스핑-앤더슨(G. Esping-Andersen) 모형

탈상품화 정도를 기준으로 구분

자유주의 복지 모형	• 노동시장에서 적절한 소득 획득에 실패한 사람들에게 국가가 국민 최저 수준의 사회복지정책의 혜택을 제공하는 방식 • 미국, 영국, 호주, 뉴질랜드, 캐나다, 아일랜드 등
조합주의 복지 모형	• 직업적 범주에 따라 사회복지정책 대상자를 구분하고, 국가가 직무 경력에 유용한 교육과 직업훈련을 적극적으로 지원하는 방식 • 소득보장을 위한 사회보험을 중시하며, 소득보장은 국민 최저 수준 이상을 보장 • 이탈리아, 일본, 독일, 프랑스, 핀란드, 스위스 등
사회민주적 복지 모형	• 사회적 평등과 연대의 가치를 추구하고, 조세, 임금 격차 축소, 각종 복지급여, 노동시장 관련 정책에 국가가 적극적으로 개입 • 국민에게 동일하고 높은 수준의 복지와 소득을 보장 • 벨기에, 네덜란드, 노르웨이, 덴마크, 스웨덴 등

(6) 파커(J. Parker) 모형

자유방임형 모형	사회주의형 모형	자유주의형 모형
• 개별적 자유 선택을 강조 • 경제 성장과 부(富)의 극대화에 높은 가치를 부여	• 자원 배분이 능력보다 요구에 기초해야 한다고 간주	• 기회와 개인적 자유, 사회적 배분 방법으로서 시장의 중요성을 인식함.

(7) 퍼니스(N. Furniss)와 틸턴(T. A. Tilton) 모형

사회복지 욕구에 대한 정부 개입 형태를 기준으로 구분

적극적 국가 모형	• 미국이 대표적. 경제 효율성에 반하는 사회복지정책에 대한 저항이 강해 보험 수리 원칙을 엄격하게 준수하는 사회보험 프로그램에 의존함. • 소득의 수평적 재분배와 세대 간 재분배를 더 강조하며, 시장 체계의 기능을 강화하는 사회통제적 관점에서 사회복지정책을 다룸.
사회보장 국가 모형	• 영국이 대표적. 국민의 최저생활, 기회 균등, 일정 수준까지의 평등만 보장 • 사회보장에서 개인과 그들의 가족을 위해 스스로의 노력을 통해 해결하는 것을 우선하며, 사회보험, 공공부조, 사회복지서비스를 통해 복지 체계 구성
사회복지 국가 모형	• 스웨덴이 대표적. 소득, 재산, 권력상 불평등을 제거하고, 국민 화합을 강조하며, 정부와 노조가 협력해 고용정책과 임금정책을 실시함. • 전통적 사회복지정책 의존 수준을 넘어 정책결정권을 시민이 가지며, 정부는 일반 예산에 의한 사회복지서비스의 제공을 확대함.

2. 사회복지정책 발달 이론

1) 사회양심이론

(1) 사회양심이론의 의의

타인의 고통에 대한 관심과 그를 해결하려는 사회 속 개인의 이타적 양심이 사회적·국가적 정책으로 나타난 것이 사회복지정책이라고 인식함.

① 사회복지정책은 개인이 내재한 이타심, 사회적 의무감, 욕구에 대한 국민들의 지식 등이 작용해 국민의 수준이 높아질수록 더욱 원활하게 발달된다고 설명
② 사회 내 다양한 합의를 통해 사회문제 해결을 위한 사회적 노력과 활동이 이뤄짐에 따라 정부에서 체계적으로 제공하는 사회복지정책의 향상을 가져왔다고 간주
③ 변화는 축적되며 관용과 관심이 늘어날 수 있는 방향에서 사회복지정책이 진화함. 또한 현재 이뤄지는 정책이 지금까지의 정책들 중 가장 최선이지만 개선은 계속적으로 이뤄져야 함(= 사회가 지속적으로 변화하기 때문).

(2) 사회양심이론의 관점

사회양심이론의 사회복지정책을 바라보는 관점은 낙관적이고 문제 해결 중심의 시각이지만 지나치게 자애나 이타를 강조한 나머지 국가의 역할에 관한 그릇된 견해를 갖게 함으로써 사회적 과정을 정확하게 이해하는 데 한계가 있음. 특정 시기에만 특정 문제로 인식되는 사례에 대해 사회적 맥락 차원의 설명이 불가능해 사회복지정책 형성에 관한 분석이 협소할 수밖에 없음.

2) 시민권론

(1) 시민권론의 의의

시민권론은 사회의 구성원이라면 누구나 사회복지정책의 이익을 향유할 수 있는 권리를 가지고 있다고 인식함.

① 시민권 개념이 근원이 됨.
- 자본주의 팽배에 기인한 계급구조 확립에 따른 불평등으로부터 법에 의해 개인의 자유와 평등을 보장받기 위해, 궁극적으로 사회적 불평등을 해소하기 위해 시민권이 부각됨.
- 시민권은 특정 사회의 구성원으로서 완전하게 인정되는 지위의 향유이며, 시민권을 가진 모든 사람은 동등한 권리와 의무를 가짐.

② 개인은 누구나 법 앞에서 평등하고 자유를 누릴 수 있다는 공민권, 참정권으로 대표되는 정치권 등으로 시민권 개념이 확장되는 것과 마찬가지로 사회복지정책 역시 시민권이 사회권으로 발전하는 과정에서 등장했다고 간주함.

③ 복지국가 체제에서는 개인의 생활 수준이 그 개인의 계급적 신분이나 경제적 교섭 능력에 영향을 받아서는 안 되며, 정치적 합의에 따른 결정이 일정 수준 보장돼야 한다고 주장함.

(2) 시민권론의 관점

시민권론의 관점이 사회복지정책의 다양한 형태를 감안하지 않고 지나치게 국가 복지에만 맞춰져 있어 사회복지정책의 범위를 한정적으로 설정한 채 발달을 설명한다고 비판받음. 또한 시민권의 개념이 추상적일 수밖에 없고, 사회복지정책 발달에 영향을 미치는 복잡한 인간 관계나 정치적 역학 관계를 설명하는 데 제약이 있음.

3) 수렴이론(= 산업화이론)

(1) 수렴이론의 의의

사회복지정책의 발달은 사회적 양심이나 윤리, 이념(= 사회양심이론), 법적·정치적 권리(= 시민권론)에 의한 것이 아니라 기술과 산업화, 경제 성장의 수준이 결정한다고 주장함 : 사회복지정책 이론 중 가장 먼저 등장한 이론

① 산업화는 소득 중단을 가져오는 실업, 질병, 산업재해 등을 야기해 생활과 생존에 악영향을 미치며, 도시화로 이어져 건강, 주택, 환경오염, 범죄, 빈곤, 교통문제 등 사회문제를 양산함. 또한 고령화, 여성의 사회 참여 증가, 고도의 사회 해체 현상 등이 나타나 다양한 사회적 욕구를 발생시키는데 사회복지정책은 그에 대한 대응이고 확대가 불가피하다고 인식함.

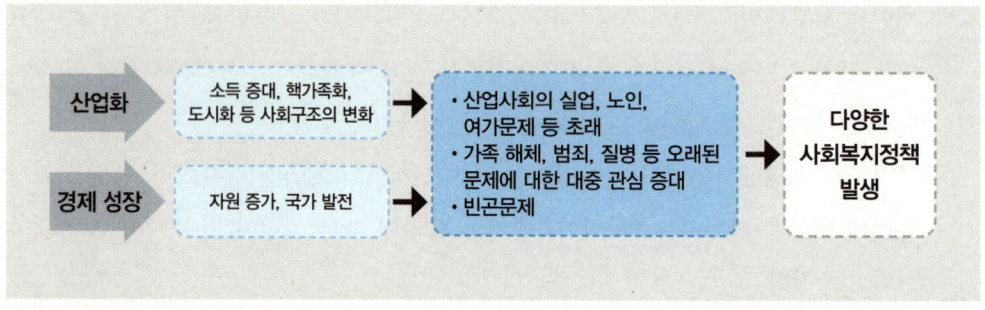

② 정치·경제적 사회 체제가 다른 사회라고 하더라도 산업화나 경제 수준이 비슷한 경우 사회복지 발달의 수준도 비슷하다는 의미에서 수렴이론이라고 명명됨(= 자본주의 체제는 시민의 기본적 요구 충족, 공산주의 체제는 자원 배분의 효율성 달성 등 체제와 무관하게 사회복지정책을 활용한다고 주장함).

(2) 수렴이론에 의한 사회복지정책 설명의 장점과 한계

장점	한계
• 산업화 정도와 복지국가의 다양한 제도 형태와의 연계라는 사실적 근거에 기반함. • 다른 이론에 비해 사회복지정책의 범위나 다양한 영역을 포괄함으로써 사회복지정책 발달 설명의 일반화 수준이 높음.	• 기술이나 경제 수준이 사회복지정책의 구조와 내용을 결정한다는 것은 결국 그러한 몇 가지 사례의 결과에 맞춘 결정론적 시각(= 사회복지정책은 특정 가치에 따른 선택일 수 있음) • 사회 내 갈등, 가치와 이데올로기, 민주화 등 정치적 요인의 영향력을 배제하고 있음.

4) 음모이론

(1) 음모이론의 의의

사회복지정책 발달은 양심이나 이타심의 발로로 이뤄지는 것이 아니라 사회 전체의 안정과 질서 유지를 위해 사회통제에 목적을 둠에 따라 이뤄진다고 인식함(= 사회양심이론과 같은 목적론적 관점이지만 내용은 완전히 대치됨).

① 소수의 사회지배 계층의 이익을 위협할 수 있는 요인을 사전에 제거한다는 측면에서 사회복지정책을 제공하고 그를 통해 빈민에 대한 억압을 현실화한다고 주장(= 자본주의에서 사회복지정책은 존속될 수 없다고 판단함)
② 경기 침체와 대량 실업 등의 사회문제가 발생하거나 사회적 위험이 커질 때 사회복지정책을 확대하고, 경기가 좋아지면 다시 축소해 버리는 방식으로 운용돼 특히 노동 규범을 강제하기 위해 주로 활용된다고 설명함.

(2) 음모이론의 관점

음모이론의 관점은 정책결정자의 비중을 너무 크게 봐 민주적 정치 현실을 경시하는 경향이 강하고, 중간계층의 정책결정에 관한 권력을 무시하며, 사회 안정에 대한 위협을 조장하지 않는 집단임에도 실제 사회복지정책의 혜택을 받는 대상들이 존재함을 설명할 수 없음.

5) 전파이론(= 확산이론, 결과이론, 근대화이론)

(1) 전파이론의 의의

다양한 이름으로 혼용되는데, 국제 관계가 긴밀한 체제로 변모하고 활발한 국가 사이의 교류로 사회복지정책의 경험과 효과가 각국에 전파돼 확산된다고 간주

① 지리적 근접도가 높아 사회복지정책이 빠르게 상호 전파된 유럽 대륙의 경우와 같이 사회복지정책을 선제적으로 도입한 복지국가들의 활동과 성과를 후발 국가나 제3세계 국가들이 모방해 도입한다고 주장(= 서구 사회의 발전모형을 기초로 근대화를 설명하는 사회진화론적 입장)
② 콜리어(D. Collier)와 메식(R. E. Messick)은 전파는 두 가지 유형으로 이뤄진다고 실증적으로 주장(= 앞의 그림과 같은 양상을 설명)

위계적 전파 (hierarchical diffusion)	• 기술의 혁신이나 새로운 제도가 선진국에서 후진국으로 전파되는 경우
공간적 전파 (spatial diffusion)	• 특정 국가에서 만들어진 제도나 프로그램이 인접 주변국을 중심으로 우선적으로 점차 전파되는 경우

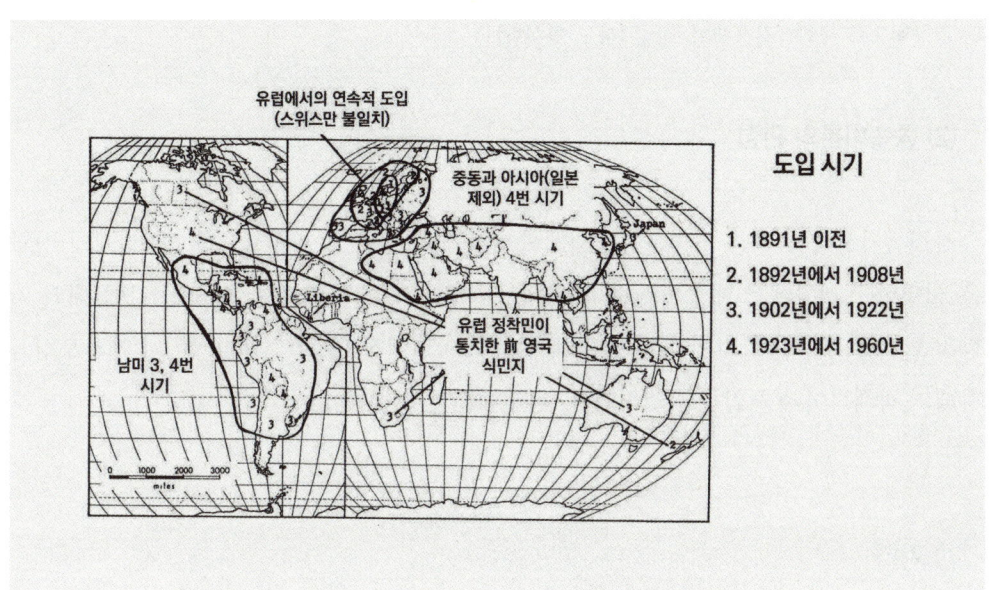

(2) 전파이론의 관점

전파이론의 관점은 실제 사례를 통해 확인돼 신뢰도가 높은 설명력을 갖지만 사회복지정책을 도입할 때 내부 상황이 작용한 경우가 더 많으며, 후진국에서 선진국으로 역확산되는 경우를 설명할 수 없고, 국제적 환경 변수가 구체적인 사회복지정책으로 전환되는 과정에 대한 설명에 제약을 받음.

6) 종속이론

(1) 종속이론의 의의

자본주의적 경제 발전에서 선진국과 저개발국 사이에 종속 관계가 형성돼 있다는 역사적 인식을 전제하며, 역사주의, 경험주의, 구조주의에 입각한 정치경제학적 접근으로 각 세력 관계에서 이해하려는 이론(= 자국민의 욕구가 아닌 선진국의 경제와 그에 연관된 사회 형태

의 영향력으로 사회복지정책이 결정된다고 인식함)

(2) 종속이론의 관점

사회복지정책의 관심 영역을 제3세계까지 확대시키는 데 기여했으나 제3세계의 상황을 설명함에 서구에서 개발 이론을 적용하는 가정부터 잘못됐으며, 한국과 같이 대외 지향적 발전을 추구한 나라에 대한 설명에 설득력이 떨어짐. 또한 저개발국이나 개발도상국 자체의 잠재력이나 책임을 과소평가한 것에 대해 비판받음.

7) 기타

사회정의 이론	• 사회적 정의는 사회적 이득과 손실과 관련된 개념으로 주요 사회제도들과 직결 • 사회복지정책의 변화를 사회 정의 개념이 달라짐에 따라 나타난다고 전제하고, 사회복지정책의 발달은 자유와 평등이라는 사회 정의가 확대되는 실천 과정으로 간주함. • 사회복지정책이 사회 정의의 가치판단을 배제하면 존재할 수 없다는 사실을 충분히 인정했다는 점에서 의미가 있지만 이상적 사회정책과 실제 실천된 사회정책 간에 간극이 있으며, 특정한 사회 정의가 유독 지배적이 될 수밖에 없었던 이유를 설명하지 못하는 한계가 있음.
합리 이론	• 사회복지정책은 파생된 각종 사회문제에 대해 합리적 인간이 고안해 낸 합리적 문제 해결책이라고 주장함. • 문제의 인식과 해결책에 관한 합의가 모두 일치하지 않으며, 어떻게 사회문제가 특정 시점과 상황에서 사회문제화되는지 설명할 수 없음.
환경결정 이론	• 사회복지정책은 사회, 정치, 경제 등 환경적 요인에 의해 발달된다고 인식. 환경적 요인들은 시대와 상황에 따라 수시로 변화하기 때문에 사회복지정책은 항상 가변성을 가짐. • 사회적 요인 : 사회분화 등으로 전통사회에서 담당하던 가족의 복지 기능이 쇠퇴하고, 대가족에서 핵가족, 전업주부에서 취업주부, 가족 부양에서 사회 부양으로 변화함에 따라 과거 불필요하던 새로운 노인복지, 아동복지, 가족복지 정책이 요구됨. • 정치적 요인 : 유권자의 관심을 끌기 위한 복지 공약, 정당 성격에 따른 복지 이념 및 복지 프로그램, 집권자의 문제 의식과 의지 등에 따라 사회복지정책의 성격이 변화함. • 경제적 요인 : 가장 결정적 영향을 미침. 사회복지 비용의 재정적 확보를 위한 국민 1인당 GNP, 경기 활성화 수준, 취업 및 경기 구조, 내수 진작, 경제 성장 등의 요인이 중요(= 신자유주의 역시 경제적 관점에서 나타난 사조)

제4장 되돌아보기

- 사회복지정책 활성화와 복지국가 형성을 설명하는 이론들을 각기 구분되는 특성을 중심으로 숙지할 것
- 다양한 사회복지정책 모형의 근간이 되는 모형 내용이 무엇인지 생각해 볼 것
- 한국 사회복지정책은 어떠한 사회복지정책 발달 모형에 근간해 발전했는지 생각해 볼 것

❺ 사회복지정책의 형성 과정과 결정

> 이 장에서는 사회복지정책이 형성되는 과정과 그를 통한 정책결정에 대해 학습하게 됩니다. 정책은 공익을 지향하기 때문에 형성되기까지 고려해야 할 사항이 매우 많고 결정에 따른 책임도 무겁습니다. 그래서 합리적이고 효과적인 사회복지정책이 만들어지려면 형성 과정과 결정 메커니즘에 대한 이해가 반드시 필요합니다.

1. 사회복지정책의 형성 과정

1) 사회복지정책 형성의 의미

(1) 사회복지정책 형성의 의의

사회복지정책 형성은 존재 가치를 지닌 채 규범화된 절차에 맞춰 사회복지정책이 국가 혹은 민간에 출현하게 되는 과정 일체를 의미함(= 출현, 전개 과정).

(2) 사회복지정책의 형성 과정에 대한 이해가 필요한 이유

① 사회복지정책의 목적과 기능을 명확히 할 수 있으며, 사회복지정책과 연관된 다양한 사회적 이해관계의 정체와 역학 관계를 파악할 수 있음.
② 사회복지정책 형성과 관련 있는 사회문제가 향후 연관될 프로그램의 본질을 이해하고 유사한 정책의 수립에 관한 전략적·실천적 유용성을 확보할 수 있음.
③ 기존 사회복지정책의 한계를 인지해서 정책형성 과정을 수정할 수 있음.

(3) 선행 연구가 주장한 정책 형성 과정

여러 학자의 주장을 정리하면 아래 그림과 같은 과정으로 요약할 수 있음.

칸(R. L. Kahn)	• 기획 선동 → 탐색 → 기획 과정 정의 → 정책형성(→ 프로그램화, 정책평가 및 환류)
디니토와 다이 (D. M. DiNitto & T. R. Dye)	• 정책문제 확인 → 정책대안 형성(→ 정책 정당화, 정책집행, 정책평가)
길버트와 스펙트 (N. Gilbert & H. Specht)	• 문제 발견 → 분석, 일반 계층에 대한 홍보, 정책 목표 개발(→ 대중의 지지와 정당화)
존스(C. O. Jones)	• 인지와 정의 → 결집, 조직화, 대표 형성 → 합법화(→ 집행)
라스웰(H. D. Lasswell)	• 정보 수집 및 처리 → 동원 → 처방(→ 행동화, 적용, 종결, 평가)
헤퍼만(J. Heffernan)	• 문제의 발견, 인지 → 정치적 여과 → 입법화(→ 행정적 실현, 새로운 문제 발견)
프리먼과 셔우드 (H. E. Freeman & C. C. Sherwood)	• 기획 → 프로그램 개발과 집행(→ 평가)

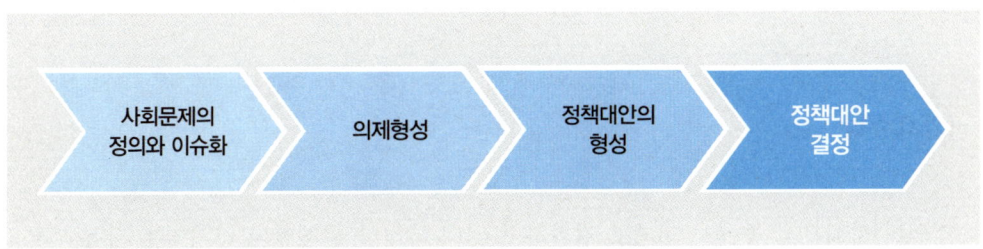

2) 사회문제의 정의와 이슈화

(1) 사회문제의 정의

사회복지정책은 궁극적으로 사회에 존재하는 다양한 사회문제를 해결하기 위한 노력이기 때문에 문제를 정의하는 것은 모든 과정의 시초가 됨.

① 사회문제가 되기 위해서는 사회적 가치나 규범에서 이탈한 사회적 현상이어야 하며, 상당수의 사람들이 사회적 원인으로 인해 발생한 현상에 의해 부정적 영향을 받고 있어야 함.
② 다수의 사람 혹은 소수의 권력자가 문제로 판단해야 비로소 문제가 되며(= 아무리 사회문제의 영향이 커도 인식되지 않으면 문제가 되지 못함), 사회가 개선을 원해 집단적·사회적 행동이 요청돼야 함.
③ 보통 인간다운 기본적 생활을 영위하지 못해 고통받는 사람들의 문제가 주로 다뤄지지만 전혀 그렇지 않은 경우나 돌발적인 경우도 있음.
④ 사회문제를 정의할 때 유의 사항

국민적 불만 여부	• 사회에 현존하면서 보편적 국민 대다수가 불만을 가져 해결을 요하는지 여부를 확인해야 함.
문제에 대한 심층 고려와 예측	• 단일한 요소로 구성되는 문제는 거의 없고 복합적인 구성이 대부분이므로 문제의 핵심을 선정하고, 문제의 심각성, 예상되는 피해 등에 대해 분명히 확인한 후 인과관계와 결과를 예측해야 함.
문제의 정의 기준	• 객관적 실태로서의 문제인지 주관적으로 정의된 문제인지 확인해야 함.
갈등에 대한 고려	• 정책 목표와 이해관계자들 사이의 갈등과 경쟁 등을 고려해야 함.

(2) 이슈화

정의된 사회문제 중에서 의제로 전환하기 위해 특정한 문제만 부각시키는 활동(= 정치적 논점으로 부각시킨 문제나 요구가 이슈)

① 이슈화될 가능성이 높은 사회문제의 성격 : 구체적일수록, 사회에 미치는 영향의 정도가 클수록, 기간이 적절할수록, 기술적으로 쉽게 이해될수록, 선례가 있을수록 (= 다만 기간의 적절성은 문제에 따라 다름. 유행성 질병 같은 경우는 즉시적이어야 하지만 환경문제는 미래적인 것이 적절함)
- 특정 문제가 심각한 부작용이 예측되거나 해결 방법에 대해 다수의 집단이 상호 이질적 견해를 보여 합의점을 찾지 못하고 갈등이 야기되는 경우 이슈화되기 쉬움.
- 복지와 관련된 문제는 정치적·경제적으로 미약한 사람들이 주로 해당되는 사회문제이다 보니 이슈화되기 쉽지 않음.
② 이슈화에는 이슈 촉발 장치와 이슈 제기자(= 주도자)가 필요함.

이슈 촉발 장치	이슈 제기자
• 대중의 관심을 유도하는 자연재해, 대형사고나 참사, 정치사회적 사건 등	• 특정 문제에 대해 관심과 여론을 환기시키는 행위자로 정치가, 시민운동가, 특정 집단 등

③ 억압된 이슈(depressed-issue = 공공의 관심은 높으나 공공정책 논의의 중심으로 나아가지 못하는 이슈), 하찮은 이슈(non-issue = 아예 무시되는 이슈), 가짜 이슈(pseudo-issue = 정책결정자가 형식적으로 관심을 가지나 문제 해결을 위한 실질적 노력은 보이지 않고 계속 무시된 채 남아 있는 이슈) 등의 유형이 존재함.
④ 이슈화 과정의 참여자들

동일시 집단	• 특정 이슈와 유관한 손익과 자신의 손익을 일치시켜 생각하는 집단으로 이슈 갈등에 가장 민감하게 반응하는 집단
관심 집단	• 특정 이슈에 즉각적으로 반응하지 않으나 관심을 가지고 있는 사람들로 구성되며, 해당 이슈가 그들의 관심권 속에 들어오면 즉시적으로 동원되는 집단
관심 공중	• 특정 이슈에 대해 일반적 수준의 관심을 갖고 있는 집단
일반 공중	• 특정 이슈에 대해 관심이 없고 잘 모르며 소극적인 집단화돼 있지 않은 인구층

⑤ 이슈화를 위해서는 감정에 호소하는 상징, 이성에 호소하는 상징을 활용할 수 있는

데 통상 사회복지정책을 위한 문제의 이슈화에는 감정에 호소하는 상징이 활용됨. 또한 다른 이슈와 연계시킴으로써 부각시키려는 이슈를 쉽게 이슈화할 수 있음.

3) 의제형성

(1) 의제의 의의와 설정

의제(agenda)는 이슈화된 문제 중 공공정책으로 전환되기 위해 정책결정자들에게 관심이 있고 논의될 수 있는 상태의 문제를 의미함(= 의제 설정은 정부가 사회문제를 해결하기 위해 사회문제에 대한 해결 요구가 수용해 정책문제로 채택할지 결정하는 과정).

① 의제 설정 과정 : 문제나 요구의 정치 체제로의 투입에 관한 것

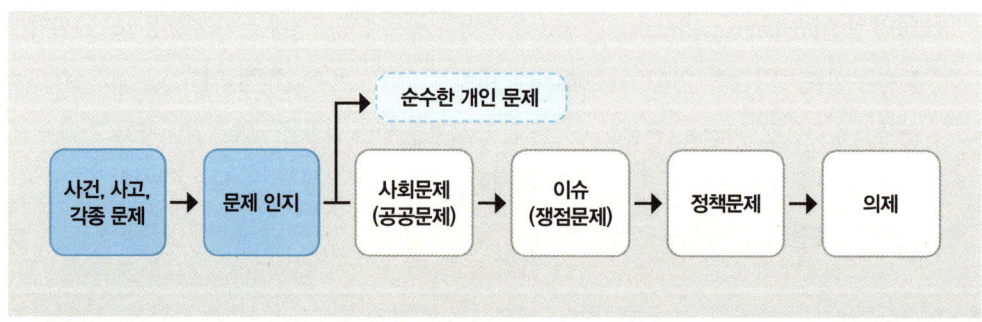

사적 의제	• 개인 문제의 영역
공적 의제	• 처음부터 공공의 관심의 영역이었거나 과거에는 사적 의제의 영역이었으나 정부의 권위 있는 의사결정자의 관심을 끌었을 때 속하게 됨. • 대통령, 의회, 법원, 선거, 언론, 정당, 이익단체, 어디에 귀속되는지에 따라 분류될 수 있으며 각 의제의 특성은 상호 차이가 있음.

② 의제 설정 과정에서 고려해야 할 사항

정의의 문제	• 다루고자 하는 이슈를 어떻게 규정하며, 이슈를 규정하는 데 영향을 미치는 요인들의 종류와 대응 방법에 대해 고려돼야 함.
이슈 갈등	• 의제를 설정할 때 누구를 참여시키며 그 범위는 어느 정도로 잡을지, 그들 사이에서 나타날 수 있는 갈등에 대해 고려돼야 함(= 의제 설정 과정은 정치적 과정).
이익 배분과 비효율 문제	• 의제 설정에 따른 이익은 무엇이며, 어느 집단이 이익의 대상이 될지, 이익 배분 과정에서 나타날 비효율 문제는 무엇이 있는지 고려돼야 함.

③ 의제 설정에 영향을 미치는 요인

콥(R. W. Cobb)과 엘더(C. D. Elder)	호그우드(B. W. Hogwood)와 건(L. A. Gunn)	워커(J. L. Walker)
• 전례, 시기적 적합성, 복잡성 혹은 단순성, 구체성 혹은 일반성, 사회적 유의성	• 주도집단, 영향력, 권력과 정통성 문제의 개입, 위기, 특수성, 유행성, 정서	• 영향력의 대소, 심각성, 해결책 존재 여부, 제안자 영향력의 유력함 정도

④ 의제 설정 과정의 참여자

이슈 제기자	• 특성 문제를 인식해 이슈화를 동해 정책결정자의 관심과 논의를 이끌어 낸 존재
이해관계자	• 정책결정자를 포함해 이슈로 인해 이익을 보는 존재와 손해를 보는 존재 일체
정책결정자	• 의제를 검토하고 의제에 직접적으로 영향력을 미칠 수 있는 존재
이슈 당사자	• 이슈가 된 문제의 직접적 관련자. 문제 해결을 가장 원하는 존재이기 때문에 이슈 설정 과정에서 압력을 행사하기도 함. • 이슈 당사자가 이슈 제기자일 수도 있지만 꼭 이슈 제기자가 이슈 당사자는 아님.
전문가	• 이슈화된 특정 문제의 속성과 해결 방법에 대해 지식이나 정보를 가지고 있는 존재(= 이슈 당사자의 대리인을 겸하는 경우도 있음)
일반 시민	• 영향력이 강한 참여자는 아니지만 이슈화 정도가 높아질수록 참여 정도가 높아짐.

(2) 의제 설정 이론 모형

사회복지정책의 의제 설정에 관한 이론 모형은 다양하게 존재하지만 일반적으로 콥(R. W. Cobb)과 로스(M. H. Ross)의 의제 설정 모형이 많이 수용됨.

외부주도형	• 정부의 외부에 존재하는 집단이 불만이나 고통을 표출하고 구체화시켜 공중의제로 만든 후 정책결정자가 문제의 해결을 심각하게 검토하게 충분한 압력을 행사함으로써 공식 의제화됨. • 진흙탕 싸움(muddling through) 현상으로 외부집단 간 경쟁이 심화돼 점진적 진행과 해결에 한정되는 경우가 많음.
내부주도형 (동원형)	• 새로운 이슈가 정부나 정치인, 정책결정자에 의해 먼저 창출되고 그 후에 대중적 지지를 획득하기 위해 공공화돼 이슈로 제기된 후 대중의 요구나 기대를 수렴하는 구체화 단계를 거쳐 공식 의제화됨. • 정치가들의 의도가 반영되기 쉬우며, 전문가의 영향력이 크고, 과정이 분석적
내부접근형 (음모형)	• 내부주도형과 유사하나 대중에 확산시키는 과정 없이 공식 의제화됨. • 주로 정치 후진국에서 나타나지만 국방과 관련된 이슈와 같이 보안이 요구되거나 긴급하게 처리돼야 할 사안에 활용됨.

4) 정책대안의 형성

(1) 정책대안 형성 과정의 의의

문제 해결이라는 목표 달성을 위해 여러 해결 방안을 모색하고 개발하는 과정(= 정책문제의 파악, 정책 목표 설정, 수단으로서의 정책대안 개발, 정책대안의 비교 등 분석적 정보 산출 과정이자 기술적·과학적·비정치적 성격의 과정)

① 전문가에게 의뢰, 유사한 선례에 관한 문헌과 자료 조사, 문제 당사자나 이슈 관계자 등 이해관계에 대한 각종 실증조사 등을 통해 의제화된 문제와 상황을 파악

문제와 욕구의 원인	• 의제화된 문제가 이슈 당사자 개인에 의해 발생한 것인지, 사회의 체제구조적 문제나 변동에 따른 것인지 파악해야 함.
문제의 영향	• 의제화된 문제의 영향력 강약 수준, 영향 범위, 이슈 당사자들에 대한 심각성 수준 등을 파악해야 함.
문제의 인지 범위	• 의제화된 문제를 인식하고 있는 사람들은 어느 정도이며, 그들의 특성, 해결 방법에 대한 요구 등을 파악해야 함.
문제의 해결 능력	• 의제화된 문제가 개인의 노력으로 해결될 수 있는지, 사회적 해결이 요구된다면 관계된 비용이나 자원의 조달은 어떻게 할 것인지 파악해야 함.
문제의 성격	• 의제화된 문제의 정치성과 사회에 대한 중요성 수준을 파악해야 함.

② 정책대안이 가져올 결과에 대한 미래 예측과 목표 설정(= 미래 지향적 활동)
- 앞서 파악된 문제의 특성, 대안의 대상 집단 등을 고려해, 목표의 종류와 성격(= 단일 또는 복수 목표, 단기 또는 장기 목표, 미시적 또는 거시적 목표, 사회 전체 또는 한정된 대상 목표)을 결정하고, 다른 목표와의 관계, 목표가 지향하는 기본 가치 등을 설정함.
- 미래 예측 기법

유추	• 비슷한 구조나 사례를 참조해 문제의 여파나 미래 상황을 예측하는 방법
경향성 분석	• 과거부터 이어져 온 경향이나 추세를 미래로 연장시켜 예측하는 방법
마르코프 모형 (Marcov model)	• 과거에 있었던 변화를 토대로 향후 나타날 변화를 연속적으로 예측하는 방법 • 확률 통계기법을 사용한다는 측면에서 유추나 경향성 분석과 상이함.
회귀분석	• 시계열 자료나 실증용 통계자료를 근거로 2개 이상의 변수 간 상관관계를 도출해 이를 근거로 미래를 예측하는 방법
델파이 기법(Delphi)	• 선례가 없거나 적절한 자료가 없는 경우 전문가들에게 익명으로 의견을 수집하고 상호 교환해 합의를 통해 미래를 예측하는 방법
모의실험(simulation)	• 문제 현상이나 사건을 가상으로 수행해 봄으로써 결과를 예측하는 방법

③ 정책대안의 탐색 및 개발 : 설정된 목표에 부합하면서 가장 효과적으로 목표를 달성할 수 있는 직접적 해결 방법을 마련하는 과정. 정책대안은 과거의 정책, 외국의 정책 선례(= 직접적 경험 없이 성공한 사례를 참조해 개발 가능), 사회과학적 지식, 직관적 방법(= 가장 지양해야 함. 다른 원천이 없거나 극히 부족할 때 활용)

④ 정책대안의 비교 및 분석 : 개발된 정책대안들을 합리적 기준에 의거 비교하고 분석해 우열을 가림으로써 최적의 대안을 선택할 수 있도록 정보를 제공함.
- 비교 및 분석 기준

실현가능성	• 정책대안이 선택된 이후 제대로 작동할 수 있는 대안인지 판단하는 기준 • 기술적 : 정책대안이 기술적으로 마련될 수 있는지를 의미함과 동시에 대안의 집행기관의 집행역량을 포괄함. • 정치적 : 정책대안이 정치적으로 수용될 수 있는지를 의미하며, 아무리 이상적인 대안이라도 정치권에서 거부하는 대안은 처리될 수 없음.
효율성	• 투입과 비용 간 관계가 양호한 대안인지 판단하는 기준 : 아무리 이상적인 대안이라도 막대한 재원이 투자되는 것은 거부감이 있을 수밖에 없음. • 투입 수준이 정해져 있다면 산출을 최대한으로 늘리거나 산출이 일정 수준 이상 기대하기 어렵다면 투입을 최소화하는 방식으로 결정됨.
효과성	• 투입과 관계없이 산출을 최대한으로 만드는 대안인지 판단하는 기준
사회적 효과성	• 경제성 여부를 배제하고 사회적 유대감 달성, 사회통합 등을 생산하는 대안인지 판단하는 기준
사회적 형평성	• 사회적 불평등 시정에 얼마나 유용한 대안인지 판단하는 기준

- 비교 및 분석 방법

비용편익분석 (Cost-Benefit analysis)	• 각각의 정책대안을 집행할 때, 사용될 것으로 추정되는 비용과 편익을 비교하는 방식 (= 비용과 편익이 모두 화폐 단위로 측정됨) • 계량화해 판단을 용이하게 도울 수 있지만 수치화될 수 없는 요인이나 비금전적 효과는 간과될 수 있음(= 효율성은 충족하나 사회적 형평성이나 고객반응성 측면에서 미흡할 수 있음)
비용효과분석 (Cost-Effectiveness analysis)	• 각각의 정책대안을 집행할 때, 사용될 것으로 추정되는 비용과 예상 효과를 비교하는 방식(= 비용은 화폐 단위, 효과는 화폐 단위가 아니라 다양한 단위로 나타남) • 효과가 추상적일 수 있어 주관적 판단이 개입될 여지가 큼.
줄서기분석 (Queuing)	• 대기 시간 등의 사회적 비용과 이를 줄이기 위해 투자하는 시설 투자비의 적정 수준을 찾아내는 방식(= 공공서비스 수준을 결정하기 위해 사용하는 경제학적 분석기법)
결정분석 (Decision analysis)	• 발생할 수 있는 확률적 사건을 나뭇가지처럼 그려놓고 예상되는 기대 이익을 계산해서 비교하는 방식
선형계획 (Linear Programing)	• 제약점이 많고 투입과 성과 사이 관계가 일직선상에 나타나는 관계를 보일 경우 활용됨 (= 일정 제약 조건 아래 편익의 극대화나 비용의 극소화를 달성할 수 있는 자원 배분 방법에 관한 정보를 제공해 줌).

⑤ 이전까지의 과정을 참조해서 가장 적절한 대안을 선택. 사회복지정책은 아래와 같

은 선택적 특성이 주로 나타남.

집중적 서비스 대안	• 포괄적 서비스보다 심층적으로 이뤄져 큰 효과를 생산함. • 많은 대상에 대한 서비스 제공이 곤란함.
지역사회 서비스 대안	• 서비스의 낙인 효과를 줄이고 대상자를 전체 사회에 통합하도록 지원 • 지역사회서비스들 간 조정이 곤란하고 유동적 인구 대응이 어려움.
예방적 서비스 대안	• 조기 발견과 치료를 중시 • 이미 문제를 가진 사람들의 욕구가 간과될 수 있음.
보편적 자격 요건 대안	• 특별히 차별화된 관리를 요하는 사람들에 대한 자원 사용이 쉽지 않을 수 있음.
지방분권적 서비스 대안	• 서비스 접근과 개선, 지역사회 연결망 활용이 용이함.
다양한 전문성 활용 대안	• 전문가들 사이에서 발생할 수 있는 갈등에 유의해야 함.

(2) 정책대안 형성 과정의 한계

최대한 예측한다고 하지만 인간의 예측 능력은 명백하게 한계가 있음(= 돌발적 상황이 빈번), 인간이 정책의 대상이기 때문에 요소별 계량화가 곤란해 객관성 확보가 어려움, 장단점이 극명하게 나타나 대안 비교가 매우 어려움, 제한된 비용과 시간으로 인해 더 많은 탐색과 개발이 이뤄지기 어려움, 다른 정책 목표와의 상충이 빈번하게 발생함.

2. 사회복지정책의 결정

1) 정책결정의 의의

(1) 정책결정의 정의

정책결정은 정책 목표와 수단에 관한 기본 방침을 개발하는 과정이자 사회문제를 해

결하기 위한 복잡하고 동태적 과정인 정책형성 과정을 거쳐 최종적으로 대안을 선택하는 활동

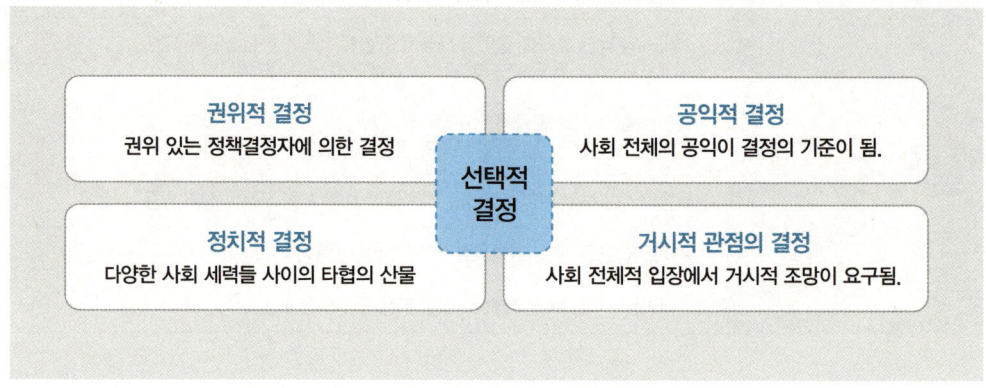

① 공공성, 복잡성, 규범지향성, 미래지향성, 가변성, 비용 유발성, 행동지향성
② 시간에 따라 변화하는 동태적 활동이고 다원적 구성 요소로 이뤄진 체계적 활동
③ 불확실성이 지배적인 환경에서 이뤄지는 의사결정의 형태로서 구체적 내용보다 최선의 수단으로서의 일반적 지침을 결정하는 합리적 활동

(2) 정책결정의 유형

① 반복성 여부에 의한 구분 : 정형적 결정(= 이미 문제가 완전히 파악되고 해결 방안이 마련된 상황에서 내려지는 새롭지 않은 반복적 결정), 비정형적 결정(= 선례도 없고 명확한 해결 방안도 제시되지 않은 상황에서 내려지는 쇄신적 결정)
② 지향 대상에 따른 분류

산출 지향 모형	• 정책의 결정에 따른 결과와 산출에 대한 분석에 방점을 둔 모형(= 사후 처방적 모형) • 합리모형, 만족모형, 점증모형, 혼합모형, 최적모형 등
과정 지향 모형	• 과정과 참여자 지향적 모형으로 정책결정이 이뤄지는 과정에 대한 분석에 방점을 둔 모형 (= 있는 그대로 기술하기 위한 모형) • 엘리트모형, 이익집단모형, 제도모형, 체제모형, 공공선택모형 등

③ 각 결정에 관한 모형이나 이론은 상호 보완적 관계이며, 실제 결정은 특정 국가나 사회의 정치·사회적 상황이 고려돼 유연하게 이뤄짐.

(3) 정책결정에 대한 영향 및 제약 요인

① 영향 요인

정책 과정 참여자	• 인적 요인은 정책결정에 가장 큰 영향을 미침. • 많은 이해관계자가 정책 과정에 참여하지만 정책결정자의 의지가 가장 큰 영향력을 가짐.
정책결정 구조	• 정책을 결정하는 조직의 구조적 특성이 결정을 제약할 수 있음.
정책대안의 존재	• 정책을 결정할 때 기초가 되는 대안이 어느 정도 존재하는가는 결정에 지대한 영향을 미칠 수밖에 없음.
다른 정책과의 관계	• 경제가 호황일 경우 재원이 충분해 사회복지정책이 촉진 또는 불황일 경우 불안을 느낀 정치 체제에 의해 사회복지정책이 촉진(= 뭐가 옳다고 할 수는 없지만 다른 정책과 연관돼 있음은 분명함)
정치, 경제, 사회적 상황	• 사회복지정책은 사회적 가치의 재분배 과정으로 배분에 따른 다양한 상황적 갈등이 불가피함(= 각 상황의 영향력이 강함).

② 제약 요인 : 문제·목표의 다양성과 그로 인한 대안의 남발로 인한 선택 곤란, 사회적·문화적 규범 및 관습의 지나친 영향, 자원 및 시간상 한계, 외부 통제가 미흡해 일어난 자의적 결정, 내·외부 정책 과정 참여자 간 이해관계 대립, 이미 투입된 자원과 시간 등 매몰비용 때문에 마지못해 하게 되는 불합리한 선택 등

2) 정책결정 모형의 종류

(1) 합리 모형(rationality model)

① 정책결정은 명확한 문제에 대한 이해를 바탕으로 모든 정책대안을 검토해서 가장 합

리적인 정책대안의 선택을 통해 이뤄진다고 봄.
② 정책결정자를 비롯한 인간은 고도의 합리성을 가진 타산적 · 경제적 존재이며, 대안의 결과를 명확하게 예측할 수 있고, 완벽하고 최선의 선택을 할 수 있는 이성을 보유했음을 전제함.
③ 특징 : 문제가 정확하고 명백하게 구조화된다고 가정함, 이론을 기초로 포괄적 정책대안들을 분석함, 분석에 입각한 의사결정, 바람직한 목표 달성을 위한 의식적 · 명시적으로 최적의 수단 선택 등
④ 정책결정자는 합리적 정책결정을 위해 문제의 인지, 정보의 수집과 분석, 대안의 작성과 평가, 선택 등 전 과정에서 전술한 내용을 반드시 견지하고 이행해야 함.

의미	한계
• 정책결정에 대한 모든 접근 방법이 지향해야 할 대전제를 제시함(= 문제에 대한 명백한 인식, 합리적 태도, 가능한 모든 대안의 검토). • 합리적 대안 선택 가능성을 증대시키고, 정책 과정의 개선에 도움이 되는 정보를 다량 획득할 수 있음.	• 인간은 분석에 관해 능력과 시간, 정보, 자원의 한계를 분명하게 가지고 있음. • 자신도 통제하기 어려운 내적 심리 영역의 갈등이 빈번하게 발생함(= 주관적 가치판단 개입 여지가 많음). • 목표와 수단의 혼재, 목표 중복, 목표와 수단 간 관계 불명확 등으로 사실상 합리적 판단이 불가능

(2) 만족 모형(satisficing model)

① 정책결정은 비합리성이 존재하는 가운데 제한적 합리성을 전제로 만족스러운 수준의 정책대안을 선택함으로써 이뤄진다고 봄.
② 정책결정자를 비롯한 인간은 합리 모형의 전제만큼 합리적이지는 않더라도 일정 수준 이상의 합리성을 가지고 있다고 전제함.
③ 특징 : 제한된 합리성으로 인한 정책 목표와 과정 간소화 필요성, 정책 목표가 불투명하고 복수의 목표 사이의 우선순위 책정도 불가능하다고 가정함, 제한된 대안의 탐색과 그 안에서 대체로 어느 정도 만족스러운 대안 채택 등

의미	한계
• 개인의 심리적 제약 요인을 인정한다는 측면에서 현실적(= 의사결정의 실체를 잘 설명) • 적용과 활용이 용이함.	• 만족 수준에 대한 객관적 기준 부재 • 현상유지적 대안만 선택하게 돼 혁신적·창조적 변화를 추구하는 정책결정에 부적절

(3) 점증 모형(incremental model)

① 정책결정은 모든 선택 가능한 대안 중 합리적으로 선택함으로써 이뤄지는 것이 아니라 기존의 정책결정(= 기존 정책, 전년도 예산, 전례·관례 등)을 토대로 점증적 수정을 통해 이뤄진다고 봄.
② 합리 모형은 이상적이지만 실제 현실에 적용되기 어렵고, 정책의 실현가능성을 높이기 위해 기존의 정책에서 약간의 변화만 추구한다고 전제함.
③ 특징 : 인간의 비합리성을 전제, 다수의 목표와 수단으로 인해 우선순위 결정은 불가능하기 때문에 목표와 수단의 조정이 필요, 각 대안의 한정된 중요한 내용만 비교 분석(= 시간, 정보, 자원, 정치적 계약 등), 정책대안의 선택에는 정치적 배려가 포함, 현존하는 상태에서 아주 조금 변화해 약간의 향상만 추구(= 기존 정책과 완전히 다른 정책은 기존 정책의 오류를 자인하는 것으로 인식)

의미	한계
• 안정적 상황에서 현실적 정책결정 방법	• 점증적이라고 판단할 기준이 모호 • 기존 병폐가 개선되지 않아 형평성 문제가 제기될 수 있음. • 불확실성만 강조해 합리성을 추구하지 못함. • 위기 상황의 결정, 혁신적 결정, 정치적 권력과 힘에 의한 결정 등에 대한 설명력 부족

(4) 혼합 모형(mixed scanning model)

① 정책결정은 종합적 합리성을 바탕으로 큰 범위에서 기초적 결정이 이뤄지지만 세부적 결정은 기본 결정을 보완하는 차원에서 점증적으로 이뤄진다고 봄.

② 합리 모형의 비현실성과 점증 모형의 보수성이라는 단점을 보완하는 전략적 접근이 필요하다고 전제함.
③ 특징 : 기본적으로 합리성의 작용을 인정함, 정책결정 행태의 설명뿐 아니라 능동적 사회에서의 조직 원리로 발전시킬 수 있음.

의미	한계
• 두 모형의 단점을 상호 보완하기에 실용적 • 두 모형의 장점을 모두 보유	• 결국 절충 모형의 한계로 두 모형의 단점을 모두 보유 • 현실적으로 절충이 가능한지, 어느 수준으로 절충할지에 대한 문제가 상존함.

(5) 최적 모형(optimal model)

① 정책결정은 가치, 현실, 문제, 자원에 대한 조사와 배분, 정책결정 체제의 설계, 평가, 재설계 등의 결정이 이뤄진 후 자원의 재분배 우선순위에 입각한 목표와 가치 설정 등의 단계를 거쳐 정책 성과를 최적화하는 방향으로 이뤄진다고 봄.
② 정책결정자의 지적 합리성뿐 아니라 불가피하지만 적극적으로 개입되는 직관, 판단, 창의 등 초합리적 잠재의식이 작용한다고 전제함.
③ 특징 : 경제적 합리성(= 효과가 비용보다 많은 경우)과 초합리성을 중시함, 정책결정을 체계론적 시각에서 파악함, 상위 정책 단계 · 정책결정 단계 · 후기 정책결정 · 의사소통과 환류 등의 과정을 통함.

의미	한계
• 초합리적 요소를 수용함으로써 실제 정책결정의 구체성을 강화함.	• 초합리성 달성 방법이 명확하지 않음(= 신비주의에 빠질 수 있음). • 막무가내식 정책결정에 대한 변명거리로 활용될 여지가 있음.

(6) 합리성 기반의 모형들

합리 모형	만족 모형	점증 모형	혼합 모형	최적 모형
• 절대적, 경제적 합리성	• 주관적, 제약된 합리성	• 정치적 합리성	• 경제적 합리성과 정치적 합리성 혼합	• 초합리성

(7) 쓰레기통 모형(garbage can model)

① 정책결정은 합리성이나 협상, 타협 등을 통해 이뤄지는 것이 아니라 조직이나 집단의 응집성이 아주 미약한 혼란 상태(= 무정부 상태)에서 이뤄진다고 봄(= 다양한 문제가 있는 선호에 의해 사회가 운영됨, 불분명한 기술, 일시적 참여자들의 유동적 참여 등 조직화된 혼란이 기반이 됨).
② 정책결정의 네 가지 요소인 문제, 해결책, 선택의 기회, 참여자가 모두 서로 다른 시간에 가상의 쓰레기통에 우연히 동시에 모일 경우를 전제함(= 우연성에 근간함).
③ 촉발사건이 우연의 계기로 인정됨(= 세월호 사건과 국민안전처 설립).

의미	한계
• 현실에서 다수 존재하는 우연히 정책결정 사례에 대한 설명력이 높음. • 우연히 결정된 정책이기에 쓰레기통 모형으로 설명되는 정책결정 사례에는 정책결정자들이 이후 정치적 동기를 가지고 쉽게 참여할 수 있음을 입증시켜 줬다는 장점	• 정책결정자가 의지를 가지고 결정한 정책결정 사례에 대한 설명 수단으로 매우 미흡함. • 우연성에 근거하기 때문에 사후 설명에 불과하고 모형을 적용한다고 해도 특정 결정에 대한 효과를 미리 예측할 수 없음.

(8) 과정 지향 모형들의 정책결정에 대한 관점

엘리트 모형	• 소수의 엘리트(= 사회적 가치와 자원을 배분함)에 의해 이뤄짐.
이익집단 모형	• 집단들 사이의 상호 작용이나 균형 관계 추구에 따라 이뤄짐.
제도 모형	• 제도적으로 공인된 정부기관에 의해 이뤄짐.
체제 모형	• 체제의 기능(= 투입, 전환, 산출)에 의해 이뤄짐.
공공선택 모형	• 경쟁적 상황 속에서 계량적 확률분석으로 고도의 합리적 대안이 선택됨. • 파레토 최적기준점(= 다른 사회가치의 손실 없이 특정 가치의 성취가 증가)

제5장 되돌아보기

- 사회복지정책 결정 과정의 단계별 내용과 특성을 확실하게 구분해서 숙지할 것
- 정책대안의 비교분석 기준과 방법을 분류해서 기억할 것
- 한국의 사회복지정책 결정 사례를 선정해 어떠한 모형으로 설명이 유용하고 어떠한 형태로 이뤄졌는지 분석해 볼 것

⑥ 사회복지정책의 집행과 평가

> 이 장에서는 결정된 사회복지정책을 실행하는 활동과 활동의 평가에 대한 내용이 다뤄집니다. 과거 집행은 큰 의미를 부여받지 못했지만 많은 변수로 인해 계획과의 간극이 확인되며 집행의 가치는 달라지고 있습니다. 또한 평가는 환류를 통해 더 나은 기획과 집행을 유인하기 때문에 매우 중요한 과정이 아닐 수 없습니다.

1. 사회복지정책의 집행

1) 정책집행의 개념

(1) 정책집행의 의의

정책집행은 정책의 내용을 현실에서 직접적 상호 작용을 통해 실천하는 과정(= 정책 목표의 구체화 및 실체화)으로 관리 기술로서의 의미와 정치적 의미를 함의함.

① 아래 그림과 같은 과정을 거쳐서 집행이 이뤄지며, 정책집행 방식에 관한 관점은 크게 하향적·정형적 집행과 상향적·비정형적 집행으로 나뉨.

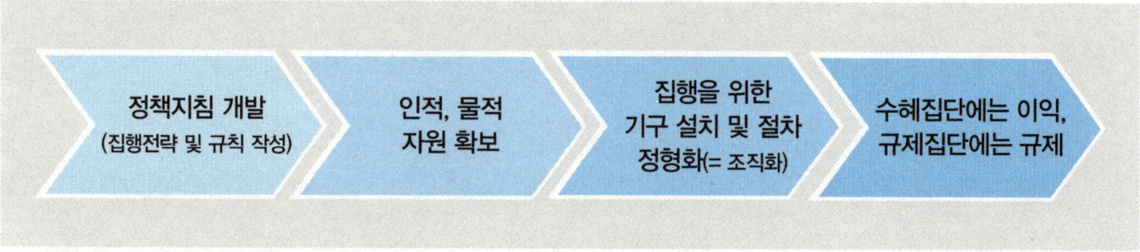

정책지침 개발 (집행전략 및 규칙 작성) → 인적, 물적 자원 확보 → 집행을 위한 기구 설치 및 절차 정형화(= 조직화) → 수혜집단에는 이익, 규제집단에는 규제

하향적·정형적 집행 관점	상향적·비정형적 집행 관점
• 고전적 입장 • 안정적·구조화된 상황, 명확한 목표로 인해 수정 가능성 적음, 관리자의 참여 제한과 충실한 집행 중요시, 집행자의 재량을 인정하지 않음, 집행의 충실성과 성과로 평가됨.	• 현대적 입장 • 유동적·탈구조화된 상황, 목표의 수정 가능성이 높음, 관리자의 참여가 필수적, 집행자의 재량 인정, 환경 적응성을 중시하고 성과는 2차적 평가 기준으로 인식됨.

(2) 사회복지정책 집행의 특징

① 사회복지정책의 집행은 목표의 구체화에 집중하기 때문에 의제나 대안들의 형성 과정이나 결정과 상이한 수준의 관리 기술적 성격을 나타냄.
② 사회복지정책의 집행은 사회적 가치의 재분배에 관한 활동이기 때문에 매우 강한 정치적 성격을 나타냄(= 정치 체제의 분권적 수준이 집행에 큰 영향을 미침).
③ 집행되는 정책의 사회적 목표 수준이나 내용에 따라 집행하는 방식이 달라지며, 상황에 따라 집행에 따른 효과성이 상이함.
④ 집행의 전체 과정은 여러 참여자 사이의 상호 적응 과정이며, 협상과 타협을 통해 원래의 정책 목표가 왜곡되거나 지연, 무산됨.
⑤ 정책집행에서 가장 중요한 역할을 하는 요소는 정부관료이며, 정책의 모호성, 정치 체제의 복잡성 등으로 다양한 참여자의 기대에 모두 부응하지는 못함.
⑥ 정책집행의 중요한 의미

| 정책 의도 구현 과정 | 결정된 정책의 수정과 보완 과정 | 정치적 갈등과 타협의 현실화 과정 |

(3) 정책집행에 대한 영향 요인

① 정책결정 과정과 관련된 요인 : 목표의 명확성·타당성·구체성, 자원의 충분성, 의사소통, 목표로 제시된 이익들, 편익의 유형, 달성하려는 변화 등의 수준, 표준운영절차(standard operating procedure: SOP)의 유무, 결정된 대안의 형태가 현금인지 현물인지, 기회 제공의 형태인지 용역의 형태인지, 신용의 형태인지에 따라 집행의 성과와 효율 등 여러 측면에서 차이가 발생함.

② 정책 환경적 요인

정치적 상황 변화	• 돌발적 변화(= 전쟁, 쿠데타 등), 일반적 변화(= 선거, 정치권 재편 등)
경제적 상황 변화	• 국민소득, 가구소득, 실업률, 물가지수, 개방화, 국제화, 세계화 등
사회적 상황 변화	• 인구구조 변화, 산업화와 도시화, 교육 수준 변화, 노조 조직률 등

③ 정책 행태적 요인

정치기관의 지지	• 정치기관, 특히 대통령이나 수상 같은 권력이 막강한 정치적 존재가 갖는 관심과 지지는 정책 성공에 결정적 영향을 미침.
정책집행기관	• 정책집행자나 기관의 가치와 이해관계, 전문성, 능력, 자질 등 • 정책에 다양한 규정이 마련돼 있더라도 실제 집행 과정에 그 규정이 지켜지지 않는다면 정책은 실패함.
상급 관청 및 경쟁 부서 관여	• 정책집행기관의 상위 단계 체계는 집행 계획이나 행태 등에 변화를 가져올 권한이 있음.
집행 대상의 가치와 태도	• 집행 대상이 정책에 무관심하거나 부정적이라면 적극적 집행이 이뤄질 수 없음.
이익집단, 지역사회 주관, 일반 국민의 행태	• 정책집행을 통해 간접적으로 손익을 경험하는 대상자들의 행태와 지지는 그들이 가진 정치적 영향력으로 인해 영향을 미칠 수밖에 없음.

(4) 정책집행에 대한 순응과 불응

① 순응 : 정책집행자나 집행 대상 집단이 정책결정자의 의도가 반영된 정책과 일치되는 행위를 하는 경우
② 불응 : 순응의 상반된 행위. 의사전달의 고의적 조작, 지연, 정책의 임의 변경, 집행하지 않음, 형식적 순응, 정책 자체의 취소 등

순응 요인	불응 요인
• 명확한 정책 목표, 보상과 편익 제공, 설득과 유인 기제 발휘, 제재 수단의 제공, 정책결정자의 높은 리더십, 의사전달의 활성화 • 교육, 선전에 의한 호소, 정책 수정, 관행의 채택, 적극적 편익 제공 등으로 확보 가능	• 불명확한 정책 목표, 지도력 부족, 정책의 정통성 결여, 의사전달 부족, 비효율적 정책, 집행자의 소극적 성향과 재량권 남용, 자원과 정보 부족, 기술적 제약, 기존 가치 체계와의 대립, 정책결정자의 권위에 대한 믿음 결여

2) 사회복지정책의 집행이론 모형

(1) 프레스만(J. L. Pressman)과 윌다브스키(A. Wildavsky) 모형

① 정책 목표와 집행은 상호 영향력을 행사하는 긴밀한 상관관계를 가짐. 또한 정책집행에 중간개입자들이 많아질수록 연대가 필요하고, 결정점 · 거부점 · 청산점이 많아져 정책 목표 달성이 어려워짐.
② 정책집행 과정에서 나타나는 기술적 문제, 조정 결핍, 비용 증가, 복잡한 절차, 집행 관계자의 변동, 새로운 정치적 환경 등장, 지지집단 결핍 등이 원활한 집행을 방해함.

(2) 반 미터(D. Van Meter)와 반 호른(C. Van Horn) 모형

① 소요되는 자원, 정책의 기준과 목표는 조직 간 의사전달과 정책집행에 직접적인 영향을 미치며(= 추진 성과는 환류돼 집행의 지속 혹은 중단을 결정하기 때문에 반대로도 영향을 미침), 정책집행자의 성향에도 간접적으로 영향을 미침.

② 정책집행 기관의 성격(= 크기, 구성원의 자질, 계층적 통제 정도, 동원 가능한 정치적 자원 규모, 조직 활성도, 개방적 의사전달 정도, 연계 정도 등)은 정책집행자의 성향에 영향을 미치고, 정책집행자의 성향(= 정책에 대한 정책집행자의 전반적 인식 정도, 구체적 목표와 기준에 대한 태도)과 함께 정책집행 성과에 영향을 미침.

(3) 매즈매니언(D. A. Mazmanian)과 사바티어(P. A. Sabatier) 모형

① 정책집행 과정에서 정책 목표의 달성에 영향을 미치는 변수가 갖는 중요성을 강조함.
② 변수

문제 관련 변수	• 문제의 취급 가능성 • 기술적 문제점, 금지된 형태의 다양성, 대상 집단의 인구구조, 요구되는 행태 변화 정도 등
정책 내재 변수	• 정책집행 구조화를 위한 정책결정 능력 • 법적 목표 명백성과 우선순위, 인과이론과 재정자원 법칙, 집행기관의 내부·상호간 계층적 통합, 집행기관 결정규칙, 직원 관여, 외부인들의 공식적 접근 등
비정책적 변수	• 집행에 영향을 미치는 비법규적 변수들 • 사회경제적 조건 및 기술, 공공의 지지, 관련 이해집단의 태도와 지원, 통치기관 지지, 정책집행자들의 리더십과 관여 등

(4) 벌록(C. S. Bullock)과 램(C. M. Lamb) 모형

① 성공적 정책집행을 위한 조건을 제시함.
② 정책이 명확할수록, 기준이 구체적일수록, 정책집행에 대한 모니터링이 활발할수록, 정책집행기관이 잘 마련돼 있을수록, 정책집행자의 선호나 관심이 높을수록, 상위 권력기관과 이해관계가 부합될수록, 정책 수혜자들이 호의적일수록, 중복된 활동이 조정될수록, 비용이 적고 편익이 많을수록 정책집행은 성공한다고 주장함.

(5) 볼만(H. Wolman) 모형

자원의 적절성, 관리 및 통제구조, 관료제적 규칙 및 규제, 정치적 효과성, 평가와 환류 등이 정책집행에 영향을 미친다고 설명함.

(6) 나카무라(R. T. Nakamura)와 스몰우드(F. Smallwood) 모형

① 정책결정자와 정책집행자의 역할 관계를 구분
② 위에서 아래로 내려갈수록 정책결정자의 통제가 약해지고 정책집행자의 재량적 역할이 강해진다고 설명

고전적 기술관료형	• 정책결정자의 역할 : 구체적 목표 설정, 정책집행자에게 기술적 권한 위임 • 정책집행자의 역할 : 정책결정자의 목표 지지, 목표 달성을 위한 기술적 수단 강구 (= 재량권 없음)
지시적 위임자형	• 정책결정자의 역할 : 구체적 목표 설정, 정책집행자에게 행정적 권한 위임 • 정책집행자의 역할 : 정책결정자의 목표 지지, 목표 달성을 위한 집행자 상호 간 행정적 수단에 관한 교섭(= 어느 정도의 재량권)
협상자형	• 정책결정자의 역할 : 목표 설정, 정책집행자와 협상 • 정책집행자의 역할 : 목표 달성에 필요한 수단에 관해 정책결정자와 협상
재량적 실험형	• 정책결정자의 역할 : 추상적 목표 지지, 정책집행자가 목표 달성 수단을 구체화할 수 있도록 광범위한 재량권 위임 • 정책집행자의 역할 : 정책결정자를 위해 명백한 목표와 수단 정립(= 상당한 재량권 보유)
관료적 기업가형	• 정책결정자의 역할 : 정책집행자에게 모든 권한을 위임하고 지지 • 정책집행자의 역할 : 목표와 목표 달성 수단을 형성하고, 정책결정자가 그러한 조치를 수용하도록 설득함.

2. 사회복지정책의 평가

1) 정책평가의 개념

(1) 정책평가의 의의

정책의 내용, 집행, 영향 등을 추정하거나 사정·평정하기 위해 체계적 연구방법론을

응용하는 활동(= 특정 정책의 과정이나 결과를 이해하고, 가치를 판단하는 사회적 과정)

① 좁게는 정책집행의 의도한 문제 해결의 성과에 대한 평가를 의미하며, 넓게는 정책 과정 전반에 걸친 평가를 의미함.
② 체계적 사정, 정책의 과정 혹은 실행, 결과에 대한 초점, 비교 가능한 기준, 정책의 개선 목적 등이 포함된 개념(= 사회조사방법론을 활용하지만 사회조사와는 수행하는 의도와 목적에서 차이가 있음)
③ 보편적 개념의 정책평가는 정책집행의 결과가 나온 후 이뤄지기 때문에 정책이 집행되기 이전에 효과를 가늠해 보는 정책분석과는 차이가 있음.
④ 정책평가의 일반적 성격

기술적, 종합학문적	• 통계 기법이나 조사방법론 등 다양한 평가 기술이 요구되며, 해석을 위한 이론적 지식도 필요함.
개별사례적	• 구체적인 프로그램이나 프로그램이 적용된 개별 사례를 연구 대상으로 이뤄짐.
정치적	• 모든 정책평가가 가치중립적이지는 않으며, 정책결정자, 정책집행자, 자원 제공 집단, 정책에 의해 손익이 발생하는 집단, 정책수혜자 등의 영향을 받음.
가치 지향적	• 기준에 의해 가치판단이 이뤄지며, 향후 바람직한 형태나 양상을 포함시킴.
실용적	• 정책결정에 필요한 유용한 정보의 제공을 목적으로 함.

(2) 정책평가의 목적과 유용성

① 바람직한 정책집행을 통한 정책 목표의 달성 및 효과 증진 여부 확인(= 기존 정책을 지속 혹은 수정, 폐기를 결정), 새로운 정책대안 개발에 정보 제공, 정책결정과 집행에 대한 책임성 확보, 정책이론의 발전 등
② 정책평가 결과는 충족되지 않은 욕구 해결을 위한 자원 개발, 서비스 제공을 위한 프로그램 개발, 기존 정책을 유지하면서 질적 수준을 개선할 수 있는 정보 획득, 예상하지 못했던 부수적 효과의 발견 등의 유용함을 가짐.

(3) 정책 과정에서 평가가 이뤄지는 시점

형성 과정을 간소화하면 투입과 과정 산출로 정리되며, 평가는 이 모든 단계에서 이뤄지고 얻어지는 정보는 선택과 환류에 영향을 미침.

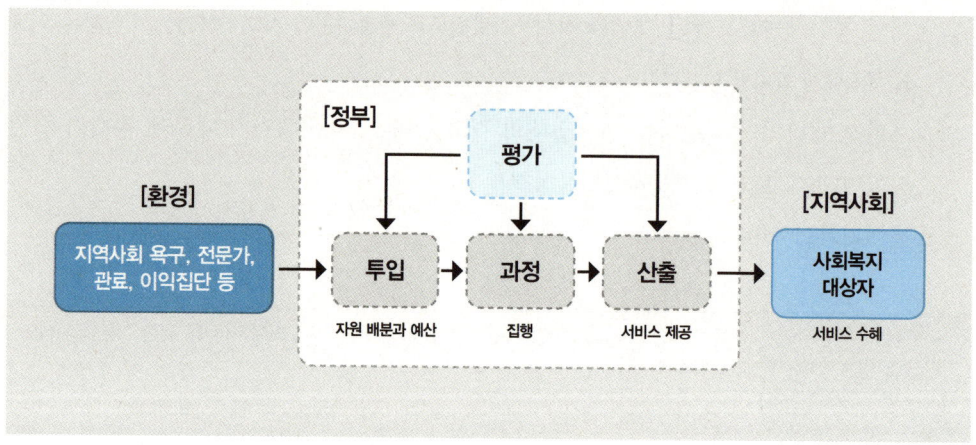

(4) 정책평가에 영향을 미치는 요인

인적 요인	• 정책평가를 담당하는 존재의 이념, 신념, 가치, 지식, 전문성 등 • 정책결정자나 집행자, 정책수혜자, 일반 국민 등은 상황에 따라 긍정적 혹은 부정적 평가 결과를 원하며 평가를 담당하는 존재에게 압력을 행사하기도 함.
시간적 요인	• 충분한 시간적 여유가 없이 이뤄지는 평가는 부정확할 가능성이 농후함. • 시간적 여유가 많을 때는 적절한 환류 시점을 놓치기도 함.
기술적 요인	• 평가 대상에 따라 적절한 평가 기법이 활용될 수 있어야 함.
제도적 요인	• 행정적 지지, 평가 결과가 활용될 수 있는 환류 장치나 제도가 마련돼 있어야 평가가 용이해짐.
정책 자체적 요인	• 평가되는 대상 정책이 목표와 연계 수단이 명확하고 평가가 가능한 내용으로 구성돼 있어야 평가가 용이해짐.

(5) 정책평가 절차

욕구 사정	• 정책과 연관해 욕구의 실제 상황에 대한 사정이 필요함. • 개인이나 가족의 욕구, 집단적 욕구, 조직상 욕구, 지역사회 욕구 등 범위와 대상이 매우 다양하며 욕구 사정 기술도 그에 맞춰 매우 다채로움.
평가 내용 파악	• 평가 대상의 목표, 대상, 법적 내용, 제반 과정 등에 대해 파악함.
평가 목적 설정	• 평가를 통해 무엇을 얻을 것인지 명확해야 올바른 평가 진행이 가능함. • 전달 체계의 접근성, 전문성, 책임성, 통합성 등이 평가의 목표가 되기도 함.
평가 기준 설정	• 평가 기준은 여러 측면에서 선정해야 하는 선택의 문제로 시간적, 공간적 범위, 연구 대상의 선정, 방법의 선택 등 • 평가 목적과 내용에 따라 선별적으로 이뤄짐.
평가 방법 설계	• 진실험, 준실험, 비실험 설계 중 적합한 형태를 결정

진실험

	사전조사	조치	사후조사	결과(차이)
실험집단	O_1	O	O_2	$D_e = O_2 - O_1$
통제집단	O_3	X	O_4	$D_c = O_4 - O_3$ $D = D_e - D_c$

준실험

단일집단 전후비교	사전조사	조치	사후조사	결과(차이)
실험집단	O_1	O	O_2	$D = O_2 - O_1$

정태적 집단 비교	조치	사후조사	결과(차이)
실험집단	O	O_2	$D_e = O_2 - O_1$
통제집단	X	O_4	$D = O_2 - O_4$

비실험

단일사례연구	조치	사후조사	결과(차이)
실험집단	O	O_2	$D = O_2$

자료 수집 및 측정	• 관찰, 면접, 질문지 활용 등으로 자료 수집, 명목·서열·간격·비율 척도를 사용해 측정
분석 및 해석	• 양적·질적으로 다양한 분석방법론이 적용돼 의미 있는 정보를 획득함. • 자료분석 방법과 평가 목적 사이의 합치 정도, 사용된 분석 방법에 대한 명확한 진술, 자료 분석 방법과 측정 방법의 정당화, 통계적 유의 수준 명시, 경쟁적 설명에 대한 이해와 이를 배제한 인과관계의 해석, 발견된 사실의 객관석 유지 등이 준수돼야 함.
정책평가보고서 작성 및 제출	• 평가 내용의 정확성을 확보하는 것만큼 중요한 절차 • 간결하고 이해하기 쉽게 작성돼야 하며, 그림이나 도표를 활용하는 것이 바람직하고, 배포 역시 염두에 둬야 함. • 포함해야 할 내용 : 평가 결과의 내용 요약, 평가된 대상에 관한 배경 설명, 평가 목적 및 방법, 자료 수집 방법, 논리적 분석 결과, 결론 및 제안

2) 정책평가의 기준과 종류

(1) 평가의 일반적 기준(= 사회복지정책의 가치가 기준이 됨)

합법성 / 노력성 / 효과성 / 효율성 / 적절성 / 접근성 / 만족성 / 지속성 / 형평성 / 반응성 / 공정성 / 실현가능성

(2) 사회복지정책 각 단계별 평가 기준

문제	• 탐색적 기준이 주로 사용됨.
의제	• 반응성, 사회적 형평성, 공정성 등이 주로 사용됨.
설계	• 평가의 일반적 기준이 주로 사용됨(= 특히 실현 가능성이 주목됨).
결정	• 결정 내용과 과정에 대한 평가로 구분되며, 평가의 일반적 기준이 주로 사용됨.
집행	• 평가의 일반적 기준이 주로 사용됨(= 특히 집행의 일관성이 주목됨).
영향	• 평가의 일반적 기준이 주로 사용됨(= 특히 효과성이 주목됨).
평가가능성	• 평가를 할 것인지 여부를 결정하기 위해 이뤄지는 평가 • 비용 효과성, 정치적 및 방법론적 제약 등이 주로 사용됨.
평가	• 정책집행 평가의 타당성에 대한 평가

(3) 정책평가의 종류

① 평가 모형

목적 지향적 평가	• 특정 조직이나 정책의 우월성과 명시된 구체적 목표의 성공적 성취도와 동일하게 간주하는 평가 • 가장 무의미한 평가가 될 수 있음.
결정 지향적 평가	• 결정권자들의 합리적 판단을 위한 자료를 제공하는 평가

반응적 평가	• 정책 과정과 핵심 운영자들의 가치관과 최대 관심사를 기술하는 평가
옹호-대립적 평가	• 평가 마지막 단계에서 해당 정책에 대해 최대한 옹호하거나 대립된 관점을 취해 보는 평가
활용 중심적 평가	• 평가의 자료가 최대한 활용되도록 설계된 평가
평가 연구	• 정책의 효과와 그 원인을 규명하고, 효과에 관한 일반화를 제시하기 위한 평가
탈목적 연구	• 정책이 설정한 목표 달성 여부는 차치하고 현재 어떠한 결과를 산출하고 있는지 규명하는 평가(= 서비스 이용자 만족도와 욕구 충족도 측정 시 요구됨)

② 평가를 수행하는 횟수에 따른 분류 : 단발성 평가, 주기적 평가,

③ 평가 시기에 따른 분류

사전평가	• 집행 전 이뤄지는 평가 • 욕구, 개념 적합성, 실현가능성, 재정 지원 원천 등의 판단 목적
과정평가	• 집행 도중에 이뤄지는 평가(= 형성평가와 동일시되기도 함) • 정책 목표 달성을 위해 적절히 실행되고 있는지, 단계별·과정별 전략 등의 점검 목적 • 장기적 정책일수록 중요한 의미를 갖는 평가
사후평가	• 정책집행 후 당초 목표와 결과가 부합하는지 판단하는 평가 • 기존 정책의 변경, 지속, 종결 여부 결정(= 새로운 대안과 정책 개발에 기여)

④ 평가자의 위치에 따른 분류

자체평가	• 정책집행자가 스스로 행하는 평가 • 정책에 관한 정보가 풍부하고, 평가 비용을 절약할 수 있으며, 장기적으로 일관성 있게 계속 평가할 수 있음. • 평가의 공정성 확보 곤란, 정책의 실패를 호도·왜곡할 가능성 존재
내부평가	• 정책집행자를 제외한 기관 내부의 다른 사람이 행하는 평가 • 자체평가의 장점을 공유하며, 단점 중 공정성 측면에서 강화된 평가 • 같은 동료이기 때문에 여전히 자체평가의 단점이 표출될 가능성이 있음.
외부평가	• 정책집행자나 기관의 외부 존재들이 행하는 평가 • 공정한 평가가 이뤄져 평가 결과의 객관성이 인정됨. • 평가 시간과 비용이 많이 들고, 정책에 대해 완전히 알지 못해 타당성이 떨어지는 평가가 될 수 있음.

⑤ 평가 목적에 따른 분류

형성평가	• 정책집행 결과를 향상시키고, 집행 효율성을 증진시키기 위해 실시되는 평가 • 정책이 개발, 수행, 전달되는 과정 중에 실시되기 때문에 과정 지향적 평가로 불림.
총괄평가	• 정책종결 후 수행하는 평가 • 정책이 달성하고자 하는 목표를 얼마나 성취했는지 평가(= 영향평가, 효과평가)

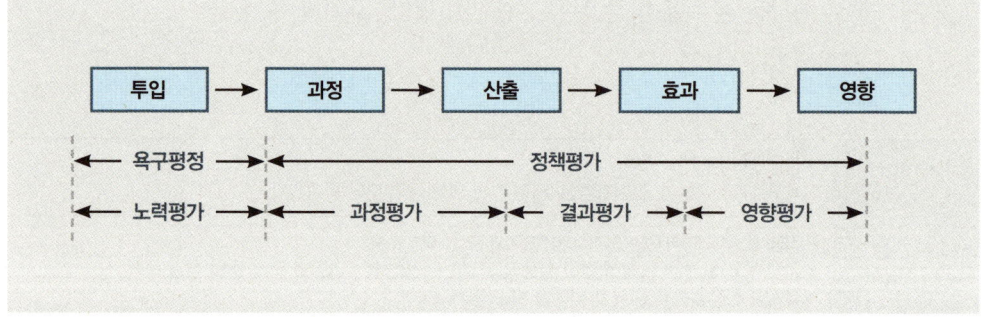

제6장 되돌아보기

- 사회복지정책 집행에 대한 의미가 재정립되고 있는 원인에 대해 생각해 볼 것
- 사회복지정책 집행이론 모형들의 내용을 구분해 기억할 것
- 사회복지정책 중 진실험이 가능한 정책이 있는지, 있다면 어떻게 진행될지 생각해 볼 것
- 사회복지정책 평가가 과연 본연의 목적을 달성하고 있는지 사례를 선정해 분석해 볼 것

7

사회복지정책의 대상과 전달 체계

> 이 장에서는 정책 과정을 통해 결정된 사회복지정책이 집행되는 대상과 대상에게 정책 효과를 원활히 전달하기 위해 가동되는 전달 체계에 대해 학습합니다. 정책 대상은 정책의 본질과 직결되며, 전달 체계는 정책을 현시화하는 데 필수적 조건입니다. 어렵지 않은 내용들이지만 헷갈리기 쉬운 개념들이 많기 때문에 이 장의 학습에 주의가 필요합니다.

1. 사회복지정책의 대상

1) 욕구를 가진 인간

(1) 사회복지정책과 욕구의 관계

사회복지정책의 대상은 본질적으로 인간이며, 인간은 다양한 욕구를 가진 존재로서 욕구의 충족을 갈구함.

① 리처드(P. J. Richards)와 톰슨(A. M. Thomson)은 인간에게 다양한 욕구가 존재하고 그중에서 기본 욕구(basic needs)는 인간이라면 누구나 사회경제적 지위나 개성과 무관하게 갖는 최소한이자 필수불가결한 내용의 욕구로 규정(= 국민 최저 혹은 사회적 최적 수준 충족에 관한 욕구)
② 사회복지정책은 기본 욕구 충족에 1차적 초점을 맞추고 있음.

(2) 인간의 욕구 모형

① 머슬로(A. H. Maslow)의 분류
- 인간의 욕구를 생리적 욕구, 안전의 욕구, 애정과 소속의 욕구, 존중의 욕구, 자아실현의 욕구로 구분하고, 인간의 욕구는 위계성을 가져 생리적 욕구부터 순차적으로 갈구되고 충족돼야 한다고 주장함.
- 실제 욕구는 동시에 요구되기도 하고, 생리적 욕구나 안전의 욕구를 무시한 채 자아실현의 욕구만 추구하는 수도승 같은 존재가 있듯 특정 욕구에만 매진하는 경우가 있어 모형의 논리가 비판받음.
- 인간의 욕구를 분류하고, 각 단계별로 적절한 사회서비스 프로그램이 필요하다는 명분과 비교 기준을 제시해 줬다는 점에서 의미가 있음.
② 브래드쇼(J. Bradshaw)의 분류 : 사회적 욕구를 분류했으며, 각 욕구는 배타적이지 않고 동시적으로 추구될 수 있음.

규범적 욕구	• 욕구에 관한 일정 수준을 정해 놓고 그 수준에 못 미치는 사람들의 경우, 욕구를 가진 것으로 간주함.
인지된 욕구	• 각 개인별로 특정 서비스나 욕구에 대해 물어 필요하다고 느끼는 주관적 지각을 욕구로 간주함.
표출된 욕구	• 자신들이 필요한 욕구의 충족을 위한 활동이 이뤄지는 경우 그 활동에서 요청하는 것을 욕구로 간주함.
비교된 욕구	• 연구나 조사를 통해 이미 욕구가 있는 것으로 인정된 집단이나 존재가 있는 상황에서 유사한 특징을 가진 집단이나 존재도 같은 욕구를 가지고 있는 것으로 간주함.

(3) 주요 대상

아동	• 아동 개인이나 가족에 문제가 아니라 사회와 국가 전체의 책임 대상 • 아동복지법은 만 18세 미만을 아동으로 규정하며, 지지적 서비스, 보충적 서비스, 대리적 서비스 제공 • 아동 욕구의 조기 발견과 그에 부응하는 복지 체계 구축, 공동생활 가정과 소규모 아동복지시설 활성화, 위기 아동 보호와 자립 등을 정책 방향으로 설정
노인	• 노인복지법은 만 65세 이상을 노인으로 규정하며, 노후의 생활 안정을 위해 노인의 보건복지 증진에 기여 • 세대 간 통합과 연대, 노인의 자기결정권 존중, 고령화에 대비한 재정 안정화, 건전한 건강보험제도 운영, 주거 보장에 대한 고려 등을 정책 방향으로 설정
장애인	• 장애인복지법에 의해 장애인에 대해 인간으로서 존엄한 권리를 보장하며, 일체의 차별을 금지 • 장애 개념에 대한 변화, 장애인정책 결정에 적극적 참여 보장, 개입방법의 다변화 등을 정책 방향으로 설정
여성	• 여성이라는 성별로 인해 발생하는 일상의 장애를 제거하고 경제적·문화적 생활이 보장되도록 지원 • 미혼모, 윤락여성, 가출여성 등 비일상적 생활의 여성과 학대받는 여성 등 다양한 유형의 사회복지정책이 요구됨. • 전통적 가부장 제도의 완전한 근절, 성차별적 가정 역할관 해체, 여성복지에 관한 좀 더 구체적 보상 기획 등을 정책 방향으로 설정
청소년	• 학문적으로 아동복지의 영역과 완전히 구분되지 않아 다소 소극적 차원으로 다뤄짐. • 전체 청소년을 대상으로 하는 보편주의적 접근으로 변환, 지방분권과 맞물려 지역 특성에 맞는 정책 체제로 전환 등을 정책 방향으로 설정

2) 할당

(1) 할당의 의의

사회복지정책의 대상은 누가 정책의 수혜를 받는지에 따라 규정되며, 대표적 정책 수혜인 급여의 자격에 대한 논의를 할당이라고 함.

① 인구사회학적 조건
- 출생, 사망, 연령, 혼인 등 인구 요인을 기준으로 설정함(= 특정한 인구사회학적 조건만 충족하면 급여를 제공).
- 기초연금과 아동수당, 노인수당과 같은 사회수당 제도가 이러한 조건으로 실시되는 제도임.

장점	단점
• 수급자들과 세금을 내는 납세자들 사이의 반목이나 갈등이 적음 (= 원활한 사회통합 가능). • 수급자들에게 낙인 효과가 없음. • 수급자들의 근로 동기가 저하되지 않음. • 가족구조의 인위적 변화 없음. • 효율적 정책집행 가능	• 미미한 수직적 소득재분배 효과 • 대상 효율성 저하 • 많은 재원이 요구됨.

② 기여 조건
- 국가에 사회적 혹은 경제적으로 기여했는지 여부를 기준으로 설정함(= 기여는 유형, 무형상 공헌이 모두 해당됨).
- 순직이나 독립운동 참여 등 국가유공자 보훈제도가 사회적 기여를 조건으로 설정해서 실시되는 제도
- 국민연금이나 건강보험 등 5대 사회보험 역시 개인별 소득에서 기여금을 납부하고 그에 상응하는 급여를 제공받는 방식

③ 소득 및 자산 조건
- 자산조사를 통한 소득 및 자산 조건은 가장 오래된 자격 조건 : 자산조사를 통해 자발적 노력으로 기본 욕구를 충족할 수 없는 사람들을 선별해 급여를 부여
- 사회구성원 대다수가 누리는 생활 수준을 고려해서 상대적으로 결정됨 : 과거에는 상대적으로 적은 대상에게만 적용해 제공됐으나 최근에는 그 폭이 넓어지고 있음.

장점	단점
• 사회적 통합에 긍정적 효과	• 상대적 수준을 정확히 측정하기 어렵고, 실제 정치적 영향력이 크게 작용함. • 낙인 효과가 발생할 수 있음.

(2) 우리나라의 할당 상황

① 인구사회학적 조건에 의한 할당
- 현재 인구사회학적 요인에 의한 할당은 적용되고 있지 않음 : 영유아 무상보육, 초등학교와 중학교 9년 과정의 의무교육이 명시돼 있고, 노인의 소득 수준 하위 70%까

지 기초연금을 제공하는 등 유사한 적용은 이뤄지고 있음.
- 영유아 무상보육의 경우 실질적 보육료와의 괴리가 매우 크며, 사교육이 팽배함에 따라 의무교육의 효과도 미미함.
- 무상보육과 의무교육을 통합, 개편해 아동수당처럼 크게 확대하고, 노인에 대한 기초연금 수준 역시 상향시켜 노인수당으로 전환하는 것을 검토할 필요가 있음(= 재원의 문제).

② 기여 조건에 의한 할당
- 보훈급여금, 참전명예수당과 같은 보훈제도가 운영되고 있으며, 국민연금으로는 노후생활 안정 도모(= 노령연금), 국민건강보험으로는 질병에 대한 광범위한 대처(= 요양급여), 노인장기요양보험으로는 노인성 질환과 가족 부양 의무 경감(= 재가급여), 산업재해보상보험으로는 산업 현장의 재해 대처(= 휴업급여), 고용보험으로는 실직으로 인한 생활 불안정 대비(= 실업급여) 등의 효과를 거두고 있음.
- 각 보험의 관리 주체가 달라 운영 효율성이 저하될 여지가 있으며, 각 보험별로 크고 작은 문제가 발생함.

국민건강보험	• 납부에서 직장 가입자와 지역 가입자 간 편차 발생
산재보험	• 업무 위험성에 따라 재해율을 높여 기금 갹출은 원만한 편이지만 재해 자체를 경감시키는 방안 모색은 소홀함.
고용보험	• 구직급여의 경우, 급여를 받기 위한 거짓 증명 등 제도의 악용 사례가 빈번함.
노인장기요양보험	• 재가요양 급여의 경우 등급 판정의 기관과 지역차가 있으며, 노인성 질환에 대한 근본적 대처에는 한계가 있음.

③ 소득과 자산 조건에 따른 할당
- 국민기초생활보장법에 따라 기준 중위소득 30% 이내 수급자들에게는 생계급여, 기준 중위소득 40% 이내 수급자들에게는 의료급여, 기준 중위소득 43% 이내 수급자들에게는 주거급여, 기준 중위소득 50% 이내 수급자들에게는 교육급여 제공
- 자격 여건을 자산조사로 수시 검증하며, 보충성 원리에 입각해 소득인정액이 기준 중위소득에서 모자라는 수준만 급여로 제공해 줌.

- 각 급여의 관리 주체가 달라 운영 효율성이 저하될 여지가 있으며, 정부 발표와 달리 현장에서의 성과 체감도가 높지 않음.
- 가장 큰 문제는 소득인정액과 기준 중위소득 개념의 적절성 여부 : 경제활동에 필수적인 소형 트럭도 소득으로 환산해 실질 소득보다 과대 산정되며, 기준 중위소득 자체가 상대적 개념이다 보니 빈곤문제를 상대화시키는 단점이 있음.
- 기본소득제도에 대한 사회적 담론과 검토가 필요한 시기

2. 사회복지정책의 전달 체계

1) 전달 체계의 개념

(1) 전달 체계의 의의

사회복지정책 전달 체계는 사회복지정책을 실천하는 조직의 총체이며, 그에 따라 조직의 구조와 기능에 대한 사항이 필연적(= 정책 목표를 명백하게 달성하기 위한 구조, 기능, 인력 선발 및 배치 등을 적절하게 선택하는 문제가 중요함)

① 전달 체계의 효율적 운영은 정책 효과의 효과적 전달과 직결되며, 사회복지정책의 추구 가치나 목표 성취가 전달 체계와 직접적으로 연관됨(= 전달 체계의 합리적 조직 정비가 반드시 필요함).
② 전달 체계의 기능

초입 기능	• 정책 대상자에게 이용 가능한 서비스와 기관 홍보, 교육활동, 대상자의 문제 해결을 위한 다른 기관들과의 협력 등
책임 기능	• 정책 대상자의 문제 사정 및 이용 가능한 자원 물색, 필요 시 다른 기관에 위탁을 통해 정책 효과 극대화를 추구

서비스 제공 기능	• 개별사회사업, 재활서비스, 법률구조사업, 재정부조 등의 기능 영역
계획 및 통제 기능	• 모든 활동은 근거 있는 계획에 의하며, 정책 목표 달성을 위한 불법 수급과의 방지와 같은 다양한 통제 기능을 담당함.

(2) 전달 체계의 원칙

① 행정구조적 측면 : 행정 효율성을 추구하며, 각 상부, 중간, 하부 체계의 위치에 따라 기능의 차이가 있기 때문에 그에 부합하는 전문성 발휘와 업무 분담이 요구됨.

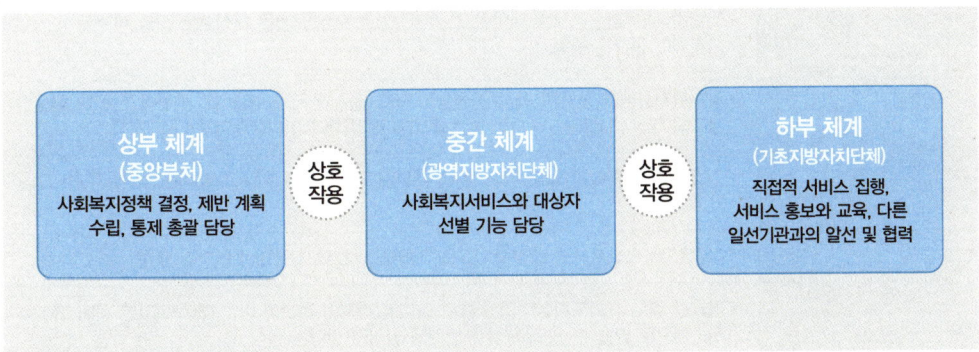

전문성에 따른 업무 분담의 원칙	• 사회복지정책의 제공은 전문가, 준전문가, 비전문가에 의해 이뤄져야 함을 천명한 원칙 (= 사회복지사, 의사, 간호사, 보육사, 영양사 등 전문가가 중심) • 전문가는 자격 심사에 통과해 자격을 객관적으로 인정받은 사람으로 전문적 업무 수행에 관한 권위와 자율적 결정권, 책임성을 지님. • 사회복지사가 가장 핵심이 되며, 비숙련 업무나 일반 행정 업무는 준전문가나 비전문가, 자원봉사자가 담당
경쟁성의 원칙	• 사회복지정책의 질 향상과 수급자의 다양한 선택권 보장을 위해 특정 전달 체계의 독점보다 전달 체계 간 경쟁 원리가 필요함을 천명한 원칙
효과성 및 효율성의 원칙	• 전달 체계는 문제 해결이나 욕구 충족 등 의도한 바를 충실히 달성해야 함을 천명한 원칙(= 자원·욕구·과정의 적합성, 목표 달성, 변화지향성 등이 내재됨) • 가능한 최소한의 비용으로 최대한 정책 목표를 달성하는 전달 체계 구성과 운영이 요구됨.
책임성의 원칙	• 전달 체계는 사회복지정책의 대상자와 수혜자, 집행과 그로 인한 성패를 모두 책임져야 함을 천명한 원칙(= 수혜자 욕구에 적절한 서비스 여부, 서비스 전달 체계 적합성 여부, 서비스의 효과성 및 효율성 여부 등이 책임의 대상)

접근 용이성의 원칙	• 사회복지정책을 가능한 쉽게 접하고 서비스를 영위할 수 있어야 함을 천명한 원칙 • 접근성은 자신에게 해당되는 정책의 내용에 관한 정보 부족(= 기능적 장애), 접근하기 어려운 거리와 교통 수단의 부재(= 지리적 장애), 자신의 문제 노출에 대한 불안(= 심리적 장애) 등의 해결을 통해 강화됨
통합 조정의 원칙	• 사회복지정책의 대상이 되는 사람들은 통상 복합적이고 상호 연관된 문제를 갖고 있는 경우가 다반사이기 때문에 해결을 위한 요인들도 상호 연관돼 있어야 함을 천명한 원칙
지역사회 참여의 원칙	• 사회복지정책의 제공은 지역별 특수성이 반영돼 개별성에 대한 고려가 필수적이기 때문에 지역사회의 다양한 구성 요인이 참여할수록 효과가 극대화될 수 있음을 천명한 원칙
조사와 연구의 원칙	• 전달 체계의 활동 성과가 높이기 위한 활발한 조사와 연구가 이뤄져야 함을 천명한 원칙

② 서비스 제공자 측면

평등성의 원칙	• 특별히 제한하는 경우를 제외하고, 기본적으로 모든 국민을 대상으로 전달 체계가 가동돼야 한다는 원칙
재활 및 자활 목적의 원칙	• 사회복지정책의 궁극적 목적은 정상적 사회 복귀와 기능 수행이기 때문에 완전히 상실한 상태의 대상자 외에는 일시적 보호를 위한 전달 체계가 마련돼야 한다는 원칙
적절성의 원칙	• 전달 체계의 활동은 양과 질, 기간이 충분해야 한다는 원칙(= 재정문제로 준수되지 않는 경우가 많음)
포괄성의 원칙	• 다양한 욕구와 문제를 해결하기 위해 서비스가 모두 제공돼야 한다는 원칙
지속성의 원칙	• 필요한 경우 사회복지정책의 종류와 질이 달라져야 하는데 이럴 때에도 다른 서비스를 지속적으로 받을 수 있도록 상호 연계돼 있어야 한다는 원칙
가족 중심의 원칙	• 문제 해결 호소 단위가 개인일지라도 전달 체계의 대상 단위는 가족이 돼야 한다는 원칙

(3) 전달 체계의 평가 기준

재화서비스 속성과 그에 따른 기술 측면	전달 체계 측면
• 공공재적 성격의 정도와 외부 효과 크기, 정책대상자들의 합리적 선택 가능성, 기술적 측면에서 대규모 제공의 유용성, 여러 전달 체계를 통한 보완적 제공의 유용성 등	• 소득재분배 및 사회적 적절성, 통합성, 지속성, 효율성, 경쟁성, 접근성, 수급자 욕구에 대한 대응성, 책임성, 수급자의 선택 자유, 수급자들의 서비스 오남용 방지 수준 등

2) 공공 부문 전달 체계

(1) 공공 부문 전달 체계의 필요성

아내 내용과 같은 시장실패로 인해 시장으로 대표되는 민간의 한계 때문

독과점적 자본	• 시장은 자본 축적의 욕망이 무한정으로 나타나기 때문에 자본을 독점하거나 과점하는 사례가 나타나고 독과점은 자신들의 지위 유지와 이익을 극대화를 추구하기 위해 가격을 상승시킴 (= 필요한 수준보다 과소 생산).
정보의 불완전성	• 시장은 기능이 완벽하지 않은 제품이나 서비스는 과잉 생산, 수익성이 높은 제품이나 서비스는 과소 생산해 가격 상승을 유도(= 이러한 행동을 위해서는 소비자에게 모든 정보를 올바르게 제공할 수 없음)
외부 효과	• 가격 메커니즘 없이 다른 경제 주체에 좋은 영향을 미치는 외부경제(= 필요한 수준보다 과소 생산), 나쁜 영향을 미치는 외부불경제(= 필요한 수준보다 과다 생산)
공공재의 속성	• 국방에 의한 보호와 같은 공공재는 가격을 지불하지 않더라도 소비권을 박탈할 수 없고(= 비배제성), 내가 소비한다고 해서 타인의 소비가 지장을 받지 않음(= 비경합성). 즉, 공공재는 이익이 되지 않기 때문에 시장은 취급하려고 하지 않음.

(2) 공공 부문 전달 체계의 구분

구조 기능적으로는 서비스 전달을 기획, 지휘, 지원, 관리하는 간접 지원 기능 위주의 행정 체계, 전달자가 서비스를 소비자에게 직접 전달하는 집행 체계로 구분됨.

(3) 전달 체계의 주체

공공 부문 전달 체계의 주체는 정부가 되며, 사회복지정책 내 급여나 서비스가 공공재적 성격을 강하게 가질수록, 대상 집단이 많을수록 적합함.

① 중앙정부
- 사회보험과 공공부조 등과 같은 기초적 서비스의 포괄적 제공을 책임지며, 국민 전체의 생존권 보장을 일괄적이고 통일적으로 책임성 있게 제공함.

- 막대한 재원 조달이 가능하며, 지방정부나 민간단체에 보조금을 지급해 위탁 처리하기도 하며, 관련 법률과 지침을 통해 다른 사회복지정책 주체를 통제하는 규제자로서의 역할을 맡음(= 통제는 정책 목표 달성을 목적으로만 인정됨).

② 지방정부
- 사회복지정책의 수혜자인 지역주민 욕구에 부응하며 직접적 실천 영역을 책임지며, 지역 특색에 맞는 활동을 융통성 있게 영위함.
- 중앙정부가 미약할 수밖에 없는 현장에서의 대응성과 접근성에 초점을 둠.

	장점	단점
중앙정부	• 공공재 성격이 강한 정책 특성 때문에 중앙정부가 담당할 수밖에 없음, 사회적 적절성과 평등 구현, 복지에 대한 욕구 체계화, 다양한 프로그램 통합 및 지속·안정적 유지에 유용함, 대규모 경제성을 가져 대상이 많을수록 기술적 측면에서 유리함.	• 자원의 비효율적 배분 발생 가능성 높음, 재화의 가격 수준에 따른 재화의 질 저하 가능성 높음, 새로운 욕구에 대한 대응 미흡, 민간에 비해 수급자의 접근이 곤란, 수급자 효용 극대화 제한적, 지역 특수성에 대한 융통성 낮음.
지방정부	• 지역주민의 욕구에 대한 효율적 대처, 지방정부들 간 경쟁으로 가격과 질적 측면에서 수급자에게 유리, 수급자의 참여 기회가 많아 민주성 확보에 유용함, 중앙정부보다 창의적·실험적 서비스 개발이 용이, 변화되는 욕구에 대한 대응이 유리함.	• 지역 간 불평등 초래 및 사회통합 저해, 대규모 경제 효과가 적어 기술적 측면에서 불리, 지방정부 단위 프로그램 발전은 단편화 가능성이 농후함, 정책의 안정성과 지속성 측면에서 중앙정부보다 미약함.

(4) 공공 부문 전달 체계 간 관계 설정

① 공공 부문 전달 체계는 중앙정부와 지방정부 사이의 관계 설정이 중요하며, 관계 설정 방향에 따라 전달 체계의 양상도 상이해짐(= 정부관계이론).

② 유형

종속형	대립형	파트너형
• 중앙정부에서 결정된 급여나 서비스가 광역지방정부를 경유해 기초지방정부에서 시민에게 제공되는 구조 • 지방정부 자치권 최소화	• 중앙정부와 광역지방정부가 각기 독자적으로 시민에게 급여나 서비스 제공 • 완전히 서로 무관한 관계로 활동	• 중앙정부, 광역지방정부, 기초지방정부가 독자적으로 시민에게 급여나 서비스 제공 • 독자적으로 활동하지만 협의 체제를 유지함.

(5) 우리나라의 공공 부문 전달 체계

① 보건복지부 : 1948년 정부 수립과 함께 사회부가 발족되고 1949년 보건에 관한 업무를 분리해 보건부가 신설됨. 1955년 정부조직 통폐합 작업에 따라 보건부와 사회부가 합쳐져 보건사회부로 개편되고, 1994년 보건복지부로 개명됨. 이후 이명박 정부 출범으로 보건복지가족부가 됐다가 이후 다시 보건복지부로 환원돼 현재까지 이르고 있음.
② 지방정부 차원에서는 사회복지과 혹은 가정복지과를 중심으로 형성돼 있으며, 사회복지 전담공무원들이 배속돼 업무를 담당함.
③ 사회복지 관련 부서의 업무를 보조하며 중요 사항을 자문하거나 심의하기 위해 중앙, 시·도, 시·군·구 각 전달 체계마다 위원회를 설치하고 있음.
④ 사회복지서비스 전달 관련 공공 부문 전달 체계의 문제점과 개선 사항

문제점	• 상의하달식 수직 전달 체계로 구성돼 중간 및 하부기관은 대상자의 욕구에 능동적·자율적 대처가 어렵고, 적절성·통합성·포괄성 문제가 나타날 수 있음. • 서비스 전달 행정 체계가 일반 지방행정 체계에 편입돼 일반 행정 업무까지 겸업해 사회복지 전문성 발휘가 어렵고, 그에 따라 서비스 전달 업무의 효과성·효율성, 책임성, 업무만족도가 저하되고 쉽게 소진될 수 있음. • 사회복지 전담공무원의 승진 기회가 한정돼 있고, 일반직 공무원이 사회복지 담당을 하는 경우도 있으며, 과중한 업무량에 비해 인원 충원이 이뤄지지 않아 전문인력 부족과 관리 미흡으로 서비스 효과성이 악화될 수 있음. • 공공 부문 사회복지 전달 체계 관련 부서의 통합성 결여와 각종 위원회의 활동 부진
개선 사항	• 전달체계 계층 단순화, 공공 부문 사회복지 전달 체계를 보완적·수평적·협동적 관계로 전환 • 사회복지서비스 업무를 하급기관으로 이양, 민간 부문에 적합한 업무는 과감히 민간에 이양해 활성화를 도모, 사회복지 관련 위원회를 그 조직과 운영 면에서 활성화 • 전문 인력 충원, 사회복지정책을 통합적으로 관리하고 서비스를 제공하는 전담 기구의 설치가 조속히 이뤄져야 함.

3) 민간 부문 전달 체계

(1) 민간 부문 전달 체계의 필요성

시장실패를 바로잡고자 정부가 적극적으로 개입했지만 정부 역시 실패가 나타남. 또한 공공 부문의 사회복지정책 관련 독점화와 그로 인한 병폐를 차단하고 해결하기 위해

(2) 민간 부문 전달 체계의 장단점

정부가 제공하는 서비스에 해당하지 않는 존재에 서비스 제공, 정부가 제공할 수 없는 서비스 제공, 동일한 종류의 서비스에 대한 선택 기회 제공, 접근 용이성, 사회복지서비스의 선도적 개발과 보급, 국가의 사회복지 비용 감소, 민간의 사회복지 참여 욕구 수렴 등의 장점이 있지만 서비스의 통합성과 지속성, 안정성 측면에서는 취약함.

(3) 전달 체계의 주체

민간 부문 전달 체계의 주체는 사회복지법인, 비영리사회단체, 기업, 개인 등 비정부 행위자가 모두 포함되며, 박애사업, 자선사업, 민간사회복지기관과 시설, 기업복지가 모두 해당됨.

① 자원조직 : 국가와 시장, 가족 사이에 존재하며 공식적·비영리적인 자원봉사 중심의 기관으로 국가가 나서기 훨씬 오래전부터 사회복지 전달 체계로 활동(= 자유주의 전통이 강한 국가에서 활발함)
② 비공식 부문 : 가족, 친구, 이웃 등 비조직이자 무형식 전달 체계(= 다양한 욕구에 즉시적 대응, 전달 체계의 시간·비용·노력 발생이 적음)
③ 영리조직 : 국가가 전담하는 복지 전달이 재정적 문제에 부딪치면서 관심을 갖게 된 민간 영역

(4) 민간 부문 전달 체계의 재화와 서비스 공급 원리에 따른 유형

순수 시장 원리에 의한 민간 부문 전달 체계	정부의 시장 개입에 대한 민간 부문 전달 체계
• 민간 부문 전달 체계의 사회복지 재화의 공급을 시장 원리에 맞춰 맡기는 것을 의미(= 수요자의 선택과 비용으로 서비스를 전달받음) • 공급자가 시장요금을 적용해 사회복지서비스를 제공하는 실버타운 입주, 상담클리닉에서의 유료 상담서비스 등이 해당됨.	• 민간 부문 전달 체계의 사회복지 재화의 공급을 자격이 있는 자만이 재화나 서비스 공급을 할 수 있도록 규제하는 것을 의미 • 사회복지법인만 사회복지기관이나 시설을 운영할 수 있도록 규제하는 사례가 해당됨.

(5) 우리나라의 민간 부문 전달 체계

① 전통적 사회복지기관협의회 : 사회복지기관들이나 사회복지를 담당하는 위원회 및 부서를 가진 여타의 단체로 구성되며, 주로 대도시에 존재하는 협의회 형태(= 우리나라의 한국사회복지사협의회)
② 지역사회복지협의회 : 전문 혹은 비전문 개인 회원과 사회복지기관의 단체 회원으로 구성되며, 포괄적 의미의 사회복지 증진에 관심을 갖고 사회행동에 참여하는 협의회 형태(= 우리나라의 각 시·도 사회복지협회의회)
③ 전문분야협회 : 한국아동복지시설협회, 한국노인복지시설협회, 한국장애인복지시설협회, 한국여성단체협의회 등
④ 사회복지서비스 전달 관련 민간 부문 전달 체계의 문제점과 개선 사항

문제점	• 대부분 민간 부문 전달 체계 기관이나 시설들이 운영에 필요한 재정의 상당 부분을 정부 보조에 의존해 지나치게 친정부적 태도를 나타냄(= 창의성과 자율성이라는 민간 부문 전달 체계의 장점이 제한됨). • 정부 지원에 의존하다 보니 지역별 불균형과 생활시설에 대한 지원 수준이 낮아 재정과 활동 여건이 열악함. • 지역주민 참여 미흡, 시설 개방화 부족, 수용자에 대한 통합적 서비스 미흡 • 사회복지조직 협의기구들의 조정자로서 역할과 기능 미약 • 빈약한 재정문제로 전문인력 충원이 미진, 민간사회복지조직 처우가 좋지 않아 인력 확보 자체가 어려움.
개선 사항	• 사회복지협의회의 효율적 사업 수행을 위한 조직 기능 강화 • 사회복지관과 시설 운영 조직의 강화 필요 • 전문성 강화, 주민 참여를 통한 복지자원 동원 등이 요구됨. • 재정 지원과 엄격한 관리로 전문인력 충원 지원

4) 혼합 체계

(1) 정부와 민간 부문 혼합 체계

① 사회복지정책의 운영 책임은 민간 부문에 부여하고, 공공 부문은 민간 부문에 재정 지원을 하면서 일정한 조건을 붙여 규제를 하는 체계(= 공공 부문과 민간 부문의 장점을 융합할 수 있음)

② 유형

계약 방식	• 가장 일반적 형태. 계약을 통해 재원은 정부, 행정과 운영은 민간이 담당(= 사회복지시설의 위탁운영과 같은 방식)
재정 보조 방식	• 정부가 민간 사업비의 일정액을 지원. 지원만 하고 규제는 없음.
단순 관리 방식	• 재정 지원 없이 민간을 정부가 규제하고 관리

(2) 중앙정부와 지방정부의 혼합 체계

재정적 규제	• 중앙정부가 조건을 내걸고 중앙정부 예산 중 일부를 지방정부에 넘겨주는 방식 (= 지방정부 독립성 강화)
프로그램 규제	• 중앙정부의 지방정부 재정 보조 시 대상자 자격, 급여 형태와 수준, 세부적 전달 방법 등에 의해 규제하는 방식(= 지방정부 독립성 약화)
수급자 수와 욕구에 따른 규제	• 지방정부 수급자나 욕구를 가진 사람 숫자에 따라 차등 지원하는 방식(= 지역 간 불평등 해소 가능, 중앙정부 재정 부담 증가)
절차적 규제	• 재정 지원에 일정한 절차를 요구하는 방식(= 지방정부 재량권의 오남용을 막고 중앙정부의 취지를 반영하기 위함)

5) 전달 체계의 발전과 통합 전략

(1) 발전 전략

① 정책결정의 권위와 통제 전략(= 의사결정과 통제 권한 소재에 관한 전략)

조정	• 복지서비스의 통합성과 포괄성을 발전시키기 위함. • 집중화 : 강력한 조정 절차. 중앙과 지역의 각 부서와 권한을 한 부서에 집중해서 몰아주는 전략 • 연합 : 행정적 통합 없이 서로 다른 기관들의 자원을 지리적으로 집중시키는 전략. 임기응변적 성격으로 협력 관계를 맺은 기관들끼리 의사결정 권한을 공유·변경하지 않는 형태는 제휴 • 사례 수준의 협력 : 사회복지기관과 기관 직원 간 상호 작용을 분산시키는 전략. 조정 체계가 잘 구축되지 않을 때 혹은 각 기관의 최일선 사회복지사 사이에 원조 네트워크를 만들 필요가 생길 때의 조정을 의미함.

시민 참여	• 의사결정의 권한을 기관과 정책 대상자에게 재분배하기 위함(= 급여의 책임성, 적절성, 접근용이성 보장을 지향함). • 비분배적 참여 : 시민들이 교육이나 치료, 명목적으로 참여하는 경우. 기존 의사결정 권한에 실질적 변화는 이뤄지지 않음. • 정상적 참여 : 의사결정 과정에 시민이 실질적으로 참여하는 경우. 참여에 따른 의사결정의 변화는 크게 나타나지 않음. • 재분배적 참여 : 의사결정 과정과 전달 체계에 직접적·실질적 영향을 미치는 경우

② 과업 배분 전략(= 업무 배치의 재조직화에 관한 전략)

역할 부과	전문가 분리
• 사회복지사와 정책 대상자 간 연결 역할을 만드는 조치 (= 토착의 비전문가가 적절)	• 도덕적 딜레마에 빠진 사회복지사를 조직개혁에 앞서 전달 체계에서 철수시키는 조치

③ 전달 체계의 구성 전략(= 전달 체계 조직 단위와 수의 결정, 대상자의 서비스 접근 용이성에 관한 전략)

전문적 접근구조	의도적 중복
• 기관 전문성 유지와 대상자 접근성을 높이기 위해 대상자 권익 보호, 충고, 정보, 후송 서비스 등을 전문적으로 제공하는 조치	• 기존 서비스 일부 혹은 전부를 재창조 • 경쟁 : 기존 전달 체계 안에서 기관들이 경쟁하도록 중복시키는 조치 • 분리 : 기존 전달 체계 안에서 외부에 새로운 기관을 조직하는 조치

(2) 통합 전략

① 사회복지정책 전달 체계의 가장 큰 문제점은 서비스의 비연속성과 분절성이며, 이를 해결하기 위해 서비스의 통합이 필요함. 서비스 통합 방법은 완전 통합(integration)과 단순 조정(coordination)으로 구분됨.

완전 통합	단순 조정
• 개별적 서비스 제공 조직들을 모두 묶어 완전하게 새로운 단일 서비스 구조를 만드는 조치	• 개별적 서비스 제공 조직들이 각기 자원과 구조는 독립적으로 유지하되 서로의 관계를 좀 더 밀접하게 개선하는 조치 • 대부분의 경우 서비스 통합을 말할 때 단순 조정의 방법을 의미

② 획일적 통합이 다양성과 창의성을 훼손할 수 있으며, 접근용이성, 책임성의 문제가 제기될 여지가 있음.
③ 통합 전략의 실천 방법

종합서비스센터 운영	• 1개의 서비스센터에서 복수의 서비스를 제공하는 방식
단일화된 접수 공동창구 개발	• 정책 대상자들의 다양한 욕구를 평가해 적절한 서비스 계획을 개발하며, 공동창구에서 해당되는 전달 체계로 배분하는 역할을 수행
종합적 정보와 의뢰 체계 구축	• 독립성은 유지한 채 정보와 의뢰 기능만 강화하는 방식
사례관리	• 조직들 간 느슨한 네트워크 구성과 개별 사례들을 중심으로 서비스들 간 조정 효과를 낼 수 있는 단순 조정의 대표적 방법
기타	• 트래킹 시스템(tracking system: 주문 배송 추적 시스템) : 동일한 수혜자에 대한 서로 다른 기관의 정보 공유 • 크리밍 : 전달 체계에 유리한 대상만 선별하고 불리한 대상은 배척

제7장 되돌아보기

- 인간의 욕구에 대해 이론적 개념을 숙지할 것
- 할당 방식과 관련해 기본소득 제도 도입에 따른 유용성과 위험성에 대해 생각해 볼 것
- 공공과 민간 부문 전달 체계의 상호 이질적인 부분을 구분해서 기억할 것
- 한국 전달 체계 현실에 부합하는 발전과 통합 전략에 대해 생각해 볼 것

⑧ 사회복지정책의 재원과 급여

> 이 장에서는 자본주의 경제 체제의 다양한 사회 제도들의 근간이라고 할 수 있는 재원에 관련된 내용과 마련된 재원으로 제공되는 급여에 관한 내용을 학습하게 됩니다. 금전적 자원이 반드시 필요한 사회복지정책이기 때문에 재원은 무엇보다 중요하며 정책의 기초적 원동력이라고 할 수 있습니다.

1. 사회복지정책의 재원

1) 사회복지정책 재원의 개념

(1) 재원의 의의

재원은 사회복지정책의 집행에서 사용되는 제반 비용과 관련된 금전적 개념 : 사회복지 정책의 목표 달성을 위해 필요한 재원을 어떻게 얼마만큼 조달할지, 확보된 재원을 어떻게 어느 수준까지 배분할지 문제로 구분됨(= 재원이 사회복지 집행과 결과를 좌우하기 때문).

① 특정 국가나 사회의 사회복지정책 관련 재원 규모는 전체 복지의 총괄 수준을 측정하는 기준이 되고, 사회복지의 발달 정도를 가늠하는 척도로 작용
② 문제는 사회적 욕구가 늘어남에 따라 재정 부담이 증가해 재원 조달의 어려움이 나타나기도 함(= 재원 조달 수준과 분담에 관한 선택은 지속 가능한 복지에 영향을 미침).

(2) 운용 원칙

각 원칙들이 잘 준용돼야 후속 재원 마련이 용이해짐.

투명성	• 재원과 관련된 평가의 가장 대표적 척도 : 주로 재원의 배분 과정에서의 비리나 부정부패에 대한 내용이 투명성의 수준을 판단하는 기준이 됨. • 일반 국민들이 현재의 재정 운용 과정을 통해 미래에 나타날 결과를 이해하는 데 필요함.
효과성	• 의도했던 정책 목표와 성과 달성은 매우 당연한 기본 결과
형평성	• 사회복지정책의 재원은 기본적으로 사회적 재분배를 지향하는 활동에 투입되기 때문에 형평성은 핵심적 판단 기준이 됨. • 동일한 조건의 사람은 모두 동일하게 대하는 수평적 형평성, 좀 더 어려운 처지의 사람에게 더 수혜를 제공하는 수직적 형평성을 모두 고려해야 함.
효율성	• 마련된 재원 지출에서 배분적 효율성은 여건 변화에 따른 재정 긴축 유발에 대응력, 지출 한도 내 부문 간 지출 요소의 적정성을 가늠하는 기준이 됨.
지속가능성	• 경제활동으로 지속적인 재원 조달이 돼야만 사회복지정책의 효과를 보장할 수 있음. • 지속가능성은 정부의 지불 능력, 성장과 유지, 안정성, 공정성 확보를 통해 유지되고 강화할 수 있음.

(3) 사회복지정책 재원 운용을 통한 효과

소득재분배 효과를 제고하게 됨, 경기 변동의 안정화와 경제 성장에 기여, 시민 노후의 삶과 형태에 파급 효과, 사회적 생산과 소비에 긍정적 영향력 행사 등

2) 사회복지정책 재원 조달

(1) 재원 조달의 의의

재원 조달은 일정 수준 이상 재원을 마련하고 풍족하게 만드는 활동을 의미하며, 공공과 민간, 보험과 부조, 유료와 무료 등 다양한 방법을 통해 이뤄짐.

(2) 공공 재원 조달 방식

① 조세 : 국가에 의해 강제적으로 부과돼 납부하는 부담금을 통해 재원을 충당하는 방식(= 국가가 사용하는 합법적 조달 방식 중 가장 대표적)
- 조세는 매우 다양하게 구분되며, 각국의 경제·사회적 조건과 목적에 따라 징수와 활용 방법이 상이함.

목적에 따른 분류	• 일반세 : 조세의 제출 용도를 정하지 않고 징수하는 세금. 소득세, 소비세(= 역진성 때문에 일정 세율 부과), 재산세 등 • 목적세 : 특정한 목적에 사용하기 위해 징수하는 세금. 교육세 등
납부 방법에 따른 분류	• 직접세 : 경제활동을 통해 얻은 소득에 부과하는 세금. 소득세, 법인세, 증여세 등. 경제적 능력과 소득이 클수록 조세부담률을 높이는 누진세율을 적용함. • 간접세 : 소비활동을 하는 과정에서 이득에 대해 부과하는 세금. 소비세, 부가가치세 등. 직접세에 비해 조세 저항이 적지만 저소득층의 조세 부담이 높아 소득재분배 기능은 약함.

- 공공부조를 비롯한 많은 사회복지정책이 정부의 일반세에 의존하고 있는데, 조세를 통한 사회복지정책 재원 충당은 개인적으로 대응할 수 없는 사회적 위험에 대응하고, 모든 국민의 생존권을 국가가 책임진다는 의미를 함의함.

유용성	한계
• 다른 조달 방식에 비해 평등이나 소득재분배 목표 달성이 용이함. • 일반세에 의한 사회복지정책 집행은 급여의 보편성을 증가시켜 사회적 불평등 해소와 사회 정의 구현 • 국가에 의해 안정적·지속적으로 재원이 조달돼 집행 역시 안정적·지속적으로 가능함. • 재정 운용을 할 때 각종 서비스나 프로그램의 상호 조정이 용이함.	• 세금 부과가 과다해지면 저소득층 조세 부담 증가로 오히려 역진성이 나타날 수 있음. • 사용자가 피고용자에게 조세 부담을 전가할 가능성이 높아짐. • 다른 정책 분야와 경쟁하는 상황이 되면 재원 조달의 안정성이 손상될 여지가 있음.

② 보험료 : 사회보험에 가입해 일정 기간 동안 정기적으로 금액을 기여 납부하는 방식
(= 사회보험 제도 확대와 함께 중요한 재원으로 인정받음)

- 소득 기준으로 보험료가 책정되며, 부과 기준 소득은 상한이 설정돼 있으며, 보통 사용자와 피고용자의 부담 비율이 정해짐.
- 소득비례보험료(= 표준 보수액의 일정률을 부담), 정액보험료(= 소득이나 재산과 무관하게 동일한 액수의 보험료 부담)로 구분되며, 목적세(= 프랑스 사회보험은 사회보험세로 재정 확보), 본인부담금(= 주로 건강보험에서 활용되며, 진료비의 일정 수준을 이용자에게 부담시킴)이 활용되기도 함.
- 적립 방식은 근로 기간 동안 근로자가 납부를 통해 기금에 기여하고, 기여한 금액과 기간을 근거로 은퇴 기간 동안 연금급부로 돌려받은 방식이며, 부과 방식은 갹출료 수입이 해당 연도에 바로 지출되는 방식으로 1년을 수지 단위로 운용되는 방식
- 국민연금, 건강보험, 산재보험, 고용보험, 장기노인요양보험의 재원 조달 방식이며, 보험료는 사용자가 부담하는 것이지만 국가에 의해 강제로 부과되고 관리 운영 역시 공공기관에서 시행하기 때문에 사회보장성 징세의 성격을 가짐(= 노령, 질병, 실업, 장애 등 사회적 위험에서 국민을 보호하고 소득을 유지시키는 강제적 조치).

유용성	한계
• 시장임금과 연동해서 보험료가 결정돼 형평의 가치가 달성됨(= 무분별한 보험료 인상 억제 가능). • 보험료를 납부한 사람이 혜택을 받으므로 심리적 거부감이 적고 자신의 권리라는 생각을 가질 수 있음.	• 소득의 상한을 정하고 있어 실질적으로 저소득층이 더 많이 부담하게 돼 소득재분배 효과가 적음. • 형평성이 높아도 시장경제의 변화에 따라 보험료도 상승될 가능성이 높아 결국 저소득층에게는 부담

③ 기타

조세 지출	• 정부가 납세자에게 받아야 할 세금을 감면, 공제, 면제해 주는 조치(= 국민 조세 부담 경감, 실질 소득 증가로 구매력 강화) • 소득재분배와 관련된 경제적 욕구를 고려한 조세 지출(= 각종 소득공제, 세액공제, 비과세 항목 등), 불가피한 비용 처리를 위한 조세 지출(= 인적공제, 특별공제), 사회복지정책과 관련된 조세 지출 등으로 구분됨.
부의 소득세 (NIT)	• 조세제도를 활용하되 빈곤계층 중 취업했거나 할 가능성이 있는 근로 능력 보유자에게 공공부조가 아닌 방법으로 소득을 보장해 주는 제도 • 특정 가구의 소득이 가구 규모별 최저생계비 수준에 미달할 때 차액을 일정 비율만큼 조세 환급 형태로 지급 • 일정 수준 소득 이하이면 누구나 급여 수령 가능(= 수평적 공평), 모든 가족에게 급여가 제공돼 가족구조 불안정이라는 병폐 발생 감소, 기존 조세제도로 기계적 운영이 가능해 낙인감을 줄일 수 있음.
근로장려세제 (EITC)	• 일정 수준 이하의 근로소득을 가진 사람에게 정부가 기준에 맞춰 조세제도를 통해 현금을 지급하는 소득보장 제도 • 근로소득이 있는 경우만 해당되고, 피고용자의 임금뿐 아니라 자영업자의 사업소득도 포함됨 (= 소득 증가와 급여 증가가 비례해서 근로 동기 강화).

(3) 민간 재원 조달 방식

① 민간의 사회복지기관은 여러 방법으로 재원을 조달해서 서비스 제공과 조직 운영의 비용으로 충당함(= 공공 부문의 위탁사업을 영위하고, 국가로부터 지원금이나 보조금 형태의 재정 지원을 받음).

② 자발적 기여 : 개별적 사회서비스에서 중요한 방식이며, 개인과 재단, 기업, 유산 등의 형태로 이뤄짐(= 개인에 의한 기여금 비중이 가장 큼).

유용성	한계
• 개인이 자유롭게 기여하기 때문에 다원화 사회 속에서 특정한 지역이나 집단의 특수한 욕구를 해결할 수 있음. • 새롭고 창의적인 서비스의 개발이 용이함.	• 고소득층의 조세 감면 수단으로 악용될 여지가 큼. • 지역적·특수적 욕구 해결에 집중하다 보면 국가 전체의 포괄적·통합적 정책 발전에 장애가 될 수 있음. • 조달 시기나 규모가 불안정해 지속이고 체계적인 정책의 수립과 집행이 곤란함(= 특히 경제 상황에 따라 변모할 가능성 높음).

③ 사용자 부담 : 급여나 서비스의 이용자들이 그 이용의 대가를 모두 혹은 일부를 지

불하는 방식
- 국가 전체의 사회복지 재정 부담을 완화하는 효과가 있어 최근 여러 가지 형태로 검토, 활용되고 있음 : 과거의 의료보험 제도 운용 시 나타났던 무료 혹은 저가 서비스 제공으로 인해 발생하는 서비스 남용, 부정 수급 등의 문제를 차단하고 자원 이용의 효율성을 높이기 위한 수단
- 수익자가 특별한 범주로 한정되므로 수익의 정도와 부담 능력의 고저에 따른 부담을 요구함으로써 수익자의 책임을 촉구할 수 있음.

유용성	한계
• 사회복지서비스 남용을 막고, 서비스 질 향상 가능 • 본인이 일부라도 비용을 부담하기 때문에 수치감을 줄이고 자기존중을 높일 수 있음. • 비용을 부담시키는 방식으로 다양한 서비스를 창출해 수급자의 선택 폭을 넓힐 수 있음.	• 기본적으로 역진적 성격을 갖고 있어 소득재분배 효과가 현저히 낮음. • 사용자 부담액이 별로 크지 않더라도 저소득층에게는 부담이 될 수 있음.

④ 가족 간 이전

유용성	한계
• 국가 복지가 아무리 발전해도 특정 사회의 문화적 관습이나 규범에 따른 비공식적 부문의 활동은 여전히 중요함. • 수급자나 기여자의 자유로운 선택의 폭이 매우 넓으며, 국가 복지의 많은 절차와 비용이 불필요함. • 가장 빠르게 복지 욕구 충족이 가능하며 비물질적 측면에서는 더 질 높은 서비스 가능	• 다원화된 욕구가 비공식적 부문만으로 해결되지 못함. • 누구나 조세를 부담하는 시대가 되면서 서비스의 중복이 일어날 수도 있음.

3) 사회복지정책 재원 배분

(1) 재원 배분의 원칙

공공이나 민간 재원 모두 배분 시에 어느 수준으로 어떻게 나눠지는지에 대한 쟁점이

항상 연관되며, 프로그램 및 사업 조건에 따라, 재정적 조건에 따라, 수급자 조건(= 지역주민 비율을 지정하는 경우가 많음)에 따라, 절차적 조건(= 재원 배분을 받기 위한 요건의 충족 여부)에 따라 결정돼 배분됨.

① 중앙정부는 지방정부에 대해 사용 목적의 제한이 없어 자유롭게 사용할 수 있는 지원(= 교부금), 특정 사업 목적의 지원(= 보조금)으로 재원을 배분함.
② 한국 지방자치단체 사회복지사업 유형과 재원 구조

국고보조사업	사회복지 지방이양사업	자체사업
• 영유아 보육사업, 기초노령연금, 양육비지원사업, 시·도비 보조사업, 부랑인시설지원사업, 자활근로사업 등 • 재원구조 : 보조금(국고/시·도비) + 지방 대응비	• 시설 운영 및 보강사업 : 정신요양시설, 경로당, 장애인복지관, 사회복지관 등 • 재원구조 : 분권교부세 + 지방 대응비	• 자치단체별 자체사업 : 사회복지시설 평가, 보훈단체 지원, 양성평등사업 지원, 아동복지시설 운영 지원 등 • 자체 재원으로 처리

(2) 사회복지 예산 편성

① 사회복지 예산은 재원 배분을 통해 사회복지정책 집행에 사용되는 세입과 세출을 법률에 근거해 정리한 통계자료
② 중·장기적으로 미래 지향적 정보를 제공함 : 사회복지정책의 국민경제에 대한 파급력 분석 가능, 부족한 영역을 파악할 수 있게 해 주는 기초 자료 활용, 정책 수립 기반, 경제 영역에 대한 사회복지정책의 영향력 파악, 사회복지정책의 재분배 효과와 사회급여의 비용 부담 문제 분석 가능
③ 합리적 정책결정을 위한 지원 기능과 사회복지 급여의 흐름이 공공 부문뿐 아니라 민간 부문으로 이전되는 상황에 대한 정보도 제공해 줌.
④ 사회복지 예산의 사회적 영향력

긍정적 영향	부정적 영향
• 개인의 소득 상실과 건강 등의 건전한 대비로 노동생산성이 향상될 수 있으며, 국가경쟁력의 강화로 이어질 수 있음. • 가족 부양 기능을 강화하고, 가족 부양 부담을 경감시켜 가족 해체 등의 사회문제 예방 • 어려움에 대한 생존권 보장으로 개인이 더욱 창의적 활동에 매진할 수 있게 해 줌.	• 사회복지 예산이 증대될수록 사회 속 개인의 부담률이 증가해 근로 동기 약화와 저축률 저하를 야기함. • 생산가격 상승을 초래해 국가경쟁력을 하락시킴. • 직접세 증가에 대한 조세 저항으로 부적절한 회계 신고와 지하경제가 확대될 수 있음. • 도덕적 해이로 무임승차 형태의 급여자 증가의 병폐가 나타날 수 있음.

2. 사회복지정책의 급여

1) 사회복지정책 급여의 개념

(1) 급여의 의의

급여는 사회복지정책 결정의 최후 산출물이며, 사회복지정책이 지향하는 정책 목표에 따라 내용과 형태, 수준이 달라짐.

(2) 급여의 목적

보상	• 소득 대체형 급여 : 소득활동 중단 시 상실된 근로소득에 대한 별도의 보상 • 소득 보충형 급여 : 질병 치료, 주거 마련, 아동 양육 등의 사유로 개별 가구의 경제적 부담이 가중될 경우 완화해 주는 보상 • 소득 보상형 급여 : 유공자와 같이 국가를 지키기 위해 활동한 사람의 상해, 사망, 근로 능력 상실 등으로 본인, 가족, 유족이 빈곤할 때 지원해 주는 보상
예방	• 문제의 발생을 사전에 막고, 조기 발견과 해결을 위한 원조를 의미 • 사전 조치라는 점에서 더 큰 재원 지출을 막을 수 있어 경제적 측면에서도 비교적 적은 재원이 활용돼 보상보다 효율적
재활	• 의료 재활 : 심신의 병리 현상을 치유하기 위한 활동 • 직업 재활 : 신체적 기능 저하로 상실된 근로 능력 회복을 지원하거나 손상된 직업 능력을 보완해 주는 활동 • 사회 재활 : 일상생활의 영위와 사회적 교류 지원을 위한 활동 • 교육 재활 : 의료재활과 병행되며, 특수교육 등이 대표적

(3) 급여의 수준

① 사회복지정책의 급여 수준 결정 기준

적정선	• 경제나 생활 수준의 변화를 고려해 적정한 최저 소득을 보장해야 함.
형평성	• 동일한 수준의 대상자에게는 동일한 급여가 전달돼야 함.
경제적 능률성	• 급여가 필요로 하는 빈곤 대상에게만 집중적으로 투자돼야 함.
근로 동기 유인	• 소득보장은 근로 동기가 확보되는 범위 내에서만 이뤄져야 함.
낙인과 자기 이미지 유지성	• 자산조사나 소득보장 조치가 낙인감이나 치욕감을 줌으로써 대상자의 자기 이미지가 침해받지 않아야 함.
반빈곤 효과	• 빈곤에 대한 효과성을 고려해서 제공돼야 함.
저축 의욕	• 급여로 인한 소득보장이 저축 의욕을 훼손해서는 안 됨.
행정 능률	• 최소의 비용과 시간, 인력으로 최대의 행정 효과를 올려야 함.

② 공공부조와 사회보험의 급여 수준 결정

공공부조	• 수급자 본인의 개별적 욕구와 일반 국민의 평균적 욕구에 의해 급여 수준 결정 • 소득이 최저생계 수준에 미달되는 상태인 빈곤선이 기준으로 사용됨.
사회보험	• 균일급여의 원칙 : 어느 수혜자에게라도 동액의 급여를 제공한다는 원칙 • 비례급여의 원칙 : 각각의 개인이 사회적으로 영위하는 생활의 정도가 다르기 때문에 그것에 상응하는 정도의 급여 수준이 돼야 한다는 원칙 • 부양 수준의 원칙 : 생활보장 총액과 수혜자 자력이 포함되어 최저생활이 되도록 한다는 원칙 (= 자산조사, 물가연동제의 적용 필요)

③ 현금 급여 수준 결정

급여 산정 방법	• 소득 수준에 무관하게 개인의 욕구를 기준으로 제공하는 방법 • 국가에 의해 일률적으로 책정된 동일한 수준의 급여를 제공하는 방법 • 소득 단절 문제 발생 시 개인의 종전 소득을 기준으로 제공하는 방법
생활 보장 수준	• 완전생활 수준 보장 : 사회적 문제 발생으로 소득 단절이 발생한 경우 종전과 동일한 생활 수준을 영위할 수 있도록 제공(= 국가 복지 의존성 강해짐) • 부분생활 수준 보장 : 사회적 문제 발생으로 소득 단절이 발생한 경우 상실된 소득의 일정 부분을 보상 • 기초생활 보장 : 피해 당사자에게 사회문화적 최저 수준의 소득을 보장 • 최저생활 보장 : 육체적 최저 생존을 위해 반드시 필요한 소득을 보장(= 잔여적 개념)

④ 중위소득을 활용한 급여 수준
- 특정 사회의 전체 가구를 소득 순위에 따라 나열했을 때, 중간에 위치하는 가구 소득을 의미함(= 평균소득보다 실제 소득 분포를 반영해 유용성이 높음).
- 중위소득 50% 미만을 빈곤층, 50~150%를 중산층, 150% 초과를 상류층으로 구분하며, 2020년 기준 중위소득은 1인 가구 176만 원, 2인 가구 299만 원, 3인 가구 387만 원, 4인 가구 475만 원

2) 사회복지정책 급여의 유형

(1) 현금 급여

수혜집단에 금전이 지급되는 형태

① 현금 급여의 형태

금전 지급	• 대상자의 소득에 얼마간의 소득을 새롭게 첨가시켜 처분 범위를 증대시켜 주는 조치 • 일시 지급(= 무계획적 남용 우려), 정기적 지급(= 일정한 시간별로 나눠 지급)
감면, 대불	• 욕구 충족에 필요한 비용을 조건에 맞춰 줄여 주거나 제3자가 대신 내주는 조치 • 감면이나 대불은 사용처가 특정화돼 있어 지급된 급여의 지급 비효율성 통제 가능
융자, 대여	• 필요한 자금을 빌려 주고 차후 반환받는 조치(= 엄밀한 의미에서는 급여라고 할 수 없음)

② 현금 급여의 장단점

장점	단점
• 시장 체제의 핵심 기제가 화폐라는 측면에서 사회적 지원의 배분 조치로 볼 수 있음. • 수급자의 급여 사용에 관한 자기결정권을 보장해 복지 수준 증가 효과를 가져옴. • 현물 급여에 비해 스티그마(= 불명예, 흠, 결점 등)를 줄여 줌으로써 존엄성 유지에 유리함. • 현물 급여에 비해 운영과 행정 처리가 수월해 노력과 비용 절감 가능	• 개인 효용이 늘어날수록 사회 전체의 효용은 줄어들 수 있음. • 모든 수급자가 합리적 선택을 하는 것이 아니기 때문에 수급자의 급여가 부적절한 용도에 사용될 가능성이 높고, 그에 대한 통제도 어려움.

(2) 현물 급여

수혜집단에 물질적 재화나 서비스로 제공되는 형태

장점	단점
• 사회복지정책의 목표에 맞는 활동이 표적적으로 제공되기 때문에 효율성을 높일 수 있음. • 현금 급여에 비해 효과가 명확하게 인지되기 때문에 정치적 선호도가 높음. • 현금 급여보다 대량의 생산과 소비가 가능해 프로그램 비용을 감소시킬 수 있음. • 다수의 사람들은 가시적으로 즉시 확인되는 물품 평등주의를 더 선호하는데 그에 부합하는 방식	• 국가나 기관 주도의 생산 방식으로 현물이 표준화·규격화, 획일화되기 때문에 대상자 취향에 대처 곤란(= 복지 수급자의 실제 욕구를 무시한 재화나 서비스가 제공될 수 있음) • 가시적으로 수급자가 나타나기 때문에 낙인 효과가 발생할 가능성이 높음. • 현물의 보관, 유통 과정에서 추가적 비용 발생으로 운영효율성이 낮음. • 현물 생산과 유통을 담당하는 관료의 병폐가 나타날 수 있음.

현금	현물
• 수급자 효용성 및 자기결정권 확보, 낙인효과 방지, 저비용 운용 등 • 용도 외 사용으로 급여의 본질 훼손 가능성	• 정책 목표 효율적 달성, 높은 정치성, 경제 효과 등 • 선택 제한, 표준화 곤란으로 인한 문제, 관리비용 증가, 낙인 효과 발생

(3) 증서

① 바우처(voucher)로 별칭되며, 현금과 현물의 장단점을 보완한 급여 형태로 정해진 용도 내에서 원하는 재화나 서비스를 자유롭게 선택하는 일종의 이용권(= 통제와 자유 선택의 가치가 모두 충족돼 광범위하게 선호되는 방식)

② 증서 급여의 장단점

장점	단점
• 제한적이지만 소비자 선택의 자유가 보장됨. • 현금 급여가 사용하는 데 통제가 불가능했던 것에 비해 사용 선택의 일정 수준 통제 가능(= 현물 급여의 목표효율성 보유) • 현물 급여로 인식되는 경향에 따라 정치적 지지 획득이 용이함. • 공급자들 사이의 경쟁이 발생해 재화나 서비스 질 향상 가능	• 현금 급여보다는 덜하지만 오남용 문제를 차단하기 어려움. • 서비스 공급자가 특정 소비자를 선호하거나 회피하는 현상이 나타날 수 있음. • 직접적 금전 소비가 아니다 보니 무분별한 발급의 여지가 있음.

(4) 기타

기회	• 유리함을 주어 시장 경쟁에서 평등한 기회를 제공하는 방식(= 접근하지 못했던 급여에 접근할 수 있게 해 주는 조치). • 즉각적 가치 이전은 일어나지 않으나 복지 대상자의 의존성을 없애고 자립성을 배양한다는 점에서 유용함. • 간접적 급여 방식이기에 평등이라는 가치 달성이 어렵고, 사회 기득권자의 자기 이득 합리화의 수단으로 악용될 여지가 많음.
권력	• 급여 수급자에게 정책결정에 대한 권력을 제공하는 방식(= 현물이나 기회보다 선택의 여지가 더 많이 제공) • 현실적 한계로 참여율이 낮고 정책 이해도가 낮아 실질적 변화에 영향을 미치지 못하며, 오히려 정치권의 합리화 수단으로 악용될 수 있음.
간접적 서비스	• 교육, 상담, 사례관리, 직업훈련 등을 제공하는 방식 • 자체가 급여 효과를 내지는 않지만 자립과 자활을 돕는 원동력으로 작용

3) 길버트(N. Gilbert)와 테렐(P. Terrell)의 급여 선택 모형

(1) 급여 유형의 선택 기준

① 사회적 할당(= 급여 지급의 범주) : 선별적 대상(= 급여 대상이 한정된 소수)과 보편적 대상(= 급여 대상이 전 국민) 중 선택

② 사회적 급여(= 지급 급여의 종류) : 현금 급여와 현물 급여, 기타 중 선택

③ 급여 전달 전략(= 급여의 전달 방법) : 전달 체계의 전체 구조, 서비스 전달 체계 단위들 간 지리적 위치, 서비스 전달 담당 인력의 자질과 능력 등에 대한 고려

④ 재원 전략(= 재원 충당 방법) : 공공 재원과 민간·사적 재원 중 선택

(2) 급여 대상자의 선정 기준

귀속적 욕구
특정 집단의 구성원으로서 조건을 갖춘 사람

보상
차별로 불이익을 받는 사람, 가입 조건에 맞춰 보험료를 납부한 실적이 있는 사람

집단적 차등
심신의 손상으로 특정 재화와 서비스가 필요한 사람

자산조사 욕구
자산조사 결과 재화와 서비스 구입 능력이 없다고 판단된 사람

← 제도적 사회복지 　　　　　　　　　　　 잔여적 사회복지 →

제8장 되돌아보기

- 사회복지정책 재원의 운용 원칙을 숙지하고 어느 원칙을 가장 준용해야 할지 생각해 볼 것
- 복지국가의 발전과 완성을 위해서는 재원 조달 방식 중 어느 방식이 효과적일지 생각해 볼 것
- 사회복지정책 재원 배분 과정에서 나타난 갈등 사례에 대해 조사해서 숙지할 것
- 현재 한국 상황에서 사회복지정책 급여로 가장 합리적이라고 생각되는 유형은 무엇인지 생각해 보고 각 유형별 장단점을 구분해서 기억할 것

9 사회복지정책의 분석

이 장에서는 사회복지정책의 집행 전후의 다양한 영향력을 과학적으로 분석하는 활동에 대한 내용이 다뤄집니다. 원론적으로 사전에 이뤄지는 사회복지정책의 분석은 정책의 향후 성패를 예상해볼 수 있는 정보가 제공되기 때문에 효용성이 매우 크며, 그로 인해 다양한 방식의 분석이 행해지고 있습니다.

1. 사회복지정책 분석의 의미

1) 사회복지정책 분석의 개념

(1) 사회복지정책 분석의 의의

사회복지정책의 분석은 마련된 사회복지정책의 집행으로 예상되는 영향력을 체계적이고 과학적으로 식별하고 면밀히 검토함으로써 향후 정책 과정에서 야기될 수 있는 어려움을 극복하기 위한 객관적·합리적 정보와 지식을 획득하는 활동

① 최선의 정책대안을 창출하기 위한 체계적 활동이자 준비되고 있는 정책을 수정하거나 보완할 수 있는 계기를 제공함(= 문제 해결과 욕구 충족에 유용한 정보 생산과 제공 과정)
② 과학적·전문가적·실천적·정치적 목적을 가지고 있으며, 정책분석은 가치 개입적이며, 처방적 특징을 갖고, 경험적·평가적·규범적으로 접근할 수 있음.

경험적 접근 방법	평가적 접근 방법	규범적 접근 방법
• 사실(fact), 즉 특정한 것의 존재 여부에 관심 • 지시적 특성의 정보 산출	• 가치(value), 즉 특정한 것의 가치 여부에 관심 • 평가적 특성의 정보 산출	• 행동(action), 즉 무엇이 행해져야 하는지에 관심 • 옹호적 특성의 정보 산출

③ 사회복지정책을 구성하는 목표, 수단, 대상에 대해 분석이 이뤄지며 효과성, 효율성, 반응성, 민주성, 편의성 등 다양한 가치를 준거로 분석됨.

(2) 사회복지정책 분석의 특징

① 본질적으로 사전적(beforehand) 행위이며, 정책 목표와 수단 간 관계를 명확히 하고(= 목적 지향적), 사회 과정의 여러 요인의 상호의존성을 전제함(= 체계적).
② 정책 실시와 관련된 예측이나 서술, 필요한 행위 제언까지 유관되고, 정책 주체가 목적을 실현시키기 위한 과학에 의한 조작적 탐구이며, 정책 과정 각 단계마다 연관되는 다양한 요인에 대한 대응적 과정으로 대상의 포괄성을 내재해 학제적 성격으로 이뤄짐.
③ 사회문제의 이슈화와 의제, 대안 형성과 설정에 대한 분석, 결정 내용과 집행 과정에 대한 분석, 모든 과정의 종류 후 이뤄지는 분석(= 통상 정책평가의 영역) 등 다양한 분석이 가능함.

(3) 사회복지정책 분석의 기초 방법

연역적 방법	• 가설 설정을 통해 분석하고 일반적인 법칙이나 이론을 구성하는 방법(= 일반적·추상적 이론에서 연구자의 특수하고 개별적인 관심 현상에 대한 가설을 도출) • 추상적이고 새로운 사회복지정책을 분석할 때 유용함. • (가설) 사회보험은 행복 지향적이다? (논증) 사회복지정책은 행복 지향적이다. 사회보험은 사회복지정책이다. 따라서 사회보험은 행복 지향적이다.

귀납적 방법	• 자료를 분석해서 결론을 도출하고 그를 통해 이론을 구성하는 방법(= 특수적·구체적 사실과 상황에 대한 관찰로 분석을 시작) • 꾸준한 관찰과 세밀함이 요구되는 사회복지정책을 분석할 때 유용함. • (논증) 사회보험은 행복 지향적이다. 공공부조도 행복 지향적이다. 사회보험과 공공부조는 모두 사회복지정책이다. 따라서 사회복지정책은 행복 지향적이다.

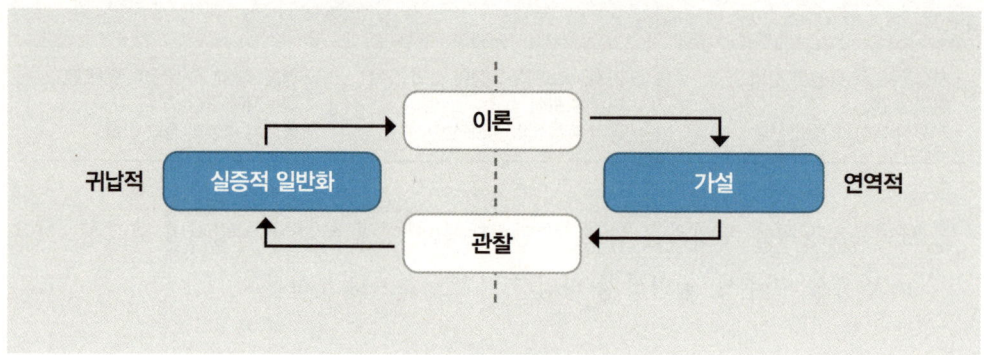

2) 사회복지정책 분석의 유형

(1) 사회복지정책의 사회적·경제적·정치적 분석

① 사회적 분석
- 사회복지정책과 유관한 사회적 환경에 대한 분석으로 사회문제와 사회복지정책 간 관계, 사회복지정책의 내용과 범위에 영향을 미치는 사회적 가치를 중심으로 분석이 이뤄짐(= 문제의 정의가 가장 선행돼야 함).
- 사회문제로 정의하기 위한 특징적 요소 : 사회적 가치나 규범에서 일탈, 상당수 사람들이 부정적 영향을 받음, 사회적 원인이어야 함, 다수나 영향력 있는 사람에게 문제로 판단돼야 됨, 사회의 문제 개선 요구(= 집단적·사회적 행동 동반)
- 대표적 활용 도구

로렌츠 곡선	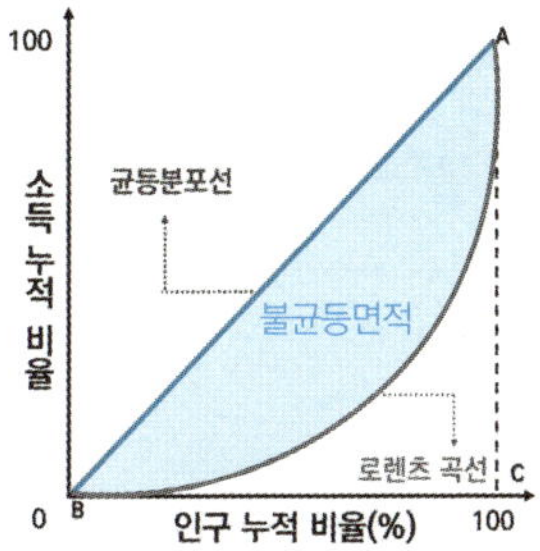 • 인구집단들이 차지하고 있는 소득의 점유율을 보여주는 곡선 • 특정 1인이 국가의 모든 소득을 점유하는 완전 불평등 국가는 수직으로, 완전 평등 국가는 45° 직선으로 표시됨. • 완전 평등을 의미하는 균등분포선과 로렌츠 곡선으로 연결되는 면적이 불평등도의 지표가 됨 (= 면적이 넓을수록 빈부 격차가 큼을 의미함). • 작도가 편하고 해석이 용이하지만 시기별 혹은 국가별 비교가 곤란
지니계수	• 빈부 격차와 계층 간 소득의 불균형 정도를 나타내는 수치로 0~1 사이의 수치가 산출되며, 0이면 완전 평등, 1이면 완전 불평등으로 간주함. • 지니계수 = 로렌츠 곡선의 불균등 면적 / 45°균등분포선(= 완전균등선) 이하 면적(= 상위 그림의 ABC 삼각형 면적) • 국가 간, 계층 간 소득 분배 비교 및 국가 내 시간에 따른 소득 분배 변화 상황을 파악해서 소득 불평등 정도의 변화를 알 수 있음. • 한국은 2010년 이후로 0.4 미만의 수치를 나타내고 있음.

② 경제적 분석 : 사회복지정책이 거시경제에 미치는 영향과 개인의 경제 행위에 미치는 영향에 대한 분석
③ 정치적 분석
- 사회복지정책이 사회 안정과 통제에 얼마나 기여하는지 분석
- 사회복지정책은 사회 분열의 원천인 사회문제 완화, 현재 정치 질서에 대한 도전 최소화, 특정 가치와 행위 유형에 대한 격려·보상·처벌, 사회적 권위와 위계에 대한 지지, 집단 갈등의 계급 갈등 대체 및 제도화 등을 통해 정치적 안정에 기여함.

(2) 사회복지정책 분석 모형

① 포플(P. R. Popple)과 레이닝거(L. Leighninger) 모형 : 분석의 방법 제시

서술적 분석	• 내용분석, 선택분석, 비교분석, 역사분석 등
과정분석	• 정책 내용보다 정책형성 과정에 관심을 두는 분석 • 정치적 행위자의 의도에 초점을 맞추고, 영향력이 남다른 공무원, 매스미디어, 전문가집단, 특별한 이익집단 등 포함

평가	• 논리적 평가 : 정책 내용을 상세하게 살핀다는 측면에서 내용분석과 유사하지만 내적 일관성, 엄밀성, 의도적 결과와 비의도적 결과의 상이성 등을 평가하기 때문에 차이가 있음. • 양적 평가 : 효과성 평가, 효율성 평가 • 윤리적 평가 : 사회복지정책의 쟁점은 좋거나 나쁘고, 옳거나 그르고, 당위적이거나 비당위적이라는 가치판단적 윤리성에 대한 평가

② 프리그모어(C. S. Prigmore)와 애서튼(C. R. Atherton) 모형 : 분석을 위한 기준 제시

문화적 가치	• 현재의 정책과의 양립 여부, 평등과 정의에 기여 여부, 사회의 다른 중요한 가치와 일치 여부 등
영향과 의사결정	• 정치적 수용 가능성, 합법성, 관련 이해집단의 만족도 등
지식	• 과학적 건정성, 합리성 등
비용과 수익	• 경제적 실현 가능성, 경제적 우월 특성, 현실성, 효율성, 다른 사회문제 야기 가능성 등

(3) 길버트(N. Gilbert)와 스펙트(H. Specht) 모형

① 과정분석
- 사회복지정책 형성 과정의 역동성을 사회 · 정치적 변수와 기술적 · 방법적 변수를 중심으로 분석(= 정치학, 역사학이 학문적 기초)
- 계획에 관한 정보 획득, 정치조직을 포함한 다양한 조직 간 관계와 상호 작용이 정책 형성 과정에 미친 영향력 획득이 목적(= 2개는 정책형성의 투입 요소)
- 통상 사례연구의 형태로 이뤄짐.

② 산출분석
- 사회복지정책의 계획과 수립을 일련의 선택의 종합체로 간주하며, 이러한 선택과 관련된 다양한 쟁점에 대한 분석이 목적
- 기획을 통해 창출한 일련의 정책대안들에 초점을 맞추고, 정책을 설계할 때 중요한 구성 요소들을 구분하고 해석하려고 이뤄짐.
- 사회복지정책의 급여와 할당은 직접적이지 않고 간접적이며, 구체적이지 않고 추상적이고, 경쟁적 · 선택적이지 않고 비경쟁적 · 불가피하다는 측면을 강조

- 사회복지정책의 분석 과정은 크게 할당·급여·전달·재정에 관한 선택 부문과 사회적 선택에 관해 정보를 제공해 주는 가치와 이론·가정에 관한 내용 부문 두 단계로 나뉨.
- 사회복지정책은 시장 기제의 외부에서 이뤄지는 혜택의 배분 수단으로서 사회적 배분의 기초(= 급여의 자격 요건), 배분될 사회적 급여의 유형, 급여의 전달 방법, 급여의 재원 조달 방법 등의 4개 차원의 선택을 통해 이뤄지며, 각 차원들 내부에 존재하는 대안의 범위, 대안들을 지지하는 사회적 가치, 각 대안의 기초가 되는 이론과 가정 3개 축에 따라 검토됨.

선택의 4개 차원	선택의 4개 차원은 A, B, C 3개 축에 따라 분석	
	A. 각 차원 내부에 존재하는 대안의 범위	
사회적 배분의 기초 (= 급여 자격 요건)	귀속적 욕구, 보상, 진단적 차별화, 자산조사 등	B. 대안들이 지지하는 사회적 가치
배분될 사회적 급여의 유형	현금, 현물, 증서, 기회, 권력, 간접적 서비스 등	
급여의 전달 방법	집권화 혹은 분권화, 통합 혹은 개별 서비스, 협력, 전문가 혹은 비전문가 등	C. 각 대안의 기초가 되는 이론과 가정
급여의 재원 조달 방법	공공재정, 모금, 기여, 사용자 부담 등	

← 할당·급여·전달·재정에 관한 선택 → ← 사회적 선택에 관해 정보를 제공해 주는 가치와 이론·가정 →

③ 성과분석
- 특정 정책이 선택되고 집행됨으로써 나타난 결과를 기술하고 분석
- 사후 분석이기 때문에 과정이나 산출분석에 비해 객관적·체계적 관찰이 가능하며, 기술적·이론적 지식과 기법을 제공하는 조사방법론의 질적·양적 자료 수집과 분석을 통해 측정되고 분석됨.

(4) 사회복지정책 분석의 한계와 발전 방향

① 정책 과정의 다양한 요소들은 계량화나 측정이 곤란한 경우가 매우 많음.
② 상황이나 흐름의 불연속성과 상호연계성을 처리하기 힘들고, 과학적 분석은 수행에 비용이 많이 투입되며 전문가의 확보도 쉽지 않음.
③ 4차 산업시대에 부응하는 정보통신기술이 활용된 분석, 빅데이터 분석 등 진일보된 과학기술을 활용한 분석과 함께 다원화된 사회 양상을 반영해 다양한 부문과 결합된 융합 분석 방법을 개발, 활용할 필요가 있음.
④ 유동적 분석 기준들 사이에서 공공 부문과 민간 부문 전달 체계 각 특성에 맞는 고정적 분석 기준에 대한 통일이 이뤄져야 하며, 그를 통해 사회복지서비스 효율성을 제고하기 위한 일관된 정보를 제공할 필요가 있음.

2. 사회복지정책 분석 방법 : 비용편익분석, 비용효과분석

1) 비용편익분석

(1) 개념

① 공공 지출이 일어나기 이전에 사회복지정책의 타당성을 판단하기 위해 실시되며, 계량화에 근간한 분석으로 경제적 비용편익분석(= 경제적 효율성에 초점), 사회적 비용편익분석(= 동일한 비중의 효율성과 형평성에 초점)으로 구분됨.
② 국민복지 수요 증대, 환경 개선 필요성 증가, 교통난 해소, 주택문제 해결, 조세에 대한 저항감 증대 등으로 인해 정부가 한정된 자원을 활용하면서 더 많은 성과를 낼 수 있는지 고민하며 필요성이 강조되고 있음.

경제적 비용편익분석	• 경제적 효율성을 강조(= 가시적 효과만 대상으로 함) • 재원의 사용으로 나타나는 복지 수준의 제고를 편익, 재원이 다른 용도로 사용되지 못함으로써 나타나는 복지 수준의 감소를 비용으로 간주 • 특정 사회복지정책의 순편익(= 총편익 - 총비용)이 0보다 크고, 다른 대안적 투자나 사업의 순편익보다 클 경우 효율적으로 판단
사회적 비용편익분석	• 경제적 효율성과 분배의 문제 중시 : 사회복지정책에 의해 사회 속 개인과 집단의 복지에 어떠한 영향을 미치는지 관심 • 가중치를 부여한 사회적 가격 산정 문제에 주목

③ 재원이 투자되는 사회복지정책에 대해 넓고 장기적인 안목으로 평가할 수 있는 정보를 정책결정자에게 제공함으로써 합리적 정책결정을 지원하고, 정책의 결정 과정이 체계적으로 이뤄져 더욱 바람직한 정책이 산출되도록 도움.

(2) 절차

① 대안의 식별과 분류
- 분석 대상이 되는 대안들 중에서 이뤄지며, 한정된 재원이 투입되는 경우 식별이 잘못 이뤄졌을 때 다른 대안의 선택과 평가에 영향을 미쳐 불합리한 결정이 내려질 수 있기 때문에 신중해야 함.
- 대안 하나를 선택했을 때 발생하는 비용과 편익이 다른 대안의 채택 여부와 관계없이 동일하다면 독립된 대안, 그렇지 않고 어떠한 영향을 받는 관계를 상호 의존적 대안으로 간주함.

② 대안들의 수명 설정
- 사업의 수명은 사업이 수행됨에 따라 편익이 나올 것으로 예상되는 기간을 의미 : 도로 공사와 같은 물리적 실체가 있는 사업은 도로의 수명이 사업의 최대 수명이 되지

만 사회복지정책의 서비스 같이 실체가 가시화되지 않는 사업은 예상이 쉽지 않으며, 각 사업들의 수명은 서로 일치하지 않는 경우가 대부분
- 서로 수명이 다른 사업을 같은 기준에서 비교하기 위해 사업의 수명을 동일하게 설정해야 함 : 수명이 짧은 대안이 기준이 되면 그보다 긴 수명의 대안은 잔여 가치로 계산하거나 수명이 긴 대안이 기준이 되면 그보다 짧은 수명의 대안은 부족한 기간 동안 보완책을 마련해 분석에 포함시켜야 함.
③ 비용과 편익의 추정 : 분석의 질을 결정하는 가장 핵심적 과정으로 모든 비용과 편익은 화폐 단위로 추정하는 것을 원칙으로 함(= 투입 비용이 계량화가 비교적 용이한 것이 비해 국민에 대한 바람직하지 못한 효과인 불편익과 편익은 계량화가 쉽지 않음).
④ 할인율의 설정 : 비용과 편익의 추정이 타당하고 정확하게 이뤄졌어도 할인율의 설정이 미흡하면 대안에 대한 올바른 평가가 어려움(= 대안의 분석 결과 판단에 핵심적 요인).
⑤ 효과성 측정 방법의 선택 : 일반적으로 사회복지정책의 효과성을 측정하는 데 순현재가치net present value: (NPV), 편익비용비(benefit cost ratio: BCR), 내부수익률(internal rate of return: IRR), 원금회수기간(pay back period: PBP), 한계편익비용비 등이 사용되며, 주로 순현재가치와 편익비용비, 내부수익률이 널리 사용됨.
⑥ 민감도 분석
- 과학적 분석 과정을 추종하기는 하지만 분석에 특정 요인의 값이 오차가 포함됐거나 과대 혹은 과소 추정됐을 것으로 가정해 이뤄지는 조치
- 특정 요인의 분석치를 다른 요인의 분석치로 대체해 재산정하거나 특정 요인을 빼고 재산정해 초기 분석치와 비교하는 방식으로 행해짐.

(3) 세부 절차 : 비용과 편익의 추정

① 비용과 편익의 유형 : 비용은 편익을 획득하기 위한 활동에 투입되는 모든 것으로 필연적으로 포기할 수밖에 없는 항목이며, 편익은 특정 행동 노선의 선택으로 획득할 수 있는 이익을 의미함.

내부 또는 외부	• 비용과 편익이 주어진 대상 집단이나 관할에 내재하는 경우 또는 외부 : 비용과 편익이 주어진 대상 집단이나 관할에 외재하는 경우 • 내부 비용과 편익을 내부 효과, 외부 비용과 편익을 외부 효과
유형 또는 무형	• 재화와 서비스에 대해 알고 있는 시장 가격으로 비용과 편익이 직접 측정이 가능한 경우 또는 시장 가격의 측정치를 이용해 비용과 편익이 간접적으로 측정할 수 있는 경우
1차적 또는 2차적	• 대안 집행의 직접적 결과와 관련돼 있는 비용과 편익은 1차적 또는 간접적 결과와 관련돼 있는 비용과 편익은 2차적 • 1차적 비용과 편익은 정책 목표와 직결되며, 2차적 비용과 편익은 부차적 목표와 관련
순능률적 편익 또는 재분배적 편익	• 순능률적 편익 : 비용과 편익을 계산하면 총소득의 증가를 가져오는 실질적 편익 • 재분배적 편익 : 순능률적 편익의 증가 없이 다른 집단 간 소득이나 자원의 금전적 이동을 초래하는 금전적 편익

② 비용의 식별과 추정
- 비용의 식별은 첫째, 사업에 투입되는 비용 자체를 확인(= 직접비용)하거나 둘째, 사업의 부정적 결과로 인한 사회적 비용(= 간접비용)을 환산하는 방식 중 하나로 이뤄짐.
- 차후에 이뤄지는 효과성 측정 방법을 무엇으로 선택하는지에 따라 비용의 식별 방식이 유용할 수도 무용할 수도 있음(= 일반적 정책분석은 직접비용만 중시하지만 사회복지정책의 분석에는 공공성을 고려해 간접비용까지 고려하는 것이 바람직함).
③ 비용 항목이 식별되고 나면 각 비용 항목들의 투입량을 추정해야 함.
- 추정 시 측정을 위한 비용의 개념의 적합한 설정, 측정 방법에 관한 문제에 직면하게 되고, 오차 가능성을 줄이기 위해 고도의 전문성이 요구됨.
- 기본적으로 한계비용(= 생산량 한 단위를 증가시키는 데 필요한 총비용의 증가분)이 고려되고, 기회비용(= 여러 가능성 중 하나의 선택으로 포기하게 되는 다른 가능성의 이익 평가액)까지 포함시키는 것이 대세
④ 편익의 식별과 추정
- 편익은 기본적으로 사회복지정책이 증진시키는 사회복지를 의미하며, 감소시키는 불편익도 포함됨.
- 편익의 추정은 비용의 추정보다 어려움.

편익 개념의 모호성	• 사회복지의 개념이 각 국가와 사회마다 다르듯 복지에 의한 편익의 개념화 역시 범위가 넓고 모호하며, 사회복지정책의 규모가 커질수록 내적으로 충돌되는 이해관계가 확대되기 때문에 추정이 더욱 어려움.
관점의 상이성	• 사회복지정책의 관계자들은 개인, 정부, 지역공동체, 이익단체 등 매우 다양한데 편익 추정을 누구의 관점에서 보는지에 따라 크게 달라짐.
외부경제의 발생	• 특정한 경제활동이 제3자에게 이익을 주는 외부 효과로 인해 순수한 편익을 계산하기 어려움.
결과에 대한 불확실성	• 사회복지정책뿐 아니라 모든 정책이나 사업은 환경에 대한 완전한 통제가 불가능하고, 관련된 지식이나 정보의 획득도 완전할 수 없어 결과에 대해 불완전한 예측밖에 할 수 없고 당연히 편익의 예측도 불완전함.

- 소비자 잉여 : 특정 재화나 서비스에 지불하고자 의도한 값과 실제 지불한 값의 차이를 의미하고, 소비자 잉여의 극대화는 소비자들의 경제적 효용 극대화와 비례하며, 대규모 공공투자 분석에 적용되고 있음. 다만 소비자 개개인의 금적에 대한 효용가치가 다르다는 점 등의 한계를 지적받아 다목적 평가 기준으로 분석하는 방식으로 합리성을 추구하고 있음.

(4) 세부 절차 : 할인율 설정

① 미래 가치에 대한 현재 가치의 교환 비율을 의미하며, 비용편익분석의 핵심 요인이라고 할 수 있음(= 설정되는 할인율에 따라 순현재가치, 편익비용비가 달라짐).
② 현재 1만 원이 1년 후에는 이자 등의 가치 부가로 1만 원보다 높은 금액으로 증가할 수 있음. 따라서 현재 1만 원은 1년 후 1만 원보다 숫자는 같지만 시간의 흐름으로 인해 더 높은 가치를 갖게 됨. 할인율을 적용하는 이유는 이처럼 비용과 편익의 시간적 가치가 다르기 때문이며, 미래의 가치를 현재 가치로 전환시켜 비교를 쉽게 하기 위함.
③ 할인율을 너무 높게 잡으면 순현재가치가 내려가 사회적으로 필요한 사회복지정책이 부적격으로 판정돼 과도한 민간투자 역할 증가 현상이 나타날 수 있고, 지나치게 낮게 잡으면 불필요한 사회복지정책이 타당하다고 판정돼 정부 역할이 쓸데없이 증대될 수 있음. 통상 편익이 단기간에 집약적으로 발생하는 단기투자에는 높은 할인

율, 장기간에 걸쳐 편익이 발생하는 장기투자에는 낮은 할인율을 적용함.
④ 할인율의 종류

시장 이자율	• 민간자본 시장에서 형성된 이자율을 사회복지정책에 할인율로 적용 • 시장은 불완전하기 때문에 이자율의 변동이 심하고 불확실성과 위험 부담 때문에 이자율이 높게 책정되는 경우가 많음(= 타당한 사회복지정책이 부적격 판단되는 사례 발생)
정부공채 이자율	• 민간 부문에서 차입한 차입금에 지불하는 이자율 • 공개된 이자율이기 때문에 국민들의 공감이 존재한다면 할인율로 사용될 수 있음.
기업 할인율	• 민간 기업이 가진 잠재적 투자 사업에 평가할 때 사용하는 할인율 • 사회복지정책은 민간 투자사업과 같은 수익률을 올리기 어렵고 기업의 이익을 최대한 확보하기 위해 할인율이 높게 책정되는 경우가 많음(= 타당한 사회복지정책이 부적격 판단되는 사례 발생).
개인적 할인율	• 개인의 시간 선호율을 의미하는데 개인의 할인율은 주관성이 강하고 대규모 사회복지정책 같은 공공사업에 적용하는 것이 무리
사회적 할인율	• 개인을 사회의 구성원으로 파악하고 이들의 사회적 행태에 의해 정해지는 할인율로서 가장 일반적 적용 할인율

(5) 세부 절차 : 효과성 측정 방법의 선택

① 순현재가치 : 편익의 현재가치에서 비용의 현재가치를 뺀 수치(= 편익과 비용이 모두 화폐 단위로 측정했을 때 경제적 능률성에 관한 최선의 척도) : 할인율이 적절하고 순현재가치가 0보다 크면 해당 대안은 수용이 가능하며, 비교되는 대안들 중 순현재가치 값이 가장 큰 대안이 가장 큰 이익을 가져오는 대안이 됨. 화폐 단위로 측정되지 않거나 환상되지 않는 요인들을 판단할 수 없어 완전한 의사결정 기준으로는 충분하지 않음.
② 편익비용비 : 편익비용비는 가장 널리 이용되고 있는 척도이며, 대안의 분석에 적절한 할인율이 적용됐다면 편익비용비가 1보다 큰 대안은 편익의 현재가치가 비용의 현재가치보다 큰 것을 의미하기 때문에 수용이 가능함.
③ 내부수익률 : 순현재가치가 0이 되도록 하는 할인율으로, 분석을 위한 적절한 할인율이 확보되지 않는 경우 활용됨.
④ 각 측정 방법은 상호 대치되는 경우가 있기 때문에 다음과 같은 원칙을 준용해서 대안을 선택하게 됨(= 순현재가치가 최우선됨).

1개 대안의 선택 유무	• 1순위 : 순현재가치가 0보다 크면 채택 가능 • 2순위 : 편익비용비가 1보다 크면 채택 가능
여러 대안 중 1개만 선택할 때	• 1순위 : 순현재가치가 가장 큰 대안 선택 • 2순위 : 편익비용비가 가장 큰 대안 선택 • 3순위 : 내부수익률이 가장 큰 대안 선택
여러 대안 중 몇 개를 선택할 때	• 1순위. 편익비용비가 큰 것부터 차례로 선택 • 2순위. 가능 조합 중에서 순현재가치가 가장 큰 조합 선택 • 3순위. 가능 조합 중에서 편익비용비가 가장 큰 조합 선택

2) 비용효과분석

(1) 비용효과분석의 의의

사회복지정책의 편익은 화폐 가치로 측정되기 어려운 부분이 많아 계량화를 전제하는 비용편익분석을 시행하기 어려운 점을 보완하기 위해 이용되는 분석 방법

(2) 비용효과분석의 내용

① 기본적으로는 비용편익분석과 동일한 논리를 적용함 : 목표 달성도를 화폐가치로 표현할 수 없는 정책들에 자원을 어떻게 가장 능률적으로 투입할 것인가 하는 문제에 적용할 수 있는 최선의 방법으로 사회복지정책을 비롯해 국방정책, 보건정책 등의 영역에서 주로 활용됨.

② 차이점
- 최소비용으로 일정한 효과 수준을 정해 놓은 후, 그 효과 수준에 도달하는 몇 개의 대안들의 비용을 비교해 그중 가장 작은 비용의 대안을 선정
- 최대 효과라고 할 수 있는 비용의 최고 한도를 정해 놓고 그 비용 한도를 초과하는 것은 제거하고, 초과하지 않는 대안들 중 최대 효과를 발휘하는 대안을 선택(= 비용이 동일한 대안이 여럿이면 효과가 가장 큰 대안 선정)

③ 비용과 효과가 서로 다른 단위로 측정되기 때문에 본질적으로 비교에 관한 타당성을

지적받을 수 있음.

제9장 되돌아보기

- 사회복지정책의 분석이 행해지는 본질적 이유에 대해 명확하게 이해할 것
- 연역적 방법과 귀납적 방법에 대한 내용을 기억하고, 사회복지정책에 유용한 분석 방법이 무엇인지 생각해 볼 것
- 세계 각 국가의 지니계수에 대해 조사해보고 경제적 수준과 비견하여 각국의 불평등 수준에 대해 생각해 볼 것
- 사례를 선정해서 비용편익분석을 직접 시도해 볼 것

⑩ 빈곤과 사회보장

> 이 장에서는 사회복지정책의 기원적 원인이 되는 빈곤에 대해 다루고 있으며, 그에 대응해 나타난 각종 사회보장에 관한 내용으로 구성돼 있습니다. 빈곤은 시대적 흐름에 따라 변화하기 때문에 간단한 개념이 아니며, 빈곤의 가변성으로 인해 사회보장도 사회와 시대 양상에 따라 끊임없이 변화하고 있습니다.

1. 빈곤의 의미

1) 빈곤의 개념

(1) 빈곤의 의의

빈곤은 무엇인가 부족하고 결여돼 어려운 상태, 기본적 욕구가 충족되지 못한 상태, 생활하는 데 필요한 자원이 없거나 부족한 상태를 총칭함(= 경제학적 관점에서 빈곤은 재화나 서비스의 부족이며, 사회문화적 관점에서 빈곤은 사회·문화·정치 제도상 기회·수단·자원 등에 대한 상대적 박탈감을 의미).

절대적 빈곤	• 객관적으로 결정한 최소한의 생활 수준에도 미치지 못하는 상태(= 의식주와 건강 등 기본 욕구가 충족되지 못하고 있는 상태) • 소득과 소비에 기준을 두며, 소득불평등의 문제가 아니라 절대적 자원이 부족한 생존의 문제로 언급되는 경우가 더 많음. • 최저한의 생활 수준이라는 개념이 가변성이 크다는 문제점 내재
상대적 빈곤	• 소속된 사회에서의 관례적 생활 조건과 편의시설 구비와 사회활동 참여에 필요한 자원이 결여된 상태(= 비물질적 요소까지 포함하는 개념) • 상대적 박탈과 불평등으로서의 빈곤과 밀접함. • OECD는 중위가구소득 40%, 세계은행(World Bank)은 개도국은 평균 가구 소득의 1/3 이하, 선진국은 1/2 이하, EU 평균 소득의 50% 등으로 규정
주관적 빈곤	• 사회의 일반적 수준과 무관하게 본인이 스스로 빈곤하다고 느끼는 상태 • 과학적·정치적 결정과 무관하며 철저하게 주관적 인식 수준에서 결정됨. • 최근 빈곤이 개개인이 느끼는 웰빙(well-being)과 관련된 문제라는 인식이 커지며 주관적 빈곤 개념에 대한 중요성 인식이 변화하고 있음.

(2) 빈곤 인구의 명칭

저소득층(= 소득계층 구조 내 하위 집단, 단순한 통계학적 구분에 의한 규정), 영세민(= 빈곤문제를 개인 책임으로 전제하는 명칭), 도시빈민(= 자본주의 사회구조적 결함에 의한 생활난을 겪는 인구, 영세민의 대체 용어)

(3) 빈곤 측정 방법

① 절대적 빈곤선

라운트리 (Rowntree) 방식	• 1차 빈곤(= 총수입이 부족, 건강과 기본적 조건이 충족되지 않음), 2차 빈곤(= 음주나 도박, 무계획한 지출로 가난해짐)로 구분 • 전물량 방식(= market basket) : 최저생활 필수품의 선정, 선정된 필수품에 대한 가격과 사용량 결정을 고려해서 결정 • 필수품을 선정할 때 전문가의 자의성 개입 가능성, 빈민의 욕구가 생존에만 있다고 보는 것이 비현실적, 욕구는 가변성이 강해 절대적 측정 자체의 한계
오산스키 (Orsansky) 척도 활용	• 반물량 방식 : 모든 생필품을 구할 수 없기 때문에 영양학적 기준을 충족시키는 이론적 식품비를 계산하고, 가구의 실질적 생활비 분석을 통해서 엥겔계수를 구한 뒤 엥겔계수를 이론적 식품비에 적용해 전체 최저생계비를 계산해 측정 • 명확하고 계산이 쉬워 수정이 용이하지만 빈곤의 측정이 너무 단순해 빈민의 다양한 생활상 압박을 반영하지 못함.

음식비 비율	• 프리드먼 방식으로 불리며, 음식비가 소득에서 차지하는 비율로 빈곤선을 결정(= 미국에서는 1/3을 초과하면 빈곤으로 규정)

② 상대적 빈곤선

평균 혹은 중위소득	• 국민 평균소득 혹은 중위소득의 일정한 비율을 빈곤선으로 설정하고 그 이하를 빈곤으로 규정하는 방법
타운센드(Townsend) 방식	• 상대적 빈곤 개념 구축. 소속된 사회의 생활양식과 필요한 생활자원이 결핍된 경우 빈곤으로 규정
가계 지출	• 전체 인구의 가계 지출 평균치에 의거해 빈곤선을 정함. 많이 활용되는 방식

③ 기타

여론·합의	• 빈곤을 전문가집단이 아니라 일반인의 여론에 따라 결정함. • 전문가집단의 자의적·독단적 판단을 배제하고 통상적 사고를 반영한 규정이 가능하지만 여론을 형성하는 개개인의 의견이 반영되기 때문에 빈곤 상황에 대한 일관된 판단이 불가능함.
예산 기준	• 빈민의 소비·지출 시장바구니를 구성한 후 이를 합산해서 빈곤선을 정해 빈곤을 측정함. • 오산스키 척도보다 구체적 상황을 반영할 수 있으나 빈곤의 규정과 빈민에 대한 대응을 위한 기획이 복잡해질 수 있음.
욕구조사	• 주관적 빈곤을 규정하기 위한 욕구조사에 응한 사람들의 주관적 평가에 따라 빈곤선을 규정 • 주로 빈곤과 관련된 연구에서 사용할 뿐 실제 정책에서는 사용하기 어려움.
사회적 배제	• 빈곤의 역동성과 동태적 과정에 초점을 맞추고 소득문제를 넘어선 다차원적 어려움을 포괄하고, 사회적 관계의 배제까지 관심을 기울이는 방법 • 유럽에서 주로 정책과 프로그램의 실질적 원리로 적용하고 있음.
센(Sen) 방식	• 소유권 구조의 불평등, 권리의 박탈 상태, 기아를 기반으로 빈곤을 규정
길더(Gilder) 방식	• 신보수주의적 관점에서 빈곤을 나태의 산물이자 창의력 부족, 노력 미흡 등에 기인한다고 규정 • 빈곤자 대다수를 이루는 여성, 아동, 장애인의 빈곤을 설명하기 어려움.

(4) 빈곤의 진화

고전적 빈곤	신(新) 빈곤
• 노동계층에서 높은 소득이 가능한 지위를 확보함에 따라 빈곤을 해소할 수 있음. • 저소득 · 저임금 · 실업과 같은 생활환경 악화, 질병, 다자녀 출산, 교육 부재 등이 차세대 빈곤을 낳는 순환구조를 창출	• 생산과 소비의 사회적 확대로 재화와 서비스 비용이 상승해 수입이 올라가도 생활 상태가 나아지지 않는 양상이 빈번해짐. • 빈곤이 노동뿐 아니라 소비, 주택, 교육 등 생활 기반 문제까지 포괄됨. • 이러한 급변으로 인해 분명히 최저생계비 이상의 수입을 갖지만 생활은 넉넉하지 못하고, 공공부조의 대상도 되지 못함.

2) 빈곤의 원인에 관한 이론

(1) 개인적 원인론

인적자본 이론	• 교육과 직업훈련과 같은 개인 인적 자원 강화를 위한 조치가 미흡한 경우 부족한 지식과 기술로 인해 생산성이 낮아지고 결국 저소득으로 인한 빈곤이 발생
개인선택 이론	• 여가와 노동 중 선택, 안정과 위험 감수 중 개인의 선택에 의해 빈곤 상황이 결정됨 (= 빈곤은 개인의 선택 책임)
상속 이론	• 개인의 소득은 상속받은 물질적 재산, 유전적 인자, 부모의 양육, 사회적 교류 등에 의해 영향을 받는다고 인식(= 상속이 부족하면 빈곤이 발생)
우연성 이론	• 개인의 빈곤은 이런저런 요인의 원인이 아니라 돌발적으로 겪는 도산, 사고, 화재, 수해 등의 불운에 기인해 발생한다고 인식
기능주의 이론	• 빈곤은 개인의 타고난 나태함이나 노동력 상실로 사회적 기능이 제대로 이뤄지지 못함에 따라 나타났다고 인식
상호작용주의 이론	• 사회 속에서 영향력을 가진 개인이나 집단이 특정 대상에 빈곤이라고 문제화하기 때문에 빈곤으로 규정된다고 인식함(= 상호작용주의 이론가들은 어떠한 사람을 빈민으로 규정하는지와 그들에 대한 낙인 효과에 관심을 가짐).

(2) 사회구조적 원인론

마르크스주의 계급이론	• 자본주의 생산 양식에서 생산력 유무에 따른 사회적 관계가 빈곤을 결정(= 자본가의 자본 독점과 착취로 노동자의 빈곤이 발생)
노동시장분절 이론	• 노동시장은 1차 내부 노동시장(= 안정적 고용, 높은 임금, 좋은 작업환경 등), 2차 외부 노동시장(= 불안정한 고용, 낮은 임금, 나쁜 작업환경 등)으로 나뉨. • 2차 노동시장에 고용됐기 때문에 빈곤이 발생한 것으로 간주함.
빈곤문화 이론	• 빈곤은 주로 개인이 속한 환경에 의해 영향을 받는 가치, 태도, 행동에 따라 결정됨. • 빈민들은 일반 계층의 지배문화 달리 독특한 하위문화(= 출세에 대한 동기의식 약함, 강한 의존심, 열등감, 부정적인 운명주의 등)를 형성하고 있어 다른 빈민에게도 전파된다고 인식

2. 사회보장의 의미

1) 사회보장의 개념

(1) 사회보장의 의의

사회보장은 빈곤 예방, 사회통합, 사회적 불평등 제거, 소득재분배를 목표로 운용되는 사회정책의 핵심 제도임.

① 개인적 잘못이나 결함으로 인한 불안과 어려움보다 사회적 환경이나 구조의 결함으로 인해 발생하는 불편함이나 사회적 위험에 대응해 사회구성원의 인간다운 생활을 보장하려는 노력(= 사회적 위험은 사회 변화에 맞춰 지속적으로 변화됨)
② 사회보장을 사회정책과 사실상 동일한 개념으로 봐도 무방하지만 굳이 구분한다면 사회보장이 사회보험, 공공부조, 사회서비스로 구성된다면, 사회정책은 그와 함께 교육, 주택, 환경정책까지 포괄된다는 측면에서 구분할 수 있음(= 두 개념을 구분하는 경향은 역사적 배경에 따라 나타남).

- 사회정책의 경우, 독일 문화권에 영향을 받은 서유럽 국가들과 독일의 사회정책 시행에 자극을 받은 영국을 중심으로 사용되며, 사회보장의 경우는 제2차 세계대전 이후 강국으로 등장한 미국의 영향 아래 국제연합(UN)을 중심으로 국제적으로 사용됨.
- 한국과 같이 일본을 통해 독일식 사회정책과 미국식 사회보장의 영향을 동시에 받은 경우 두 용어가 모두 혼용됨.

③ 사회보장에 관한 주요 정의들

베버리지 (W. H. Beveridge)	• 결핍, 질병, 무지, 불결, 나태 등 5대악 중에서 결핍으로부터의 자유를 지향 • 실업 · 질병 · 재해로 인한 소득의 중단, 노령, 은퇴, 부양자 사망, 출산, 결혼, 사망 등 예외적 지출에 대비할 수 있는 일정 소득의 보장으로 규정 • 사회보험을 강조하고, 완전고용, 포괄적 서비스, 가족수당의 필요성 제시
국제노동기구 (ILO)	• 사람들이 여러 위험으로 인해 소득이 일시적으로 혹은 영원히 중단되거나 지출이 급증해 이전의 생활을 하지 못할 경우 이전 생활로 회귀할 수 있도록 지원하는 국가의 모든 프로그램으로 규정
미국 사회보장법	• 일반 복지의 증진을 위해 연방정부가 관장하는 노령급여 제도의 실시와 주정부가 관장하는 노인 · 맹인 · 요보호아동 · 장애아동을 위한 복지, 모자복지, 공중보건, 실업보장의 관리운영을 지원하는 제도로 규정
한국 사회보장기본법	• 출산, 양육, 실업, 노령, 장애, 질병, 빈곤 및 사망 등의 사회적 위험으로부터 모든 국민을 보호하고 국민 삶의 질을 향상시키는 데 필요한 소득 · 서비스를 보장하는 사회보험, 공공부조, 사회서비스로 규정

- 이상의 정의를 요약하면, 다양한 사회적 위험과 변동에 기인한 빈곤에 공적으로 대응하는 사회보험, 공공부조, 사회복지서비스 등의 제도가 사회보장임.

④ 최근 신자유주의의 확장으로 사회보장보다 사회안전망이라는 용어가 선호됨.
- 국제통화기금(IMF), 세계은행(World Bank) 등을 중심으로 전파되고 있으며, 신자유주의 사고는 사회보장을 정부의 과도한 재정 지출로 시장경제를 해치고 삶에 대한 개인 책임을 약화시킨다고 생각함.
- 사회안전망은 빈곤의 예방과 제거에 목적을 두지만 구조조정을 위한 경제개혁 조치가 사회적 취약계층에 미치는 역효과를 최소화하기 위한 단기적 사회복지정책 중심의 조치를 의미함.

(2) 사회보장의 목적

기본 생활 보장	• 국민의 생존권 보호, 국민의 기본적 욕구 보장(= 국가의 존립 목적)
소득재분배	• 고소득층에서 저소득층으로의 수직적 재분배 효과(= 누진세 적용)와 동일 계층 간 동일한 보험료를 분담하게 하는 수평적 재분배 기능을 담당
사회적 연대감 증대	• 소득 상실의 위험에 노출된 사람들에게 사회적 연대감을 통해 사회 통합을 도모하는 제도적 장치

① 본연의 목적 : 빈민의 구제(= 공공부조), 욕구의 충족(= 공공부조, 사회복지서비스), 소득 유지와 보전(= 사회보험 중 국민연금과 실업보험), 돌발적 직장에서의 피해 보상(= 사회보험 중 산재보험), 질병에 대한 대응(= 사회보험 중 건강보험)
② 신자유주의에 의해 변화된 목적 양상

적극적 목적 강조	• 과거 사회보장은 결핍한 상태의 사람에 대한 무조건적 원조와 보호 위주의 수동적 목적이 대세였다면 신자유주의의 적용으로 생산적 측면이 강조되는 적극적 복지로 전환
근로 유인 강조	• 과거 사회보장은 실업에 대한 생계 보장 성격이 강했지만 신자유주의의 적용으로 근로 조건부 복지가 강조되는 기조로 전환
행동 변화에 초점	• 과거 사회보장은 연명을 위한 지원에 중점을 뒀다면 신자유주의의 적용으로 바람직하지 않은 시민 행동을 억제하고 바람직한 행동을 고무하는 기능을 수행하는 방향으로 전환

(3) 사회보장의 주체와 대상

사회보장의 책임은 국가와 지방자치단체, 가정, 지역공동체, 국민 모두에게 있으며, 대상은 소수의 국민에서 전체 국민으로 확대됨.

(4) 사회보장의 기본 방향과 비용 부담

① 국가와 지방자치단체는 모든 국민이 전 생애에 걸쳐 삶의 질을 유지하고 증진시킬 수 있도록 평생 사회안전망을 구축하고, 사회적 취약계층을 위한 공공부조를 통해 최저 생활을 보장해야 함.

② 모든 국민이 인간다운 생활과 자립, 사회 참여, 자아실현 등을 할 수 있도록 지원하는 사회서비스를 마련하고, 소득보장제도를 마련해 공공과 민간이 효과적으로 연계되도록 해야 함.
③ 비용의 부담은 사회보장의 목적에 따라 국가와 지방자치단체, 민간 부문 간 합리적 조정이 필요함.
④ 사회보험은 사용자와 피고용자, 그리고 자영업자가 부담하는 것을 원칙으로 하되 관련법에 따라 국가가 비용의 일부를 부담하며, 공공부조와 저소득층에 대한 사회서비스 관련 비용은 국가와 지방자치단체가 부담하고, 부담 능력이 있는 국민들에 대한 사회서비스는 수익자 부담으로 하되, 일부는 국가와 지방자치단체가 부담함.

(5) 사회보장의 운영 원칙 : 베버리지와 국제노동기구의 원칙을 준용

균일한 급여 지급	• 사고의 종류, 소득 수준과 상관없이 동일한 금액의 급여가 제공돼야 함(= 산재로 인한 장기 장애 제외).
균일한 기여금 징수	• 재산과 무관하게 동일한 금액의 보험료를 부담함.
행정 책임의 통일	• 효율성·경제성을 위해 사회보장 운영 기관과 각종 기여금을 하나로 통합해 해당 기금에서 급여를 제공하는 것이 바람직함.
급여의 적절성	• 급여 수준은 양과 시간적으로 최저생계 수준을 충족시켜야 함.
대상자의 포괄성 (= 보편주의)	• 사고의 종류와 적용 인구는 전 국민을 대상으로 함. • 모든 위험과 사고에 대한 보호가 이뤄져야 함.
대상자의 분류화	• 사람들의 상이한 생활양식과 고용 형태에 따라 피보험자 계층을 분류해야 함.
공공기관 보장	• 모든 사회보장은 공공기관의 주도로 이뤄져야 함.
비용 부담 형평성	• 비용은 공통적으로 부담해야 함.

2) 사회보장의 세부 형태

① 기본적으로 사회보장은 공공부조, 사회보험, 사회서비스로 구성됨.

공공부조	사회보험	사회서비스
• 저소득층 최저생활 보장(= 선별주의), 기초생활보장제도가 대표적, 조세가 재원	• 사회적 위험에 대응(= 보편주의), 국민연금 등 5대 보험이 대표적, 기여금이 재원	• 정상적 사회생활을 지원, 재정보조금, 부담금, 공동모금 등으로 대상별 서비스 제공

② 베버리지(W. H. Beveridge)는 사회보험, 공공부조, 보편주의 수당, 민간보험, 레자(G. E. Rejda)는 사회보험, 공공부조, 보편주의 수당, 공적 개인저축 계정, 국제노동기구(ILO)는 사회보험, 공공부조, 보편주의 수당, 사업자 책임제도, 사회서비스 등으로 유형화해 규정함.

③ 미국 사회보장청(the Social Security Administration: SSA)은 사회보장 보조 프로그램을 운영함.

법정 민간보험	• 사회보험을 대체하는 법 • 피고용자의 보험료로 재정이 충당되고 피고용자 개인의 저축계정에 적립되는 방식으로 운용됨. • 기업연금이 대표적
공적 공제기금	• 고용주와 피고용자가 공동 부담하는 보험료로 재정이 충당되고 개인 저축계정에 적립되는 강제저축 제도 • 지불 사유(= 질병, 퇴직 등)가 발생하면 절차에 따라 반환되며, 연금의 경우, 수급권자 사망 시 유족에게 승계됨.
고용주 책임제도	• 고용주가 자신의 피고용자에게 직접 특정 급여를 제공하는 제도 • 급여 지불의 책임이 철저하게 고용주에게 있으며, 한국의 퇴직금제도와 같이 법정화한 경우도 있음. • 퇴직금이나 산재보상금 등 보상일시금, 출산급여, 가족수당 등이 해당됨.

④ 기여와 자산조사 형태에 따른 분류

비기여, 비자산조사	• 국적, 인구학적 조건만 충족되면 보험료와 같은 별도의 기여 및 소득에 관한 자산조사 없이 제공되는 사회보장 • 보편주의가 적용돼 가장 강력하게 사회적 권리가 보장되지만 재원이 많이 들고 제한된 자원만 존재할 시 급여 수준이 높지 못해 효과성이 떨어짐. • 아동수당, 장애수당, 노인수당 등 각종 사회수당(= demogrant)이 해당
비기여, 자산조사	• 기준 이하의 소득과 재산 가구 혹은 개인에게 별도의 기여 없이 제공돼 최저생활을 보장하는 형태로 가장 오래된 사회보장 유형 • 공공부조가 해당됨.

기여, 자산조사	• 위험에 대한 예방 차원에서 소득이 있을 때 보험료 납부를 통해 기여하고, 위험이 발생했을 때 급여를 제공받는 형태 • 국민연금, 건강보험, 고용보험, 산업재해보상보험, 노인장기요양보험 등과 같은 사회보험이 해당됨.

구분	사회보험	공공부조	사회서비스	사회수당
운영 주체	국가(관리운영기관)	국가(지방자치단체)	국가(지방자치단체)	국가(지방자치단체)
목적	사회적 위험 대처	소득보장	소득보장, 삶의 질 향상	소득보장, 삶의 질 향상
이념	보편주의	선별주의	선별주의	선별주의
원리	형평	평등	평등	평등
대상	모든 국민	빈곤층	빈곤층	특정 계층, 빈곤층
재원	보험료	일반조세	일반조세, 개인 부담	일반조세
급여 수준	적정선	국민적 최소한	–	–
구급권 성격	권리성 강함.	권리성 약함.	권리성 약함.	권리성 약함.
자산조사	無	有	有	有

제10장 되돌아보기

- 빈곤이 무엇인지 정확하게 개념을 정립해 이해할 것
- 빈곤의 주된 원인이 개인 혹은 사회구조 어디에 있는지 생각해 볼 것
- 사회보장의 목적과 원칙, 변화 양상에 대해 숙지할 것

⑪ 공공부조, 사회보험, 사회서비스

> 이 장에서는 사회보장의 세부 제도들인 공공부조, 사회보험, 사회서비스에 대해 다뤄집니다. 이미 사회보장의 개념과 필요성에 대해 학습했기 때문에 이 장에서는 실제적·현상적 측면에서 세부 제도들이 어떻게 운영되고 있는지에 관해 살펴봅니다.

1. 공공부조

1) 공공부조의 개념

(1) 공공부조의 의의

공공부조는 국가의 조세를 재원으로 생활 능력을 상실한 자들에 대해 국가의 책임하에 소득보장, 의료보호, 교육, 주택, 기타 서비스를 무기여 급부 형태로 제공함으로써 빈곤 대응과 최저 생활 보장, 자립 촉진을 도모하는 일련의 정책

① 선별주의(= 선택주의) 원칙에 입각해서 자격을 갖춘 대상자에 한해 급여를 제공하는 빈곤에 대한 국가의 사후적 대응책(= 사회보장 중 보완의 기능)이며, 평등주의, 자산조사, 약한 수급권 등을 특징으로 함.
② 중산층이나 상위층 조세를 통해 빈곤층과 저소득층에게 공공부조 재원이 지출돼 소득의 불평등을 완화하기 때문에 소득의 일방적 이전을 통한 소득 재분배 기능을 도모하는 제도로 간주할 수 있음.
③ 지나치게 높은 수준의 공공부조는 수급자들이 사회복지에 의존해 근로 의욕을 상실함으로써 자력으로 가난을 해결하려 하지 않고 빈곤에 머무르려고 하는 빈곤의 함정(= 가난의 덫)에 빠질 수 있음. 따라서 적정한 공공부조 수준을 정하는 것이 매우 중요함.

장점	단점
• 조세를 재원으로 삼아 다른 제도보다 수직적 소득재분배 효과가 큼. • 제한된 예산으로 저소득층에 집중 활용되기 때문에 목표효율성이 높음.	• 수급자의 낙인감과 수치심 발생 • 수급자의 근로 의욕을 감소시키고 자격 결정을 위한 자산조사에 시간과 비용이 대폭 소모 • 저소득층에 한정되는 정책이기에 대중의 지지가 크지 않을 수 있음.

④ 미국 클린턴(B. Clinton) 정부의 WtW(Welfare to Work) 정책이나 영국 블레어(T. Blair) 정부의 근로조건부 수급자 정책, 김대중 정부의 생산적 복지 등 모두 근로 활동을 영위함으로써 빈곤을 벗어나는 원리에 방점을 두고 있음.

(2) 공공부조의 원리와 원칙

원리	복지권 보장 및 공공 책임	• 평범한 일상의 영위가 어려운 국민의 생존권을 책임지는 것은 국가의 책무 • 국가와 지방자치단체는 모든 국민이 인간다운 생활을 할 수 있도록 필요한 조치를 해야 함.
	최저생활보장	• 급여는 건강하고 문화적 최저 생활 유지할 수 있는 수준이어야 함.
	보충급여	• 급여는 수급자가 자신의 역량을 최대한 발휘했음에도 부족한 부분을 보충, 발전시켜야 함(= 개인 본인과 가족들의 책임을 강조).
	타법 우선	• 민법에 의한 부양의무자의 부조가 우선되고, 그 다음에 공공부조의 급여를 받을 수 있음.
	개별성과 자립 지원	• 수급권자의 개별적 상황을 최대한 반영해 급여 수준을 정하고 근로 능력이 있는 사람은 자활사업에 참여할 조건으로 생계급여를 제공해야 함.
	무차별 평등	• 급여를 받을 자격이 법적으로 평등하다는 원리(= 급여 수준은 연령, 가구 규모, 지역, 소득 인정, 기타 여건에 따라 차등적으로 지급될 수 있음)

원칙		
	신청주의	• 부조는 신청이 있어야 개시됨(= 개인의 자기결정권 중시).
	조사 및 확인	• 조사를 통해 수급권이 부여되고 정기적 조사가 이뤄져야 함.
	필요즉응	• 급여 수준의 기준은 실제 필요에 상응해 규정돼야 함.
	개별가구 단위 급여	• 급여 실시는 개별 가구 단위로 행하는 것이 원칙(= 필요한 경우 개인 단위로 할 수 있음)

2) 공공부조의 종류

(1) 국민기초생활보장제도

① 국민기초생활보장법에 근거해서 운용되며, 생활이 어려운 자에게 필요한 급여를 지급함으로써 이들의 최저생활을 보장하고 자활을 조성하는 것을 목적으로 한다고 법률 제1조에 천명(= 갹출이나 기여 불필요, 생존권 보장을 위한 기본권으로 인정)
② 생계 유지와 생활보장을 위해 자활사업 참여가 조건이 되며 일반조세로 충당되는 경제적 급여를 기반으로 다양한 형태가 운용됨(= 일반조세로 운용된다는 점에서 사회복지서비스와 유사, 생계급여 산정의 기초가 되는 중위소득 결정이 필요).
③ 근로 능력의 유무와 무관하게 수급권이 주어지며, 개별 가구 단위로 급여가 제공되며, 수급 기한은 제한이 없음(= 공공부조의 원리와 원칙 준용).
④ 연혁

⑤ 수급권자와 수급자
- 수급자의 개념과 범위 : 수급권자는 급여를 받을 수 있는 자격을 가진 사람이며, 수

급자는 급여를 받고 있는 사람(= 외국인에 대한 특례 조항도 마련돼 있음). 소득과 재산 그리고 부양의무자 기준을 동시에 충족해야 함(= 국민기초생활보장제도의 시행으로 단순한 인구학적 조건 충족 기준에서 자산조사와 할당을 통한 소득인정액과 부양의무자 기준으로 변경됨, 소득인정액은 고시하는 최저생계비).

- 수급자의 권리와 의무

권리	• 급여 변경의 금지 : 수급자에 대한 급여는 정당한 사유 없이 수급자에게 불리한 조건으로 변경할 수 없음. • 압류 금지 : 수급자에게 지급된 수급품과 권리, 지정된 급여수급 계좌의 예금에는 채권 압류가 불가능함.
의무	• 양도의 금지 : 수급자는 자신의 권리를 타인에게 양도할 수 없음. • 신고 : 수급자는 거주지역, 세대 구성, 임대차 계약 변경, 소득과 재산 상황 등이 현저하게 변동됐을 때는 관할 보장기관에 신고해야 함.

- 수급자 선정 기준 : 부양의무자 기준에서 부양의무자가 없거나 있더라도 부양 능력이 없거나 부양받지 못할 자, 가구 규모별로 산정하는 중위소득 기준 2개를 모두 충족해야 함.

⑥ 급여의 종류

생계급여	• 수급자에게 의복과 음식물, 연료비, 기타 일상생활에 기본적으로 필요한 금품을 지급함으로써 생계를 유지하게 함. • 2022년 기준 급여액은 현금 급여 기준액에서 가구 소득인정액과 주거 급여액을 뺀 금액이고, 의료·교육·자활 급여 특례자, 에이즈쉼터거주자 등을 포함한 소득인정액 기준 중위소득 30%가 선정 기준이 됨. • 보장시설 수급자는 별도의 급여 기준에 의해 지급됨. • 근로 능력이 있는 수급자에게 자활에 필요한 사업에 참가할 것을 조건으로 생계급여를 실시할 수 있음.
주거급여	• 수급자에게 주거 안정에 필요한 임차료, 수선유지비, 그 외 수급품을 지급(= 가구별 소득평가액과 가구원 수를 고려해 차등 지급) • 과거 주거급여는 소액이고 기초생활수급자에 한정됐으나 2015년 7월 주거 급여가 개편되면서 2022년 소득인정액 기준 중위소득 46% 이하가 선정 기준이 됨(= 국토교통부 관할).
교육급여	• 수급자에게 입학금, 수업료, 학용품비, 그 외 수급품을 지급(= 대통령령에 학교의 종류와 범위 등 규정) • 2022년 소득인정액 기준 중위소득 50% 이하가 선정 기준이 됨(= 교육부 관할).
의료급여	• 가장 오래된 급여제도 • 수급자에게 건강한 생활을 유지하는 데 필요한 각종 검사 및 치료비 등을 지급 • 수급권자는 중앙생활보장위원회의 심의·의결을 거쳐 1종(= 국민기초생활수급자 중 근로 능력이 없는 자로만 구성된 세대, 국가유공자, 북한이탈자, 의사상자 및 유족, 5·18 관련자 등), 2종(= 국민기초생활수급자 중 1종 이외)으로 결정되며, 2022년 소득인정액 기준 중위소득 40% 이하가 선정 기준이 됨. • 본인부담 보상제(= 수급자의 본인부담금이 기준 금액을 초과한 경우 초과분의 50%를 돌려 주는 제도, 1종과 2종 간 차이), 본인부담 상한제(= 수급자의 본인부담금이 기준 금액을 초과한 경우 초과분 전액을 돌려 주는 제도, 1종과 2종 간 차이) 등의 본인 부담 완화제도 운영 중

해산급여	• 수급자에게 조산, 분만 전과 분만 후의 필요한 조치와 보호에 대한 급여 지급 • 2022년 기준 생계·의료·주거 수급자가 출산한 경우, 1인당 70만 원 지급
장제급여	• 수급자가 사망한 경우 사체의 검안, 운반, 화장 또는 매장, 그 밖의 장제 조치를 위해 급여 지급 (= 물품 지급도 가능함) • 2022년 기준 생계·의료·주거 수급자가 사망한 경우, 1인당 80만 원 지급
자활급여	• 수급자의 자활을 돕기 위해, 자활에 필요한 금품 지급·대여, 자활에 필요한 근로 능력 향상 및 기능 습득 지원, 취업 알선 등 정보 제공, 자활을 위한 근로 기회 제공, 자활에 필요한 시설 및 장비 대여, 창업교육 및 기능훈련·기술·경영지도 등 창업 지원, 자활에 필요한 자산 형성 지원, 그 외 대통령령 규정 사항 지원 • 2022년 기준 소득인정액 기준 중위소득 50% 이하가 선정 기준이 됨.

⑦ 급여의 전달 체계 및 재원
- 보건복지부와 지방자치단체, 생활보장위원회(= 실제적 업무 수행 주체로 국민생활보장사업의 기획, 조사, 실시 등에 관한 사항 심의·의결)으로 구성되며, 국가와 지방자치단체가 전액 국고로 조달함.
- 재정 분담 비율

특별시	광역시	기초 시·군
• 국가 : 특별시 : 자치구 = 50 : 25 : 25	• 국가 : 광역시 = 80 : 20	• 국가 : 도 : 시·군 = 80 : 10 : 10

⑧ 문제점 : 자산조사 시 소득과 재산 파악 문제, 부양의무자 제도상 문제, 예산 부족으로 수급자 규모 제한 문제, 최저생계비 산정 및 적용 문제, 자활급여의 질과 양 문제, 인력 부족 문제, 서비스 통합성·전문성·접근성 제고 문제 등

(2) 기초연금제도

① 2014년 기초노령연금제도를 대체한 기초연금은 어려운 노후를 보내는 노인에게 연금을 통해 안정적 소득 기반을 제공함으로써 노인의 생활 안정과 복지 증진을 지향함(= 후손의 양육과 국가·사회 발전 기여에 대한 보상).
② 수급권자와 수급자 : 만 65세 이상 한국 국적의 노인 중 가구 소득인정책이 보건복지부 고시 선정기준액 이하(= 소득 하위 70%)인 사람에게 자격이 부여되지만 공무원

연금, 사립학교 교직원연금, 군인연금, 별정우체국연금 등 직역연금 수급권자와 배우자는 별도 조항이 있지만 기초연금 수급권자에서 원칙적으로는 제외됨.

③ 급여의 내용 : 급여는 물가 연동 방식의 기준연금액으로 산정, 이에 해당되지 않으면 소득재분배급여(A급여)에 따른 산식으로 산정, 별도 조항으로 직역연금 특례대상자 등은 국민연금 급여액으로 산정, 기초연금액 감액 조건 등의 내용으로 구성됨.

기준연금액	• 2022년 1인 가구 기준 30만 원이며, 기준연금액 산정 대상자는 국민연금 미수급자, 국민연금 월급여액 45만 원 이하(= 기준연금액의 150%), 국민연금의 유족연금이나 장애연금 수급자, 국민기초생활 보장 및 장애인연금 수급권자 등
소득재분배 급여 (A급여)	• 국민연금급여액 중 기초연금적 성격을 가진 급여로 개인별 기초연금액을 결정하는 기준이 되는 급여이며, 기본적으로 가입 기간이 길수록, 일찍 가입할수록 증가 하지만, 가입 기간이 동일해도 가입 시기와 이력에 따라 급여액이 상이할 수 있음. • 2022년 기준 A급여액에 따른 기초연금액 = (기준연금액 − 2/3 × A급여액) + 부가연금액
국민연금 급여액	• 2022년 기준 국민연금 급여액에 따른 기초연금액 = 기준연금액 250% − 국민연금 급여액
기초연금 감액	• 부부 감액 : 부부 모두가 기초연금을 받는 경우 각각의 기초연금에서 20%를 감액 • 소득 역전 방지 감액 : 기초연금 수급으로 발생할 수 있는 불공평을 방지하기 위해 소득인정액과 기초연금액을 합산한 금액이 선정기준액 이상인 경우 선정기준액 초과 금액 범위에서 기초연금액 일부를 감액

④ 각 기초지방자치단체 주민센터, 국민연금관리공단이 접수하며, 무기여 연금으로 기초지방자치단체별 노인인구 비율과 재정자립도 기준으로 총 소요 예산의 40~90% 범위 내에서 국고에서 차등 지원됨.

(3) 긴급 복지제도

① 생계 곤란과 같은 위기 상황(= 중대 질병, 부상, 가족으로부터 유기 · 방임 · 학대, 화재나 방화로 인한 생활 불가능, 주 소득자의 사망, 가출, 행방불명, 구금시설에 수용된 경우 등)에 처한 사람이 기초생활보장을 신청해도 급여를 수급하기까지 절차와 시간이 많이 소요된다는 점을 감안해 도입된 제도로, 일단 위기에 처한 사람을 신속하게 도움으로써 위기 상황에 대처하고 인간다운 생활을 영위할 수 있도록 지원

② 지원은 금전과 현물 등 직접 지원이 주를 이루며, 민간기관이나 단체와의 연계를 통한 상담과 정보 제공 등의 간접 지원도 이뤄짐.

③ 연혁 : 처음 제정 시 한시법이었으나 효과가 인정되며 상시 제도로 변경

```
2005년                →   2006년 긴급복지지원제도   →   2009년
긴급복지지원법 제정          실시(5년간 한시적 운용)         5년 한시 조항 삭제
```

④ 수급권자와 수급자 : 정해진 소득 및 재산 기준에 부합하면서 갑작스러운 위기 상황에 처해 개인 혹은 개인이 부양 의무를 가진 가구구성원의 생계 유지가 어렵게 된 가구가 대상이며, 2022년 소득 및 재산 기준은 중위소득 75% 이하, 대도시 거주자 2.41억 원, 중소도시 거주자 1.52억 원, 농어촌 거주자 1.3억 원, 금융재산 600만 원 이하(= 주거 지원은 800만 원 이하가 기준)

⑤ 제도의 종류

생계 지원	• 2022년 기준 식료품비, 의복비 등 1개월 생계유지비 130만 원을 최대 6개월까지 지원
의료 지원	• 2022년 기준 각종 검사, 치료 등 300만 원 이내에서 의료서비스 지원
주거 지원	• 국가나 지방자치단체 소유 혹은 타인 소유 임시 거소를 제공하고 제공자에게 거소 사용 비용 지원 • 2022년 기준 대도시 643,200원, 중소도시 422,900원, 농어촌 243,200원(= 월 4인 기준) 지원
사회복지시설 이용 지원	• 사회복지시설 입소 혹은 이용 서비스 제공 • 2022년 기준 월 1,450,500원(월 4인 기준) 지원
교육 지원	• 초, 중, 고교 학생 수업료 등 필요하다고 인정되는 사람 학비 지원
기타	• 2022년 기준 동절기 연료비(10월~3월), 해산비(60만 원), 장제비(75만 원), 전기요금(50만 원 이내) 등 각 1회

⑥ 긴급지원 절차

(4) 근로 연계 복지

① 국민기초생활보장법에 근거해서 근로 능력을 가진 저소득층이 스스로 자립할 수 있도록 자활 능력의 배양, 기능 습득 지원, 근로 기회 제공 등을 목적으로 운영됨(= 일자리 창출, 소득 증대, 지역 및 공익 서비스 제공, 사회공동체 실현, 조건부로 운용함으로써 국가 보호에 안주하는 도덕적 해이 방지 등 지향).

② 대상자
- 근로 능력이 없는 일반 수급자, 근로 능력이 있는 수급자, 급여 신청자 중 질병·부상·후유증으로 치료자 등에게 근로 능력 평가를 실시하며, 조건부 수급자, 자활특례자, 차상위계층, 희망참여자로 구분함.
- 조건부 수급자는 도덕적 해이를 방지하기 위해 근로 능력이 있는 수급자 중 자활사업 참여를 조건으로 생계를 지급받는 수급자를 의미함(= 자활사업에 참여하지 않으면 생계급여가 중지됨).

③ 유형

자활사업 종류			실시기관 구분	기준	판정 대상자
고용노동부 자활사업			고용센터	근로 능력과 욕구가 높아 노동시장에서의 취업이 가능한 자	집중 취업 지원 대상자 (70점 이상)
보건복지부 자활사업	자활근로	시장진입형	지역자활센터, 민간위탁기관	자활근로 프로그램 참여 욕구가 높은 자, 일용·임시직으로 직업 경험이 있는 자	근로 능력 강화 대상자(45~69점)
		인턴·도우미형			
		사회서비스형			
		근로유지형	시·군·구, 지역자활센터	노동 강도가 낮은 사업에 참여 가능한 자, 간병·양육 등 가구 여건상 관내 사업반 참여 가능한 자	근로 의욕 증진 대상자 (45점 미만)

자활 사례 관리	• 자활사업 참여 전 진입(gateway) 과정을 포함해 참여자에게 근로 기회 제공, 취업 알선 등 자활 프로그램 지원과 참여자의 자활 프로그램 수행 모니터링 및 사후평가 등 지역자활센터에서 자활 참여자의 자립을 위해 수행하는 모든 과정을 의미
자활근로	• 국민기초생활보장법에 따른 저소득층에게 자활을 위한 근로의 기회를 제공해 자활 기반을 조성 (= 기존 공공근로사업과 달리 한시적 일자리가 아닌 저소득층 자활 촉진을 지향해 창업에 필요한 기초 능력 등의 배양에 중점을 둠) • 참여 할 수 있는 기간은 36개월로 제한(= 근로유지형은 참여 기간 제한 없음)되며, 간병, 집수리, 청소, 폐자원재활용, 음식물재활용 사업 등 5대 전국표준화 사업을 중점으로 추진하되 영농이나 세차, 환경 등 지역 실정에 맞는 특화사업도 개발 추진 • 시장진입형은 매출액이 총 투입 예산의 30% 이상 발생하는 시장 진입 가능성이 높은 자활기업 창업을 유도하는 사업 • 인턴·도우미형은 지방자치단체·지역자활센터·사회복지시설·일반기업체 등에서 자활인턴 사원으로 근로하며 축적된 기술·경력을 취업에 활용하게 유도하는 사업 • 사회서비스형은 사회적으로 유용한 일자리 제공으로 참여자의 자활능력 개발과 의지를 고취해 향후 시장 진입을 준비하는 사업 • 근로유지형은 현재의 근로 능력과 자활 의지를 유지하며 향후 상위 자활사업 참여를 준비하는 사업
자활기업	• 2인 이상의 수급자 또는 저소득층이 협력으로 창설한 조합이나 공동사업 기업 • 모든 구성원에 대해 시장진입형 표준소득액 이상의 수익금 배분이 가능해야 하며, 근로 일수가 조건 이행 기준을 충족해야 함(= 주당 평균 3일 이상).
키움통장	• 희망키움 통장 : Ⅰ, Ⅱ로 구분되며, 매월 5만 원 혹은 10만 원을 3년간 적립 후 탈수급하면 정부와 지방자치단체가 근로소득장려금과 본인이 저축한 금액에 비례해 민간지원금을 지원(= 최대 6~7배) 함으로써 주택 구입·임대, 자녀의 고등교육·기술훈련, 사업 창업·운영 자금 등으로 사용하게 하는 적극적 탈빈곤 복지정책 • 내일키움 통장 : 매월 5만 원 혹은 10만 원을 선택 저축해 3년 이내 일반 시장 취·창업을 요건으로 장려금과 수익금을 지급하는 사업

(5) 근로 장려 세제(Earned Income Tax Credit: EITC)

① 근로에 최선을 다해도 소득이 적어 생활이 곤궁한 근로자와 전문직을 제외한 사업자 가구에 대해 가구원 구성과 총급여액 등으로 산정된 근로장려금을 지급해 근로를 장려하고, 실질소득을 지원하는 근로연계형 소득지원제도(= 중산·서민층의 생활 안정 지원, 저소득 근로자 근로 유인, 실질소득 지원 지향)

② 거주자 포함 1세대의 가구원 구성에 따라 정한 부부 합산 총급여액 등을 기준으로 지급되며, 2022년 기준 연간 최대 300만 원이 지급됨.

③ 대상 가구에 지급돼 실질 소득을 증가시킴으로써 조세제도를 통한 근로 의욕을 높이고 소득재분배 효과를 기대할 수 있으며, 사회안전망이 2중(= 사회보험, 국민기초생활보장제도)에서 3중으로 확충돼 저소득층의 사회적 보호가 더욱 견고해지는 계기가 됐음.

2. 사회보험

1) 사회보험의 개념

(1) 사회보험의 의의

사회보험은 사회보장의 핵심이며 민간보험처럼 보험의 원리를 차용하지만 관리나 운영을 국가가 책임지는 보험(= 보험 원리와 방식 활용으로 사회적 위험에 대응)

① 가입이 강제적이며, 보험 원리를 적용하고, 계층 간 소득재분배를 지향해 갹출과 급여를 조정하는 경향이 있으며, 공적연금과 보험 형태로 운용됨.
② 사회보험과 사보험의 비교

		사회보험	사보험
공통점		• 위험분산, 손해의 유연성, 위험의 이전, 경제적 배상 등	
차이점	책임, 보험 가입	• 국가, 강제 가입	• 민간, 자발적·임의 가입
	목적, 성격	• 최저생활보장, 사회적 타당성에 의한 집단보험(= 사회적 적절성)	• 개인적 필요에 따른 보장, 개인적 공평에 의한 개별보험
	수급권	• 수혜 금액이 법적으로 결정	• 보험금이 계약으로 결정
	경쟁 체제	• 정부의 독점	• 자유경쟁
	보험료 부과 기준, 보장 수준	• 소득 수준, 최저 소득 보호	• 위험과 급여 수준, 개인의 의사와 지불 능력에 따라 고액 가능
	보험사고 대상, 급여 수준	• 人보험, 균등급여	• 人·物보험, 기여 비례
	부담 여부, 위험 선택·관리	• 공동 부담, 불필요	• 개인 부담, 필요
	인플레이션 대책	• 국가조세권으로 인플레이션 극복	• 인플레이션 대책 취약

(2) 공적연금 형태로 운영

① 공적연금의 개념과 필요성
- 일반적으로 장애, 노령, 퇴직 및 부양자 사망에 의해 소득이 상실되는 경우를 대비해 미리 갹출한 보험료를 기초로 제공되는 현금 급여이며 장기적 소득보장제도
- 소득 상실로 인한 노후 빈곤 예방(= 급여 수준이 높지 못해 실제로 생활 유지는 어려움), 소득재분배를 통한 불평등 완화와 사회통합 증진, 미래 불확실성 대비, 위험 분산, 경제사회 안정 등
- 소득재분배의 유형

공·사 기준	• 사적 재분배 : 민간 부문에서 이뤄지는 자발적 동기에 의한 현금 이전, 가족·친인척·친지 간 소득 이전(= 각종 민간보험이나 기업복지) • 공적 재분배 : 정부의 소득 이전 메커니즘(= 사회보험, 사회복지서비스, 조세)
시간 기준	• 장기적 재분배 : 생애에 걸쳐 발생하는 재분배(= 적립 방식 연금) • 단기적 재분배 : 현재 드러난 사회적 욕구의 충족을 위해 현재 자원을 사용해서 재분배(= 공공부조)
세대 기준	• 세대 내 재분배 : 수직적 재분배(= 소득이 높은 계층에서 낮은 계층으로의 재분배), 수평적 재분배(= 동일 계층에서 도움이 필요한 사람에게로 재분배) • 세대 간 재분배 : 청년세대에서 노령세대로 소득 이전(= 부과 방식 연금)

② 공적연금의 종류

사회보험식	• 노후에 대비해 법정 기간과 조건에 맞춰 기여금을 지불한 후 지급 조건에 해당될 때 자산조사 없이 연금급여 제공 • 과거의 기여 기간과 납부 기여금에 의해 권리가 생기며, 징수된 기여금을 활용해 전적 혹은 부분적으로 재원 충당(= 별도의 특별기금으로 관리) • 세계 대부분 국가가 채택하고 있음.
사회부조식	• 기여금을 지불하지 않고 자산조사를 통해 일정 소득과 자산 이하인 사람에게 연금급여 제공 • 급여액은 일정 금액을 제공하는 정액 급여 형태
사회수당식	• 일정한 인구학적 조건만 갖춰지면 기여금 납부나 자산조사 없이 연금급여 제공
퇴직준비금	• 근로소득의 일정 비율을 강제로 저축하게 한 뒤 퇴직 시 일시금으로 지급(= 기여율이 국가에 의해 결정되고, 국가가 관리하는 준공적연금) • 급여가 일시불 형태이고, 소득재분배 기제가 없으며, 미래의 불확실성을 개인에게 전가시킨다는 등의 지적으로 공적 연금에 포함될 수 없다는 의견도 있음.
강제가입식 개인연금	• 근로소득의 일정 비율을 본인이 선택한 민간금융기관에 저축하도록 한 뒤 퇴직 시 연금 형태 급여로 지급(= 기여율이 국가에 의해 결정되는 준공적연금) • 강제성을 갖는다는 점에서 민영연금과 차이가 있고, 재정적 측면에서 공적 투입은 없음. • 투자 위험이 높아 소득보장이 약하기 때문에 소득 비례 연금과 공존하는 편

③ 공적연금의 구조 체계

1층 보장 연금 체계	• 1개의 공적연금 체계만 운용 • 독일, 스페인, 알제리 등은 소득 비례 연금만 채택 • 남아프리카 공화국, 방글라데시 등은 사회부조식 연금만 채택 • 인도네시아, 말레이시아, 싱가포르, 케냐 등은 퇴직준비금제도만 채택
2층 보장 연금 체계	• 2개의 공적연금 체계 운용 • 체코, 룩셈부르크, 노르웨이, 일본 등은 사회보험식 정액연금, 사회보험식 소득 비례 연금 채택 • 오스트리아, 핀란드, 그리스, 미국, 한국 등은 사회보험식 소득 비례 연금, 사회부조식 연금 채택 (= 우리나라는 국민연금과 기초연금 2개) • 헝가리, 멕시코, 콜롬비아, 페루 등은 사회보험식 소득 비례 연금, 강제가입식 개인 연금 채택
3층 보장 연금 체계	• 3개의 공적연금 체계 운용 • 1994년 세계은행의 연금보고서는 고령화와 저성장 경제하에서 재정위기에 대처, 경제·인구학적 위험 분산을 위해 다층 체계로 전환이 필요함을 주장(= 국가의 역할을 축소하고 민간 기능을 강화하는 것이 근간) • 영국은 사회보험식 정액연금, 사회보험식 소득 비례 연금, 사회부조식 연금 채택 • 덴마크, 스웨덴 등은 사회보험식 소득 비례 연금, 사회수당식 연금, 강제가입식 개인연금 채택 • 프랑스, 불가리아, 칠레 등은 사회보험식 소득 비례 연금, 사회부조식 연금, 강제가입식 개인연금 채택
4층 보장 연금 체계	• 4개의 공적연금 체계 운용 • 국제노동기구(ILO)의 권고 : 자산조사 근거 최저소득보장성 공공부조, 강제적 확정급여형 공적연금, 기업연금제도, 개인의 취향과 능력에 따른 연금으로의 구성을 주장

④ 공적연금의 분류

대상 기준	• 기여식 연금 : 소득 중 일정 비율 혹은 정액의 기여금으로 재원 조달. 사회보험식 연금, 퇴직준비금 제도, 강제가입식 개인연금제도 • 비기여 연금 : 일반조세로 재원 충당(= 통상 급여 수준이 낮음). 사회부조식 연금, 사회수당식 연금
급여 기준	• 정액 급여 : 이전까지의 소득과 무관하게 동일한 금액을 지급. 사회부조식 연금, 사회수당식 연금(= 스웨덴, 캐나다 등) • 소득 비례 급여 : 과거 소득을 기준으로 급여를 지급. 소득재분배 효과가 있지만 급여 수준이 낮아 소득보장 효과는 낮아서 사회보험식 소득 비례 급여를 통해 보충해 주는 경우가 대부분
재정 방식 기준	• 부과 방식 : 현재 근로세대가 납부한 기여금으로 현재 퇴직세대의 급여를 지급(= 1년 단위로 납부 자격과 수급 자격이 변동). 준비금 외 적립금이 불필요하고 소득재분배 기능을 가짐. • 적립 방식 : 연금 지급에 대비해 제도 도입 초기부터 가입자로부터 징수한 기여금을 장기간에 걸쳐 적립하고 적립된 기금을 운용하며, 국고출연금, 누적기금의 이자 등의 재원으로 급여 지급(= 일종의 강제 저축 성격). 소득재분배 기능 없음.
재정 방식 기준		장점	단점
	적립 방식	• 보험료 평준화와 성숙기 적립된 기금 활용, 상대적으로 재정의 안정적 운용 가능	• 장기적 예측과 일정한 기금 형성까지는 운용이 어려움. • 경제·사회적 변화에 취약
	부과 방식	• 세대 간 재분배 효과가 상대적으로 크고, 인플레이션 영향 없음. • 장기적 재정 추계 불필요	• 노령화로 인한 미래세대 부담 증가 • 상대적으로 재정 운용 불안정 • 인구구조 변화에 상당한 영향을 받음.

(3) 보험 형태로 운영

① 민간보험의 원리를 그대로 적용하며, 최저생활 보장의 원칙(= 보장 수준은 최저생계비에 근거), 소득재분배의 원칙(= 기여금·보험료 책정에 소득에 따른 누진율 적용), 보편주의 원칙(= 전 국민 대상), 비용 분담의 원칙(= 보험 운용에 필요한 재원은 국가 50%, 고용주 25%, 피고용인 25% 분담해 조달이 적용됨)
② 사회보험은 강제로 가입, 적용(= 직권에 의한 공공부조, 수혜자 개인 선택에 의한 사회서비스와 구분되는 특징)되며, 인간적인 최저 수준을 보장하는 급여를 지급해야 하고, 자격과 조건이 급여의 차등적 수혜를 결정함.
③ 역선택과 도덕적 해이를 막기 위해 민영이 아닌 국영으로 행해짐.

역선택	• 비대칭적이거나 불완전한 정보로 인해 보험시장에서 바람직하지 않은 결과나 양상이 나타나는 현상(= 시장실패를 야기) • 보험회사는 가입자의 위험성에 대한 정보가 부족하고, 보험 가입자는 자기 자신의 위험성에 대해 잘 알고 있다 보니 보험회사는 고위험집단의 보험 가입자들만 수용하게 되고 보험시장이 망가짐(= 많은 지출이 일어나지 않는 저위험집단을 선택해야 하는데 반대로 고위험집단을 선택한다는 의미에서 역선택이라 명명). • 역선택은 주로 개인연금과 건강보험에서 나타나며, 이의 해결을 위해 국가가 전담해 사회보험 방식으로 강제 가입시키고 부담 능력에 비례해 보험료를 부과함.
도덕적 해이	• 보험에 가입한 사람이 보험에 가입했다는 이유로 위험 발생에 대한 예방 노력을 덜하게 되는 현상(= 보험료를 수취할 수 있기 때문에 방심하게 됨) • 도덕적 해이는 주로 건강보험에서 불필요한 진료서비스 요구, 고액 진료 선호, 의료진의 과대 검사, 수술과 투약 등으로 나타나며, 실업보험에서 실업에서 탈피하려는 노력보다 급여에 의존하는 형태 등으로 나타남(= 실업의 덫). • 복지 대상자 행위에 대한 충분한 정보를 바탕으로 행위를 통제한다면 방지가 가능하기 때문에 대규모 조직과 비용을 가진 국가가 사회보험으로 대응하게 됨.

2) 사회보험의 종류

(1) 국민연금제도

① 사회보장연금에 속하는 사회보험으로, 국민이 소정의 기여금을 일정 기간 납부하고 퇴직하거나 노령, 장애, 사망 등 보험사고가 발생했을 때 일정 기간마다 계속해 지

급받는 현금 급여(= 소득 보장을 통한 노후 빈곤 예방, 사회적 위험 분산, 불확실성 대비, 소득재분배를 통한 사회통합 증진, 생활 안정과 복리 향상 목적)
- 한국은 적립 방식을 원칙으로 하지만 초기에는 보험료율을 낮게 책정했다가 점진적으로 상향 조정했고, 일정 부분 재분배 기능도 담당하고 있어 부과 방식이 혼용됐다고 볼 수 있음.
- 사회보험이기 때문에 보험의 원리가 그대로 적용되지만 강제 가입을 통해 위험을 분산시키며, 가입자, 사용자, 국가가 분담해 마련한 재원으로 정형화된 보험금을 지급함. 모든 관리는 국가가 관장해 제도의 영속성과 안정성을 도모함.

② 연혁

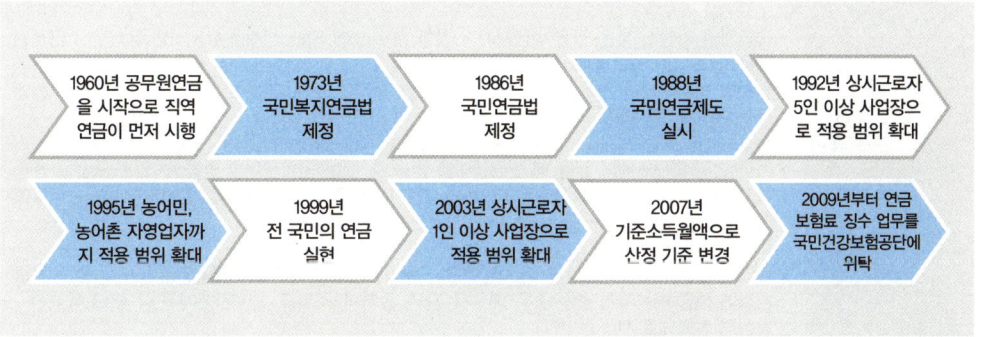

③ 가입은 18세 이상 60세 미만의 국내에 거주하는 국민이 가입 대상이 되며, 다른 법률에 의해 공적연금을 받는 자, 기타 대통령령이 정하는 자, 특수직 종근로자(= 광부, 어로작업 선원) 등은 제외됨.

당연 가입자	• 사업장 가입자 : 국민연금에 가입된 사업장에서 근로하는 모든 사람이 해당. 지역 가입자가 취업을 하게 되면 자동적으로 사업장 가입자로 전환됨. • 지역 가입자 : 관련법에 의해 국민연금 적용 대상자가 아니거나 소득활동이 전무한 사람의 경우 예외적으로 당연 가입자가 되지 않을 수 있음.
임의 가입자	• 사업장 가입자와 지역 가입자가 될 수 없는 사람이지만 60세 이전에 본인의 희망에 의해 가입 신청을 하면 가능 • 임의계속 가입자 : 가입 기간이 20년 미만인 가입자가 60세 도달로 국민연금 가입자 자격을 상실했으나 가입 기간이 부족해 연금을 받지 못하거나 가입 기간을 연장해 더 많은 연금을 받고자 할 경우 65세에 달할 때까지 신청에 의해 임의계속 가입자가 될 수 있음.

④ 연금보험료는 가입자의 기준소득월액에 연금보험료율(= 2022년 기준 9%)을 곱해 산출하며, 사업장 가입자는 사용자와 고용주가 절반씩 부담하고, 지역 가입자는 본인이 모두 부담

⑤ 급여 종류

노령연금	• 가입 기간이 10년 이상이면 노후 소득보장을 위해 지급 연령(1952년생 이전 출생자 60세, 53~56년생 61세, 57~60년생 62세, 61~64년생 63세, 65~68년생 64세, 69년 이후 출생자 65세) 이후부터 평생 매월 지급됨(= 국민연금의 기초) • 조기노령연금 : 가입 기간 10년 이상, 연령 55세 이상인 자가 소득이 있는 업무에 종사하지 않고 60세 도달 전에 청구한 경우 • 분할연금 : 가입 기간 중 혼인 기간이 5년 이상인 노령연금 수급권자의 이혼한 배우자가 60세가 된 경우
장애연금	• 가입 중 발생한 질병 또는 부상으로 인해 완치된 후에도 장애가 남을 경우 장애 정도에 따라서 장애로 인한 소득 감소에 대비해 매월 지급됨.
유족연금	• 국민연금 가입자 혹은 연금 수급자가 사망할 경우 그에 의해 생계를 유지하던 유족들이 안정된 삶을 살아갈 수 있도록 매월 지급됨. • 유족의 범위 : 자녀 25세 미만, 부모 60세 이상, 손자녀 19세 미만, 조부모 60세 이상 또는 장애 등급 2급 이상인 경우
반환일시금	• 지급 연령(60~65세)이 됐을 때 연금급여를 받을 수 있는 연금급여를 받을 수 있는 요건을 충족하지 못했거나 국외 이주 등으로 더 이상 국민연금 가입 대상이 아닌 경우 납부한 연금보험료에 이자를 더해 일시에 지급하는 급여
사망일시금	• 가입자 또는 가입자였던 사람이 사망했으나 유족연금이나 반환일시금을 지급받을 수 있는 유족 범위에 해당하는 자가 없는 경우, 배우자, 자녀, 손자녀, 조부모, 형제자매에게 장제부조적, 보상적 성격으로 지급

⑥ 연금급여액은 기본연금액에 아래 지급률을 곱하고 거기에 부양가족연금액(= 배우자 연 263,060원, 19세 미만 또는 장애 등급 2급 이상에 해당하는 자녀 1인당 연 175,330원, 60세 이상 또는 장애 등급 2급 이상에 해당하는 부모 1인당 연 175,330원)을 더해 정해짐.

노령연금 지급률	• 가입 기간 10년 기준 50%에 가입 기간 10년을 초과하는 1년마다 5%를 가산(1년 미만이면 매 1개월마다 5/12% 가산)
장애연금 지급률	• 장애 1급 100%, 2급 80%, 3급 60%, 4급(일시금) 225%
유족연금 지급률	• 가입 기간 10년 미만 40%, 10년 이상 20년 미만 50%, 20년 이상 60%

⑦ 국민연금제도에 관한 정책 수립과 지도, 감독 책임은 보건복지부, 직접적 사업 운영

은 보건복지부에서 위탁을 받은 국민연금관리공단에서 담당

(2) 국민건강보험

① 국민의 질병과 부상에 대해 예방하고, 진단과 치료, 재활 등을 지원하며, 출산과 사망, 건강 증진에 대해 급여를 실시함으로써 국민 보건과 사회보장을 향상시키기 위한 통합주의 방식의 사회보험(= 국민 건강 확보, 소득 유지와 생활 안정 도모 목적)
- 법률에 의해 강제로 가입, 납부하며(= 국민 상호 간 위험 분담 및 의료비 공동 해결의 목표 달성을 위함), 1년 단위 회계연도를 기준으로 운용되는 단기보험에 속하고, 가입자, 사용자, 국가가 분담해서 마련한 재원을 활용함.
- 피보험 대상자 모두에게 필요한 기본적 의료를 적정한 수준까지 보장하며, 부담 능력에 따라 보험료는 차등하게 부담하되 보험급여는 부담 수준과 무관하게 균등하게 수혜함으로써 사회적 연대에 근간해 사회통합을 이루고, 소득재분배 기능을 수행

② 의료보장제도로서 건강보험 유형

사회보험 방식(SHI)	국민건강보험 방식(NHI)	국가보건서비스(NHS)
• 국가가 기본적으로 의료보장에 대한 책임 + 의료비에 대한 국민의 자기 책임을 일정 부분 인정 • 독일, 프랑스 등	• 사회연대성 기반으로 보험 원리 도입한 의료보장 체계 + 단일 보험자가 국가 전체 건강보험을 관리, 운영 • 한국, 대만 등	• 국민의료 문제를 국가가 모두 책임지는 체계(= 일반 조세로 재원 마련) + 무료 의료 제공 • 영국, 스웨덴, 이탈리아 등

③ 연혁

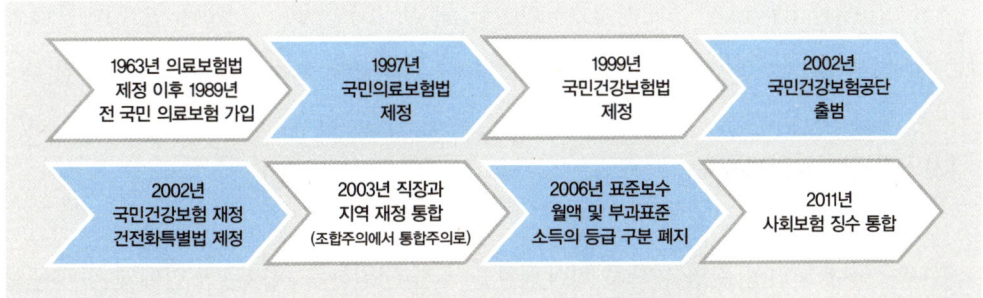

④ 직장 가입자와 지역 가입자로 구분되며, 국내에 거주하는 국민(= 의료급여를 받는 자, 국가유공자 등 제외)은 건강보험의 가입자 혹은 피부양자가 됨(= 외국인에 대한 특례가 존재함).

⑤ 보험료는 가입자의 보수월액에 보험료율(= 2022년 기준 6.99%)을 곱해 보험료를 산정한 후, 경감률 등을 적용해 가입자 단위로 부과하며, 사용자와 고용주가 절반씩 부담하고, 지역 가입자는 본인이 모두 부담

⑥ 급여 종류 : 과거에 있던 장제비는 폐지, 상병수당은 미실시

요양급여	• 현물 급여로 가입자와 피부양자의 질병, 부상, 출산 등에 대해 진찰, 검사, 약제, 치료재료 지급, 처치, 수술 및 그밖의 치료, 예방, 재활, 입원, 간호, 이송 등에 대한 급여 실시 (= 보건복지부령으로 정함) • 제공기관은 의료법에 따른 의료기관, 약사법에 따른 등록 약국과 한국희귀의약품센터, 지역보건법에 따른 보건소, 보건의료원, 보건지소 등
요양비	• 긴급하거나 부득이한 사유로 요양기관과 비슷한 기능의 기관에서 요양을 받거나 요양기관이 아닌 장소에서 출산한 경우, 요양급여에 상당하는 금액을 현금으로 지급
건강검진	• 건강 유지와 증진, 경제적 손실 최소화를 위해 정기적으로 국민의 건강을 검진
장애인보장구급여비	• 장애인과 피부양자에게 보장구에 대해 보험급여를 할 수 있음.
부가급여	• 요양급여 외 대통령령으로 정하는 바에 따라 임신과 출산 진료비와 그 외 급여를 실시할 수 있음(= 임의급여의 형태).

⑦ 본인부담상한액제도

– 고액 중증질환자의 의료비 부담을 덜어 주기 위해 환자가 부담한 연간 본인부담금 총액이 가입자 소득 수준에 따른 본인 부담 상한액을 초과하는 경우, 비급여 항목을 제외하고 초과 금액 전액을 돌려 주는 제도

– 2022년 기준 1분위 83만 원(= 요양병원 입원 120일 초과 시 128만 원), 2~3분위 103만 원(= 요양병원 입원 120일 초과 시 160만 원), 4~5분위 155만 원(= 요양병원 입원 120일 초과 시 217만 원), 6~7분위 289만 원, 8분위 360만 원, 9분위 443만 원, 10분위 598만 원

(3) 노인장기요양보험

① 고령이나 노인성 질병 등으로 일상생활을 혼자 영위하기 어려운 노인에게 신체활동

이나 가사 지원 등을 위한 장기요양급여를 제공함으로써 노후의 건강 증진 및 생활 안정 도모, 가족 부담 경감 등의 국민 삶의 질 향상을 지향해 운용
- 기존 국민건강보험제도 가입자들이 정기적으로 납부하는 보험료와 장기요양급여 이용자가 부담하는 본인 일부 부담금으로 운용되며, 급여 기간이 장기적으로 주어지고 복합적인 형태의 급여를 포함함(= 직접 방문과 욕구 조사 등 사례관리 중시).
- 국민건강보험은 주로 병·의원, 약국에서 제공하는 서비스를 급여 대상으로 하지만 노인장기요양보험은 치매나 중풍, 노화로 인한 노인성 질환 등으로 곤란을 겪는 대상자에게 요양시설이나 재가 장기요양기관을 통해 서비스를 제공하는 점이 차이

노인장기요양보험	기존 노인복지서비스 체계
• 노인장기요양보험법에 근거, 보편적 제도 (= 장기요양이 필요한 65세 이상 노인과 치매 등 노인성 질병을 가진 65세 미만자가 대상) • 수급자와 부양가족 선택에 의한 서비스 제공 • 재원은 장기요양보험료, 국가 및 지방자치단체 부담금, 이용자 본인 부담금	• 노인복지법에 근거, 선택적 제도 (= 국민기초생활보장수급자를 포함한 저소득층이 대상) • 지방자치단체장의 판단(= 공급자 위주) • 재원은 정부 및 지방자치단체 부담금

② 연혁

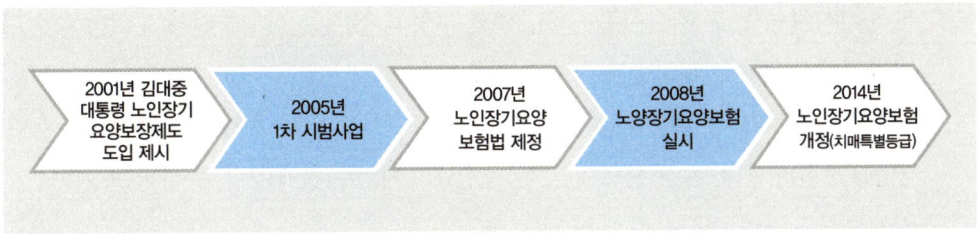

③ 소득 수준과 무관하게 65세 이상의 노인, 65세 미만으로 치매나 뇌혈관성 질환과 같은 노인성 질병을 가진 자 중에서 장기요양보험 가입자 혹은 그 피부양자, 의료급여 권에 따른 수급권자여야 함.

④ 급여 종류

재가급여	• 방문요양, 방문목욕, 방문간호, 주·야간보호, 단기보호, 기타 재가급여
시설급여	• 노인의료복지시설(= 노인전문병원 제외)에 장기간 입소해 제공되는 요양급여
특별현금급여	• 가족요양비, 특례요양비, 요양병원 간병비

⑤ 재원 조달

장기요양보험료	국가 예산	본인 일부 부담금
• 건강보험료에 장기요양보험률을 곱한 금액(= 2022년 기준 12.27%) • 건강보험료와 통합 징수	• 예산 범위 내에서 당해 연도 장기요양보험료 예상수입액의 20%에 상당하는 금액을 부담 • 국가와 지방자치단체는 건강보험공단이 부담하는 비용, 관리운영비 전액을 부담	• 급여를 받는 자가 부담하는 금액으로 시설급여 20%, 재가급여 15% • 저소득층은 60%를 경감해 주고, 국민기초생활수급권자는 무료

(4) 산업재해보상보험(= 산재보험)

① 근로자의 직무 수행 시 발생한 재해를 신속·공정하게 보상하며, 재활과 사회 복귀를 촉진하기 위한 지원, 근로자 복지 증진 사업을 시행해 근로자 보호에 이바지
- 불의의 재해로 인한 사업주의 경제적 부담을 위험 결합에 의해 산재보험 가입자들에게 분산시켜 부담을 경감시켜 주며, 대신 보험료 전액을 사업주에게 부담하도록 하는 측면에서 다른 사회보험과 차이가 있음.
- 무과실 책임주의(= 과실의 유무가 불확실하더라도 가해 사실이 있다면 책임을 져야 한다는 원칙), 사업장 중심의 관리, 자진 신고 및 납부, 보험료의 사업주 전액 부담, 종합적 보상제도
② 산재보험은 가입 대상이 구분됨.

당연적용사업	• 1인 이상의 근로자를 사용하는 모든 사업장에 적용 • 공무원, 군인, 선원, 사립교직원 등의 근무기관은 적용 제외
임의적용사업	• 사업의 위험률, 규모 및 사업 장소 등을 참작해 산재보험 적용 대상이 아닌데도 산재보험에 가입한 경우
적용 특례	• 근로자가 아닌 사람도 산재보험에서 특별히 정한 사람은 산재보험 혜택을 받을 수 있음 (= 현장실습생, 산업연수생, 해외근무 근로자, 중소기업 사업주 등).

③ 업무상 사고(= 직무행위 중 사고, 사업주 제공 시설물 이용 중 관리 소홀로 인한 사고, 사업주 지배관리하에 교통 수단으로 출퇴근 시 발생한 사고, 사업주 주관 행사나 준비 중 사고, 사업주 지배관리하에 휴게 시간 중 사고 등), 업무상 질병(= 물리적 인자, 화학물질, 분진, 병원체, 신체에 부담을 주는 업무 등)이 발생한 경우 재해로 인정됨.

④ 급여 종류 : 모두 업무상 사유로 인해 부상 혹은 질병에 걸린 근로자에 한정

요양급여	• 건강보험과 달리 본인부담금이 없고 요양비 전액을 급여로 지급
휴업급여	• 요양급여를 받은 자가 요양함에 따라 취업하지 못하는 3일 이상의 기간에 대해 지급하는 소득 보상 성격의 급여(= 평균 임금의 70% 수준)
장해급여	• 치유 후 신체 등에 장해가 있을 경우 지급
간병급여	• 요양급여를 받은 자가 자가치유 후 의학적으로 상시 혹은 수시로 간병이 필요한 경우 지급
유족급여	• 근로자가 사망한 경우 유족에게 지급
상병보상연금	• 산재를 인정받아 요양급여를 받는 노동자가 요양 개시 후 2년이 경과돼도 치유가 되지 않고 폐질 등급(1~3급) 기준에 해당되는 경우 및 장해급여를 받고 있던 노동자가 부상 또는 질병이 악화돼 재요양을 하는 경우에 휴업급여 대신 지급
장의비	• 근로자가 사망한 경우 평균 임금의 120일분에 상당하는 금액을 장제를 지낸 유족에게 지급 (= 유족이 없는 경우 장제를 지낸 이에게 지급)
직업재활급여	• 장해급여 혹은 진폐보상연금을 받은 자나 장해급여를 받을 것이 명백한 자 중 취업을 위해 직업훈련이 필요한 사람, 업무상의 재해가 발생할 당시의 사업에 복귀한 장해급여자에 대해 사업주가 고용을 유지하거나 직장적응훈련 또는 재활운동을 실시하는 경우에 각각 지급하는 직장복귀지원금, 직장적응훈련비 및 재활운동비 등
특별급여	• 사업주의 고의 혹은 과실로 산업재해가 발생했을 경우 민법상 소송의 불편함을 대신하기 위해 특별급여를 우선 지급하고 지급 상당액을 사업주가 납부하도록 하는 제도

⑤ 보험료는 평균적 재해율을 기초로 산정된 업종별 요율과 개별 실적 요율을 함께 적용해 산정함.

(5) 고용보험

① 실업의 예방, 고용의 촉진, 근로자의 직업 능력 개발과 향상 도모, 국가의 직업 지도

와 직업 소개 기능 강화, 근로자 실업 시 생활용 급여 실시 등으로 근로자의 생활 안정과 구직활동 촉진을 통해 경제·사회 발전에 기여하는 것을 목적으로 함.
- 실업급여를 지급하기만 하는 것이 아니라 고용안정사업과 직업능력개발사업을 연계함으로써 근로자의 재취업, 실업 예방 및 고용 안정, 노동시장 구조 개편 등 고용 대책을 통합적으로 운영하고 있음(= 사전적·적극적 종합 노동시장 정책).
- 실업률은 경기 변동과 직결되며 보험사고 예측이 어려운 측면이 있으며, 실업이라는 위기에 대한 사회보장적 기능과 함께 취업·호황 시 불입한 보험료를 통해 실업·불황 시 급여를 수급함으로써 소득과 경제활동을 유지하는 국민경제적 기능까지 가지고 있음.

② 원칙적으로는 근로자를 사용하는 모든 사업장에 적용되며, 대통령령이 정하는 사업에 한해 일부 산업별 특성과 규모에 따른 적용 예외가 가능함.

③ 급여의 종류
- 고용안정사업

고용 조정 지원	• 경기 변동과 산업구조 변화에 따른 사업 규모 축소, 폐업, 업종 전환으로 고용 조정이 불가피한 사업주가 근로자에 대한 휴업, 휴직, 직업 전환에 필요한 훈련이나 인력 재배치, 근로자 고용 안정 조치를 추진하는 사업주를 지원
고용 창출 지원	• 고용환경 개선, 근무 형태 변경 등으로 고용 기회를 확대한 사업주를 지원
고용 촉진 지원	• 고령자 등 노동시장의 통상적 조건에서 취업이 어려운 사람들에 대한 고용 촉진을 위해 이러한 범주의 사람들을 고용하거나 고용 안정 조치를 추진하는 사업주를 지원
고용 촉진 시설 지원	• 피보험자의 고용 안정과 촉진에 방점을 두는 상담 시설, 어린이집, 기타 고용 촉진시설 등을 설치, 운영하는 자에게 필요한 지원
건설근로자 고용 안정 지원	• 고용 상태가 불안정한 근로자를 위해 고용 상태 개선 사업, 계속적 고용 기회 제공 등 다양한 조치를 추진하는 사업주를 지원

- 실업급여

구직급여	• 실직일 이전 18개월 간 피보험 단위 기간을 통산해 180일 이상 근무했어야 하고, 근로 의사와 능력이 있음에도 영리 목적 기업에 취업하지 못한 상태여야 하며, 이직 사유가 수급 자격 제한 사유에 해당되지 않아야 하고, 재취업을 위한 노력이 적극적이어야 수급이 가능함. • 최소 90일부터 최대 240일까지 실직 전 수취했던 평균 임금의 50%를 지급하며, 필요 시 연장급여 수급 검토 가능

취업촉진수당	• 구직급여와 별도로 실직자들의 빠른 재취업 유도를 위한 추가 급여 • 조기재취업수당 : 실업급여 수급자가 빠른 시일 내 안정된 직장에 재취업하는 경우 부가적 성격으로 지급됨. • 직업능력개발수당 : 직업능력개발훈련을 받는 경우 훈련에 필요한 교통비, 식대 등의 비용을 지원 • 광역구직활동비 : 거주 지역의 재취업이 어려워 지방노동관서장이 소개하는 먼 지방에 출장해 직장을 구하는 경우 교통비와 숙박비를 지급 • 이주비 : 취직으로 거주지를 이전하거나 지시한 훈련을 받기 위해 이사를 해야 하는 경우 이사비용을 지급
기타 연장급여	• 훈련연장급여 : 새로운 직장에 취업하기 위해 직업능력 개발훈련을 받아야 할 필요가 있다고 판단되는 경우 최대 2년간 구직급여의 100%를 연장해 지급 • 개별연장급여 : 직업안정기관장이 소개한 3회 이상의 직업소개에 응했음에도 취직하지 못한 경우 60일 이내로 구직급여의 70%를 지급 • 특별연장급여 : 실업의 급증 등 대통령령이 정하는 사유가 발생한 경우 60일 이내로 구직급여의 70%를 지급
상병급여	• 실업을 신고한 이후에 질병, 부상, 출산으로 취업이 불가능해 구직활동을 할 수 없을 경우 구직급여액과 같은 급여를 지급
모성보호급여	• 임신과 출산 과정에서 일과 육아를 병행할 수 있도록 여성의 권리를 보호하는 동시에 여성에 대한 기업 부담을 사회적 연대 차원에서 나누기 위한 사업 • 육아휴직급여 : 통상임금의 40% 지급 • 출산전후휴가급여 : 우선지원 대상기업은 90일분, 그 외 기업은 30일분 지급 • 육아기 근로 시간 단축급여 : 사용 기간별로 단축급여액이 상이함.

- 직업능력개발사업

직업 능력 개발을 위한 사업주 지원	• 직업능력 개발 훈련 지원, 기간제 등 훈련 우대, 유급휴가 훈련 지원, 대체 인력 채용 지원 우대, 직업능력 개발시설, 장비자금 대부 등
직업 능력 개발을 위한 근로자 지원	• 근로자 수강금 지원, 근로자능력개발카드에 의한 수강 지원, 근로자 학자금 및 훈련비 대부, 국가기간전략산업 훈련 지원, 전직 실업자 취업훈련 지원 등

④ 고용노동부에서 제도를 관장하며 고용보험의 가입이나 보험사무소조합 인가 등 업무의 실제 집행은 근로복지공단에서 담당

⑤ 고용보험 보험료율은 실업급여의 경우, 노동자 0.8%, 사업주 0.8%이며, 고용 안정, 직업능력개발사업의 경우, 150인 미만 기업은 사업주 0.25%, 150인 이상 우선지원 대상기업은 사업주 0.45%, 150인 이상 1,000인 미만 기업 중 우선지원 대상기업을 제외한 기업은 사업주 0.65%, 1,000인 이상 기업과 국가, 지방자치단체가 직접 행하는 사업은 사업주 0.85%

3. 사회서비스

1) 사회서비스의 개념

사회서비스는 사회복지사업법에 의하며, 국가와 지방자치단체, 민간 부문의 도움이 필요한 모든 국민에게 복지, 보건의료, 교육, 고용, 주거, 문화, 환경 등의 분야에서 인간다운 생활을 보장하고, 상담, 재활, 돌봄, 정보 제공, 관련 시설 이용, 역량 개발, 사회 참여 지원 등을 통해 국민 삶의 질 향상을 지원하는 활동의 총체(= 돌봄과 정보 제공, 역량 개발, 사회 참여 지원은 최근에 들어 사회서비스 영역에 편입)

① 저출산과 고령화 등 인구구조 변화, 핵가족화와 같은 가족구조의 변화, 여성의 경제활동 참여 증가 등의 사회환경이 급변하고, 고용 없는 성장 추세 속에서 단순한 소득 보장을 넘어 인적 자본 형성을 통한 예방적 복지가 필요함에 따라 높아진 수요자 요구에 부응하고 복지재정의 효율적 활용을 위해 사회서비스가 활성화됨.
② 상담과 같이 비물질적이고 사회심리적·정신적 서비스 형태로 급여가 주로 제공되며(= 현금이나 현물 급여를 활용하는 공공부조와 사회보험과의 차이), 그에 따라 사회서비스 제공 과정에서 전달자의 전문적 지식과 실천 기술, 윤리가 중요한 역할을 함.
③ 사회서비스 속성상 대상자의 개별 욕구가 중심이 돼 서비스를 제공하는 개별적 처우가 필요함(= 공공부조와 사회보험은 가입 기간, 소득, 재산 등에 따라 미리 정해진 획일적 급여를 제공하는 것과 차이).

	사회복지서비스	사회서비스
대상	• 수급자 등 빈곤계층	• 서민, 중산층까지 포함됨.
서비스 내용	• 기본적 생활보장 서비스	• 국민의 일상생활 지원, 인적자본 확충을 위한 다양한 서비스까지 포괄
재정 지원 방식	• 공급자 지원 방식	• 수요자 지원 방식 병행

비용 부담	• 정부 지원 중심	• 본인 일부 부담 도입
서비스 제공 방식	• 시설보호 중심	• 재가서비스까지 포괄

④ 사회서비스의 목표와 추진 과제 : 국민 행복 증진이라는 기본 방향 아래 좋은 일자리 창출 등의 목표, 양질의 사회서비스 확대, 전달 체계 개선 등의 추진 과제가 설정됨.

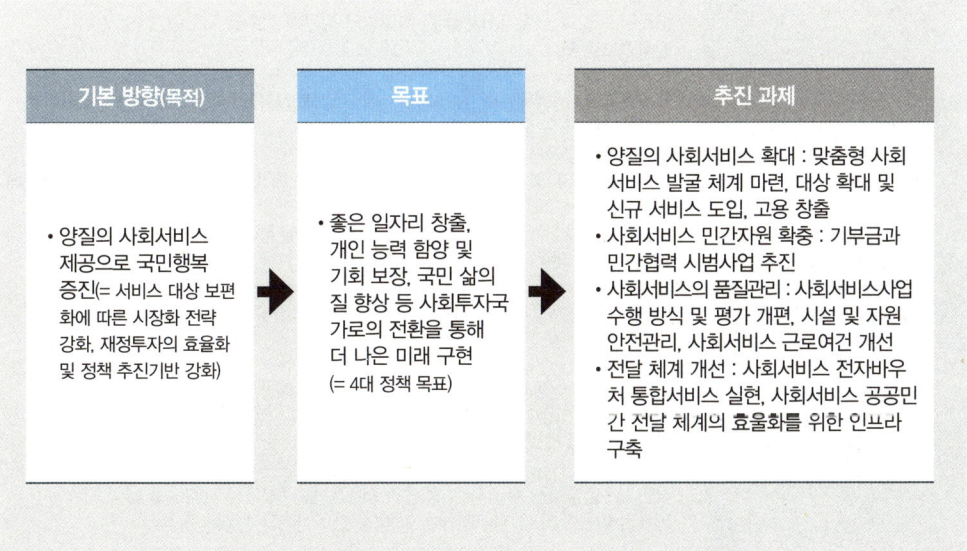

2) 사회서비스의 유형

(1) 아동복지정책

① 아동복지법에 의거, 만 18세 미만의 아동이 건강하게 출생해 행복하고 안전하게 자라나도록 복지를 제공, 보장하는 것을 목적으로 함(= 아동의 영양, 교육, 보호의 과정을 통한 적절한 신체적·정신적·도덕적 발전 도모).

② 구체적 내용

소년소녀가장 보호	• 생활보호대상자로 우선 책정하고 보호 지원(= 기초적 최저생활보장) • 후원, 결연 등을 통한 지역사회 관심 제고 및 지속적 사후관리 등에 중점
그룹홈 사업	• 가정해체, 방임, 학대, 빈곤, 유기 등이 이유로 보호가 필요한 아동에게 가정과 같은 주거환경에서 아동의 개별적 특성에 맞춰 보호양육 서비스를 제공하는 소규모 아동보호시설을 의미 • 또래 관계 및 대인관계 형성이 가능하고 시설 아동이라는 낙인감 예방 가능
입양	• 아동이 부모의 사망, 이혼, 빈곤 등의 이유로 친부모에 의한 양육이 영구적으로 불가능하게 된 경우 대리가정을 찾아주는 활동 • 다른 구성원들과 정서적 유대와 친밀감을 공유해 상호 사회적 인정을 주고받는 과정
결연기관 운영과 사업 활성화	• 도와줄 사람을 찾아 도움이 필요한 사람에게 연결해 주는 조직적 활동을 의미 (= 정신적 · 물질적 지원) • 1972년 기업과 사회복지시설 간 자매결연 접근이 최초로 시도됐고 1973년 전국적으로 확대
어린이 찾아주기 센터 운영	• 2005년부터 시행됐으며, 보호자로부터 이탈해 없어진 아동을 보호자에게 찾아주는 역할을 하는 기관의 운영
아동복지관 및 자립지원시설 운영	• 아동복지관 : 지역사회 아동의 건전한 육성을 위해 심신의 건강 유지와 복지 증진에 필요한 서비스 제공 • 자립지원시설 : 아동복지시설에서 퇴소한 자에게 취업 준비 기간 혹은 취업 후 일정 기간 보호를 제공해 자립을 지원
아동보호전문기관 운영	• 아동학대 예방사업의 활성화, 지역 간 연계 체계 구축을 위해 중앙과 지방자치단체에 설치
아동상담소, 아동전용시설	• 아동삼담소 : 아동과 그 가족문제의 상담, 치료, 예방 연구들을 목적으로 운영 • 어린이공원, 어린이놀이터, 아동회관, 체육 · 연극 · 영화 · 과학실험전시 시설, 아동휴게시설, 야영장 등
결식우려 아동 급식 지원	• 국민기초생활보장 수급자 및 차상위 저소득계층 중 가정 사정으로 급식 지원이 필요한 아동에게 급식을 지원해 아동의 영양 섭취와 성장에 도움.
퇴소아동자립 정착금 지원	• 아동복지시설에서 퇴소한 아동에게 사회적응력을 돕기 위한 자금을 지원
일반아동 건전 육성정책	• 어린이날 행사, 아동용품의 세부적 안전 기준 개발, 피학대아동 보호 체계 완비 및 홍보 강화, 보육정책 등 실시

③ 아동복지시설의 공통사업 : 가정 지원, 주간보호, 전문상담, 학대아동 보호, 방과 후 아동지도 등

(2) 청소년복지정책

① 관련 법규마다 청소년에 대한 연령 규정이 다르며, 흔히 성년으로 인정되지 않지만

아동기를 벗어나 사춘기로 대변되는 특성을 지닌 시기의 사람을 청소년으로 지칭함 (= 아동에서 성년으로 넘어가는 과도기 연령층, UN 15~24세, 국제식량기구 10~24세, 청소년기본법 9~24세, 청소년보호법 9~19세 등으로 규정하고 있음).

② 관련법

청소년기본법	• 청소년이 사회구성원으로서 정당한 대우와 권익을 보장받음과 함께 스스로 생각하고 자유롭게 활동할 수 있도록 하며 더 나은 삶을 누리고 유해한 환경으로부터 보호함으로써 국가와 사회가 필요로 하는 건전한 민주시민으로 자랄 수 있게 조치해야 함을 천명함.
청소년보호법	• 유해 매체물과 약물 등이 청소년에게 유통되는 것을 막고, 유해한 업소 출입 규제, 청소년 폭력과 학대 등 유해행위를 포함한 각종 유해환경으로부터 보호·구제함으로써 건전한 인격체로 성장할 수 있도록 조치해야 함을 천명함.

③ 주체와 대상, 독립적 인격체, 신속성, 포괄성의 원칙 등이 적용됨.

④ 청소년에 대한 사회서비스는 크게 지지(= 부모와 자녀가 자신들의 책임성을 효율적으로 수행할 수 있도록 능력을 지원·강화), 보완(= 부모 역할이 부적절하거나 제한됐을 때 부모 역할 일부를 보조하거나 대행), 대리(= 아동이 가정을 이탈해 다른 체계에 의해 보호받음)로 구분할 수 있음.

⑤ 구체적 내용

청소년시설 운영	• 청소년 쉼터 : 가출청소년에 대해 가정, 학교, 사회로 복귀해 생활할 수 있도록 일정 기간 보호하면서 상담, 주거, 학업, 자립 등을 지원 • 청소년자립지원관 : 일정 기간 청소년쉼터의 지원을 받았음에도 가정, 학교, 사회로 복귀할 수 없는 청소년에게 자립해 생활할 수 있는 능력과 여건을 갖추도록 지원 • 청소년치료재활센터 : 학습, 정서, 행동 상 장애를 가진 청소년을 대상으로 정상적 성장과 생활을 할 수 있도록 해당 청소년에게 적합한 치료, 교육, 재활 등을 종합적으로 지원하는 거주형 시설
청소년 상담	• 정신적·정서적 불안과 부적응 문제를 가진 위기 청소년에게 상담을 제공
청소년 보호	• 유해업소, 성폭력을 포함한 신체 폭력, 청소년 성매매 등 청소년에게 해로운 환경을 차단
청소년 교육	• 지방자치단체 주도로 비행·일탈을 저지른 청소년, 일상생활에 적응하지 못해 가정 또는 학교 외부의 교육적 도움이 필요한 청소년 등에 대해 청소년 본인, 해당 청소년의 보호자, 청소년이 취학하고 있는 학교장의 신청에 따라 교육적 선도를 실시
청소년 건강보장	• 중앙정부 및 지방자치단체가 청소년의 건강 증진과 체력 향상을 위한 질병 예방, 건강 교육 등의 필요한 시책을 수립하고 시행

(3) 노인복지정책

① 노인복지법에 의거, 만 65세 이상의 노인(= 노화의 과정과 결과로 생리적·심리적·사회적 기능이 약화돼 자립적 생활 능력과 환경에 대한 적응 능력이 약화되고 있는 사람)의 중요 문제인 보건, 질병 치료, 생활 안정 등의 해결과 그를 통한 노인의 보건복지 증진에 기여하는 것을 목적으로 함.
② 소득보장

직접적	• 공적연금제도 : 최저 생활 보장을 위한 조치, 국민연금, 직역연금 등 • 공적부조제도 : 빈곤의 완화 목적, 기초생활보장제도 등 • 경로연금제도 : 고령화 사회 노인만을 위한 연금으로 과거 노령수당제도에서 대상을 확대해 금전을 통해 생활비 지원, 증액을 통해 좀 더 현실적 비용 지급이 될 필요가 있음.
간접적	• 경로우대제도 : 65세 이상 노인들에게 도시철도 무임승차, 철도 할인제, 월 시내버스 이용 교통비 지원 등 • 고용 증진 : 300인 이상 사업장에 대해 55세 이상인 자를 3% 이상 고용하도록 권장하고 인력 채용 시 인건비 지원 등 • 각종 세제 혜택 : 주택상속세 공제, 상속세 인적 공제, 부양가족 공제, 경로우대 공제, 주택자금 할증 지원 등 • 기타 효행상, 장한 어버이상, 공무원에 대한 노부모봉양수당 지급 등

③ 보건의료 : 국민건강보험(= 사회보험), 의료보호제도 및 노인건강진단(= 공공부조) 등이 노인들의 보건의료서비스의 핵심으로 작용하며, 노인병원과 노인요양시설 등과 같은 관련 시설 운영, 응급수송 서비스 등을 제공하고 있음.
④ 보호 및 기타

보호	• 시설보호 : 사회적 보호를 필요로 하는 노인을 시설에 수용해 서비스 제공 • 재가보호 : 사회적 보호를 필요로 하는 노인을 가정 혹은 그와 유사한 지역사회 내 환경에 머물게 하면서 사회복지시설로 통원하게 하거나 가정봉사원 등을 파견해 서비스 제공
가족 지원	• 노인봉양 의식 제고와 경제적 부담 경감 목적, 노부모와의 동거 자녀에 대한 세금 감면 등
주택 보장	• 노인의 인간다운 삶 보장, 재가목적 주거서비스, 수용 보호 목적 주거서비스 등

(4) 장애인복지정책

① 장애인복지법에 의거, 선천적·후천적 무관하게 신체적·정신적 능력의 불완전으로 인해 개인의 일상과 사회생활에 필요한 것을 스스로 완전히 혹은 부분적으로 해결할 수 없는 상태의 장애가 있는 사람을 지원
- 장애인은 장애 자체가 일상생활 영위에 큰 장애이며, 의사소통 문제까지 동반됨. 장애로 인한 빈곤은 대물림되며 이러한 문제의 축적으로 사회적 소외와 부적응 문제가 심화되고, 그로 인해 물리적·사회적·문화적·심리적 피해가 큼.
- 사회적으로 장애인에 대한 편견과 차별문제가 상존하고, 장애인 복지와 재활을 위해서는 많은 재원이 필요하며, 능동적 의지에서 경증과 중증 장애인별로 구분된 생활시설 확보, 장애인에 대한 국민 의식구조 개선이 필요함.
- 장애인들이 자신이 속한 가정으로부터 소외받고 심지어 가정을 파괴하는 주범으로 몰리는 현상이 가장 문제가 되기 때문에 시급한 대책이 필요함.

② 장애인복지법에 따르면, 장애는 지체장애, 뇌병변장애, 시각장애, 청각장애, 언어장애, 지적장애(= 정신 발육 미흡), 자폐성 장애, 정신장애(= 정신에 관한 병증), 신장장애, 심장장애, 호흡기장애, 간장애, 안면장애, 장루·요루 장애(= 배변과 배뇨, 인공항문이나 요도 등), 간질장애로 분류됨.

③ 장애인복지 관련 법률은 근간이 되는 장애인복지법(= 장애인의 인간다운 삶과 권리 보장 목적), 장애인 고용 촉진 및 직업재활법, 장애인 차별 금지 및 권리구제 등에 관한 법률, 장애인활동 지원에 관한 법률(= 치매나 중풍 등의 신체적 장애를 가진 노인의 보호와 간호 목적), 장애인 연금법(= 공공부조, 생활이 어려운 자에 대한 생활 안정 지원)

④ 구체적 내용

장애 예방	• 모자보건 분야, 산업안전 분야, 교통안전 분야로 나뉘어 이뤄짐.
의료 보장	• 국민건강보험(= 사회보험), 의료급여와 지원(= 공공부조, 자력으로 의료문제를 해결할 수 없는 사람에 대한 의료 혜택 부여), 장애인 의료비 지원제도, 보장구 무료 교부제도(= 보장구의 제조, 구매, 수리 등 신체적 기능 보완과 생활 능력 향상 도모)
소득 보장	• 공공부조 : 국민기초생·보장제도, 생계보조수당(= 직접적 소득보장), 장애인 자립자금 대여 등 • 사회보험 : 국민연금, 장애연금 등 • 경제적 부담 경감을 통한 소득 보장책 : 각종 세금과 전기·통신요금 등 감면

교육	• 장애인 가구 자녀교육비 지원, 대학특례입학 등 • 특수교육 실시 및 운영비 지원, 특수교육 종합발전 방안 : 평생교육복지, 장애인 평생교육복지 지원망 구축, 교육 대상 확대, 특수학교 신설, 별도의 학제 마련, 장애아 무상교육, 직업교육 강화, 직업능력 개발 전담부서 운영, 교원 양성 체제, 행정·재정 지원 체계 마련, 특수교육 운영비 증액 등
고용 및 직업훈련	• 의무고용제 실시, 일반기업체 취업이 곤란한 중증장애인은 직업활동시설, 보호작업시설, 근로작업시설, 직업훈련시설, 생산품판매시설로 구분된 보호고용시설에 참여 • 국가와 지방자치단체의 고용 촉진 훈련 과정, 일반 직업훈련원, 특수학교, 장애인복지시설, 근로복지공단 산업재활원, 장애인전문직업훈련원 등 운영
편의	• 주거 : 공동주택 특별 분양 알선, 저소득 중증장애인 전세주택 제공 등 • 교통 : 장애인 운전면허시험 제도, 장애인 차량 세금 감면·면제, 자동차 표지 발급 및 주차요금 할인, 철도 및 지하철·공공버스·항공요금 요금 할인·면제 등 • 정보 : 재활정보센터 운영 등을 통해 고도의 정보통신서비스에 쉽고 적절한 비용으로 접근하도록 보장 • 통신 : 공중전화와 같은 통신기기 및 TV 등 매스미디어 접근성 강화(= 자막방송 등), 수화 통역 등

(5) 여성복지 및 가족복지정책

① 여성문제에 대한 원인과 해결, 여성복지에 대한 정의는 관점에 따라 매우 다양하게 이뤄질 수 있지만 여성의 현실적 불평등을 개선하고, 인격을 가진 인간으로서 삶의 질을 향상하는 데 필요한 조치로 규정할 수 있음.

② 현대 사회의 대표적 여성문제 : 가정폭력과 폭력에 관대한 사회적 분위기, 여성 빈곤 증가(= 저임금화와 고용 차별, 가계소득의 불평등한 지배권, 가사노동의 무임금 등), 모자가정 증가, 성차별과 성범죄

③ 현존하는 여성들에 대한 억압적이고 성차별적 법률의 요소가 제거돼야 하며, 양성평등적 사회가 구현돼야 하고, 여성복지 증진을 위해 사회보장제도 및 사회복지서비스에 관련된 제도 정비가 시급함.

④ 여성복지 관련 법률은 한부모가족지원법, 성폭력범죄 처벌 및 피해 등에 관한 법률, 가정폭력 방지 및 피해자 보호 등에 관한 법률, 노인복지법 등

⑤ 가족은 인간의 성장과 발달, 문화 전달에 필요한 모든 것을 전수하고 양육하는 1차적 집단으로 사회의 기본 구성 단위로 의미를 가지며, 가족복지는 이러한 가족이 정상적으로 기능할 수 있도록 돕는 조치(= 현재 잔여적으로 복지가 이뤄지고 있으며, 핵가족화나 가족 해체와 같은 문제가 빈번하기 때문에 깊은 관심이 요구됨)

제11장 되돌아보기

- 공공부조, 사회보험, 사회서비스의 고유 특성을 이해하고, 각 특성을 기준으로 구분해 숙지할 것
- 공공부조가 향후 나아가야 할 방향에 대해 생각해 볼 것
- 사회보험이 새롭게 적용될 필요가 있는 분야가 무엇일지 생각해 볼 것
- 사회서비스의 확대와 재원 간 문제에 대해 고려해 어떠한 기조가 적절한지 생각해 볼 것

⑫ 사회복지정책의 미래와 복지국가

> 이 장에서는 복지 체계의 궁극적인 완성체인 복지국가에 대해 살펴볼 것입니다. 인류 역사에서 복지국가는 20세기 초중반에 가장 활성화됐으며, 국가 재정위기로 재편돼 현재에 이르고 있습니다. 복지국가의 이해는 사회복지정책의 의미와 직결되니, 한국 사회복지정책의 동향과 향후 과제에 관한 내용과 함께 진중하게 고찰해 보기를 바랍니다.

1. 복지국가

1) 복지국가의 개념

(1) 현대적 의미의 복지국가는 베버리지 보고서에서 언급

① 개인의 일상적 생활 보장과 사회적 위험과 문제를 해결하고, 평등과 자유를 포함한 인간 행복을 추구하기 위한 권리를 정부와 민간이 보장하기 위해 적극적으로 노력하는 국가

② 정치적 민주주의가 전제되며, 사회복지정책의 형성과 집행에 민간과 비영리 시민사회의 참여를 중시하지만 무엇보다 국가의 역할이 강하게 작용되고, 전 국민을 사회복지정책의 대상으로 규정해 국민의 최소한 생활 보장부터 결과의 평등까지 추구하는 국가
③ 평등, 자유, 민주, 사회적 형평성, 연대감, 보장성, 경제적 능률성 등 가치를 추종

(2) 복지국가의 발전 상황을 평가하기 위한 네 가지 기준

혜택의 포괄성	• 국민 개개인의 전 생애 과정에 대한 다양한 욕구와 사회적 위험에 대해 국가가 제도적으로 보호하고 있는 정도(= 포괄성이 높을수록 복지국가)
혜택 적용의 보편성	• 다양한 욕구를 충족하고 각종 사회적 위험으로부터 보호하기 위한 각각의 복지제도 적용 범위의 정도(= 전 국민에 적용될수록 복지국가)
혜택의 적절성	• 소득이 중단돼도 생활이 가능할 정도의 적절한 수준으로써 복지 혜택 제공 정도 (= 평소 소득에 가까운 수준일수록 복지국가)
재분배 효과	• 계층 간 혹은 계층 내 소득 재분배 효과 정도(= 재분배 효과가 높을수록 복지국가)

(3) 복지국가에 관한 이념적 이론

① 질서이론
- 기능주의적 이론으로 사회를 구성하는 모든 부분은 전체 사회가 잘 움직이도록 특정 기능을 담당하면서 어느 한 부분이 다른 부분과 조화롭지 못하게 되면 재통합과 연관되는 부분을 재배열하도록 압박하는 방식으로 질서와 안정을 추구한다고 설명함.
- 변화는 사회의 역기능이나 기술 변화, 외부 압력에 의한 이상 상태로 간주돼 궁극적으로 다시 안정과 질서 회복 상태로 돌아가야 하는 현상으로 인식함.
- 사회적 합의만을 강조하고 필연적인 사회적 갈등을 무시해 사회에서 실제 빈번하게 나타나는 다양한 갈등 양상을 설명하지 못함.

② 갈등이론
- 갈등을 자연스러운 현상으로 인식하는 베버의 사회갈등이론, 자본가들의 착취로 인해 억압적 갈등이 발생한다고 인식하는 마르크스의 계급갈등이론 등으로 구성됨.

③ 국가론

다원주의	• 정치적 권력이 개인, 이익집단, 정부에 의해 공유되며, 국가는 집단 간 갈등에 관한 중재자 역할과 정책집행을 담당하는 단순한 도구적 존재라고 주장 • 가장 완전한 이념은 자본주의이며, 국가적 복지는 부자연스러운 것으로 인식함.
엘리트주의	• 국가나 사회는 다수에 의한 민주주의가 아니라 소수의 지배구조에 의해 움직인다고 주장
마르크스주의	• 갈등은 생산체계의 구조적 오류에서 발생하며, 국가는 자본가계급의 착취 수단이기 때문에 노동자들의 급진적 행동이 필요하다고 주장
반집합주의	• 자유, 개인주의를 가장 중시하고 기본적 기능만 하는 작은 정부, 사회 내 불평등을 당연시함 (= 잔여적 복지 사상의 근간이 되는 국가론).
소극적 집합주의	• 자본주의 경제 체제에 대한 정부의 관리와 규제가 필요하며 실용주의와 인간주의를 지향함 (= 혼합경제 강조).
사회민주주의	• 마르크스 사회주의와 같은 갈등 기반의 급진적 개혁을 거부하고, 의회민주주의를 통한 점진적 개혁 추구(= 국가의 절대적 개입을 강조) • 우파 사회민주주의, 좌파 사회민주주의, 페이비언 사회주의(= 사회서비스 욕구와 혼합경제 체제를 이상적으로 인식함) 등
이익집단 자유주의	• 미국의 복지국가 상황을 설명하기 위한 이론으로 사회 조건 개선을 위한 인간주의적 희망과 공공 이익을 위한 조직화된 요구를 수용하는 실용주의적 특징을 인정함(= 혼합경제 강조).

2) 복지국가의 성립과 발달

(1) 복지국가 개념

복지국가 개념은 자본주의와 민족국가가 발전함에 따라 대두됐으며, 중농주의와 중상주의 사상이 기저에서 영향을 미쳤음.

정착기 (1920~1945)	• 두 번에 걸친 대규모 전쟁과 경제 공황이라는 포괄적 위험 상황에 대응하기 위해 국민 생활에 대한 국가의 광범위한 개입이 불가피해짐(= 빈민과 전쟁 난민의 대량 발생에 따라 기본 구빈제도의 기능이 불가능해짐). • 경제적 불안정은 생산성 악화와 실업률 급증 등 부작용을 양산해 노동계급을 자극, 진보 정치권 득세에 일조(= 복지 제도와 수혜자 범위, 예산 대폭 확대)
성장과 발전기 (1945~1975)	• 복지국가의 황금기 : 국가-자본-노동 간 화해적 정치구조가 형성, 지속돼 경제 성장-완전고용-복지국가가 구조화됨에 따라 미국과 일본을 제외한 거의 대부분 국가가 신규 제도 도입보다 제도 확충 방식으로 GDP 대비 10~20%까지 복지예산 지출 확대가 원만하게 이뤄짐. • 많은 복지제도가 세계 각국으로 빠르게 확산, 발달됐고, 개인적 사회서비스와 공공부조도 확충됐으며, 복지가 시민의 권리로 인식되기 시작함. • 미국은 '풍요 속의 빈곤', '빈곤의 재발견' 이후 '빈곤과의 전쟁'을 통해 미국식 복지 체계를 고유하게 형성 • 사회민주주의의 발전으로 노동자 계급의 현실 타협, 의회 진출 등이 활발해졌고, 소득재분배를 지향하는 복지국가와 혼합경제 확산으로 수정자본주의 체제로 변모해 자본주의 체계의 안정성이 강화됨.
재편기 (1920~1945)	• 오일쇼크와 물가·실업률 상승, 경기 불황 장기화 등 복지국가 황금기 때의 안정적 자본주의 축적 체제가 붕괴되면서 기존 국가-자본-노동 간 정치구조 해체 • 국가의 광범위한 개입과 국가재정 상태 악화로 복지국가에 대한 회의감이 만연됨에 따라 재편이 불가피(= 신자유주의 체제와 같은 시장 중심적 기조로 회귀)

(2) 다양한 관점에서 복지국가의 위기론과 재편론 대두

① 위기론 : 국가의 도움과 수혜자·사회 발전의 상관성, 시민의 사회석 책임 감소와 무기력화, 복지 수요에 대한 효율적 대응, 지속되는 빈곤과 불평등 등을 근거로 복지국가가 효과적이지 못함을 지적함.

복지국가의 정당성 원천	복지국가의 정당성 상실
• 자본주의 안정화 • 대규모 전쟁 후 사회 상황을 고려하면 필요성과 필연성 측면에서 당위적임. • 합리적 사회통합 실현 가능 • 사회문제 해결을 위해 개입한 국가의 조치에 따른 효과가 명확하게 확인됨.	• 전후 불안정은 충분히 해소됐고, 경제적 불황이 복지 지출 감소를 최우선 야기하는 것을 보면 자본주의 안정화 간의 괴리감이 존재 • 오히려 복지로 인해 발생하는 사회적 갈등 사례가 다분함. • 계층 간 자원 재분배 효과가 확인되지 않음.

신자유주의 국가실패론	• 이익집단과 관료의 이기적 요구, 복지국가 팽창과 정부의 과부하, 성장의 정체로 복지국가는 위기는 지극히 당연하다고 인식(= 노동시장과 보수 체계의 유연화, 임금인상 억제 등 사회경제적 방임주의가 최선임을 천명) • 자본주의에 대한 국가의 개입은 정부의 팽창과 직무 과중이라는 비효율을 야기하고 복지제도가 확대됨에 따라 노동 동기 약화와 저축·투자 감소 현상이 나타나 산업과 생산의 위축이 초래되고 경제 성장 둔화로 이어졌다고 주장 • 한계 : 북유럽 국가들이 존속하는 것에 대한 설명력이 떨어지고, 국가 중심 복지 체계의 분명한 효과까지 무시하는 지나친 일반화 경향
신마르크스주의 복지국가모순론	• 복지는 결국 사회 통제의 수단이며 노동계급을 회유하는 간사한 책략이라고 주장(= 복지국가 역시 모순으로 점철된 세련된 자본주의에 불과하다고 인식) • 한계 : 자본주의 북유럽 국가에 대한 설명력 떨어지고, 구체적 해결책을 제시하지 못하며, 마르크스주의의 역사적 실패는 이미 전례로 확인된 바 있음.
사회민주주의 실용주의론	• 관료제의 독점성과 낭비, 평등 전략의 미약 등 복지국가의 효율성이 낮아지면서 복지국가의 위기가 나타났다고 주장 • 지방분권을 강화하고, 일부 영역에 대한 민영화 조치 등으로 실용적 효율성을 향상시키면 복지국가의 위기는 합리적으로 해소될 수 있다고 인식 • 한계 : 지방분권이 강하고, 민영화 등으로 효율성 제고를 실천한 국가에서도 복지국가의 모순적 병폐가 나타나고 있음.

② 재편론 : 사회복지의 예측가능성을 높이고, 모든 사람을 대상으로 하는 적격성의 본질, 전달 체계의 책임성 및 효율성, 서비스의 개인과 사회적 간극 간 균형 등을 염두에 두고 과거의 복지국가 체계를 새롭게 조정해야 함을 주장함.

복지국가 불가역성	• 경제 위기와 재적 악화로 복지 예산 삭감과 제도 폐지 등의 조치가 이뤄졌지만 여전히 선진 자본주의 국가에서는 사회적 필수 요소로 적지 않은 복지 체제가 건재하고 있음을 근거로 한번 형성된 복지 체계는 과거로 퇴행하거나 회귀할 수 없다고 주장 • 국가 복지는 정치를 매개로 이뤄지고, 선거제도가 존재하는 한 경제 위기와 재정 압박만으로는 복지국가가 해체되지 않고 지속성을 갖는다고 인식함.
복지다원주의 재조정론	• 특정 사회의 복지 원천은 사회적 욕구에 다르기 때문에 매우 다양하며, 국가와 시장, 가족과 비영리 민간 영역은 상호 보완적이고 의존적이기 때문에 재정문제로 인한 복지국가의 위기는 각 영역의 효율화 조정 과정이라고 주장 • 복지국가의 재정문제는 복지에 대한 욕구가 존재하는 한 복지국가를 해체할 위기가 될 수 없으며, 조정이 필요할 뿐이라고 인식함.
계급정치에 의한 재편론	• 불가역성 주장과 재조정론 주장의 혼합적 형태 • 성장과 복지의 이분법이나 경제 위기로 인한 복지국가의 재편을 주장하는 논리는 양측에 정치적 요인들이 삽입돼야만 설명이 완전해짐. • 모든 재편은 사회적 욕구에 의해 저절로 조절되는 것이 아니고, 사회적 욕구 없이 노동과 중간 계급의 이해관계에 따라 민주적 선거 결과가 달라지는 계급 정치의 논리만으로 복지국가가 재편되는 것도 아니라고 주장함.

(3) 복지국가를 완성으로 놓고 본 국가의 발전 양상

		국가 권력의 구성과 행사	
		폐쇄적, 권위적, 소수	개방적, 민주적, 다수
국가의 기능	법과 사회 질서 유지 등 기본적 기능	• 정복 · 약탈국가	• 민주국가
	경제 발전, 복지 등 실제적 기능	• 발전국가	• 복지국가

정복 · 약탈 국가	• 무력을 통한 정복으로 주민에 대한 통치력을 행사함. • 국가 지배집단을 위해 국가 존립을 위협하는 내부 저항을 무력화시키려고 기본적 질서 유지와 보호 서비스를 제공
발전국가	• 강압적 독점과 무력에 의한 통치는 일시적으로 효과를 볼 수 있지만 결국 강한 반발과 저항에 직면할 수밖에 없음. • 피지배자들의 복종을 전제로 개인적 생산활동을 보호하고 일부 개인적 부(富)의 축적을 인정하는 전략으로 전환 • 발전국가를 거치며 계급 사이의 연합과 폐쇄화가 촉진됨(= 국가와 자본가 계급의 지배 연합화).
민주국가	• 초창기 민주국가는 자본가 중심의 불공정한 민주주의였지만 차츰 피지배계급의 경제 상황이 점진적으로나마 좋아지고 지적 수준 향상으로 의식이 높아지며 정치 참여로 이어져 사회구성원의 선거에 의해 국가 권력이 형성되고 사법부와 의회 등 공공의 통제를 받는 민주 국가 형태로 발전하게 됨. • 공적 영역은 민주주의 원리가, 사적 영역은 자유주의 원리가 적용됨.
복지국가	• 자본주의적 경제 발전이 진척되고 정치 민주화가 높게 형성된 국가들은 모두 복지국가 형태로 전환됨. • 시민권은 자유권, 정치권을 거쳐 사회권으로 확대됐고, 사회권 확대는 국가이 기능적 전환을 촉구해 복지국가로 이어지게 됨.

3) 복지국가의 유형

(1) 퍼니스(N. Furniss)와 틸턴(T. A. Tilton) 모형에 따른 구분

적극적 국가 모형	사회보장 국가 모형	사회복지 국가 모형
• 노동 생산성 향상에 대한 신념으로 사회보험을 중시 • 사유재산 소유 강조, 완전고용을 전제하지 않음. • 시장 체계 강화를 위해 사회통제적 기능 수행 • 미국	• 적극적 국가모형 + 국민생활 최저 수준 보장 • 공공부조, 사회보험 등 다양한 방법 채택 • 사회보장이 개인의 동기와 기회, 책임을 억제해선 안 됨. • 영국	• 평등, 협동, 연대를 강조하며, 국민 전체의 전반적 삶의 질 향상과 평등을 추구 • 정부와 노조가 협력한 완전고용과 임금정책을 중시함. • 스웨덴 등 북유럽 국가

(2) 에스핑-앤더슨(G. Esping-Andersen) 모형에 따른 구분

자유주의적 복지국가 모형	조합주의적 복지국가 모형	사회민주주의적 복지국가 모형
• 공공부조 활용으로 저소득층에 초점 • 엄격한 선별 과정과 낙인감으로 탈상품화 정도 낮음. • 미국, 영국, 호주, 캐나다 등	• 사회보험 활용으로 세분화된 급여 지급 • 사회적 지위가 유지돼 탈상품화 효과는 높지 않음. • 이탈리아, 독일, 프랑스 등	• 보편주의 원칙 준수 • 계층을 모두 포괄하고 복지의 재분배적 기능이 원활해 탈상품화 효과 높음. • 스웨덴, 덴마크, 네덜란드 등

(3) 코포라티즘(= 협동체주의, 조합주의, 단체통합주의)

① 다원주의의 일종으로, 정부가 강력한 이익집단이나 노동조합을 적절히 중재·통제하면서도 그들과 정치적 결합 관계를 형성해 주요 현안을 협상·결정함으로써 국가의 지배 체제를 유지한다는 주장(= 이익집단의 정책 과정 내 역할, 국가의 이익집단 통제, 국가 지배 체제의 분담 기능에 초점)
② 1970년대 서유럽에서 복지국가가 확대되며 코포라티즘(corporatism)에 대한 논의가 활발해짐.
③ 분류

슈미터 (P. Schmitter)	• 국가 코포라티즘 : 이익단체들이 국가에 종속되고, 하향식 권위적 권력에 의해 강제로 운영되는 파시즘적 권위 형태를 지님. • 사회적 코포라티즘 : 이익단체의 자율성이 보장되고, 상향식 진화 발전을 특징으로 하는 민주적 복지국가
포더 (A. Forder)	• 고전적 코포라티즘을 주장했으며, 사회를 여러 직능단체의 집합체로 간주했고, 국민의 대표인 의회에 대해 부정적(= 이탈리아 파시즘의 기원)
윌렌스키 (H. L. Wilensky)	• 분절된 코포라티즘 : 이익집단 대부분이 기득권 유지에 매진, 편협한 이해관계에 집중, 국가적 현안에 대한 타협 여지 적거나 없음. 미국, 영국, 캐나다 등 • 노동자 계급의 완전한 참여가 없는 코포라티즘 : 정책결정에 기업가 단체가 우월한 지위를 보유, 사회적 평등 요구에 권위주의적 통제로 대응. 일본, 프랑스, 스위스 등 • 민주적 코포라티즘 : 조직력이 강하고 중앙집권화된 노동, 사업자, 전문직 조직, 정부가 사회복지정책을 포함한 다양한 과제를 협의하고 결정함. 네덜란드, 벨기에, 스웨덴 등

2. 한국 사회복지정책의 동향과 과제

1) 정부별 사회복지정책

(1) 김대중 정부

① 외환위기 이후 사회안전망 부족을 인식함에 따라 민주주의와 시장경제를 포괄하는 생산적 복지를 국정 이념으로 제시함.
② 주요 내용
- 모든 국민이 빈곤선 이하에서 생활하지 않도록 기초생활을 보장하고, 저소득층을 비롯한 사회취약계층의 자활을 돕기 위해 다양한 취업 방안을 마련하며, 사회보험제도를 확충하고 내실화함으로써 모든 국민을 질병, 노령, 재해 등 각종 사회적 위험으로부터 제도적으로 보장함.
- 국민은 능력이 닿는 대로 노동시장에 참여해 자신과 가족의 복지를 향상시킬 수 있도록 노력해야 함.
③ 한계 : 블레어 정부의 제3의 길을 이념적 배경으로 하고 있으나 국내의 경우 사회민주주의와 신자유주의 정책노선이 제대로 영위된 적이 없음.

(2) 노무현 정부

① 국민의 보건복지 의식 수준과 범위를 확대하고, 국민 스스로 보장 능력을 향상시키며, 국민이 보건복지 정책의 계획 수립부터 평가까지 전 과정에 적극적으로 참여하는 참여적 복지를 천명함.
② 사회, 문화, 여성 참여 복지 삶의 질 향상, 국민 통합과 양성 평등의 구현, 미래를 열어 가는 농어촌, 사회통합적 노사 관계 구축 등을 중시함.
③ 한계 : 이전에 있었던 경제적 위기 여파로 원만하고 장기적인 복지제도 강화에 한계

가 있을 수밖에 없었고, 정치적 대립 구도의 격화로 시도됐던 정책이나 제도의 실제적 효과 창출이 미흡했음.

(3) 이명박 정부

① 시장 기능에 복지 개념을 도입한 능동적 복지를 국정 이념으로 제시함.
② 주요 내용
- 복지 수혜자들이 기다리지 않고 적극적으로 서비스를 받을 수 있도록 원스톱 복지 전달 체계를 구축하고, 경제 성장을 통해 1차적으로 복지 수요를 채우며, 복지 재원을 마련하겠다는 계획을 천명
- 평생복지 기반 마련, 예방과 맞춤 통합형 복지, 시장 기능을 활용한 서민생활 안정, 사회적 위험으로부터 안전한 사회 등의 전략 목표 설정(= 예방형 복지, 보편형 복지, 생애주기별 맞춤형 복지 지향)
③ 한계 : 복지정책에 관한 추상적이고 이론적 제시만 있었을 뿐 국정 자체가 4대강 사업에 집중되는 경향을 보이며 실질적 성과 측면에서 주목할 만한 가시적 성과는 부족했음.

(4) 박근혜 정부

① 신뢰받는 정부가 제공하는 한국형 복지를 천명하며, 이명박 정부에 이어 생애주기별 맞춤형 복지를 채택함.
② 누구나 인간다운 삶을 살 수 있는 편안한 사회, 여성의 사회 참여로 사회 성숙도 향상, 청년 세대 고통 대응, 고령화 사회 대책, 장애인에 대한 배려, 일자리 창출을 통한 복지 추구 등의 특징을 보임.
③ 한계 : 다양했던 기획과 달리 실제 이행되지 못한 정책이 많았으며, 정부 기조가 성장 중심의 국정 철학에 맞춰져 있어 증가한 복지재원만큼 실효성 있는 정책이 이뤄지지 못했음.

(5) 문재인 정부

① 맞춤형 사회보장, 고령사회 대비, 건강보험 보장성 강화, 예방 중심 건강관리 지원, 의료 공공성 확보, 환자 중심 의료서비스 제공, 사회서비스 공공 인프라 구축과 일자리 확충을 중심으로 하는 포용적 복지를 제시
② 공공부조 부문에서 부양의무자 기준 폐지, 기초생활보장을 위한 급여 현실화, 연금 부문에서 기초연금과 국민연금 강화, 연금의 사회적 책임성 향상, 건강보험 부문에서 건강보험 보장성 및 공공의료 확대, 의료 시장화 정책 시행 등의 성과를 거뒀고, 사회서비스 좋은 일자리 36만 개 만들기, 사회서비스원 설립 등의 가시적 결과를 만들어 냈음.
③ 한계 : 복지 영역의 양적 확대와 질적 체질 개선이라는 분명한 성과를 내었지만 과도하게 정치적으로 설정했던 복지 공약들이 지켜지지 못했고, 시장의 반발, 소극적 관료 양태, 보수 정치 세력의 재정 위험 프레임을 극복하지 못함으로써 포용적 복지가 제대로 정착하지 못했음.

2) 향후 검토해야 할 과제

(1) 빈곤 개선 효과 미미와 빈곤의 대물림

① 많은 공공부조와 사회보험이 기획·실행되고, 다양한 사회서비스가 집행됐음에도 근로 빈곤층 상황은 가시적으로 나아지고 있지 못하며, 저조한 계층 이동 가능성과 빈곤의 대물림 현상이 두드러지게 나타나고 있음.
② 단순한 지원 위주의 사회복지정책은 빈곤 격차 해소에 도움이 되지 않는 것으로 간주해야 하고, 그에 교육·노동·기타 경제정책의 구상과 실행에 일관되게 관통하는 정책 기조가 마련돼야 하며, 공교육 기능의 극대화를 통해 복합적 처방이 필요함.

(2) 합리적 지역사회 복지 체계 구축

① 지방자치제도 시행 이후 사회복지정책에 관한 지방분권화가 활발하게 추진됐지만 오히려 지방자치단체의 사회복지 잠재 역량이나 재정 불균형이 심화되고 있음.
② 중앙정부와 지방정부 간, 지방정부들 간, 정부와 민간 간 상호 합리적 조정자의 역할을 수행할 수 있는 사회적 합의와 기제가 마련돼야 하며, 지역복지정책 수립과 집행에 긴밀한 연계 협력 체제와 장치의 강화가 요구됨.

(3) 고령화와 저출산 문제 대응

① 급속한 고령화
- 고령화는 출생률 저하와 평균 수명의 신장이 주원인으로, 사회복지정책 대상 인구의 증가와 복지비용·부담 폭증 현상이 발생할 것임을 의미함.
- 한국은 2000년 65세 이상 인구가 7%에 달하는 고령화 사회로 진입했으며, 2017년 65세 이상 인구가 14%에 달하는 고령사회로 전환됐음. 2022년 기준 17.6%로 2024년 초고령사회에 진입할 것으로 예상됨(= 과거에 했던 예측보다 빠른 추세를 보이고 있음).
- 고령화는 노동인구의 고령화 및 부족, 가족구조의 변화, 보호 수요의 증가, 연금과 의료 등 사회보장 지출 증가 등의 사회문제로 연계
- 고령화에 대비해 노령연금제도 강화, 독거노인에 대한 재가복지서비스 확충, 가족 부양 부담을 덜어 주기 위한 주간보호센터·단기보호센터 증설 및 지원, 노동력 보충에 외국인과 여성 비율을 대폭 확대시키는 등의 선험적 방법이 동원되지만 현실적으로 출산율이 높아지며 새로운 인구가 증가하기 전에는 뚜렷한 대응책이 없다고 볼 수 있음.

② 저출산 현상 장기화
- 2020년 기준 한국의 합계 출산율은 0.84명으로 세계 최하위이며, 세계 최고인 니제르 6.6명의 1/6, 세계 평균 2.4명의 절반에도 미치지 못함.
- 저출산 현상은 경제적 어려움에 기인해 부양의 어려움이 늘어나고, 가정에 큰 양육

부담을 안기는 유교적 가족관, 물질만능주의 및 무한경쟁적 사회 분위기, 급격한 사회 변화에 따른 사회계층 간 갈등 심화, 개인주의와 핵가족화, 무자녀 생활의 여유 등이 원인이 되고 있음.
- 저출산 현상에 대비해 육아와 가족 돌봄을 사회화, 아버지 육아휴직할당제의 적극 확대, 산전·후 휴가 급여의 고용보험 부담 확대, 육아휴직 요건 완화, 여성재고용 장려금제도 활성화, 출산 후 계속고용지원금 등의 활용과 강화가 요구됨.

(4) 차별 문제 해소

한국 사회는 자본주의의 급속한 발달과 국제화 가속, 혈연 중심의 문화적 공통성이 여전히 강조됨에 따라 다양한 형태의 차별이 존재하며, 과거에 주로 보였던 빈부와 인종 차이에 따른 차별보다 세대 간, 성별 간 차별 양상이 극심해져 더 큰 사회문제가 되고 있음. 따라서 각 대상별 차별 방지 대책도 중요하지만 사회적으로 차별에 대한 인식이 올바르게 확립돼 근원적으로 차별을 제거하는 기획과 활동이 필요함.

(5) 민간사회 복지 활용

정부와 민간 양자 간의 역할 관계를 분명히 설정해 민간사회 복지를 활성화할 필요가 있으며, 그러한 활성화는 자원봉사를 가장 중요한 척도로 활용함으로써 자원봉사를 권장·확대하고 자원봉사 체계의 유기적이고 전략적 통합 관리가 요구됨.

제12장 되돌아보기

- 한국은 복지국가인지 생각해 보고, 복지국가라면 향후 나아가야 할 방향이 무엇인지, 아니라면 어떠한 부분에서 보완돼야 할지 판단해 볼 것
- 고령화와 저출산 문제에 대응하기 위한 국가와 사회, 개인이 해야 할 일이 무엇인지 생각해 볼 것

사회복지행정의 기초

> 이 장에서는 사회복지행정의 정의와 특성 등 향후 진행될 학습 과정의 원활한 이해를 위해 반드시 필요한 기본적 내용들이 다뤄집니다. 어려운 내용은 없지만 개념적으로 혼동하기 쉬운 내용들이 많기 때문에 학습자의 논리 체계에 맞춰 철저하게 정리해야 합니다.

1. 사회복지행정의 개념

1) 사회복지행정의 정의

(1) 사회복지행정 정의의 다양함

모든 사회과학이 그러하듯 사회복지행정에 대한 정의는 학자나 관련 연구자들에 따라 매우 다양하게 개념 정의가 되고 있음.

① 보호가 필요한 사람을 포함해 모든 국민의 복지 증진을 위해 지향할 목적을 설정하고 그것을 달성하기 위해 관련돼 행하는 인간 간 협동적 노력 과정
② 공적 · 사적 사회복지조직이 정해진 목표를 달성하기 위해 정책을 서비스로 전환하는 총체적인 조직활동
③ 사회복지(social welfare)와 행정(public administration)이 결합된 영역(= 휴먼서비스를 포괄적으로 제공하기 때문에 상호 조화가 필요함)

협의의 사회복지행정(= 미시적 접근)	광의의 사회복지행정(= 거시적 접근)
• 행정을 '실천 방법의 하나'로 인식 : 관리 방법을 행정으로 간주 • 사회복지조직의 목표 달성을 용이하게 만들기 위해 관리자에 의해 수행되는 상호 의존적 과업, 기능, 관련 활동 등에 대한 체계적인 개입 과정 • 사회복지조직 관리자의 활동과 관련 있다고 인식 : 사회복지조직의 특수한 목적 · 특징에 따른 목표 설정, 프로그램 기획, 자원 동원 및 유지, 성과평가 등의 과업활동에 사회사업적 지식 · 기술 등을 의도적으로 적용하는 것에 집중. 효율성을 강조함.	• 행정을 '조직의 모든 활동에 다양하게 기여하는 조직구성원들의 협동 · 조정적인 노력'으로 인식 : 모든 활동을 행정으로 간주 • 사회정책을 사회복지서비스로 전환시키는 데 필요한 사회복지조직에서의 총체적 활동 • 광의의 개념에서 사회복지행정은 관리자는 물론 사회복지조직 모든 구성원의 활동과 관련 있다고 인식. 민주성을 강조함.

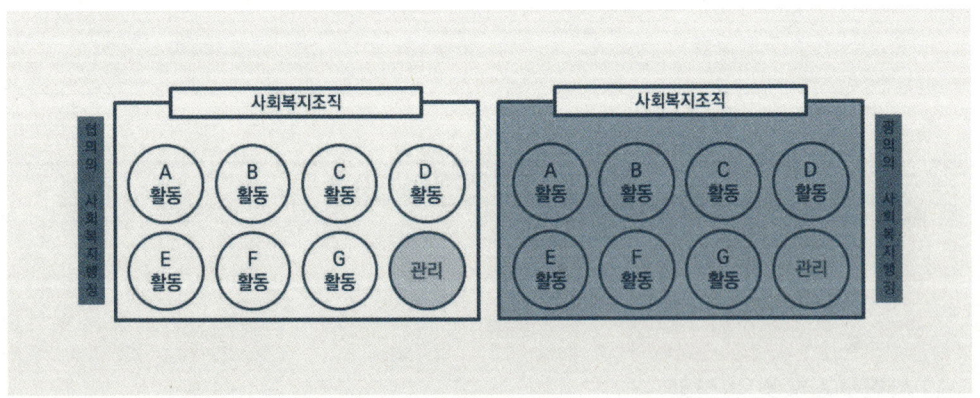

④ 과거에는 민간복지기관의 자격을 갖고 보호가 필요한 사람들을 대상으로 운영되는 사회사업기관의 행정을 좁은 의미의 사회복지행정, 국가나 지방자치단체가 전 국민을 대상으로 운영하는 공공복지기관의 행정을 넓은 의미의 사회복지행정으로 간주하기도 했음.

(2) 사회복지행정의 영역

수평적 영역	• 다양한 기관 내외의 활동 영역을 의미 • 조직관리(= 내부구조, 클라이언트, 문화, 리더십 등), 자원관리(= 인적 자원관리, 예산 및 물적 자원관리), 프로그램 관리, 환경관리 등
수직적 영역	• 조직구성원들이 활동에 관여하는 범위와 수준 영역을 의미 • 정책환경 관리(= 최고관리자, 대정부 활동, 이사회 운용, 지역사회 관계 유지 등), 관리 · 조정 · 통제(= 중간관리자), 서비스 전달 = 일선관리자, 클라이언트에 대한 대면 활동, 문서 · 기록) • 최고관리자의 개념적 기술, 중간관리자의 인간적 기술, 일선관리자의 기능적 기술 역량이 요구됨.

(3) 사회복지행정의 유사 개념

	사회사업행정	사회복지행정	사회행정
관점	• 미시적 관점에서 전문적 실천에 초점	• 중시적 관점에서 전문적 실천과 외부 사회의 시각에 초점	• 거시적 관점에서 사회 전체적 시각에 초점
기능	• 잔여적	• 잔여적–제도적 혼합	• 제도적
지식과 기술	• 개별 · 집단 · 지역 사회사업방법론 등 기존 3대 방법론에 기초	• 인간 봉사조직의 경영에 필요한 일반적인 사회과학 지식	• 사회 전체의 사회적 욕구와 자원 배분에 간한 지식
개인과 환경	• 개인 치료에 관심	• 개인과 환경의 상호 작용	• 사회구조와 환경의 변화

2) 사회복지행정의 특성

(1) 본질적 특성

① 조직의 주요 기능(POSDCoRB+E)에 대한 관리 속성을 포괄함에 따라 사회복지행정이 갖는 특성
② 사회복지행정이 제대로 작동되지 않아 조직의 주요 기능들이 원활하지 작용하지 않으면, 조직구성원 간 유기적 연계 부족으로 업무 책임성이 저하되며, 목표 달성 및 관련 활동이 즉흥적이고 방만하게 운영됨(= 결국 해당 조직의 해체로 연결됨).

기획(Planning)	• 기관이 추진해야 할 일의 방향 설정과 내용의 결정 기능
조직(Organizing)	• 업무를 체계적으로 집행하기 위해 권위 체계를 확립하고 전문 분야로 나누는 기능
인사(Staffing)	• 업무를 추진할 인력을 동원하고 관리하는 기능
지휘·감독(Directing)	• 효과적인 기관 목표 달성을 위해 통제하는 기능
통합 조정(Coordinating)	• 분업화된 조직 업무를 유관한 것들끼리 상호 연계시켜 기관 목표를 효과적으로 달성할 수 있도록 하는 기능
보고(Reporting)	• 기관에서 무슨 일이 일어나고 있고 목표 달성은 어느 정도로 추진되고 있는지에 대한 의사소통 기능
예산(Budgeting)	• 기관의 물적 자원을 동원, 관리하는 역할을 하는 기능
평가(Evaluating)	• 조직의 활동과 행정 과정, 성과에 대한 판단 활동(= 정보 획득이 목적)

(2) 활동적 특성

① 인간이 대상이며, 인간이 갖는 가치에 초점을 맞추고 윤리를 강조하는 접근 방식을 통해 사회적으로 인지된 개별화된 클라이언트의 욕구를 충족하고 문제를 해결하는 것이 목적(= 관계 설정, 욕구의 적절성, 과정상 상호 작용이 중요함)
② 국가적 이념과 국정 방향, 상위 관련 정책에 의해 행정의 내용이 결정되며, 국가의 책임하에 사용 가능한 각종 인적·물적 자원이 동원돼 행해짐.
③ 이윤이나 영리의 추구보다 클라이언트와 지역사회에 대한 윤리적 책임, 도덕성 등을 중시하며, 서비스 제공을 통해 손상된 사회 기능 회복, 사회적·개인적 자원 제공, 사회적 역기능 해소 등에 관심을 기울임.
④ 지역사회 자원 동원, 환경 변화와 영향력에 대한 탄력적·유연성 높은 대응, 전문적 상호 작용에 근간한 창의성과 역동성 구현, 효율적 조직 통합 및 연계, 이행 수단 및 전문 인력 관리 등에 주안점을 둠.

(3) 사회복지행정의 역할과 필요성

① 부과된 사회적 임무를 현실적 목적과 구체적 실천 과제로 전환, 프로그램 설계와 실행,

각종 자원의 확보와 할당, 조직 내부 운영 관리, 인력관리, 수퍼비전(supervision), 조직생산성 향상을 위한 감독, 혁신, 지역사회교육 등의 역할을 담당함.

② 정확하게 파악된 사회복지 욕구에 대응해 민주적으로 사회복지를 추진하는 전문적 활동의 효과를 증진시켜 줌.

③ 현대 사회가 복잡해지고 산업화·도시화 등의 현상이 만연함에 따라 사회적 목표 역시 고도화되고 복잡해짐. 그에 따라 구체화된 목표들이 전체 사회구성원 모두에게 서비스가 원활하게 제공되기 위해서는 공식적인 제도와 조직에 의해 과학적이고 전문적인 개입 방법을 통해 실천돼야 함.

④ 환경과의 상호연관성 조정을 통해 재정의 효율성 제고를 달성하고, 복지 실천 효과를 극대화해 줌.

(4) 일반 행정과의 공통점 및 차이점

공통점	• 문제 해결 과정 : 문제의 확인, 다각적 연구, 해결책의 기획·수행·평가 등을 모두 포괄하는 과정 • 상호 연계된 작용 요소들의 구성 체계를 지니며, 구성원 간 의사소통을 중시하고, 가치 판단에 따라 대안을 선택함. • 사회 속 개인이나 집단의 효과적 기능을 가능케 하는 과정으로, 미래와의 연계성이 크며, 공공의지(public will) 실행임. • 지식·기술의 창의적 활용, 최적의 효율과 용이한 상품·서비스의 생산을 위해 프로그램·서비스·인력의 조직화에 관심을 가짐. • 관리운영의 객관화와 인적 자원의 활용 사이에 적절한 균형을 유지 • 각 직원들의 지위·인정에 관심을 갖고, 조직의 목표·가치·방법에 직원들이 적극적으로 일체감을 가질 필요성에 관심을 가짐. • 조직문화, 직원 간 집단 관계, 행정 참여 등이 주요 영역임.
차이점	• 지역사회 내 인지된 욕구의 충족이 목표 : 조직에 지역사회를 대표하는 이사회를 보유하며, 그에 따라 조직의 크기·범위·구조·프로그램 등이 지역 특성에 따라 상이하고 광범위함. • 비영리성에 기초하며, 양과 질을 모두 고려해야 함. • 상대적으로 자원이 부족한 편이기 때문에 자원 활용에 관한 부단한 선택이 필요하며, 조직 생존을 위해 효율성 극대화를 지향하는 운영이 이뤄져야 함. • 지역 특성을 감안하기 때문에 행정서비스의 독창성이 큼. • 가치중립적이지 않은 인간을 클라이언트로 하는 인간관계 조직의 활동 : 조직이 사용하는 서비스 기술이 모호하고 불확실하며, 조직활동의 효과성 측정이 매우 어려움(= 명확하고 일관된 기준 설정이 곤란). • 핵심 활동이 사회복지조직 구성원과 클라이언트 간 관계로 구성되며, 전문성에 기반을 둔 활동이 절실함(= 일선 직원의 역할이 매우 중요하고 많은 재량권이 부여됨). • 서비스 내용, 제공, 재정 부담 등의 결정에 정치적 영향력이 강하게 작용(= 정치인들이 득표를 위해 악용하는 경우가 잦음). • 환경적 요인, 사회적 가치관, 이념, 전통, 문화적 요소에 큰 영향을 받음 • 민간 영역의 경영과 관리적 요소들이 부각됨.

3) 사회복지행정의 이념과 가치

(1) 사회복지행정의 이념과 가치는 사회복지행정이 추구하는 궁극적 지향점

① 다원화 사회를 맞이해 단순히 하나의 가치만을 추구하는 경우는 거의 없으며, 여러 가치를 동시에 추구하는 경우가 대부분을 차지함(= 가치 사이의 조화, 상충의 조정 등이 매우 중요함).
② 사회복지행정의 주요 가치는 분배적 가치(= 사회구성원에게 고르게 나눠지는 것에 중점을 두는 가치), 성장적 가치(= 사회 전체의 부의 규모를 키우는 데 중점을 두는 가치), 중도적 가치(= 분배적 가치와 성장적 가치 사이에 존재하는 가치) 등

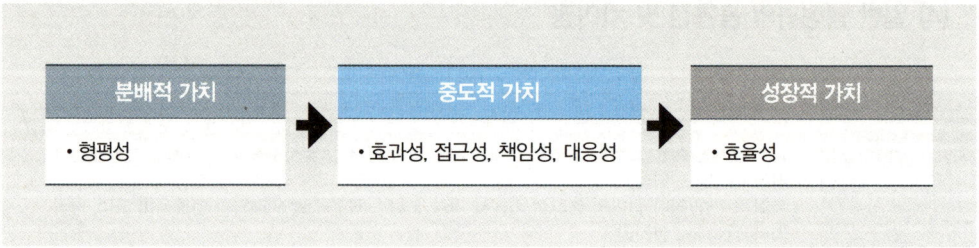

(2) 가치의 종류

형평성	• 동일한 욕구나 상황에 처해 있는 대상자를 동일하게 대우하는 것 • 서비스를 받는 기회와 내용, 비용 등을 모두 고려해야 하며, 철저한 기준에 따라 엄격하게 분류하는 절차가 엄수돼야 함.
효과성	• 목적 달성의 수준 : 의도하거나 기대 결과가 나타난 정도(= 비용의 고려 없이 성과 수준으로만 판단함) • 사회복지행정이 가장 추구해야 할 가치
효율성	• 능률성으로 별칭 : 경제성, 생산성과 유사한 개념으로 인식 • 비용을 고려한 목적 달성의 수준 : 효과의 창출 정도를 투입된 비용과 함께 고려해서 판단함. • 최근 일반 행정에서는 가장 추구하지만 사회복지행정에서는 중심 목표가 되기에 바람직하지 않은 가치
접근성	• 필요한 복지서비스에 대해 얼마나 쉽게 알 수 있고(= 심리적 접근성), 얼마나 쉽게 다가가 사용할 수 있는지(= 물리적 접근성)의 정도를 의미하는 가치 • 사회복지행정은 서비스 지향적이기 때문에 접근성이 매우 중요한 가치가 됨. 특히 효과성·형평성·책임성·대응성 향상에 필수적인 가치

책임성	• 행정의 목적 달성에 충실하게 임했으며, 집행 과정에서 법을 준수했는지를 묻는 가치 제고를 위해서는 정보 공개와 정보에 대한 접근성이 양호해야 함. • 책임성이 제고될수록 합목적성과 합법성이 향상됨.
대응성	• 사회적 욕구에 부응하는 행정을 수행했는지 묻는 가치 제고를 위해서는 사회적 욕구에 대한 정확한 파악이 우선돼야 하며, 서비스에 대한 접근성과 서비스 제공을 위한 자원이 확보돼야 함. • 민주성 제고에 영향을 미침.

2. 사회복지행정의 발전

사회복지행정의 발전 과정은 사회복지정책의 시작과 전개와 동일한 맥락(= 정책을 집행하는 활동이 행정)에서 이해할 수 있으며, 통상 반(反)복지행정 시기, 제한적 복지행정 시기, 제도적 복지행정 시기의 연대기를 보임.

(1) 영국의 사회복지행정 발전사

1349년 노동자 조례	• 사회보장의 기원, 부랑자에 대한 강제 노동
1388년 구빈법	• 임금 고정, 노동력 이동 금지
1531년 걸인 · 부랑자 처벌법	• 노인과 노동 능력이 없는 자 이외에는 구걸 금지
1601년 엘리자베스 구빈법	• 조세를 통한 국가의 구빈 필요성을 최초로 인정, 최소적격 원칙
1662년 정주법	• 빈민에 대한 거주 이전 제한
1696년 작업장법	• 교구 단위로 작업장 설립, 빈민 강제 투입
1782년 길버트법	• 조건부 원외구호 인정, 임금보조 제도의 시초
1795년 스핀햄랜드법	• 현대 최저생활 보장, 가족수당, 최저임금제도 등의 시초
1834년 신구빈법	• 균일 처우, 원내구호, 최소적격 원칙 천명, 억압 속 구제로 회귀
1868년 자선조직협회	• 민간 중심의 체계적 구호 실시
1884년 인보관 운동	• 토인비 홀, 지식층의 빈민가 정주, 빈민에 대한 교육 강조

1909년 구빈법 보고서	• 기존 구빈법을 지지하는 다수파 의견 채택
1941년 베버리지 보고서	• 5대악 척결, 현대적 사회보장 제도의 시작
1979년 대처리즘	• 대처 수상에 의해 이전까지의 복지국가 재편
1994년 토니 블레어	• 실용주의 노선인 제3의 길 천명

(2) 독일의 사회복지행정 발전사

1788년 함부르크 구빈제도	• 무분별한 교회의 자선제도 통제 목적
1852년 엘버펠트 제도	• 영국 자선조직협회 설립에 영향
1862년 근대화 이후	• 1883년 건강보험, 1884년 산재보험, 1889년 노령폐질연금 도입
1970년대	• 1927년 연금보험 가입 범위 확대, 1977년 의료보험 비용억제법
1990년대	• 1991년 전국 의료보험 체제 구축, 1993년 의료구조법, 1995년 간병보험 도입

(3) 미국의 사회복지행정 발전사

1860년 이전	• 공적 구빈원에 의한 원내 구호 실시, 민간 부문의 활발한 활동
1860~1930년	• 1882년 자선조직협회, 1889년 인보관 운동
1930년~1960년대	• 뉴딜정책 실시, 세계 최초로 사회보장 용어 사용, 빈곤과의 전쟁
1980년 레이거노믹스	• 레이건 대통령에 의해 이전까지의 복지국가 재편
2014년 오바마 케어	• 의료보험법 개혁 실시

(4) 한국의 사회복지행정 발전사

왕조 시기, 일제 강점기 및 미군정 시기, 정부 수립과 한국전쟁 시기	• 상평창, 의창, 사창, 두레, 품앗이, 향약, 계 등 • 정치적 목적 기반의 시혜와 자선, 무계획적 활동 • 한국전쟁 이후 외국 원조에 의존하는 구제 방식 심화
군사정권 시기	• 쿠데타로 집권함에 따라 정치적 의도로 사회복지정책 생산, 1970년 사회복지사업법 제정
노태우 대통령 정부	• 국민연금제도, 최저임금제도, 국민의료보험제도 등 소득과 의료보장 확대 시도

김영삼 대통령 정부	• 잔여적 복지, 분권적 복지와 경제 성장의 조화 지향
김대중 대통령 정부	• 생산적 복지, 사회복지관 대폭 신설, 다양한 복지정책 실시
노무현 대통령 정부	• 참여적 복지, 노인장기요양보험 실시
이명박 대통령 정부	• 개발 우선, 전시적 복지정책 치중
박근혜 대통령 정부	• 증세 없는 복지 기조로 전시적 복지정책 치중
문재인 대통령 정부	• 포용적 복지, 건강보험 보장성 강화, 전 국민 고용보험

제13장 되돌아보기

- 사회복지행정의 협의와 광의 각각의 정의와 특성에 대해 명확하게 정립할 것
- 일반행정과 사회복지행정의 차이에 대해 비교해 이해할 것
- 영국, 독일, 미국, 한국, 각 국가의 사회복지행정 발전사를 숙고한 뒤 상호 비교해 특징적 흐름을 탐색해 볼 것

사회복지행정 관련 이론

이 장에서는 사회복지행정과 관련된 다양한 이론들이 소개됩니다. 물론 소개되는 이론들이 사회복지 분야에만 적용되는 이론은 아니지만 다른사회과학 분야에서도 높은 효용성을 보인 것처럼 사회복지행정의 기초적 지식 기반을 만드는 데 큰 도움을 줄 것입니다.

1. 전통적 이론

1) 고전주의 이론

(1) 이론의 기본 전제

① 고전이론에 속하는 이론들은 모두 조직구성원의 동기 요인을 경제적 유인으로 설정하고 있음(= 조직이 개인에게 경제적으로 보상할 수 있다면 개인은 조직의 목표에 동의하고 개인 목표와 일치시킨다고 판단).

② 기계이론에 기초함 : 조직은 합리적 체계로 기계처럼 계획되고 움직인다고 가정함.

(2) 과학적 관리론

① 기본 관점
- 테일러(F. W. Taylor) : 조직은 각각의 개인들이 공동의 목표(= 경제적 이익)를 가지고 만든 것이기 때문에 조직 내 관리자와 구성원들은 서로 내재적 갈등이 존재하지 않음(= 노조도 불필요).
- 조직구성원은 경제적 보상에만 관심이 있으며, 업무에 대한 태도 역시 기계적이고, 원초적으로 나태·탐욕·낮은 판단력·조직 번영에 무관심함 등의 특성을 갖고 있기 때문에 신뢰할 수 없는 존재로 간주함(= 상명하복식 관리와 규제가 가장 효과적, 중요 관리 대상은 과업 수행에 필요한 시간과 동작).
- 개인의 동작에 대한 소요 시간을 표준화해서 적정한 노동의 분업을 확립한 후 과업의 성과·임금을 관련시킴(= 작업 효율성은 노동의 분업에 의해 획득). 과업 달성 정도에 따라 임금이 지불되며 권한과 책임은 관리를 담당하는 간부에게만 부여됨.
- 과학적 관리론의 세부 원칙 : 사다리 원칙(= 피라미드 형태의 위계적 명령 구조 설정), 단일 통솔 원칙(= 각 개인은 1명의 직계 수퍼바이저에게만 명령을 받음), 한정된 통제 원칙(= 1명의 수퍼바이저 통제 인원은 6~8명으로 제한), 예외의 원칙(= 비일상적 규칙 적용 시 수퍼바이저는 책임지지 않음), 세분화 원칙(= 분업을 강조하고 유사한 기능은 하나로 통합시킴), 계산과 참모조직 분리의 원칙

② 사회복지행정에 대한 영향 및 한계

영향	한계
• 사회복지조직 관리에 공평성과 객관성 강조, 업무 수행의 계량화 등을 적용할 수 있게 된 것은 높이 평가할 부분 • 성과급 관련 업무 분담이나 과업분석 영역에서 활용될 수 있음. • 시간과 동작연구, 분업, 생산성의 가치 강조 등의 조직 관리 기법은 아직도 광범위하게 활용되고 있음.	• 인간을 기계의 일부분처럼 인식해 인간의 존엄성에 대한 경멸을 야기했음. • 조직구성원들의 복합적 기대와 동기를 묵살하거나 약화시켜 버리는 오류를 범하기 쉬움. • 외부환경과 관계를 무시 : 환경은 절대 변하지 않는다고 전제하지만 현실적으로 사회복지조직은 지역사회 등과의 호의적 관계가 매우 중요하며, 클라이언트를 둘러싸고 있는 환경은 다변적이고 클라이언트 역시 환경의 영향을 항시 받고 있기 때문에 전제 자체가 오류

(3) 관료제이론

① 기본 관점
- 베버(M. Weber) : 조직구성원은 금전적 요인으로만 동기가 부여되기 때문에 고도로 전문화된 기술적 지식을 바탕으로 합법적·합리적 규칙과 최대한의 효율성을 목적으로 함.
- 높은 수준의 세분화에 의한 합리적 과제 분할(= 전문화된 분업 강조), 조직과 조직성원 간의 공식화된 관계(= 비인간적 사회관계에 기초), 위계질서에 근거한 분명한 책임 소재 구분(= 권위와 규칙의 체계), 능력과 기술적 지식의 소유 여부에 준한 조직구성원의 인사관리, 직책 수행 능력에 준하는 급여와 소득의 차별화, 취업의 영구 보장과 성문화된 구제와 절차

② 사회복지행정에 대한 영향 및 한계

영향	한계
• 사회복지서비스의 합리화와 효율성 증대, 사회복지행정 및 서비스 기술 개선 등에 기여 • 위계적 권위·규칙이 공평한 업무 처리를 보장 • 책임과 권한이 분명한 효율적 사회복지행정 조직 구축 • 관료적 특징이 근대 사회의 환경적 특성과 함께 사회생활의 여러 국면에 확산된 현상을 설명해 줌.	• 클라이언트와 관계에서 여러 부작용을 양산 : 클라이언트의 소외, 서비스 전달 과정에서 사회복지사-클라이언트 간 비인간적인 관계 창출, 사회복지조직 과업의 다양성 무시, 서비스 전달상 융통성 결여 • 지나친 전문성 강조로 창의성 있는 기술의 활용을 제한 • 위계적 권위·규칙으로 인해 법칙·규제에 대한 과도한 의존이 나타나고, 개인 욕구 무시나 조직구성원의 무능력 은폐 시도에 악용됨. • 조직 지상주의에 치중해 조직통제, 성과 중심 등으로만 조직의 안정·지속을 도모함. • 조직 기능에 영향을 미치는 환경적 요소에 대한 소홀한 대처

(4) 행정관리론

① 기본 관점
- 귤릭(L. Gulick), 어윅(L. Urwick), 페욜(H. Fayol) : 조직의 최상층부 역할에 초점을 맞추고, 조직효율성 제고를 위한 조직관리자의 관리원칙 개발에 중점을 둠 : 조직 목표를 달성하기 위해 가장 단순한 형태로 과업을 분업화하고(= 전문화 강조), 최적의 구조화 모델 설정, 조직구조 설계를 중시
- 과학적 행정관리의 원칙 : 작업의 분배, 권위, 기강, 명령과 지시의 통일성, 사익을 일반 이익에 종속화, 보상, 중앙집중화, 위계적 질서, 공평성, 인사의 안정성, 창의성, 단체정신 등

② 사회복지행정에 대한 영향 및 한계

영향	한계
• 이상적, 전형적 조직구조의 원칙을 제시함. • 조직 운영 대안 개발에 영향을 미치기 때문에 사회복지조직에 유용하게 적용될 수 있는 관리의 원리이지만 사회복지의 특수성에 따른 이견도 다수 존재	• 관리를 정태적 · 비인간적 과정으로 인식해 개인적 동기나 인간적 요소를 간과 • 조직의 보편적 원리를 제시했지만 경험적 검증과 구체화에 실패 • 사회복지조직에는 지나치게 경직된 구조이며, 개인의 창의성이나 자율성을 저해함.

2) 신고전주의 이론

(1) 이론의 기본 전제

① 조직 내 인간적 요소의 중요성을 강조
② 개인 욕구 충족을 위한 조직에서의 비계획적 · 비합리적 요소 강조 : 개인의 욕구가 충족된다면 조직에서의 개인은 조직의 목표를 위해 일할 것이라는 기본적 가정은 고전모형과 동일함.

(2) 인간관계 이론

① 기본 관점
- 메이요(G. E. Mayo) : 경제적 효율보다 사회적 효율에 집중하며, 위계적 상의하달식 명령 계통에 대한 문제의식을 제기했고, 조직구성원의 생산성 증대를 위해 조직 운영과 개인 간 혹은 개인·집단 간 관계, 관리 과정 등에 내재돼 있는 사회심리학적 변수에 초점을 맞추고 이론을 전개
- 원래 고전주의 모형을 보완하기 위해 실시한 호손 실험(Hawthorne Study)을 통해 생산 및 관리에서 인간적 요소, 감정의 중요성, 인간의 사회적·심리적 욕구, 구성원의 사회적 상호 작용에 초점을 맞춰 새로운 이론을 정립함(= 사기[士氣], 생산성, 동기·만족, 리더십, 조직 내 비공식집단의 역동성 등 강조).
- 호손 실험

과정	• 1924년부터 1929년까지 호손(Hawthorne)시 소재 기업인 웨스턴 일렉트릭(Western Electric) 근로자를 대상으로 작업 능률 향상에 대한 연구를 추진함. • 실험 전 공장 내 조명 강도와 작업 능률이 관계가 있을 것으로 예측하고 실험을 진행했으나 번번이 예상과 다른 결과 도출(= 반복되는 실험 과정을 통해 성과와 인간관계, 비공식 조직과 연관이 있음을 규명)
결론	• 근로자의 작업 능률은 물리적 환경 조건에 의해 좌우되는 것이 아니라 집단 내의 동료 또는 윗사람과의 인간관계에 의해 크게 좌우되며, 조직에는 비공식집단이 별도로 존재하는데 이 비공식 집단이 개인의 태도와 생산성에 강력한 영향을 미침. • 근로자는 개인으로서가 아니라 집단의 일원으로서 행동하며 집단 내의 인간관계는 일련의 비합리적·정서적 요소에 따라 이뤄짐. • 근로자는 경제적 욕구·동기에 입각한 합리적 행동보다는 비경제적 요인인 사회적·심리적 욕구·동기에 입각한 행동을 중시함.

② 사회복지행정에 대한 영향 및 한계

영향	한계
• 인간관계에 대한 중요성을 부각시켜 좀 더 적극적인 사회복지행정 서비스 제공이 가능해짐. • 비공식적 집단을 인정하기 때문에 리더십의 발휘와 업무 처리가 민주적 성향을 가짐. • 동기부여와 성과 창출에 경제적 보상 이외에 사회·심리적 욕구 충족과 여타의 요인이 있음을 확인해 줌으로써 새로운 유인 체계를 구상할 수 있게 해 줌. • 계층적 분화 최소화, 의사소통 극대화 등을 통해 문제 해결을 하는 사회복지조직에 효용성이 높음.	• 인간은 합리성과 비합리성을 모두 보유하고 있음에도 지나치게 비합리적·정서적 측면만 강조하는 편협한 인간관에 기울어짐. • 환경의 중요성, 사회·심리적 요인 이외 자원, 조직 목표, 클라이언트 욕구 및 속성, 서비스 기술, 직원능력, 임금 등 다른 요인들은 고려하지 않음. • 인간관계라는 비합리적 측면을 이용해 조직구성원을 혹세무민하는 악용의 사례도 있을 수 있음.

(3) X-Y 이론

① 기본 관점
- 맥그리거(D. M. McGregor) : 인간의 본성을 두 가지 형태로 구분하고, 각각 X이론과 Y이론으로 설명함(머슬로의 욕구단계설 중 생리적, 안전, 애정과 소속의 욕구는 X, 존중, 자아실현의 욕구는 Y와 연관됨).

X이론으로 설명되는 인간의 본성과 행위	Y이론으로 설명되는 인간의 본성과 행위
• 고전주의 이론에서 강조하는 인간형 • 보통의 인간은 노동을 싫어하며 나태하고, 지시받기를 좋아하고 책임을 회피하고자 함. • 통제와 강제적 지시를 받아야 목표를 성취할 수 있음 (= 통제적 관리 강조).	• 신고전주의 이론에서 강조하는 인간형 • 인간은 개인과 조직의 목표가 부합되는 것을 전제로 그들이 설정한 공통의 목적 수행을 위해 스스로 노력함. • 인간은 원래 일하기 좋아하는 존재이며, 필요에 따라 자기통제·자기지시 가능 • 조직문제 해결을 위한 창의력을 발휘할 능력을 보유했으며, 헌신에 대한 보상은 자기만족과 자아실현으로 대체 • 인간은 책임성을 가지려고 노력하며, 무한한 잠재력을 보유

- X이론에 입각한 관리 방법을 배제하고 Y이론에 입각한 관리 방법 도입을 주장함.
② 사회복지행정에 대한 영향 및 한계

영향	한계
• 인간관계 이론의 유용성과 대동소이 • 지도자의 솔선수범 노력과 구성원 간 유대감 형성을 강조하며 이러한 관계 형성이 전문지식·기술보다 더 창의적인 생산성 향상 방향이 될 수 있다는 W이론의 기초가 됨.	• 새로운 내용의 주장이 아니라 기존에 연구됐던 내용들의 종합이고 정리이기 때문에 기존 이론들의 단점을 그대로 보유 • 이론의 논거가 과학적 방법에 의한 실증적 결과가 아니며 검증이 가능한 가설도 없음. • Y이론 내용이 지나치게 비현실적이고 이상적인 요소를 많이 포함하고 있어 현실성이 떨어지며, Y이론 관리에 관한 구체적인 실천 방안이나 방법론의 제시가 없음.

(4) Z 이론

① 기본 관점
- 룬드스테드(S. Lundstedt)는 X-Y이론의 결점을 보완해 권위주의적 관리를 대변하는 X이론과 민주주의적 관리를 대변하는 Y이론 어디에도 속할 수 없는 인간의 또 다른 측면을 강조해 자유방임형 관리를 지지함.
- 특수 분야에 종사하는 과학자나 학자들에 대한 관리이론으로 이러한 사람들에 대한 관리는 고도로 자율적이어야 하며, 관리자는 조직구성원의 자유 의지에 따라 행동하도록 분위기만 조성하고 인위적 동기부여나 유도는 일체 자제함.
② 로리스(D. Lawless)는 변동하는 환경 속에서 살아가는 조직을 관리할 때 상황을 객관적으로 파악해 이에 상응하는 관리전략을 세우고 변화시켜 나아가야 한다는 상황적 접근 방법으로 Z이론을 보완했으며, 오우치(W. G. Ouchi)는 종신고용, 순환근무제, 상호 신뢰 바탕의 집단의사결정 등을 특징으로 하는 미국 내 일본식 경영관리를 지칭할 때 Z이론을 활용했음.

3) 체제 이론

(1) 이론의 기본 전제

① 사회제도는 마치 살아 있는 것처럼, 하나의 유기체를 형성하고 있는 개체 간에 독특

한 상호 의존 관계를 형성시킴으로써 생존과 환경에 적응하는 욕구를 충족시킴(= 생물학적 유추에 기반을 두며, 여러 하위 체제가 통일된 전체를 형성함).
② 관리자에게 복잡한 조직 문제와 현상을 거시적으로 분석·진단하는 방법을 제공
③ 조직 내부의 하위 체제들은 개방된 체제로서 각각 어떤 기능·역동성·기제 등을 수행하고 있는지의 표준을 제시함으로써 특정 조직의 성과를 표준과 비교해 볼 수 있음(= 조직 기능의 개선과 오류의 수정이 용이).

(2) 체제모형의 종류

① 파슨스(T. Parsons)의 체제모형 : 조직은 다섯 개의 유기적 관계의 하위 체제로 구성

생산 하위 체제	• 조직의 생산과 관련된 과업을 수행하며, 서비스 전달 과제와 직결됨. • 고전주의 이론을 기본철학으로 삼으며, 조직의 과업 설계에서 숙련과 합리성의 중요성을 강조하고 분업과 기술 중요시 • 목적·과정·사람·장소 등 영역에서 전문화 원리가 요구되지만, 지나치면 클라이언트의 욕구를 무시해 수단과 목적의 대치 현상이 나타날 수 있으므로 적절한 수준의 전문화가 필요함.
유지 하위 체제	• 보상 체제의 확립과 교육·훈련 등 새로운 조직구성원의 사회화를 통해 조직 안정을 추구함. • 인간관계 이론을 기본 철학으로 삼으며, 사회복지관과 이용자 사이의 욕구를 둘러싼 갈등을 중재·해결함으로써 조직의 안정과 함께 조직 목표와 개인 목표의 통합을 강조
경계 하위 체제	• 환경적 요인을 중시해 조직이 외부 환경 변화에 대해 이해하고 환경과 환경에 영향을 미치기 위한 장치 확립의 필요성을 강조함. • 구조주의 이론을 기본철학으로 삼으며, 협상·조작을 통한 다른 조직과의 관계인 생산 지원과 조직의 주변 환경으로부터 지원·정당성을 확보하는 기능과 유관한 제도화 체제의 요소를 포함함.
적응 하위 체제	• 변화하는 환경을 직시하고 이에 대응하기 위한 프로그램을 계획, 연구의 기능을 담당 • 고전주의 및 구조주의 이론을 기본 철학으로 삼기 때문에 조직의 업무 수행에 대한 평가와 외부 환경의 변화에 대한 모니터링을 통해 조직이 추구해야 할 변화의 방향성을 제시함.
관리 하위 체제	• 다른 네 가지 하위 체제를 모두 포함하는 통합적 과제를 담당 • 고전주의 및 인간관계 이론을 기본 철학으로 삼으며, 체제 간 갈등 해소·조정·외적 조정의 방법을 수행

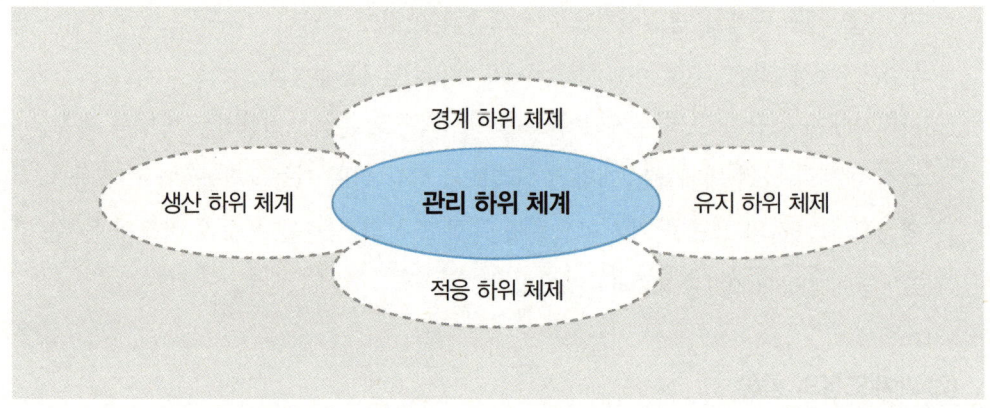

② 이스턴(D. Easton)의 체제모형 : 투입-산출 모형으로도 불리며, 어떠한 체제라도 환경과 교류하고 영향을 받으면서 투입, 전환, 산출, 환류의 순환 과정을 가짐.

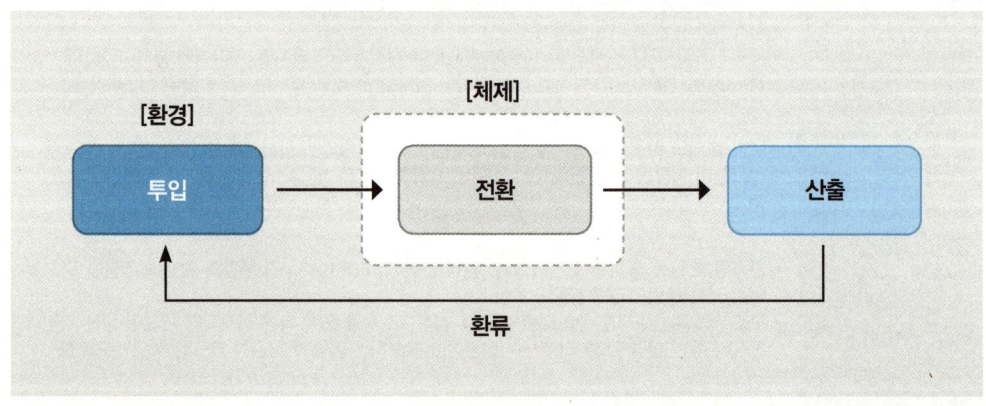

③ 체제이론의 주요 개념 : 시너지(= 전체가 부분들의 합보다 큼), 개방성 혹은 폐쇄성(= 외부 환경과의 상호 작용 수준으로 파악), 경계(= 외부 환경과 체제를 구분해 주는 기능), 흐름(= 정보, 자원, 에너지의 흐름 등)
④ 사회복지행정에 대한 영향 및 한계

영향	한계
• 사회복지조직이 유기체처럼 생존하고, 적응, 성장하려는 욕구를 가지고 있으며, 외적 욕구와 내적 욕구 등의 요건을 확인해 줌. • 사회복지조직이 속해 있는 환경 속에서 교환 관계를 형성하고 있는 전체 과정을 설명해 주며, 사회복지조직의 문제를 진단하는 포괄적 도구를 제공함. • 사회복지조직과 관련된 공생 관계와 그들 간 상호 연대는 쌍방에 모두 편익을 제공한다는 상호의존성을 확인해 줌.	• 조직은 상호의존성과 함께 높은 수준의 자율성도 확보하고 있지만 지나치게 상호 의존적인 부분만 강조 • 환경과 조직 간 관계가 절대성이 없다는 점을 고려했을 때 조직을 너무 결정론적 차원에서 구체화하는 것은 오류를 범할 수 있음. • 조직 내 미해결 갈등이 조직의 생존 · 성장에 타격을 줄 가능성은 분명해도 조직 내 개별 구성원이나 하부집단들이 그를 해결하기 위해 통합과 균형을 항상 시도하지는 않음.

2. 현대적 이론

1) 현대적 조직관리 이론

(1) 목표관리론

① 기본 관점
- 드러커(P. F. Drucker)에 의해 최초로 소개된 목표관리론(Management by Objectives: MBO)은 조직구성원이 조직의 목표 설정에 참여함으로써 조직 단위와 구성원들이 맡아야 할 생산활동의 단기적 목표를 구체화하고, 체계 있게 설정한 후 그에 따라 생산활동을 수행하도록 활동의 결과를 평가, 환류하는 방법
- 기대(= 조직이 희망하거나 기대하는 산출 · 결과), 목표, 가정(= 좀 더 효과적으로 목표를 달성하는 데 필요한 것들을 검토 · 조달), 대안들의 비용 · 편익 검토, 의사결정 구조, 실행, 결과(= 실제 결과치가 원래 목표치에 부합되는지 비교)로 구성됨.
- 목표와 명시적 기간의 정확한 설정(= 1년 이내의 단기적 목표), 참여, 실행계획으로 목표의 구체화, 환류 등의 활동으로 구성됨 : 목표는 직원들이 수행하는 과업에 대한 분석과 맥을 같이하고 성과 지향적 · 긍정적 · 현실적 · 측정 가능 등의 특징을 가짐.

② 사회복지행정에 대한 영향 및 한계

영향	한계
• 시간과 자원 분배의 효율성 증진, 업무 배분의 합리적 추구, 객관적인 성과 평가, 조직의 체계적 관리와 평가 가능 • 조직구성원 측면의 다양한 편익 제공 : 참여를 통한 책임감 고취 및 동기부여, 목표에 대한 몰입과 참여도 증진, 자기통제 기회 제공, 토의 및 협력 과정을 통해 원활한 의사소통 도모	• 다양한 목표와 성과를 측정할 수단이 부족 • 환경적 요인을 무시하고, 급변에 직면하거나 유동적인 조직에서는 실현 가능성 있는 목표 설정이 어려움 (= 달성이 쉬운 단기 목표만 일부러 선정하는 경우가 발생함). • 최고관리층의 지원이 없는 경우 불가능 • 계량적 목표에 치우칠 경우 서류작업 등의 업무 증가, 완전한 실행까지 장기간의 시간이 소요됨, 비계량적 분야는 목표 설정과 평가가 불가능

(2) 총체적 품질관리

① 기본 관점
- 총체적 품질관리(Total Quality Management: TQM)는 제품이나 서비스의 품질뿐만 아니라 경영과 업무, 직장환경, 조직구성원의 자질까지도 품질 개념에 모두 포함시켜 고객 만족을 추구하며 관리해야 한다는 이론
- 조직 리더의 강력한 의지, 고객의 요구 존중, 지속적 학습 및 개선, 집단적 노력 강조, 신뢰 관리, 과학적 방법 사용, 총체적 적용, 인간 존중, 장기적 시간과 예방적 통제, 분권적 조직구조로 구성됨.
- 고객의 욕구나 필요에 따라 조직 목표를 설정하고, 조직 운영과 서비스의 지속적 개선을 도모한다는 측면에서 전통적 관리기법들과 차별됨.

	전통적 관리기법	TQM
조직 목표	• 다양하고 상호 경쟁적	• 품질
초점	• 재정	• 고객 만족
품질 결정	• 경영자, 전문가	• 고객
주안점	• 조직의 현상 유지	• 지속적 품질 개선
변화 관련 관점	• 돌발적, 특정인이 변화 추진	• 지속적, 팀워크가 변화 추진

근로자와 부서	• 상호 경쟁	• 상호 협력
의사결정	• 직관적, 무엇이든 하는 것이 낫다.	• 자료분석, 아예 안 하는 것이 낫다.
훈련	• 소비적이고 불필요함.	• 필수적, 투자의 일환
의사소통	• 상명하복식	• 상하가 수평적이고 자유로움.
계약자와 경쟁 여부	• 가격을 놓고 경쟁	• 장기간 좋은 관계 유지

② 파레토 도표의 고려 : 이탈리아의 경제학자 파레토(V. Pareto)가 만든 품질 개선 과정에서 사용하는 중요 도구로서 대부분의 부(富)가 소수의 사람에게 집중돼 있음을 발견함에 따라 사소한 다수, 중요한 소수를 대전제로 하며, 중요한 20% 원인이 전체 문제의 80%를 발생시킨다는 20:80법칙을 도출해 적용함.

③ 사회복지행정에 대한 영향 및 한계

영향	한계
• 사회복지조직이 가지고 있는 가치, 목표 실적에의 강조, 신뢰성 확보 등이 TQM의 기본적인 요소와 거의 동일하기 때문에 사회복지조직에 적용하는 것을 고려할 수 있음. • TQM을 시행하기 위해 다양한 관리기법, 지식 등에 관한 역량 강화를 추구하게 됨.	• 사회복지서비스의 질을 측정할 수 있는 객관적 척도와 조직 리더의 의지, 조직구성원의 자발적 찬여를 유발하는 환경적 요인 등이 부족 • 관련 지식의 강화가 쉽지 않은 직무 환경으로 인해 TQM 시행이 곤란함.

(3) 학습조직이론

① 기본 관점
- 학습조직은 양질의 결과를 창출할 수 있는 조직구성원의 창의력 강화, 확장되고 새로운 사고력 배양, 집단 목표와 열망의 구현 등을 목적으로 지속적 학습이 이뤄지는 조직을 의미함(= 언제라도 환경 변화에 적응하고 새롭게 변신할 수 있는 능력을 가진 조직).
- 조직 변화와 혁신을 위한 전략, 전체 조직이 지속적으로 학습을 권장하는 분위기를 조성해 단선적 학습(= 부분적 결함의 수정), 복선적 학습(= 전체 조직 운영틀) 등을 실시함.

- 개인 차원에서는 자신의 행동 영향, 책임감·의무감, 자문 교환 증대, 창조적 업무 공유, 팀과 조직 차원에서는 서비스의 질적 향상, 새로운 서비스·기술 발전, 이직률, 사기 진작, 낭비 감소, 효율적 직무로 변화 등의 성과를 얻을 수 있음.
- 임파워먼트(= 권한의 이양, 책임의 부과를 통해 개인 스스로 역량을 개발하고, 타인에게 긍정적 영향력을 촉진시킴), 잔존 능력, 강점 등을 중시함.

② 사회복지행정에 대한 영향 및 한계

영향	한계
• 기본적으로 인간관계의 사회적 측면을 강조해 사회복지 조직과 클라이언트 간 관계의 개선을 창출하며, 조직경쟁력을 강화해 줌. • 임파워먼트를 통해 지속적이고 고도화되는 학습을 촉진하고 환경에 맞춰 적절하고 전략적인 조직 변화를 달성할 수 있음.	• 조직의 목표, 자원, 기술 등에 소홀하게 될 수 있음. • 목표 달성을 위한 적절한 통제와 관리가 필요

(4) 전략적 관리

① 전략적 관리(strategic management)는 환경과의 관계, 환경 변화에 초점을 맞추고 변화에 대응하는 변혁적·효율적 관리를 지향함(= 상시 역동적 환경 변화에 직면하는 조직이 새로운 노선의 모색과 연관된 전략·기술의 개발 및 집행을 강조).
② 목표 지향적·개혁적·장기적 시간 관리 강조, 환경 분석·전략 개발 중시, 조직역량 분석 및 조직활동 통합 지향

2) 조직환경이론

(1) 상황이론

① 기본 관점
- 하나의 방법이 모든 상황에 적용될 수도 없고, 모든 상황에 적용할 최선의 방법과 정

확한 결정도 불가능하다고 전제하며, 당면한 상황마다 요구되는 것을 적절히 판단해서 결정할 수밖에 없다고 인식(= 과거 이론들의 보편적 합리성을 부정)
- 유동적으로 상황이 변하는 환경에 대처하기 위해서는 조직의 핵심 기술, 관리 및 제도적 체제가 중요함.
- 폐쇄 체제적 조직은 명확하게 구분된 경계 속에서 환경과 무관하게 내부의 합리적 의사결정과 관리에 치중함. 반면에 개방 체제적 조직은 외부 환경이나 조직들과의 상호 의존적 관계에 더 많은 관심을 가짐(= 환경과 완전히 격리된 조직은 존속될 수 없기 때문에 가능한 개방 체제로 전환할 필요가 있음).
- 조직 내부구조는 환경 변화, 안정성 정도, 기술의 복잡 다양성 정도, 조직 규모에 따라 다양하기 때문에 조직 내부의 특성과 요구를 사전에 정확하게 파악한 뒤, 적절한 조직화를 통해 환경에 대응해야 함.
② 사회복지행정에 대한 영향 및 한계

영향	한계
• 사회복지조직의 내부적 특성을 잘 설명하고 상황과 환경의 중요성을 강조했다는 점에서 유용한 전략 창출의 정보를 제공한 것 • 조직들 간 관계 관리와 네트워킹의 중요성을 강조함으로써 대응할 수 있는 계기를 마련해 줌.	• 다양한 상황이나 환경에 대한 효과를 나타낼 수 있는 일정한 실질적 원칙과 지침 제공하지 못함(= 학적으로 검증하는 데 한계). • 상황은 가변성이 심하고 예측이 어려워 완벽한 대응이 원천적으로 불가능하고, 때때로 필요에 따라서 인위적으로 상황이 만들어지기 때문에 관리의 왜곡이 나타날 수 있음.

(2) 정치경제이론

① 기본 관점
- 상황이론과 마찬가지로 조직과 환경 간 상호 작용을 중시하며, 그러한 상호 작용이 조직의 내부 역학 관계에 어떻게 영향을 미치는가에 초점
- 내부에 자원이 없어 외부에 의존하게 된다는 자원의존이론의 전제에 근간하며, 합법성이나 권력과 같은 정치적 자원, 재원, 클라이언트, 인력과 같은 경제적 자원을 확보해야 조직 생존과 서비스 생산이라는 목적 달성이 가능함.
- 환경 변화의 전략과 완충전술, 연계전술 등의 기술을 중시함.

완충전술	연계전술
• 내부 지향적이고 수동적 전술 • 분류 : 외부자원 유입에 실패한 경우, 내부자원 구분 및 재정비 • 예측 : 조직의 투입·산출에 대해 미리 계획, 환경적 변화에 적응하는 방안 강구 • 비축 : 긴급상황 시 활용하기 위해 보관 • 평준화 : 외부 환경의 충격을 전체 조직 내부가 분담	• 외부 지향적이고 능동적 전술 • 협력, 대체자원 개발

- 특정 조직이 조직에 우호적이고 유순하며 조직활동을 통한 성과 창출 가능성이 높은 클라이언트를 선발하고, 비협조적이거나 성과 창출이 어려울 것으로 예상되는 클라이언트를 배제하는 경향을 의미하는 크리밍(creaming)을 경계해야 함.

② 사회복지행정에 대한 영향 및 한계

영향	한계
• 외부와의 관계와 획득하는 자원의 중요성을 강조함으로써 관련된 전략 수립에 기여	• 조직의 가치와 이념 등 다양한 요인을 간과하고 지나치게 자원만능주의적으로 주장

3) 기타 이론

① 인간주의 조직이론 연구 : 리커트(R. Likert)가 주장했으며, 조직의 주요 변수인 리더십, 동기, 의사소통, 의사결정, 목표 달성, 통제 등을 면밀히 조사, 연구한 결과 네 가지 유형의 조직이 있음을 천명함.

System 1	System 2	System 3	System 4
• 권위적·착취적 체제 • 리더가 직원 불신 • 직원의 목표 달성 인식 매우 미약	• 권위적·온정적 체제 • 권력이 리더에 집중 • 직원의 불만 부분적 수용, 통제 존재	• 자문적 체제 • 직원의 의사결정 과정 참여 허용, 부분적 권한 위임, 활발한 의사소통	• 참여적 체제 • 리더가 직원 신뢰 • 모든 업무의 수행과 자율적 통제 • 가장 바람직한 체제

② 특별임시조직 구조 : 애드호크라시(adhocracy)로 별칭되며, 유기적·기능적·임시적 특성을 지님, 실질적 활동 지향적으로 구성돼 구조가 간결하며 의사결정권이 분권화돼 있음(= 명령의 통일성이 저해되고, 상이한 전문가들로 이뤄지는 경우 갈등이 존재할 수 있음).

③ 벤치마킹(benchmarking) : 외부의 성공적인 조직을 창조적으로 모방해 조직의 개선을 도모하고 기존의 차이를 극복하기 위해 끊임없이 노력하는 자기혁신적 전략이지만 사전 준비와 창조성이 결여되거나 1회성 혹은 형식적으로 진행돼 조직구성원의 참여가 불성실하면 실패하는 경우도 많음.

④ 재구조화 및 재설계

- 재구조화(restructuring)는 조직의 기존 사업이나 조직의 구조를 효율적으로 높여 미래 지향적 구조로 고치기 위해 개선하는 과정 : 주로 환경 변화에 맞춰 경쟁력을 강화하기 위해 낭비되는 조직을 제거하거나 축소하는 간소화(down sizing), 전문성에 근간한 부서 통폐합 등의 조치를 취함.

- 재설계(reengineering)는 비용, 품질, 서비스 분야의 경영성과 지표를 크게 향상시키기 위해 사업이나 조직활동을 근본적으로 조정하는 혁신 과정 : 과거의 환경과 달라져 경쟁이 심화되고 고객의 요구가 복잡해짐에 따라 발생하는 어려움을 극복하는 것이 목적

⑤ 윤리경영 : 조직의 가치를 증진하고 투명성을 확보하는 기반이 되며, 조직 내부적으로 합리적·생산적 조직문화 형성에 기여함. 조직 내외의 신뢰성과 인지도 강화에 효과적 조치

제14장 되돌아보기

- 고전주의 이론과 신고전주의 이론의 공통점과 차이점을 명확하게 이해할 것
- 체제모형의 두 가지 유형의 개념과 유용성을 숙지할 것
- 목표관리론과 총체적 품질관리가 사회복지행정과 관련해 갖는 의미를 생각해 볼 것
- 모든 이론들의 명칭과 특성에 대해 체계적으로 정리해 숙지할 것

조직관리

> 이 장에서는 사회복지조직의 개념과 관리의 각종 의미를 학습합니다. 조직은 개인보다 큰 역량과 활동력을 갖기 때문에 다양한 클라이언트와 활동을 영위해야 하는 사회복지 영역에서는 매우 중요합니다. 또한 사회복지행정이 이뤄지는 직접적 영역이기에 조직에 대한 관리는 성과와 직결됩니다.

1. 사회복지조직의 의의

1) 사회복지조직의 개념

(1) 사회복지조직의 정의

① 사회복지조직은 단어가 의미하는 그대로 사회복지를 행하는 조직을 의미함.
 - 조직의 특성과 구성 요소

특성	• 상호 의존적 관계가 기반 : 하나의 사회적 체계로서 조직의 특성적 요소들은 독립적이며 다른 구성요소들에 영향을 주기도 하고 그것들로부터 영향을 받기도 함. • 자체의 목표를 가지고 있으며, 사람의 행동으로 구성되고, 개별적 구성원의 존재와는 구별되는 실체를 형성함. • 분화와 통합에 관한 공식적인 구조와 과정이 있고, 높은 합리성을 가지고 있지만 합리성은 비합리적 요인의 개입을 받음. • 경계가 있어 조직과 그 환경을 구별해 주고, 시간 선상에서 움직여 가는 동태적 현상
구성요소	• 사회적 구조, 참여자, 목표, 기술, 환경 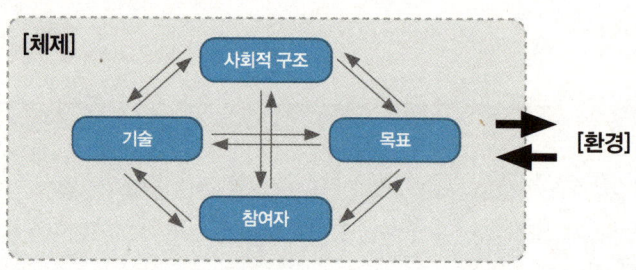

- 조직은 개인이 할 수 없는 일을 처리하는 개인들의 목표 지향 구성체
- 조직은 위계질서(= 공식조직, 명령과 복종 관계), 명령 통일, 통솔 범위 한정(= 통상 4~8명의 구성원 배치), 분업·전문화(= 다만 사회복지조직은 통합적 서비스를 제공하려는 경향도 존재), 의사결정 통로, 관리 부문, 조정, 기준 준수의 원칙에 따라 구성되며, 목적·기능, 수, 시간, 기능, 지리적 영역, 서비스, 조직활동의 대상자, 접근 통로 등에 기준해 편성됨.
② 사회복지조직은 사회복지서비스를 통해 인간과 사회문제를 예방·해결·완화하는 공동체이며, 법인격을 갖는 경우가 많고, 특정법에 의해 복지사업을 행하는 모든 사회복지 수용·이용시설, 기관, 연합단체 등의 단체를 포괄함.
③ 사회복지조직은 급변하는 사회에 부응해 사회적·개인적 욕구가 늘어나고, 효율적 성과 제고가 절실해짐에 따라 그 차별적 중요성이 부각되고 있음.

(2) 사회복지조직의 특성

① 사회복지조직의 근간은 인간(= 클라이언트의 복지 증진)이기 때문에 조직의 모든 활동

이 도덕적으로 정당화돼야 하고, 그로 인해 기술과 활동에 제약이 많으며, 조직 목표 또한 모호하므로 구체적 합의를 얻기 어려움. 또한 도덕적 정당성을 확보하지 못하는 경우 조직을 둘러싸고 있는 이해관계의 집단과 갈등이 야기되고 큰 파장이 생김.

② 공익을 위해 사회적으로 물질적·비물질적 후원을 받고, 비영리를 기초로 운영됨.

③ 직접 클라이언트에게 서비스를 전달해 일반적인 삶을 살 수 있도록 지원하며, 다양한 진단과 치료 프로그램의 사용을 통해 문제 행동을 처리함. 그리고 현장에서의 클라이언트 접촉이 핵심 활동이므로 일선요원의 역할이 중시됨.

④ 서비스의 효과성과 효율성을 평가할 척도가 부족함.

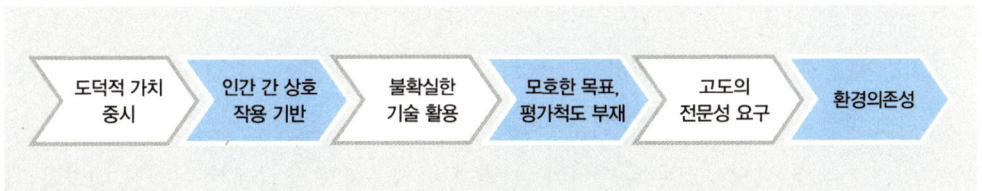

(3) 사회복지조직의 구조

① 조직을 구성하고 있는 각 부분 간 성립돼 있는 관계의 유형을 의미하며, 조직의 기능, 권한, 책임 등이 어떻게 배분되고 조정되는지와 밀접함(= 주로 분화와 통합의 선택과 관계가 있음).

② 사회복지조직 등 모든 조직은 생존·유지를 위해 설정한 고유 목적을 달성하기 위한 활동을 영위하며, 모든 활동은 모두 상황에 맞춰 구조화돼 있음.

③ 사회복지조직의 구조 형태를 규정하는 수준

공식화	• 조직들의 분화·조정이 조직표에 명세화돼 있는 수준을 의미
복잡성	• 수직적, 수평적 세분화 수준을 의미 • 수평적 세분화 : 조직의 업무가 분화된 정도(= 조직 기능이 어떻게 배분·조정돼 있는지 여부) • 수직적 위계화 : 권한이나 명령 계통이 구분된 정도(= 권한·책임이 어떻게 배분되고 조정되는지 여부) • 세분화는 업무 부담 감소, 전문기술 개발 쉬움, 상대적 생산성·효율성 증대, 관리 감독 편리 등의 장점이 있는 반면, 단조로운 직무 영위로 인해 매너리즘에 빠지게 되고 장기적으로는 비효율적이 될 수 있음.

집권화 또는 분권화	• 의사결정 권한의 집중 수준을 의미 • 집권화 : 의사결정 권한이 상부의 한 사람에게 집중돼 있어 의사결정 과정이 명령하달식으로 진행됨. • 분권화 : 의사결정 권한이 각계각층에 분산돼 있어 각계각층의 의사를 두루 수용해 의사결정이 이뤄짐.

(4) 공식화에 따른 사회복지조직의 구조 형태 : 공식조직, 비공식조직

① 공식조직 : 공식적으로 역할을 할당하고 권한과 책임을 부여해 조직도상에 표현할 수 있는 가시적 · 계획적 구조(= 최종 행정책임자, 이사회, 위원회, 구성원 등의 배열 및 나열된 지위 · 관계)
② 비공식조직 : 조직 내 빈번하게 접촉하는 구성원 간에 자연적으로 발생한 소규모 집단(= 공식조직은 제도적 조직, 비공식조직은 현실상 조직)으로, 생각과 감정을 공유할 수 있는 자유로운 의사소통 수단이며, 관리자는 비공식적 조직에서 이뤄진 대화와 제의를 수용함으로써 집단 응집력을 높일 수 있음.

	공식조직	비공식조직
의의	• 가시적으로 조직도에 배열된 지위 · 관계	• 공식조직 외 조직
존재	• 공식적 제도 · 법규에 의해 구성, 강제적 법으로 통제	• 일상적 접촉 과정에서 자연적으로 발생한 인간관계, 비공식적 규범으로 유지
정의	• 제도상의 조직	• 현실상의 조직
성격	• 특정 목적을 위한 의식적 · 인위적 조직	• 강제적 구조 관계 없음(= 자발적 · 친밀적).
종류	• 정부, 국회, 법원, 기업, 노조 등	• 노조 내 계모임, 국회의원 축구단 등

	장점	단점
공식조직	• 조직관리의 정당성 확보, 투명성 · 정직성 보장	• 경직성, 친밀감 · 업무 능률 저하
비공식조직	• 새로운 욕구에 대한 주의 환기로 변화 지향 계획 마련에 기여 • 조직구성원에게 귀속 · 안정감 제공, 공식조직의 긴장감 · 경직성 완화, 결속 · 친화력 강화, 유대를 통한 업무 능률 향상, 의사소통 통로 등	• 비공식조직의 규모나 권력이 강해지면 비합리적 의사결정 초래, 공식적 조직의 분열 야기 • 비리 · 청탁 · 부패의 온상으로 변질될 가능성, 근거 없는 내용 유포 및 책임 소재 불분명

(5) 복잡성에 따른 사회복지조직의 구조 형태 : 수평조직, 수직조직

① 수직조직(= 계선조직, line) : 명령과 복종 관계를 가진 수직적 구조를 기반으로 목표 달성에 중심이 되는 구조로서 각자의 위치에 부합하는 결정권을 가지며, 조직 내 관장-부장-과장-팀장 등과 같은 계층적 형태를 띰(= 서비스 대상자와 직접적 참여를 가지고 조직의 목표 달성에 기여함).

② 수평조직(= 참모조직, staff) : 수직조직이 원활하게 기능을 수행할 수 있도록 지원하고 촉진해 조직의 목표 달성에 간접적으로 공헌하는 구조(= 자문, 정보 수집, 기획, 인사, 회계, 연구 등의 기능을 수행함)

	수직조직	수평조직
의의	• 상하 명령 · 복종 관계를 가진 수직적 계층적 계열을 형성	• 목표 달성을 위해 자문 · 권고 · 협의 조정을 지원 · 촉진
성격	• 결정권 · 집행권 보유해 조직 목표 달성에 직접적으로 기여 • 최고행정책임자를 정점으로 수직적 권한의 계열로 구성	• 수직조직이 원활하게 목표 달성을 할 수 있도록 지원 · 촉진
구성	• 회장 – 사장 – 부장 – 과장 – 사원	• 인사, 회계, 홍보, 조달, 연구 등

	장점	단점
수직조직	• 위계적 구조로 권한과 책임이 분명함. • 신속한 결정과 조직 안정성 확보 가능해 방대한 조직 내 의사소통과 통제가 용이함.	• 대규모 조직에서는 책임자의 업무량 과중으로 비효과적 • 전문적 지식 활용 곤란 • 결정권자의 독단적 · 주관적 의사결정과 조직 경직화 우려 • 의사결정에 과다한 시간 소요
수평조직	• 책임자의 통솔 범위가 확대돼 업무의 효율성이 제고되고, 조직의 융통성 확보로 대규모 조직에 유리함. • 전문지식과 경험 활용 가능 • 민주적 · 참여적 · 객관적 의사결정 가능 • 의사결정 속도가 빠르고 업무의 협조 · 조정 등이 용이함.	• 조직 내 인사 관계가 복잡해지고, 의사소통 경로 혼란, 책임 소재를 둘러싼 갈등, 운영 및 행정의 지연 등이 야기될 수 있음. • 강력한 지도력 부재나 부서 간 업무 협조 곤란 시 통제 불가 상황 발생

(6) 집권화와 분권화에 따른 사회복지조직의 구조 형태

① 집권형 조직 : 의사결정 참여 권한이 조직 내 1인 혹은 소수, 소규모의 집단에게만 부여된 조직
② 분권형 조직 : 의사결정 참여 권한이 조직 내 여러 사람과 다양한 집단에 분산 또는 위임돼 있는 조직
③ 집권화와 분권화는 조직이 속한 사회·문화적 환경, 조직의 규모와 역량, 역사, 위기, 리더십, 직무 내용과 분담 수준, 기술의 발달과 행정 전문화, 환경의 불확실성과 변화 가능성, 지도자의 인간관 등에 의해 수준이 결정됨.

	장점	단점
집권화	• 일관성 있는 관리와 통제가 가능하고 불필요한 업무 중복이 미미함. • 전문적 기술의 집중적 활용 가능 • 예산 효율성 제고 가능	• 관리자 부담이 증대하고, 중심과 떨어진 부서의 협력이 원활하지 못함. • 부서나 지역 실정과 동떨어진 업무 수행
분권화	• 최고행정책임자의 부담을 감소시킴. • 부서 간 협조가 원활하고 참여의식을 높여 자발적 협조 유도가 용이함. • 부서나 지역의 실정에 맞는 업무를 수행하게 되고, 조직구성원의 업무 책임감을 증진시킬 수 있음.	• 효과적 지도감독과 통제의 기능 미약하고 업무 중복 초래 가능성 • 업무 처리가 산만해지고 행정력이 분산돼 전문적 기술 활용이 곤란함.

2) 사회복지조직의 유형

(1) 조직구조의 경직성에 따른 분류

① 기계적 구조 : 엄격하게 규정된 직무, 많은 규칙·절차, 집권적 의사결정, 좁은 통솔 범위, 공식적·몰인간적 대면 관계, 분업·전문화 강조(= 관료제조직이 대표적)
② 유기적 구조 : 복합적 직무설계, 비교적 적은 규칙·절차, 분권적 의사결정, 넓은 통솔 범위, 비공식적·인간적 대면 관계, 팀워크 중시(= 학습조직이 대표적)

	장점	단점
기계적 구조	• 내적 통제에 따른 예측 가능성과 안정성 측면에서 우수함.	• 환경에 대한 대응 능력 부족
유기적 구조	• 신축성에 따른 환경에 대한 신속한 대응 가능	• 내적 통제력 부족, 신뢰성 우려

(2) 관료제의 대안적 조직구조에 따른 분류

연결고리구조 조직	• 상급자에 대한 1:1 보고보다 향상된 의사소통 기반의 직무부서를 강조 • 각 직무부서는 1명 혹은 그 이상 조직원에게 연결고리 역할을 부과해 다른 직무부서와 연결하는 역할을 수행하게 만듦.
팀구조 조직	• 전통적 수직조직 체계를 통합·재편해 여러 팀(team)으로 전환해 팀장과 팀원의 간결한 구조로 업무를 수행하도록 구조화 • 조직 간 수직적·수평적 장벽을 타파, 자율적 환경 속에서 인재의 폭넓은 활용으로 경영자원의 효율성을 극대화하기 위해 내부 운영에 유연성을 부여
프로젝트 조직	• 특정 목표를 달성하기 위해 일시적으로 여러 조직 내 인적·물적 자원이 결합된 조직 • 각 구성원은 상당히 독립적 위상을 가지면서 협력을 통해 목표 달성을 지향
매트릭스구조 조직	• 프로젝트 조직과 기존 기능식 조직을 절충한 형태 • 구성원 개인을 원래의 종적 계열과 함께 횡적·프로젝트 팀의 일원으로서 임무를 수행하는 형태(= 한시적이지만 1인의 구성원이 동시에 2개 부문에 소속하게 됨) • 계층과 명령 일원화 원리가 적용되지 않고, 계선과 참모조직 구조가 일치하지 않으며, 프로젝트가 끝나면 원래 조직 업무를 수행한다는 특징이 있음.
파트너십구조 조직	• 평소 개별 전문직들이 각자 독자적으로 활동하다 업무가 중복되는 상황이 발생함에 따라 함께 업무를 보는 방식

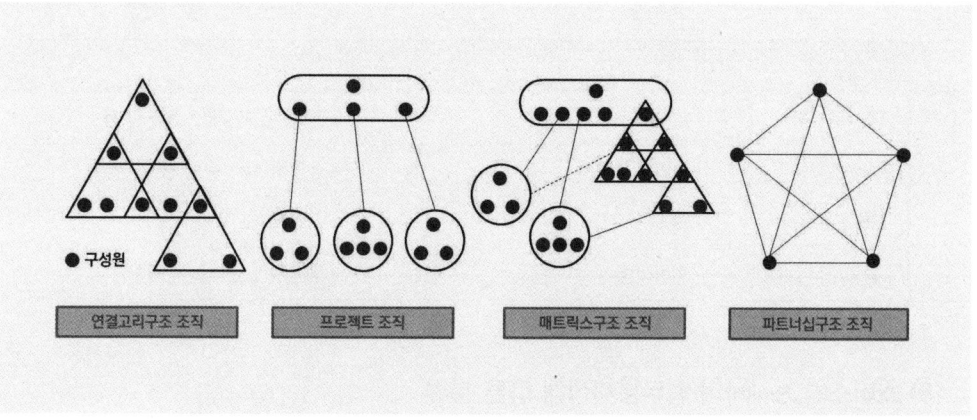

(3) 에치오니(A. W. Etzioni)의 권력에 따른 분류

권력과 관여의 형태에 따른 조직 유형화(= 가장 효과적인 조직은 유형 1, 5, 9)

권력	• 강제적 권력 : 신체적 탄압, 위협 • 보상적 권력 : 물질, 금전 • 규범적 권력 : 지위, 명예, 존엄
관여	• 소외적 관여 : 권력 행사에 대한 강한 부정, 강제적 권력 필요 • 타산적 관여 : 획득한 보상에 관한 무관심 • 도덕적 관여 : 권력 행사에 대한 강한 긍정, 규범적 권력 필요

	소외적 관여	타산적 관여	도덕적 관여
강제적 권력	• 유형 1(강제적) : 수용소, 정신병원, 교도소 등	• 유형 2	• 유형 3
보상적 권력	• 유형 4	• 유형 5(공리적) : 산업조직	• 유형 6
규범적 권력	• 유형 7	• 유형 8	• 유형 9(규범적) : 사회복지·종교조직, 학교 등

(4) 블라우(P. M. Blau)와 스콧(R. W. Scott)의 수혜자 종류에 따른 유형화

1차적 클라이언트가 누구인지에 따른 조직 유형화

	1차적 클라이언트	조직의 종류
상호수혜조직	• 조직의 회원	• 정당, 종교단체, 노동조합 등
사업조직	• 사업체 소유자	• 상업적 회사, 은행 등
서비스조직	• 클라이언트	• 사회복지조직 등
공공조직	• 일반대중	• 행정기관, 군대조직 등

(5) 스미스(G. Smith)의 업무통제성에 따른 분류

조직을 무엇으로 통제하는지에 따라 조직 유형화

관료제조직	• 공식적 조직, 규정, 계층적 권위구조, 명확·전문화된 분업, 문서에 의한 업무처리, 기술에 의한 신분 보장, 합리적 통제조직
일선조직	• 주도권이 일선 업무에 있는 조직 • 각 업무 단위는 독립적으로 상호 업무를 수행, 업무 단위의 직접적 통제 곤란
전면적 통제조직	• 관리자가 전면적으로 강한 통제력을 갖는 조직 • 정신병원, 요양시설, 기숙사, 교도소 등
투과성 조직	• 조직구성원과 클라이언트의 자발적 참여, 가정·사생활의 침해를 받지 않으며, 조직통제가 약하고 활동이 노출되는 조직 • 자원봉사조직이 대표적

(6) 하센펠트(Y. Hasenfeld)의 클라이언트 상태와 조직 기술에 따른 분류

	인간 식별 기술	인간 유지 기술	인간 변화 기술
정상 기능	• 유형 1 : 대학의 신입생 선발, 신용카드회사 등	• 유형 2 : 사회보장정부기관, 일반요양시설 등	• 유형 3 : 공립학교, YMCA 등
비정상 기능	• 유형 4 : 소년법원, 진료소 등	• 유형 5 : 공적부조사무소, 호스피스 요양시설 등	• 유형 6 : 병원, 수용치료센터 등

3) 사회복지조직의 조직화 방법 및 환경

(1) 사회복지조직의 조직화 기준

	방법	단점
수 기준	• 같은 역할을 하는 사람들을 1인의 수퍼바이저 밑에 소속시켜 조직화	• 개인 능력차 고려 못함.
시간 기준	• 24시간 근무가 필요한 조직을 2교대·3교대 혹은 매일·격주 근무 형태로 조직화	• 시간 간 업무량 차이 존재, 어려운 시간 담당자는 소진 혹은 사기 저하 우려
기능 기준	• 구성원의 선호도·관심·능력·적성에 따라 조직화	• 업무 단위 간 협조 부족 가능성, 자신이 속한 업무 단위 중심적으로만 생각
지리적 영역 기준	• 클라이언트 거주 지역에 따라 조직화	• 시간 간 업무량 차이 존재, 어려운 시간 담당자는 소진 혹은 사기 저하 우려
서비스 기준	• 개별사회사업·집단사회사업 등 사회복지 실천 방법에 따라 조직화	• 통합적 서비스 제공 곤란

고객 기준	• 아동·청소년·노인 복지 등 클라이언트에 따라 조직화	• 특정 개인 문제에만 유리할 뿐 다양한·복잡한 문제는 서비스 제공자 기술로 감당 불가
서비스 접근 통로 기준	• 클라이언트가 서비스에 접근할 수 있는 통로별로 조직화	• 사회복지조직에서는 무의미한 방법

(2) 사회복지조직의 법인화 및 이사회, 위원회 구성

① 재단법인 : 출연된 재산을 중심으로 구성. 사업에 대한 중요 정책과 최고의결기관은 이사회

② 사단법인 : 사람을 중심으로 구성. 사업에 대한 중요 정책과 최고의결기관은 사원총회, 총회에서 위임된 사항만 이사회가 최고결정권을 가짐.

- 사회복지조직은 대부분 사회복지사업법에 의한 사단법인 혹은 재단법인 형태로 설립되며, 소속되는 지역의 시장·도지사의 허가를 받아야 함.
- 기관의 직접 설치·운영을 목적으로 하는 시설의 설치·운영 법인, 다른 사회복지기관을 지원하는 목적으로 하는 지원 법인으로 구분되며, 사회복지법인 설립 후 사회복지사업 수행에 필요한 시설을 설립하고 시설장을 임명할 수 있음.
- 대표이사 혹은 이사장을 포함해 이사 5인 이상과 감사 2인 이상 임명(= 친족 이사 총수는 1/3을 초과할 수 없도록 규정)하며, 이사의 임기는 3년, 감사의 임기는 2년으로 하되 각각 연임이 가능함.

③ 이사회
- 기관의 목표 달성을 위해 법률적 책임이 부여된 사회복지조직의 정책결정 기구
- 기관의 일반적인 방향과 통제 유지(= 정책 개발), 단기적·장기적 계획 지도(= 프로그램 개발), 조직의 유능한 행정책임자 채용 및 임명(= 인사), 예산 인준·필요한 자원에 대한 접근의 활성화(= 재원), 조직과 지역사회 간 중개(= 홍보), 운영의 평가(= 책임성)
- 사명(mission: 조직의 근본적 존재 이유로 조직의 안정성·지속성을 고취함)과 비전(vision: 사명을 미래로 투사해 현실적·역동적으로 표현한 것)을 구축함.

④ 위원회
- 일상 업무를 수행하는 조직구성원 외에 특별한 업무를 처리하기 위해 전문가로 구성

된 기구
- 전문적 정보와 협력을 획득하는 데 효율적이며, 다양한 관점의 고려가 가능하고, 사회복지행정의 참여적 권리를 구현함으로써 지역주민 참여를 촉진할 수 있다는 측면에서 유용하지만 유지에 별도 비용이 소모되고, 문제 해결에 많은 시간이 소요되며, 복잡한 이해관계 당사자가 참여할 경우 문제 해결을 오히려 저해하는 문제가 있음.

(3) 사회복지조직과 환경

① 일반 환경 : 특별한 경우를 제외하고는 조직이 변경시킬 수 없는 조건

경제적 조건	• 사회복지조직에 대한 자원 공급과 클라이언트의 수요를 결정하는 핵심 요인 • 사회복지재정은 경제 성장과 함께 증가하는 경향을 보임.
사회·인구·통계학적 요인	• 연령·성별 분포·가족구성·거주지·사회적 계급은 다양한 문제 및 욕구의 발생 빈도와 밀접한 관계
문화적 조건	• 사회복지조직의 서비스 형태, 클라이언트의 서비스 접근성, 문제의 규정 등은 해당 사회의 주도적 문화적 가치에 의해 민감하게 영향을 받음.
정치적 조건	• 대부분의 사회복지조직이 가용한 재정자원을 정부에 의존하는 경향이 강해 자원의 배분을 결성·통제하는 정치적 환경은 매우 중요한 요인
법적 조건	• 중앙·지방의 각종 법령이 클라이언트들에게 서비스를 제공하는 것과 관련 많은 조건을 규정함.
기술적 환경	• 사회복지조직의 제공 서비스 범위는 의료·정신건강·교육·지역사회 및 사회계획과 같은 분야에서의 기술 개발에 의해 영향을 받음.

② 과업 환경

재정자원의 제공자	• 우리나라의 민간사회복지조직은 다양하게 재정을 확보하지만 정부보조에 의존하는 비율이 높음. • 정부, 공적 및 사적 사회단체, 외국단체, 개인 등
정당성과 권위의 제공자	• 사회복지조직의 합법성과 권위는 법률에 의해 부여되며, 사회적 승인과 정당성은 조직이 봉사하고 있는 지역사회나 클라이언트, 전문가 집단으로부터 생성됨. • 중앙부처, 지방자치단체, 한국사회복지협의회, 지역사회복지협의체, 한국사회복지사협회 등
보충적 서비스 제공자	• 사회복지조직에서 모든 서비스를 다 제공할 수 없기 때문에 보충적 서비스의 제공자와 공식적·비공식적 협조 체계의 유지가 필요함.

클라이언트와 클라이언트 제공자	• 사회복지조직으로부터 직접 서비스를 받고자 하는 개인·가족을 클라이언트로서 의뢰하는 다른 형태의 조직을 의미 • 학교, 경찰, 청소년단체, 교회, 노인복지회관, 사회복지관, 동사무소 등
조직 산출물의 소비·인수자	• 사회복지조직은 문제·욕구가 있는 인간을 조직적 외부에서 내부로 투입하고 기술 사용 및 처리를 통해 변화된 사회적 지위와 신분, 변화된 신체적 혹은 개성적 속성을 가진 인간으로 산출하는 기능을 수행함. • 가족, 교정기관, 노인복지시설, 아동복지시설, 학교 등
경쟁 조직들	• 클라이언트와 자원의 확보를 위해 경쟁하는 조직들은 사회복지조직의 생존과 유지에 직접적인 영향을 미침. • 협력 관계로 전환되면 시너지가 날 수 있음.

2. 현대 사회복지조직의 상황

1) 현대 사회복지조직의 특성 및 종류

(1) 현대 사회복지조직의 특성

조직의 복잡화, 전문화	• 조직에 대한 사회적 요청과 영향력이 증가하면서 사회복지조직의 목표가 다원화되고, 사회의 전문적 기술이나 지식 수요가 크게 늘어나 수행 기능이 전문화됨. • 훈련된 무능력의 병폐 현상 발생
조직의 통합	• 분업은 효율성을 제고했지만 분업으로 세분화의 정도가 높아졌기 때문에 그에 대한 조정, 즉 통합의 기능이 요구됨(= 조직의 전체 목표에 염두를 둔 조정이 필수).
조직의 민주화	• 과거 조직의 부속품처럼 여겨지던 풍토가 개선됨에 따라 사회복지조직의 행정의 책임성이 강화됨.
조직의 규모 확대	• 상기 세 가지 특성으로 인해 과거보다 인력이나 재정, 구조적 측면에서 크게 확대됐음 (= 각종 사회적 발전의 결과). • 경제적 생활, 교육, 의식 수준이 높아지면서 욕구가 복잡·다원화되고 국가에 대한 생활의 문화적·질적 향상을 기대하는 정도가 강해짐. • 생산기술의 발전으로 대량생산이 가능해졌고, 교통 수단의 발달로 원거리 의사소통에 소비되는 자원과 시간이 절약됐으며, 정보통신기술의 향상은 조직의 관리기술을 발전시켜 조직의 팽창을 야기함. • 반면에 다양한 기술의 발전은 다수의 인력이 불필요해지는 결과를 낳아 오히려 조직이 축소되는 현상도 나타나고 있음.

(2) 공공사회복지조직

① 보통 관료제 구조로 구성돼 있으며, 자체 역량으로 업무를 수행할 수 있고, 사회복지사의 전문성에 관한 신분 보장(= 사회복지전담 공무원 대우), 전문가의 풍부한 확보, 대중에 대한 강한 책임성, 공평한 처우, 합리적·효율적 전달 체계 중시 등을 특징으로 함.
② 중앙과 지방정부 내 사회복지 전담부서, 산하 공공부조기관, 아동복지기관, 정신건강센터 등

(3) 민간사회복지조직

① 사회조직이나 개인의 공적 기부금, 후원금, 정부보조금을 재원으로 개별적 목적으로 구성된 사회복지사업 전개 조직이며, 사회복지사의 전문성에 대한 신분 보장은 일반 조직체들과 동일함(= 통상의 노동자 신분).
② 비정부조직(Non-Government Organization: NGO)
- 정부와 일체 관계없는 독립적 민간조직으로 사적 영리를 추구하지 않고, 고통 완화, 빈민 이익의 촉진, 환경 보호, 기본적 사회서비스 제공, 지역사회 개발 추동 등 공공의 선(善)을 추구함. 또한 자유의지에 의해 조직되고, 소속 국가나 사회의 규범에 따라 등록한 뒤 반사회적 활동을 영위할 수 없음.

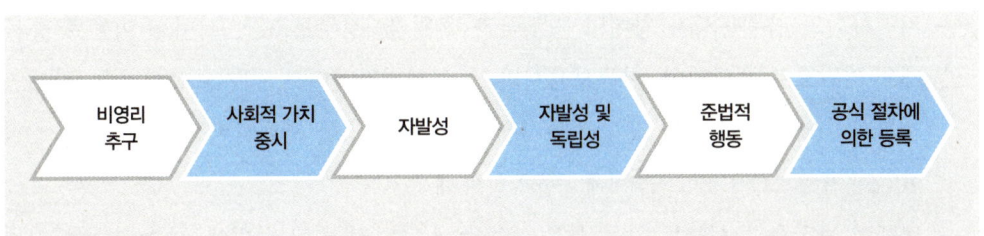

- 유형

실천 NGO	대행 NGO	자선 NGO
• 특정 정책의 기획과 개발 목적	• 특정 정책의 변화 촉진 및 옹호 목적	• 특정 계층의 취약성을 돕는 정책의 창출 목적
서비스 NGO	참여 NGO	동기부여 NGO
• 보건의료, 가족계획, 교육서비스 제공 목적	• 특정 정책 대상자들의 정책 참여 권장 목적	• 공동체에 감성과 자신감 부여 목적

③ 비영리조직(Non-Profit Organization: NPO)
- 영리 추구 이외의 목적으로 구성된 조직이기 때문에 이익이 발생할 경우 조직의 목적이나 사명에 전부 사용함(= 조세 감면 대상이나 자선단체의 지위를 보유하는 경우가 많음).
- 경제적 성공보다 회원으로 속한 사람들 혹은 지역사회에 대한 사회에 가치 있는 활동에 주안점을 두며, 비영리조직의 목적에 공감해 조건 없이 일정한 금전이나 자신의 재능을 기부하는 후원자가 존재함.
- 회원으로 속한 사람들에게 편익을 대변하는 상호 부조 조직, 노동조합, 산업 부문의 협회, 스포츠클럽, 퇴직자단체 등과 지역사회에 봉사하는 휴먼서비스 프로그램, 지역 발전 프로젝트, 원조 및 개발 프로그램, 교육, 보건의료서비스, 보건의료 조사연구 등이 해당됨.

④ 비영리사회복지조직
- 지역사회의 자원봉사자 참여와 기부금과 후원금, 정부보조금, 서비스 이용료 등을 재원 기반으로 운영되며, 아동보육서비스, 정신건강서비스, 장기요양서비스, 장애인 재활서비스, 노인요양원 및 가정봉사원 운영 등 다양한 사회서비스를 제공함(= 일반인, 일반적 생활에서 벗어난 위기에 처한 사람이 대상).
- 경제적 보장을 우선하는 공공 부문을 보충해 단기적 위기 상황에 처한 사람을 지원하는 데 주목적이 있고, 서비스의 질을 중시하면서 시장과 공공 부문이 담당하지 않는 영역을 담당하기 때문에 영리와 무관한 개입 대상과 방법을 특정할 수 있음.
- 특수한 욕구나 특정한 집단에 대응하는 활동을 영위하며 독특한 프로그램을 운영하

는 자조집단으로서 적십자, 구세군 등의 공식 기관이 대표적이고 사회화와 레크리에이션까지 포괄함.

⑤ 영리사회복지조직
- 영리를 목적으로 사회복지사업을 영위하는 조직으로 주로 미국에 한정되며, 자원 배분과 프로그램 평가에서 시장의 합리성을 중시하는 휴먼서비스 경영조직(human service executives)이 대표적
- 근본적으로 영리를 추구하는 조직이 사회복지 원리에 부합하는지에 대한 비판이 존재하며, 영리조직의 효율성 추구 역시 사회복지 전달 체계의 가치에 부적절함.

2) 공공사회복지조직의 민영화

(1) 민영화의 대두 배경 및 논거

① 신자유주의가 세계적인 지배 논리가 되기 시작하면서 복지국가와 큰 정부는 비효율성과 재정 위기의 주원인으로 지목되며 광범위한 공공 영역 자산의 매각, 임대, 민간에 대한 이양 등이 이뤄짐(= 사회보장 체제의 민영화, 보건의료 부문에서 민간 역할 증대, 공공임대주택 매각, 사회복지시설 민영화 등 추진)
② 비용 절감을 위해 민간에 하청 조치, 정부가 봉착한 위기를 민간에 전가, 공공 영역 자산의 매각이나 임대로 새로운 자금 마련, 민간이 상대적으로 전문성 있는 서비스를 공급하고 높은 서비스의 질을 보장함, 민간은 인력의 계절적 수요에 탄력적으로 대응, 특정 사업의 완수에 민간 부문의 도움이 매우 효과적

(2) 민영화의 찬반론 및 유형

찬성론	반대론
• 재정적 측면 : 공공서비스 관리와 공급 비용 절감 • 관리운영 측면 : 민간 기업이 공기업보다 상대적으로 효율적	• 재정적 측면 : 공공서비스는 공적 책임이라는 측면에서 강력하며, 민영화가 반드시 비용 절감을 보증하지 않음. • 관리운영 측면 : 민간 기업은 투명성 확보가 곤란하고, 충분한 감시와 책임 부과가 어려움.

완전 민영화	• 공공 영역의 자산을 민간에 완전히 매각 조치
운영 민영화	• 정부가 시설 소유권은 보유하지만 운영권을 민간에 이양하는 조치
외주	• 계약을 통해 정부가 지정하는 서비스의 생산을 민간에 위탁하는 조치
프랜차이징	• 정부가 민간에 특정 지역에 한정해 서비스 실행의 배타적 권리를 부여하는 조치
경쟁의 개방	• 정부의 관할하에 민간의 완전한 경쟁을 허용하는 조치

(3) 사회복지조직의 민영화

사회복지조직의 민영화는 완전 민영화 방식은 거의 이뤄지지 않으며, 운영 민영화가 대부분(= 정부가 민간에 운영권을 이양하고, 서비스 제공 비용은 정부로부터 지급받음)

제15장 되돌아보기

- 사회복지조직의 개념과 특성을 숙지할 것
- 사회복지조직의 구조에 대한 이해를 명확히 하고 각종 사회복지조직 구조 형태에 대해 각기 구분해 이해할 것
- 여러 사회복지조직의 유형을 특징적으로 비교해 숙지할 것
- 사회복지 환경에 대해 정리하고, 향후 어떠한 환경 요인이 강하게 작용할 것인지 생각해 볼 것

인적자원관리 및 동기부여

이 장에서는 조직에서 활동에 임하는 인력에 대한 관리와 개발, 동기부여에 대한 내용이 소개됩니다. 사회 자체가 인간들로 이뤄진 구성체이다 보니 인적자원관리는 조직과 사회, 나아가 모든 인간 스스로에게 근원적으로 매우 의미 있는 활동일 수밖에 없습니다. 전반적인 내용을 하나의 과정으로 보고 단계적 학습 정리가 필요합니다.

1. 인적자원관리의 의의

1) 인적자원관리의 개념

(1) 인적자원관리의 정의

① 사회복지조직의 목적을 달성하기 위해 조직구성원을 채용하고 능력을 개발하며 근무 의욕을 갖고 조직에 헌신할 수 있도록 동기를 부여하는 총체적 관리 활동
② 인력계획, 경력관리, 보수 및 퇴직금, 보건, 안전 및 복지후생, 사기와 인간관계 관

리, 복무와 근무규율, 노사 협조, 인사관리 정보 체계 등이 포함됨.

(2) 인적자원관리의 과정

① 인사계획
- 기관 목적의 달성을 위해 인사 충원에 대한 전반적 계획(= 직무분석, 직무기술서 및 직무명세서 작성 등이 필수적)
- 직무분석 : 분화된 기업 직무를 효율적으로 수행하기 위해 업무의 성격과 내용, 환경, 업무 수행에 필요한 지식·기술·역량·책임 등 직무상의 제반 요건에 관한 자료 또는 정보를 수집해 분석하는 일련의 과정(= 새로운 조직구성원의 충원 필요성 여부 판단, 합리적 채용 기준 설정, 조직구성원의 적합한 배치 등을 위한 자료 제공, 교육훈련 및 적정한 임금 수준의 결정을 위한 정보 제공 등이 목적)
- 인사계획 과정을 통해 조직구성원은 자신이 수행해야 할 직책과 직무를 명확히 알게 되고, 그에 따른 책임과 역할을 이해하며, 나아가 직무조직, 교육 프로그램 개발, 보상관리 등과 같은 인사관리 전반의 기초자료를 획득할 수 있음.

설문지를 이용한 직무분석	• 조사자 혹은 직무분석자가 조사 대상자에게 사전에 제작된 설문지를 배포해 조사 대상자가 수행하는 업무를 확인하는 방법
관찰을 통한 직무분석	• 조사자 혹은 직무분석자가 조사 대상자의 수행 업무를 관찰한 다음 이를 기록하는 방법
면접을 통한 직무분석	• 면접과 관찰을 통해 직무를 분석하는 방법
체험을 통한 직무분석	• 조사자 혹은 직무분석자가 직접 업무를 체험하면서 정보를 수집하는 방법
실험을 통한 직무분석	• 직무분석을 위해 전문적·기술적 방법, 예컨대 작업연구, 시간연구, 동작연구와 같은 방법을 사용
근무일지분석을 통한 직무분석	• 근로자가 기록한 일상의 업무활동일지를 분석하는 방법
주요 업무 분석법	• 근로자의 업무 중 중요하고도 가치 있는 것을 선별해 그에 관한 정보만 수집하는 방법

직무기술서	직무명세서
• 직무분석의 결과를 토대로 인사관리의 특정한 목적에 맞게 직무 내용과 자격 요건을 일정한 양식에 따라 기록한 문서 • 직무 자체에 관한 서술, 직무의 명칭·개요·장비·환경·작업활동 등 직무 내용과 직무 요건을 동일한 비중으로 다룸.	• 직무기술서와 혼용됨. • 직무 내용보다 직무 요건, 특히 최소한의 자격 요건, 경력, 책임, 육체적 노력 및 기술, 의사소통 기술, 정서적 특징 등의 수준과 필요한 수준 등 인적 요건에 큰 비중을 두는 것이 직무기술서와 차이

- 직무설계 : 효율적 직무 수행 및 조직구성원의 만족도 향상을 위해 직무 내용과 수행 방법, 직무 간 관계 등을 설정하는 과정(= 조직구성원의 동기를 향상시키고, 작업 생산성을 향상시키며, 재화와 용역의 질과 양 모든 측면의 개선을 지향함. 또한 원가 절감과 시간 절약, 이직과 훈련비용 감소, 새로운 기술에 대한 신속한 대응을 목적으로 함)

전통적 직무설계	현대적 직무설계
• 사람보다 직무를 중시함 : 직무는 바꿀 수 없는 조건이기에 직무를 수행하는 사람이 직무상 요구에 부합해야 함. • 직무의 세밀한 세분화 및 표준화를 지향하며 전문화된 직무의 효율성 증진을 추구함. • 직무 수행자의 인간적 욕구 경시, 감정적 소외 유발, 잠재 역량의 미흡한 발휘 등	• 직무보다 사람 중심으로 이뤄짐. • 직무 수행자의 업무 동기와 만족도를 높혀질 수 있는 직무 내용과 방법을 설계하는 데 치중함. • 직무 범위의 수직적 확장을 의미하는 직무충실, 직무재설계 등이 해당됨.

② 채용

모집	• 자격이 있는 지원자들을 공석인 직위에 유치하는 과정 : 전문적으로 유능하고 클라이언트 및 다른 조직구성원과 원만한 대인 관계를 맺을 수 있는 능력을 지닌 인물을 물색 • 절차 : 모집해야 될 직위에 대한 직무분석을 하고 직무의 종류 및 내용 등을 중심으로 직무명세서를 작성한 후, 지방 및 전국적 수준의 일간지, 사회복지신문, 사회복지와 관련된 월간지, 대학의 취업보도소 등에 직무 명칭과 분류, 급여 범위·근무지역, 최소한의 자격 요건, 시험, 신청 절차, 면접 및 마감 일시 등을 기재한 공고를 통해 모집
선발	• 모집된 사람들 중에서 필요한 인원을 선별하는 과정 : 조직에 충성심과 조직의 요구에 기초해야 하며, 전문성과 원만한 인간관계, 클라이언트 및 조직구성원들을 보호할 수 있는 능력이 고려된 사람을 대상으로 함. • 객관성·타당성·신뢰성을 확보하기 위해 시험이 주로 활용되며, 특별 선발은 아주 예외적으로 활용해야 함.
임명	• 선발된 사람들을 필요한 곳에 적절히 배치하는 과정 : 시험이 끝나면 성적순, 직종별로 등급이 매겨진 임용후보자 명부 작성 • 임용후보자 명부 순위에 의거 임명 : 임명되지 않은 나머지 임용후보자들은 그대로 임용후보자 명부에 유효하게 남게 되며, 임명된 사람들이 빠져나감으로써 서열이 조정됨. • 통상 임명 수준은 조직구성원의 배경과 경험에 부합해야 할 뿐 아니라 다른 조직구성원들과 비교해서 공정해야 함.

시험의 종류		장점	단점
필기시험	주관식	• 통찰력·추리력·판단력 등 고도의 복잡성을 지닌 사고력 측정에 효과적 • 출제에 적은 시간·경비 소요	• 채점자 주관이 개입될 여지가 다분함. • 채점에 많은 시간·경비 소요
	객관식	• 채점이 용이함, 고도의 객관성 확보 가능	• 복잡성을 지닌 사고력 측정에 부적절함.
실기시험		• 실제 근무와 같은 조건에서 도구·기구를 활용해 직무를 해보도록 조치해 타당도가 높음.	• 대량으로 치르기 어려움, 채점자 주관이 개입될 여지가 가장 다분함(객관도·신뢰도 문제).
면접시험		• 필기시험으로 측정할 수 없는 태도·성격·창의성·협조성 등을 파악할 수 있어 필수적으로 실시되고 있음.	• 면접관의 훈련, 면밀한 면접조사 방법의 개발 등이 요구됨. • 면접관의 선입견이 개입될 가능성

③ 훈련 및 개발
- 훈련은 현재의 직무 수행에 필요한 기술 향상을 목적으로 실시하며, 개발은 미래에 초점을 두고 인력의 전반적 업무 능력의 향상을 목적으로 실시
- 훈련 과정

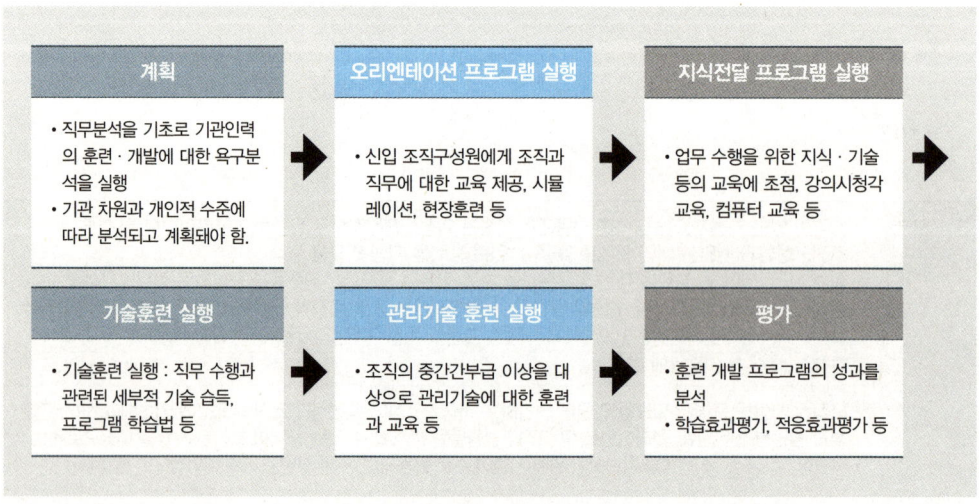

④ 직무평가 : 조직구성원 직무에 대한 기대 사항을 설정하고, 조직구성원의 실제 업적을 측정·평가·기록해 당사자인 조직구성원에게 피드백을 제공하는 일련의 과정

- 조직구성원의 업무 능력을 개발하기 위한 목적이며, 조직구성원의 승진, 해고, 포상 및 임금 결정의 기초자료로 활용됨(= 다양한 양식을 통해 조직구성원의 업무 수행 평가의 공정성, 타당성, 신뢰성을 확보해야 함).
- 평가는 직무 수행 기준 확립, 직무 수행 기대치 전달, 직무 수행 측정, 실제 직무 수행 및 직무 수행 기준 비교, 평가에 대한 토의 순으로 이뤄짐.
- 직무 수행 평가도구

도표 평정식	• 세로축은 평가 요소를 나열하고 가로축은 각각의 요소에 대한 등급 표기 • 평가자가 각각의 수행 등급을 표시하는 것으로 직위 간에 직무의 차이 구별하지 못하고, 평가 요소가 일반적이므로 일반적 평가밖에 할 수 없는 한계가 있음.
개조 서열식	• 평가자가 모든 조직구성원에 대해 최상에서 최하까지 등급을 매기는 척도 • 조직구성원들이 평가에 따라 서열이 매겨지므로 조직구성원들이 지나치게 경쟁으로 몰아가며, 평가 요소가 구체적이지 못해 평가의 한계가 있음.
이분 비교식	• 등급을 매기거나 서열을 정하는 것이 아닌 자신을 제외한 나머지 같은 서열 내 다른 조직구성원들과 비교해 상대적인 평가가 이뤄지는 척도
강제 배분식	• 많은 사람을 평가할 때 강제적으로 등급별 비율을 정해 상대 평가함.
중요사건 평가식	• 조직구성원이 직무 수행 시 과정이나 결과가 좋은 업무와 나빴던 업무를 기록하게 함으로써 좋은 업무는 강화하고 나빴던 업무는 교정해 검토하는 척도로서 조직구성원들에게 피드백을 제공함.
행동계류 평정식	• 업무와 업무들과 관련된 행동의 효과성에 대한 평점을 매기는 델파이 기법을 사용해 전문가들에 의해 등급을 매기는 척도 • 가장 높은 점수를 받은 업무와 관련된 행동이 바로 직무평가의 기대치가 됨. • 직무평가도구로서 타당성이 가장 높지만 시간과 비용이 많이 소요됨.

- 평가 시 타당성은 특정 방법의 정오 혹은 추론 결과의 올바름을 의미하며, 신뢰성은 동일한 결과의 반복 정도를 의미함.

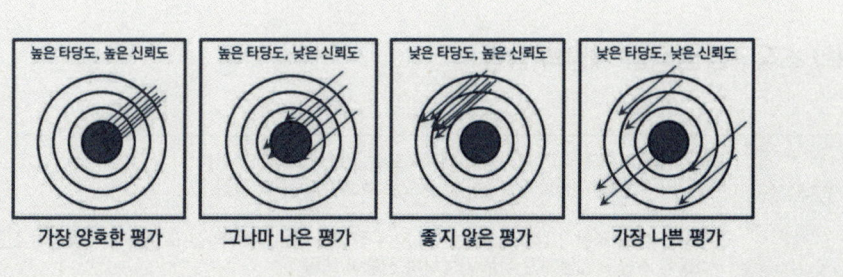

⑤ 보상
- 업무평가를 통해 기관구성원의 기여도에 상응하는 임금, 성과급, 사회보험, 근로 시간 조정, 교육·훈련(= 간접적 보상) 등 적절한 혜택을 주는 것을 의미함.
- 효율성, 합법성, 적절성, 공정성, 합리성의 원칙이 지켜져야 하며, 내적 일관성과 외적 경쟁력을 고려해서 지급해야 하고, 개인적 보상보다 팀 보상이 바람직함.
⑥ 인력 유지

승진	• 수직적 인사 이동의 한 형태로 조직에서 구성원의 직무·자격 서열을 상승시키는 것 • 직무에 대한 조직구성원의 수행 결과에 기초해 지위·보수를 발전시키는 것 • 승진의 기준·절차를 명확하게 규정해야 함(= 능력주의와 연공주의). • 근무 연한·업무 수행 능력·학력·시험성적·성적과 상벌 사항 등
이직	• 자발적 이직, 비자발적 이직(= 해고, 휴직, 정년퇴직) 등

2) 조직구성원의 역량 개발

(1) 조직구성원 역량 개발의 정의

① 조직구성원의 소양과 능력을 개발하고, 직무 수행에 필요한 지식과 기술을 향상시키며, 가치관과 태도를 바람직한 방향으로 변화시키기 위한 교육과 훈련활동을 포괄적으로 지칭
② 지속적인 교육과 훈련을 통해 전문지식과 기술, 태도의 수준을 향상시켜 사회복지조직이 제공하는 서비스의 효과성을 높이는 것 등의 기능을 수행함.

(2) 조직구성원 역량 개발의 방법

강의	• 단시간에 다수에게 교육 내용을 체계적으로 전달. 경비 절약 가능 • 강사의 무능력, 직원들의 무성의함 등으로 효과가 없을 수 있음.
회의	• 정보의 상호 교환이 강조되며, 일반적 지식 전달이 아닌 상호 의견 교환을 통해 학습이 진행됨 • 비교적 소규모 집단에만 적용 가능하며 진행이 느림.

토의	• 자유롭고 공개적인 분위기에서 집단사고를 통해 중지(衆智)를 모을 수 있음. • 다수가 참여하기 때문에 자기 의견 개진 기회가 적고, 토의의 초점을 상실할 우려가 있으며, 결론 없이 끝나는 경우 불만이 발생할 수 있음.

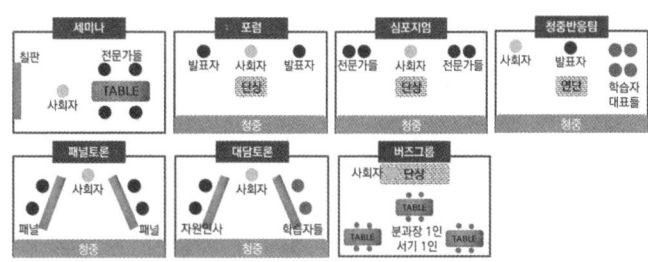

사례 발표	• 분석적 사고 능력과 문제 해결 능력 개발에 도움. • 사례 선정 오류로 흥미 · 관심을 끌지 못할 경우 비효과적
역할연기	• 인간관계 훈련에 효과적이며 좋은 경험을 몸소 얻을 수 있음. • 연기에 소질이 없을 경우 진행이 어려우며 사전 준비가 많이 요구됨.
집단행동	• 워크숍, 감수성 훈련(= 사전에 과제나 사회자를 정해 주지 않고 피훈련자끼리 자유로운 토론을 통해 어떤 문제의 해결 방안이나 상대방에 대한 이해를 얻도록 하는 훈련 방법)이 대표적 • 주로 합숙을 통해 이뤄지며 성인의 태도와 행동 변화에 가장 효과적이지만 잘못 이뤄지면 상호간 감정을 상하게 되는 역효과 우려
멘토십	• 상위 단계의 업무에 대해 아직 경험이 많지 않은 조직구성원들에게 경험을 공유하면서 지혜를 갖게 하고 이를 통해 이들의 역량 개발을 유도하는 방법 • 통제받지 않는 느낌으로 경험자의 노하우를 습득할 수 있으나 비공식적 집단이 형성될 수 있음.
수퍼비전	• 서비스를 효과적 · 효율적으로 전달하기 위해 지식과 기술을 잘 사용할 수 있도록 도와주는 활동(= 공식적 활동이라는 점에서 멘토십과 차이가 있음) • 전문적 활동으로 행정적 · 교육적 · 업무 촉진 기능을 가지며, 사회복지조직에서는 특히 수퍼비전이 강조됨. • 실효성이 높은 방법이지만 다수를 동시에 실시하기 어렵고, 수퍼바이저는 시간을 많이 빼앗길 수 있음. • 방법 : 개인교사 모델(= 수퍼바이저와 사회복지사가 1대1의 관계로 수퍼비전 제공), 사례 상담(= 사회복지사에게 할당된 사례에 대해 수퍼비전 제공), 집단 수퍼비전(= 한 명의 수퍼바이저와 다수의 사회복지사로 구성), 동료집단 수퍼비전(= 동료 사회복지사끼리 동등한 자격으로 상호 수퍼비전 제공), 직렬 수퍼비전(= 두 명의 사회복지사가 상호 수퍼비전 제공), 팀 수퍼비전(= 다양한 구성원들이 팀을 형성해 상호 작용) • 수퍼바이저에게는 풍부한 지식, 실천기술과 경험, 개방적 접근 태도, 헌신적 사명감, 솔직한 태도, 긍정적 보상 제공 역량 등이 있어야 함.

효과적 수퍼바이저	비효과적 수퍼바이저
* 구조화된 수퍼비전 * 적절한 상담자 역할 * 수퍼비전에게 적합한 상담 방법 활용 * 훌륭한 교사 * 융통성 있는 역할 선택 * 명확한 계약 * 합의된 기준에 의한 공정한 평가 * 수퍼비전의 개별화 * 수퍼바이저 훈련 이수 * 다양한 수퍼비전 개입 방법 활용 * 명확하고 직접적 · 건설적 피드백	* 비구조화된 수퍼비전 * 상담과 수퍼비전 구분 불가능 * 오직 하나의 상담 방법을 고수 * 부적절한 교사 * 특정 역할에 매몰 * 부적절한 협상 * 평가에 대한 명료한 기준 미흡 * 차별성 없는 수퍼비전 제공 * 수퍼바이저 훈련 필요성 체감 못함. * 제한된 수퍼비전 개입 방법 활용 * 피드백이 없거나 모호하거나 처벌적

수퍼비전	• 유형 : 행정적 수퍼비전(= 작업 배경 제공, 비합리적 조직이 장애 요인, 조직구조와 사회복지사의 업무를 도울 수 있는 기관 자원에 접근 방법 제공, 조직구조와 자원의 효율적 이용 목적), 교육적 수퍼비전(= 업무 능력 개선, 무지와 낮은 인지 능력이 장애 요인, 업무에 필요한 지식과 기술 제공, 지식 · 기술 향상 목적), 지지적 수퍼비전(= 업무만족감 지원, 정서 불안정이 장애 요인, 효과적 업무 수행을 위한 심리적 자원 제공, 스트레스 감소와 사기 증진 목적)

(3) 조직구성원 능력 개발의 종류

신규 채용자 훈련	• 적응훈련 · 기초훈련으로 별칭 • 새로운 조직구성원에게 조직 · 조직서비스 · 지역사회를 소개하는 과정 • 조직의 역사 · 미션 · 목적 · 기본 정책 · 규정 · 조직구조 · 급여 · 보상 체계 등이 소개됨.
일반 조직구성원 훈련	• 직무 수행 개선을 위한 교육훈련 • 현재 근무하고 있는 조직구성원들에게 필요한 새로운 기법을 습득하게 되는 등 직무 수행 능력을 향상시키는 것이 대상 • 장기적 · 지속적 실시가 필요
감독자 훈련	• 수퍼바이저에 대한 훈련 • 업무 수행에 필요한 지식 · 리더십 · 의사전달 · 인간관계 · 인사관리 등이 대상 • 훈련 방법으로 강의 · 토의 · 사례 발표 등을 활용
관리자 훈련	• 최고 계층에 속하는 중 · 고급 관리자에 대한 훈련 • 정책 수립 및 리더십에 관한 것이 대상

2. 동기부여

1) 동기부여의 개념

(1) 동기부여의 정의

근무 의욕 및 사기를 진작시켜 업무의 생산성을 향상시키며, 나아가 사회복지 서비스 제공 시에 효과성 · 효율성을 높이기 위한 중요 요소

(2) 동기부여의 요소

개인적 관심	• 과업에 대한 관심은 능률이 향상되는 것은 물론, 생산성 향상에 지대한 영향을 미칠 수밖에 없음. • 행정책임자는 운영의 중요한 과정에 조직구성원을 참여시킴으로써 개인적인 관심을 높일 수 있음.
시간관리	• 최소의 시간을 활용해 최대의 효과를 낼 수 있도록 조직구성원 개인의 시간 가치를 존중하는 조직에서 사기와 생산성이 높음.
승인과 칭찬	• 조직구성원이 성취감을 갖게 하고 새로운 동기를 유발하며 사기를 진작시키는데 매우 중요한 요소
책임과 권한의 명확화	• 조직구성원들에게 일정한 권한을 부여하고 책임을 명확히 인식시켜 줄 때 자신의 업무에 주인 의식을 가질 수 있고 자율성을 가지고 업무를 수행할 수 있음.
소진 제거	• 조직구성원이 경험하게 되는 스트레스와 고통들에 대한 반응으로서 직업에 대한 이상·열정·목적의식·관심을 점차 상실해 감. • 열성, 침체, 좌절, 무관심 순으로 소진 상태가 심화되며, 이러한 소진 가능성을 제거함으로써 동기부여가 될 수 있음.
성취 기회의 부여	• 가치 있는 일을 할 기회가 제공됐을 때 성취를 위해 노력하게 됨.

(3) 고전이론과 신고전이론의 차이점

고전이론은 금전과 소득의 증가가 유일한 동기부여 요소라고 인식했으며, 신고전이론은 금전과 소득 대신 인간관계의 중요성을 강조함.

2) 동기부여이론

(1) 욕구이론

① 머슬로(A. H. Maslow)의 욕구계층이론 : 인간의 욕구를 생리적 욕구, 안전의 욕구, 애정과 소속의 욕구, 존중의 욕구, 자아실현의 욕구 등 5단계로 인식하고, 조직구성원의 동기는 이러한 욕구들에 의해 유발된다고 주장(= 사회복지행정상 유용하게 활용되는 이론 중 하나)

유용성	한계
• 개인별 욕구가 다르며 그들의 욕구가 무엇인지를 이해하고 작업 기회를 통해 그들의 욕구를 충족시킬 수 있도록 도움을 제공해야 한다는 차원에서 긍정적	• 인간의 욕구는 순차적이지 않으며, 동시적으로 여러 개를 혹은 달성한 하위 단계 욕구를 다시 원하기도 하며, 상황에 따라 다른 욕구를 추구할 수 있기 때문에 이론의 실효성이 낮아짐.

② 앨더퍼(C. R. Alderfer)의 ERG이론 : 머슬로의 5단계 욕구를 세 가지 범주로 나눠 설명(= 상위 욕구를 충족시키기 전에 먼저 하위 욕구가 먼저 충족돼야 한다는 머슬로의 가정을 폐기하고, 욕구 출현의 중첩, 욕구의 비연속성을 강조)

존재의 욕구	• 성욕, 식욕, 갈증, 수면, 주거와 같은 생리적·물질적 욕구 • 머슬로의 생리적 욕구, 안전의 욕구가 해당
관계의 욕구	• 타인과의 정서적 교류와 상호의존성에서 만족을 얻으려는 욕구(= 직무 내외의 인간관계에 관련된 모든 욕구를 포괄) • 머슬로의 애정과 소속의 욕구가 해당
성장의 욕구	• 개인과 직무에 대한 계속적 성장·발전에 대한 욕구(= 잠재력의 개발·확장) • 머슬로의 존중의 욕구, 자아실현의 욕구가 해당

③ 스키너(B. F. Skinner)의 행동수정이론(= 보상과 처벌 이론)
- 인간의 행동은 개별적 혹은 집단에서의 보상과 처벌에 대한 기대에 의해 영향을 받는다고 주장(= 행동은 지속적 처벌 혹은 보상을 통해 변화될 수 있으며, 특히 보상이 처벌보다 바람직하다고 주장)
- 조직구성원의 바람직한 행동 변화를 만들기 위해서는 주요 수단으로서 처벌 사용 자제, 적극적 강화 및 바람직하지 않은 행동 무시, 바람직한 반응과 강화 간 시차 최소화, 적극적 강화의 빈번한 적용, 각 개인의 반응 수준 확인 및 최후의 복합적 반응을 위한 구체적 절차 사용, 개인이 경험하는 상황 속 적극적·소극적 특성을 확인, 명백한 용어로 바람직한 행동 명시 등

적극적 강화	소극적 강화	부정적 강화	소거	처벌
• 칭찬, 상금, 승진 등 바람직한 행동에 긍정적 대가를 제공함으로써 바람직한 행동을 권장	• 바람직하지 않은 행동에 대한 처벌을 유보함으로써 자의적으로 바람직한 행동을 할 수 있도록 유도	• 바람직하지 않은 행동을 할 경우 받게 될 부정적인 대가를 인지시켜 바람직한 행동을 하도록 유도 (= 회피로 별칭, 바람직하지 않은 행동을 미리 피하게 만든다는 의미)	• 과거 보상으로 강화된 행동이 도가 지나쳐 더 이상 바람직하지 않게 됐을 때, 과거 받았던 보상을 제거해 바람직하지 않게 된 행동을 감소시킴.	• 감봉, 정직, 퇴사 등 바람직하지 않은 행동에 부정적 대가를 제공함으로써 바람직하지 않은 행동을 감소시킴.

유용성	한계
• 인간의 동기부여에 대해 좀 더 과학적으로 접근해 처방적·임상적 측면에서 과거의 여타 이론보다 높은 효과성을 지님. • 동기부여 문제에 대한 정의·개념화·개선을 위한 도구 창출에 용이성이 확보된 것은 긍정적	• 인간은 인간관계, 환경 등 다양한 요소에 의해서 동기부여되지만 보상 혹은 처벌에만 좌우되는 단순한 존재로 인식한 점 등이 한계

④ 허즈버그(F. Herzberg)의 욕구충족이원론(= 동기-위생이론)
- 조직구성원에게 만족을 주는 요인과 불만족을 주는 요인은 상호 독립적이며, 조직구성원은 고통의 회피, 심리적 성장·만족하려는 성취 욕구가 강하기 때문에 일의 내용과 심리적 만족에 의해 동기가 부여된다고 주장

동기 요인	위생 요인
• 만족을 주는 요인(= 직무와 조직구성원 간 관계에 관련된 요인) • 성취, 보수, 인정, 직무 내용, 책임, 승진, 승급, 성장 등	• 불만족을 초래하는 요인(= 환경적 요소들과 관련된 요인) • 조직의 방침 및 행정, 관리감독·상사와의 관계, 근무환경, 보수, 동료와의 관계, 개인생활, 부하 조직구성원과의 관계, 지위, 안전 등

유용성	한계
• 동기 요인을 제공하는 것만으로는 확실한 동기부여가 될 수 없고, 위생 요인을 제거하는 것이 중요하다는 의견을 제시했다는 점에서 긍정적(= 만족의 제공만큼 불만족의 제거가 중요함을 명시)	• 보수와 같이 특정 요인은 동기와 위생 요인 모두에 속할 수 있기 때문에 이론의 근거가 되지 못함. • 요인들에 대한 개인의 차이가 무시되고, 만족한 조직구성원이 반드시 성과를 올린다는 보장이 없기 때문에 만족이 동기부여가 된다는 것 자체가 오류

⑤ 포터(L. W. Porter)와 롤러(E. E. Lawler, Ⅲ)의 보상모형
- 만족과 성취 사이의 관계를 중심으로 구성된 이론이며, 보통 인간은 행동을 시작하기 전에 보상의 가치와 가능성에 대해 사전에 생각함(= 보상가치는 노력할 만한 가치가 있는지에 대한 판단, 보상 가능성이란 이미 지각된 노력에 의한 편익이나 승진의 가능성에 대한 판단)
- 실제 보상이 공정한 보상과 같거나 그 이상이면 만족하고, 그 이하이면 불만족하다고 규정하고, 성취 의욕이 크더라도 변수에 의해 불만족스러울 수 있음을 제기함(= 전통적 가설을 부정함).
⑥ 맥클리랜드(D. C. McClelland)의 성취동기이론 : 동기를 부여하는 욕구를 권력 욕구, 친교 욕구, 성취 욕구의 세 가지 형태로 파악

권력 욕구	• 조직구성원에게 통제력을 행사하거나 행동에 영향을 미치려는 욕구 • 주로 높은 권력 욕구를 가지고 있는 사람들이 영향력과 통제를 행하는 데 관심을 가짐.
친교 욕구	• 귀속 욕구, 관계 욕구라고도 하며 다른 사람들과 친근하고 밀접한 관계를 맺으려는 욕구
성취 욕구	• 장애와 역경을 뚫고 목표를 달성하려는 욕구, 타인과 경쟁해 승리하고 싶은 욕구, 자신의 능력을 충분히 발휘해 자신의 가치를 향상시키려는 욕구 등

(2) 과정이론

① 브룸(V. H. Vroom)의 기대이론
- 인간이 행동하는 방향과 강도는 그 행동이 일정한 성과로 이어진다는 기대의 강도와 실제로 이뤄진 결과(= 성과, 보상)에 대해 느끼는 매력에 달려 있다고 주장
- 동기부여(v) = 기대감(e) × 유의성(v) × 수단성(i)

기대감	• 일정한 노력이 어떤 성과를 초래할 가능성에 대한 주관적 확률분포 • 0에서 1까지의 값을 가짐.
유의성	• 성과·보상에 대한 매력 정도 • 1에서 1까지의 값을 가짐.
수단성	• 개인이 지각하는 특정한 성과의 달성 시 바람직한 보상이 주어지리라고 믿는 정도 • 0에서 1까지의 값을 가짐.

유용성	한계
• 높은 수준의 동기부여를 위해 좀 더 구체화되고 현실적인 요소를 제시하고, 이를 수치화하려고 시도했다는 점은 긍정적	• 인간이 복잡한 계산 과정을 거쳐 행동을 결정한다는 것에 대한 검증 불가능 • 인간은 이득이 적고 손해가 크더라도 행동하는 경우가 다반사 • 집단에 대한 동일화·단결심이라는 집단의 동기 유발 측면은 배제됐다는 점 등이 한계

② 애덤스(J. S. Adams)의 공정성이론
- 인간의 행동은 다른 사람과의 관계에서 공정함을 유지하는 방향으로 동기부여되며, 업무에서는 공평하게 취급받으려는 욕망도 개인에게 동기를 부여함.
- 직무 수행에 투입한 노력에 대한 조직에서의 보수·승진·인정 등의 편익을 계량화해 자신이 선정한 기준과 비교해 각각의 비율이 동일하거나 높다고 판단되면 공정함을 느끼고 만족하게 되지만, 그렇지 않을 경우 불공평하다고 인지하며 그 간극을 줄이기 위해 동기부여를 하게 됨.

제16장 되돌아보기

- 인적자원관리 과정에 대해 이해하고 자신이 과정에 임하고 있다고 가정해 각 과정에 대응하는 방법을 생각해 볼 것
- 조직구성원의 역량 개발 방법 중에서 무엇이 가장 효율적일지 판단해 볼 것
- 자신의 동기부여 상황을 생각해 보고 각 이론들이 주장하는 바와 비교해 볼 것

리더십 및 조직문화

> 이 장에서는 일상에서도 자주 사용하는 리더십에 대한 내용이 다뤄집니다. 최근에는 리더십의 유용성에 대해 많은 논란이 있지만 분명한 것은 사회나 특정 조직에서는 주도적 역할을 담당하는 사람이 존재하고 그에게서는 고유의 특징이 나타난다는 사실입니다. 오랫동안 연구돼 온 분야이기 때문에 내용도 방대합니다. 시간 흐름대별로 각 리더십 이론을 이해하는 것이 중요합니다.

1. 리더십의 의의

1) 리더십의 개념

(1) 리더십의 정의

① 특정 인물이 조직구성원에 대해 행사하는 효과적 의사소통을 위한 사회적·대인관계적 영향력, 조직의 공동 목표를 달성하기 위해 자발적으로 노력하게 만드는 집단 과정상 사회적 기술·능력

② 리더십의 적용 영역 : 집단 과정, 조직구성원의 개성과 효과, 복종을 유도하는 기술, 영향력 행사, 활동을 촉진하는 행동, 설득의 형태, 권력 관계, 목표 달성의 수단, 상호 작용 효과, 분화된 역할, 구조의 주도·유지, 직무 만족 유도, 잠재력 개발 등

③ 리더십은 리더, 리더가 속해 있는 조직의 구성원, 지속성·시간관리·타협·관대함·인내 등 상황적 요소들로 구성됨.

④ 리더십은 환경의 부단한 변화에 적응해 조직의 안정성을 유지해야 하고, 조직설계가 완벽할 수 없기 때문에 조직구성원들의 바람직한 행위를 형성하고 과업 지향적으로 보완할 필요가 있음, 또한 조직 목표와 구성원 목표의 일치를 유도하며, 구성원들이 규칙과 규정을 준수하도록 동기부여해 조직 내부의 변화를 조직에 통합하고, 조직 내 다양한 갈등에 대응해야 하기 때문에 반드시 요구됨.

⑤ 리더십의 효과성 증진 방법 : 깊은 사려, 계획적·적절한 제안, 합리적 결정·기획의 지속적 수행, 시간의 가치와 역동성 이해, 논리적 타협, 정해진 목표 내에서 조직구성원에게 기회 제공, 함께 활동, 서비스 향상과 목표 달성을 위해 창의적 사고 발휘 등

(2) 리더십의 분류

① 조직계층에 따른 분류

최고관리층	• 최고관리층은 복지정책을 일선에 부합하는 사회복지행정으로 전환하고 필요한 재정을 획득하며 정치적 지지를 얻어 내는 책임을 지고 있는 계층 • 조직 외부의 다양한 이익집단과 지역사회와 상호 연관을 가져야 하며, 조직 내외부 환경의 변화에도 적절히 적응해 조직을 이끌어야 함. • 리더십 기술 : 조직의 기본적 임무 설정, 외부의 이해관계 집단과 교섭·중재해 조직 정체성 확립, 임무 수행을 위한 서비스 기술 선정, 내부구조를 발전·유지, 변화를 주도하고 수행
중간관리층	• 최고관리층으로부터 내려오는 지시를 구체적 프로그램 목표로 전환하고 목표 달성하기 위해 여러 프로그램 전략 중 선택을 담당함(= 직원·물자 확보, 내부 운영절차 개발, 프로그램 활동을 감독·조정·평가), • 하위관리층 및 최고관리층의 연결·중재 : 최고관리층의 바람을 하위에 설명·해석·전달, 하위의 생각·관심·욕구 등 대변 • 조직구성원들의 사기·효율성·효과성에 도움을 주는 제반 조건을 개발·유지, 부서 내 및 부서 간 수직적·수평적 의사소통을 촉진, 개인·집단 간의 갈등 해소, 조직의 규범 체계를 유지·혁신·문제해결·성장과 발전 촉진 • 리더십 기술 : 사회복지 조직 내 많은 전문가의 조직 기여활동에 대한 확실한 인지, 최고관리층에게 제반 사항에 대한 고려를 하도록 유도할 수 있는 능력 필요, 수평적 차원에서 조정·협력·갈등관리 통합, 개인의 욕구·기대를 조직 목표에 연계

하위관리층	• 프로그램 수행 감독, 일선 직원 업무 위임·분담, 서비스 제공 상황 검토, 사례를 다루는 결정 시 일선 직원과의 상담 책임 및 단위 감독자, 조정자, 팀 리더의 역할 수행 • 일종의 고참 전문가 역할을 수행, 업무의 기술적 측면에서 일선 직원들에게 충고·지침 제공, 부족한 지식·기술 지적, 개인적 성과 평가, 하위 직원의 관심거리 전달, 상관들과 의사소통 촉진, 상관의 지시를 하위 직원들에게 전달·강화 역할 • 리더십 기술 : 직원·자원을 효율적·효과적 활용에 도움, 주요한 수퍼비전의 기능(행정적·교육적·지지적 기능) 수행, 하위 직원들의 업무 조직화 및 업무집단 내 다른 직원들과 협업 조정에 도움을 제공하는 전문적 기술과 사기 진작을 위한 보상·제재의 공정한 분배 감시, 직원들의 동기부여 및 조직의 일체감 확보 등 공평에 대한 관심을 가지고 있음.

② 의사결정 과정에서 조직구성원의 참여에 따른 분류
- 과거에는 조직구성원이 의사결정 과정에 참여하는 수준이 낮았으나 최근에는 참여하는 수준이 강화됐기 때문에 리더의 유형도 함께 변화하고 있음.
- 리더가 보스의 기질을 기반으로 리더십을 발휘하는 형태부터 철저하게 조직구성원 중심으로 리더십을 발휘하는 형태까지 리더십 발휘에 따라 구분되며, 아래와 같은 여러 형태가 존재함.

	장점	단점
지시적 리더십	• 중앙집중적 통제와 조정 용이 • 정책 해석과 수행에 일관성 • 신속한 결정 • 변화의 발생과 위기 대처에 요구되는 강력한 리더십 창출	• 과도한 통제는 그 자체가 거부감의 원인 (= 사기 저하) • 잠재력 개발 곤란 • 일방적 의사소통은 타인을 이해시키지 못함.

참여적 리더십	• 개인적 자유와 심리적 요구에 대한 호소를 통해 동기부여 효과가 강함. • 조직구성원이 조직과 활동에 대해 현실적으로 접근할 수 있게 해 줌. • 개인의 중요성 강조, 인간의 가치·신뢰·개방성 형성 • 개방적 의사소통 촉진 • 더 많은 정보의 획득과 개인의 기술 발전 가능	• 많은 인원의 참여는 많은 시간이 소요됨. • 형식적 타협이나 맥 빠진 결정이 초래될 가능성 • 혁신적이고 넓은 안목을 지닌 지도자의 등장을 억제함. • 참여에 대한 책임 강조는 오히려 무관심을 초래하거나 참여 기술 학습에 대한 부담을 초래할 수 있음. • 참여는 모든 상황에 적용되는 조건이 아님.

2) 리더십 이론의 종류

(1) 특성이론

특징	한계
• 1940~1950년대 이뤄진 리더십의 초기 연구 형태 • 리더가 신체적 특성, 사회적 배경, 지능, 개성, 과업과 관련된 특성, 사회적 특성 등 특정한 특성을 갖췄을 때 리더가 돼 리더십을 발휘한다고 주장(= 다만 신체적 특성이 가장 중요성이 떨어지는 특성으로 간주함)	• 모든 리더가 가지고 있는 보편적 특성을 규정하지 못함. • 리더가 특성만 갖추면 하위자들은 무조건 따를 것이라고 단정(= 하위자의 욕구 무시) • 리더가 갖춘 특성 간 상대적 중요성과 우열을 규정할 수 없어서 명확성이 떨어지고 전형적인 행동 유형을 제시하지 못함.

(2) 행동이론

1950~1960년대 이뤄진 리더십 연구 형태로 특성이론을 비판해 나타남. 리더의 행동에 관심을 둔 이론으로 성공적·비공식적 리더의 차이점은 리더의 행동 유형에 따라 구별된다고 주장

① 오하이오주립대학 연구 : 리더의 행동을 기술하는 질문지를 개발해, 1,000여 개가 넘는 리더의 행동을 요인별로 분석한 뒤, 구조 중심 리더, 배려 중심 리더 두 가지 행동 패턴을 가로·세로로 배치해 리더십 유형을 범주화함.

구조 중심 행동 패턴 리더	배려 중심 행동 패턴 리더
• 집단의 목표 달성을 위해 업무 조직화, 업무에 대한 구성원 간 관계 설정, 개별 목표 행동 설정 등 구성원 역할을 규정하고 구조화하는 행동을 주로 함.	• 구성원들에 대해 상호신뢰, 의견 존중, 배려하는 행동을 주로 함.

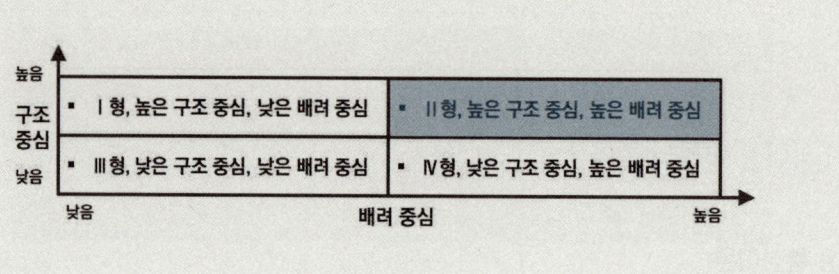

특징	한계
• 구조 중심의 행동과 배려 중심의 행동을 동시에 강하게 보이는 Ⅱ형 리더 유형이 나머지 리더 유형보다 기업 성과를 향상시키는 데 긍정적 영향을 준다는 결론	• 리더의 행동은 구조 중심 혹은 배려의 행동만 있지 않음. • 2개의 행동이 극대화된 경우에도 리더십이 실패한 실존 사례가 많다고 비판받음.

② 미시건대학교 연구 : 리더의 행동이 업무집단의 성과와 구성원 만족을 창출하는지 찾아내기 위한 분석을 통해 직무 중심적 리더, 구성원 중심적 리더로 리더십 유형을 범주화함.

직무 중심적 리더(= 생산 지향적 리더)	구성원 중심적 리더
• 직무의 기술적 그리고 과업적 측면을 강조하는 행동을 보임. • 세밀한 감독, 합법적이고 강제적인 권력, 업무계획표에 의거 성과 달성 및 평가에 중점을 두고 행동함.	• 대인 관계를 중시하며 구성원들의 개인차를 인정하는 행동을 보임. • 책임의 위임, 구성원의 복지, 욕구, 승진, 개인적 성장에 관심을 갖고 행동함.

특징	한계
• 구성원 중심적 리더가 직무 중심적 리더보다 더 높은 집단생산 성과와 더 높은 직무만족도를 창출했기 때문에 조직의 성과를 높이는 데 좀 더 긍정적인 영향을 준다는 결론	• 실제 구성원 중심적 리더가 항상 생산성을 높게 창출하는 것이 아님(= 직무 중심적 리더가 생산성을 높게 창출하는 실존 사례도 많음).

③ 블레이크(R. B. Blake)와 머튼(J. S. Mouton)의 관리격자이론 : 리더의 행동 유형을 분석해 81개로 제시했으며, 사람에 대한 관심·행동을 보이는 리더(= 관계 중심적 리더)와 일에 대한 관심·행동을 보이는 리더(= 업무 중심적 리더) 두 가지 행동 패턴을 가로·세로로 배치해 5개 리더십 유형을 범주화함.

인기형 행동	• 목적과 임무 달성보다 조직구성원들의 관계 설정 강조.(= 컨트리클럽 모형)
무관심형 행동	• 리더의 역할 수행을 위해 최소한의 노력(= 무력화 모형)
중도형 행동	• 보통의 생산성·사람에 대한 관심, 조직구성원의 욕구 만족과 임무 달성을 균형적으로 추구
팀제형 행동	• 목적·임무 달성 및 조직구성원 참여 동시 강조, 상호의존성·공동체 의식 중시, 구성원 간 신뢰·존경 관계 형성, 조직 목표 달성을 위한 헌신 유도
과업형 행동	• 극단적으로 목적·임무 달성에 초점, 철저한 지시·통제, 생산성 향상 강조

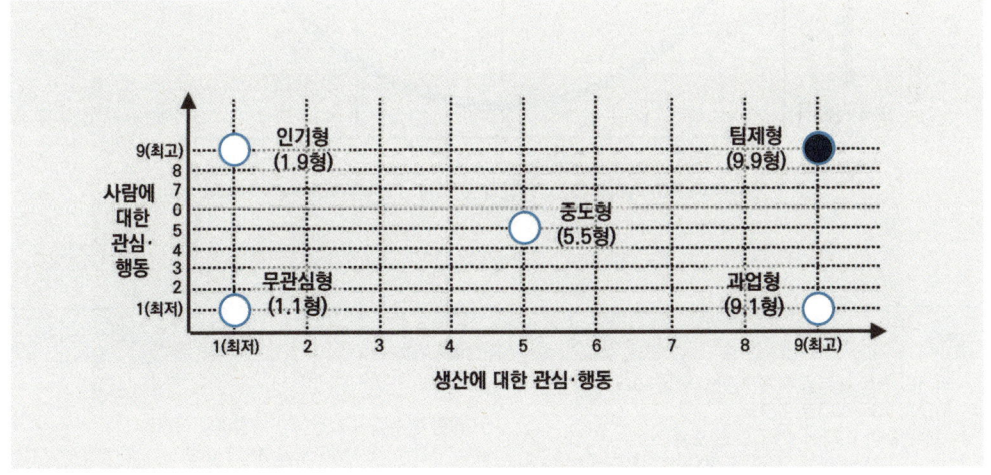

④ 모든 행동이론은 리더의 행동 유형이 리더십 성과에 미치는 상관관계에 대해 실증하지 못했고, 리더가 처한 상황은 고려되지 않았다는 점에서 한계에 봉착함.

(3) 상황이론

행동이론에 대한 비판 이후 등장한 리더십 연구 형태로 리더란 상황의 산물이기 때문에 상황에 따라 효과적 리더십 유형이 다르다고 인식함. 상황을 진단하기 위해서는 관리자 특성, 하위자 특성, 집단구조·과업 성격, 조직 요소와 같은 영역의 검토가 필요함.

① 피들러(F. E. Fiedler)의 상황적합이론 : 리더의 행동 패턴과 상황적 조건을 결합시켜 상황에 따른 효과적 리더십을 설명한 이론

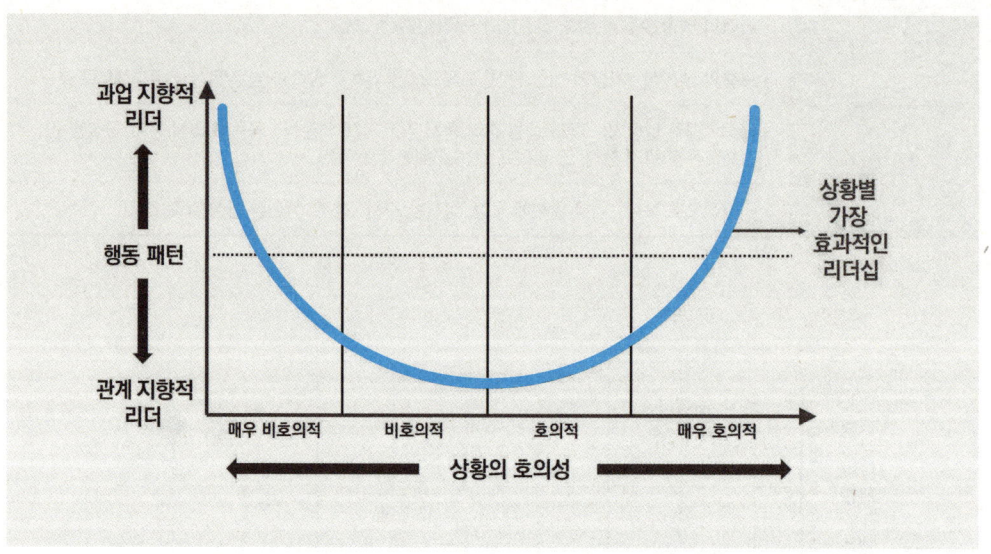

특징	한계
• 리더의 행동 패턴을 관계 지향적 행동 리더와 과업 지향적 행동 리더로 구분 • 구성원들이 리더에 대해 갖고 있는 신뢰·존경의 정도(= 리더-구성원 관계), 직무의 절차화된 정도(= 과업구조), 채용·해고·징계·승진·임금 인상 등과 같은 권력 변수에 대해 행사하고 있는 영향력의 정도(= 직위 권력) 등 세 가지 상황적 조건을 파악해 상황의 호의성을 규정 • 상황의 호의성에 맞춰 어떠한 행동 패턴이 적절한지 그래프로 표현	• 상황 변수들이 복잡하고 측정하기 어려움 (= 규정에 주관성이 개입될 여지가 있음). • 하위자의 특성에 무관심하고, 리더·하위자의 기술적 능력 변화에 소홀함. • 상황의 호의성이 계량화되지 않았기 때문에 리더 유형 분류 측정도구가 객관적이지 못함.

② 하우스(R. J. House)의 경로-목표이론 : 리더가 어떻게 하면 종업원들의 요구와 그들의 작업 상황에 적합한 행동 패턴을 선택함으로써 그들이 목표 달성의 경로를 잘 따라갈 수 있도록 도울 수 있을 것인가를 설명한 이론

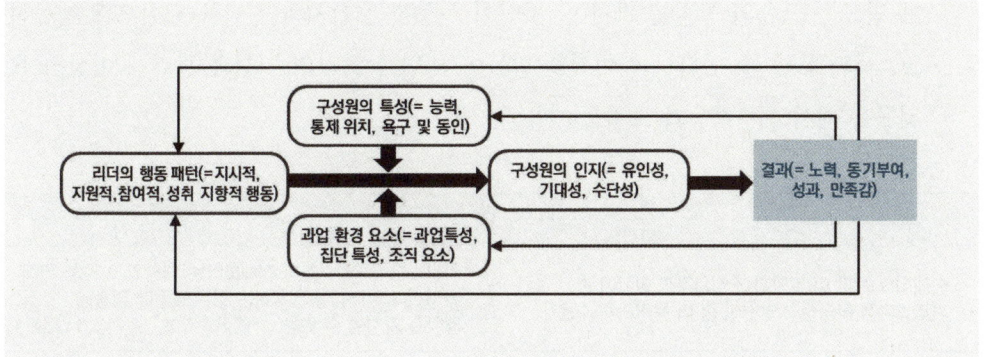

특징	한계
• 리더의 행동 패턴은 지시적(= 과업의 비구조화·복잡 및 공식화 미흡, 과업 수행에 관한 조직구성원 스스로의 역할 파악 부족 시), 지원적(= 과업의 구조화 및 스트레스 높음, 과업 수행에 대한 조직구성원의 자신감 결여 시), 참여적(= 과업 구조화, 조직구성원의 업무 성취 및 자율성 욕구 강할 시), 성취 지향적(= 과업 비구조화, 조직구성원이 도전할 만한 목표를 가진 상태 시) 행동으로 구분 • 구성원의 특성은 능력, 통제 위치, 욕구 및 동인이며, 과업 환경 요소는 과업 특성, 집단 특성, 조직 요소 • 구성원의 특성과 과업 환경 요소가 리더의 행동 패턴에 영향을 미치고, 리더의 행동 패턴은 구성원의 인지를 자극한 후, 구성원의 인지는 구성원의 노력, 동기부여, 성과, 만족 등 결과에 영향을 미치게 됨.	• 리더 행동의 범주가 너무 포괄적일 뿐 아니라 복잡하고 난해함. • 서로 다른 상황변수들 간 상호 작용의 가능성을 배제함. • 동기부여의 기능에 초점을 맞추고 있기 때문에 리더가 하위자의 과업에 영향을 미치는 기타 방법을 소홀히 취급함.

(4) 카리스마 리더십 이론

① 카리스마(charisma)
- 다른 사람들이 가지고 있지 않은 천부적인 특성, 절대적 권위 등을 의미하며, 신의 은총이라는 그리스어를 어원으로 함.
- 자신감, 비범한 행태, 거부할 수 없는 매력, 비전의 기획과 제시 능력, 확고한 신념, 개인 권력의 원활한 활용, 활력 넘치는 의사소통, 위험 부담 감수, 타인에 대한 권한 확대를 통한 동기부여, 변화 추진자, 환경에 대한 민감한 반응 등을 특징으로 함.
② 구성원들은 리더에게서 높은 수준의 자기 확신, 선명하고 강한 비전, 자신이 비전에 대한 강한 믿음, 개혁적이고 변화 지향적인 모습, 행동 지향적인 태도 등의 카리스마 특성을 느끼게 되면 리더로 인식하게 된다고 설명함.
③ 카리스마 리더십을 나타내는 리더들은 자신이 제시한 바를 조직구성원들이 수용하

게 만드는 고유의 방식을 가지며, 자신이 신봉하는 가치와 신념을 표현으로 행동하고, 성과를 낼 수 있다는 이미지를 만들어 내면서 조직의 미션과 관련해 이상적 목적들을 제시하는 행동과 노력을 기울임.

특징	한계
• 상대적으로 좀 더 열악한 조직환경적 상황에서 카리스마적 리더십의 발현이 좀 더 용이하게 수용	• 카리스마 리더가 조직 전체보다는 개인의 이익을 위해 카리스마 리더십을 발휘하는 경우 조직에 엄청난 해악을 가져올 수 있음(= 히틀러와 같이 실존 사례가 많음).

(5) 거래적 리더십과 변혁적 리더십 이론

거래적 리더십	변혁적 리더십
• 안정 지향, 업무 할당, 결과평가, 통제 등 일상적인 리더의 행동을 강조 • 리더와 구성원 간의 교환 관계, 보상 등을 중요하게 인식함. • 실용주의적 가치관에 입각해 상황적 보상, 예외를 통한 경영, 자유방임 등이 부각됨. • 변혁적 리더십에 대비되는 리더십	• 구성원들에 대한 동기부여와 자아실현, 협력 중요시, 인간관계적 접근 • 환경 변화에 대응해 새로운 비전·조직문화·규범을 창출하고 그것이 새로운 현실이 되도록 적절한 지지를 확보하는 등 조직 변화를 주도하는 리더의 활동 강조(= 조직의 노선·문화를 변동시키려고 노력하는 변화 추구적·개혁적 성향 리더십) • 환경 변화에 민감한 대처, 모험·도전의 수행, 신념·이상에 대한 확신, 조직성원에 대한 신뢰감의 제시 • 카리스마, 지적 자극, 개별화된 배려, 고무 등에 뿌리를 둠 (= 카리스마 리더십과 대동소이).

	거래적 리더십	변혁적 리더십
목적	• 현상의 유지	• 변화 지향
활동	• 규정, 규칙에 의거	• 규정과 규칙의 변화
보상	• 개인적 보상	• 탈개인적 보상
관계	• 리더와 구성원 간 상호 의존적	• 리더와 구성원 간 상호 독립적
과업	• 일상적 과업에 집중	• 일상적이지 않은 과업에 집중

(6) 전략적 리더십 이론

리더의 사고와 행동이 어떠한 전략적 성향을 보이는가에 대한 이론으로서 환경 특성과 전략층 특성, 전략층의 인구통계학적 특성과 전략·성과, 전략층의 스타일과 전략 선택, 전략층의 심리적·성격적 특성과 전략적 의사결정, 전략층 상황 인식 및 인지적 정보 처리 과정 등에 관심. 통제 욕구와 도전 욕구에 따라 리더십을 유형화

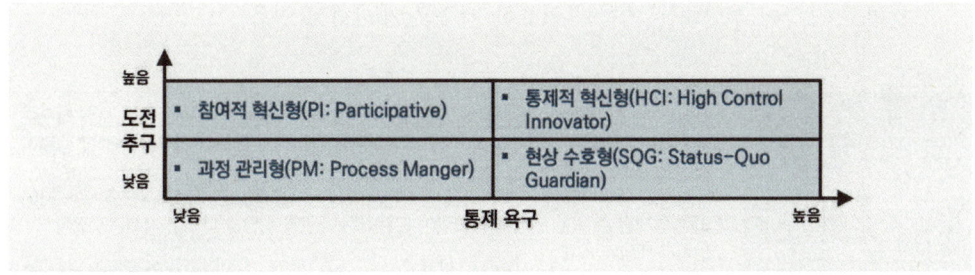

참여적 혁신형	• 지시나 간섭 배제, 자체적 문제 해결을 위해 임파워먼트를 활발하게 실시
통제적 혁신형	• 내부적으로 강한 문화와 통제를 위한 제도 중시 • 도전적 전략을 선호하고 추구함.
과정 관리형	• 구성원의 참여 수준이 높고, 보수적 전략 선택(= 위험의 회피)
현상 수호형	• 매우 엄격한 내부 관리, 보수적 전략 선택(= 위험의 회피)

(7) 퀸(R. E. Quinn)의 경합가치모형

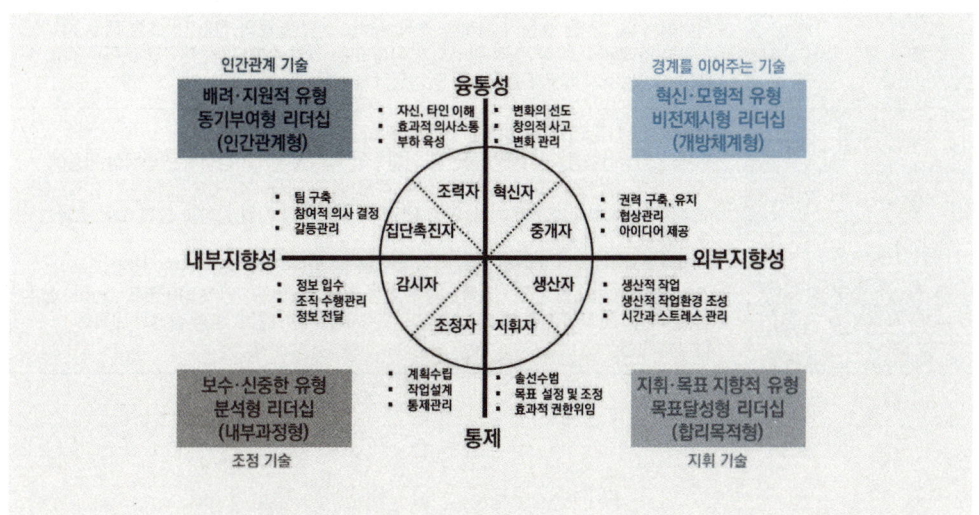

① 급변하는 사회복지 환경에 부합하는 통합적 리더십 모형(= 사회복지조직 관리자에게 가장 유용한 리더십 형태를 제시해 줌)
② 융통성과 통제의 연속 선상에서 어떠한 행태를 보이는지를 기준으로, 조직의 내부지향성과 외부지향성 중 어느 성향이 표출되는지 기준으로 삼아 리더십의 유형을 구분하고 각각에 부합하는 역할과 필요한 기술을 제시하고 있음.

배려 · 지원적 유형, 동기부여형 리더십 (인간관계형)	• 사회복지조직 관리자 : 인간관계 기술 사용이 요구됨, 사회복지 서비스는 1:1 상호 작용으로 생산 · 전달되는 노동집중성이 강하기 때문에 사회복지 조직이 업무를 수행할 능력이 있는 노동력을 보유했다는 것을 보증해야 함. • 융통성과 내부지향성, 조력자와 집단촉진자 역할 : 직접적으로 사회복지조직 관리자에 의해 통제될 수 없는 권한과 영향력이 분권화된 개인과 집단을 다루는 사회복지조직 관리자 역할에 초점 • 리더십 수행 : 자질 있는 유능한 헌신적 인력 모집 · 보유 · 동기부여가 목표, 조직의 인적자원은 효과적인 업무 수행을 위한 지식 · 기술 · 능력 소유가 요구됨.
혁신 · 모험적 유형, 비전제시형 리더십 (개방체계형)	• 사회복지조직 관리자 : 경계를 이어주는 기술 사용이 요구됨, 통제를 받지 않는 조직의 공식 경계 외부의 개인 · 조직을 다루는 것을 포함하는 활동에 참여하기 때문에 적응성 · 융통성 필요, 사회복지 조직은 민간 · 정부조직에 무관하게 환경에 큰 의존하기 때문에 사회복지 관리자는 조직의 공식적 경계를 가르는 리더십 활동(= 재정자원 획득, 조직 정통성 확립 · 유지, 환경 변화 반응한 조직 프로그램 적응, 보고 · 책임성에 대한 외부 요구 조건 관리, 조직 간 공식적 · 비공식적 합의 교섭, 연합행동에 참여, 새로운 기회를 이용하도록 조직의 자리매김 등)에 관계함. • 융통성과 외부지향성, 혁신자와 중개자 역할 : 정치적 · 개방 체계적 속성과 관계 • 리더십 수행 : 정치 · 교섭기술 포함, 과업환경에서의 권력 관계 성격의 이해가 필요, 개별적 · 단기적 상황조건적인 의사결정
보수 · 신중적 유형, 분석형 리더십 (내부과정형)	• 사회복지조직 관리자 : 조정하는 기술 사용이 요구됨. • 통제와 내부지향성, 점검자와 조정자 역할 : 직 내부와 조직구조 유지에 관련된 영역(= 예산 · 재정 통제, 시간계획, 정보 · 의사전달 체계, 인사행정 체계, 기술적 교육 프로그램 보고 체계, 평가 · 품질의 통제 · 측정, 기술적 장비 · 물리적 시설관리 등)의 처리 • 리더십 수행 : 직원 활동의 체계적 조직, 서비스 생산활동의 점검 및 조정 매우 중요함, 소규모 조직은 사회복지조직 관리자가 직접 모든 과업 수행 가능, 대규모 조직은 직접 수행이 불가능하기 때문에 컴퓨터가 광범위하게 사용
지휘 · 목표지향적 유형, 목표달성형 리더십 (합리목적형)	• 사회복지조직 관리자 : 지휘하는 기술 사용이 요구됨. • 통제와 외부지향성, 지휘자와 생산자 역할 : 외부 지향적이고 정형화된 리더십 활동에 초점, 조직 생산물과 외부 환경 간 상호 작용 영역(= 목표설정, 전술 · 전략적 기획, 점검활동 포함 등 목표 지향적 과정)의 처리, 환경 내 조직의 상대적 지위 향상과 함께 조직 효율성 · 효과성 제고가 목적 • 리더십 수행 : 개인 · 집단적 성취 촉진 방법을 알 필요 있음, 능수능란한 권한 사용이 가능해야 함, 능숙한 위임 · 기획 · 목표 설정 기술 필요, 조직의 클라이언트 · 인적 · 물적 자원, 기술 · 조직의 정통성에 영향을 미치는 사람들을 포함해 환경 발전과 변화를 인식해야 함.

(8) 서번트 리더십(= 섬김의 리더십) 이론

① 조직의 최고관리자가 구성원들 위에 군림하지 않고 오히려 섬기며, 구성원들이 직무에 잘 수행할 수 있도록 적극적으로 동기부여하면서 일을 잘 수행할 수 있도록 적극적으로 동기부여(= 인간 존중을 바탕으로 리더가 구성원들에게 봉사함으로써 구성원들의 잠재력 대대적인 발휘가 목적)
② 개인적 관심과 배려, 공동체 의식, 협동, 윤리성을 토대로 조직의 질을 향상시키고, 구성원의 개인적 성장을 촉진시키는 리더십으로서 주로 비영리조직 등의 서비스 조직 영역에서 관심을 가짐.

3) 리더십의 측정과 개발

(1) 리더십 측정의 기준이 되는 기술들

경계-확장 기술	• 전달 체계 구축과 개선, 프로그램의 개발 준비, 법률의 영향력 판단, 각종 상위 단체 활용이나 언론과의 관계 개발 등 • 혁신가(= 새로운 기회 모색, 아이디어 개발, 위험 대비), 중개자(= 자원 확보, 새로운 아이디어 개발, 위험 대비) 역할
인간관계 기술	• 직원 모집과 조직 형성, 구성원의 문제 해결이나 능력 개발 등 • 조언자(= 구성원을 가치 있는 존재로 인식, 구성원 개개인의 문제와 욕구에 민감한 대응), 촉진자(= 합의 창출, 절충안 제시, 협동적·팀 지향적 활동) 역할
조정기술	• 조직의 원활한 기능 수행, 효율적 업무 수행을 위한 정보의 수집과 배분, 문제 해결·조정 등 • 점검자(= 정보의 수집과 배분), 조정자(= 조직의 문제 해결·조정, 시간관리·규칙·기준에 대한 이해 조정) 역할
지도기술	• 구성원의 업무 수행 자극, 에너지 투입, 목표 설정, 역할 명료화, 모니터링과 환류 제공, 역할기대 설정 등 • 생산자(= 업무 수행 자극, 에너지 투입), 감독자(= 목표 설정, 역할 명료화, 모니터링과 환류 제공, 역할기대 설정)

(2) 리더십 개발

개인행동 수준	• 강의(= 리더십과 관련된 이론과 기술에 대한 학습, 리더십 고취 역량 증진), 사례의 분석과 연구, 역할 연기(= 리더와 구성원의 역할을 각기 담당해서 실행), 감수성 훈련(= 참가자들 간 친밀감 유도 및 토의, 상호 환류), 행동모형화(= 다양한 도구를 사용해 개인의 기술 향상이나 행동 개선을 창출)
집단행동 수준	• 팀 구축(= 팀 개선 및 유효성 증대 목적의 재구축), 감수성 훈련(= 집단들 사이의 상호 협조와 지원 관계를 조성하기 위해 상호 이해 증진과 잠재된 문제 해결책 모색), 과정 자문, 제3자 상담자에 의한 조정, 설문 조사 등

2. 조직문화

1) 조직문화의 개념

(1) 조직문화의 정의

① 사고와 행동 방식에서 독특하게 표출되는 조직의 특성이며, 특정 조직이 외부 적응과 내부 통합의 문제에 대처해 가는 과정에서 발견·개발·창출된 기본 가정의 패턴이자 충분히 타당하다고 간주되기 때문에 새로운 구성원들에게 문제 해결의 올바른 방법으로서 학습되는 것
② 집단 내 구성원들이 명시적·암묵적으로 공유하는 조직행동의 기본 가정이며, 조직의 가치와 신념, 규범, 관습, 행동 양식을 포함하고, 구성원들의 상호 작용을 규정해 조직분위기를 결정함.

(2) 조직문화의 특성

① 조직경쟁력과 성과의 원천이라는 중요성과 함께 조직의 모든 운영 및 전략 과정·

업무 관행이나 의사결정에 지대한 영향력 행사, 조직구성원에게 정체성 제공, 가치관·신념·행동의 통일 도모, 조직 체계의 안정성 창출, 학습도구로써 역할 수행, 보상·처벌의 기준 제시 등의 기능을 수행함. 강도와 옳고 그름의 수준에 관계없이 개인 행동과 조직 전체에 직·간접적으로 영향력을 행사하며, 최근 조직의 상호 작용에 대해 관심을 갖게 되면서 더욱 강조되고 있음.

② 파스칼(R. Pascale)과 피터스(T. Peters)의 7S 모형(= 조직문화의 구성 요소) : 각 구성 요소는 서로 연관돼 있으며, 공유가치가 가장 중심에 위치함.

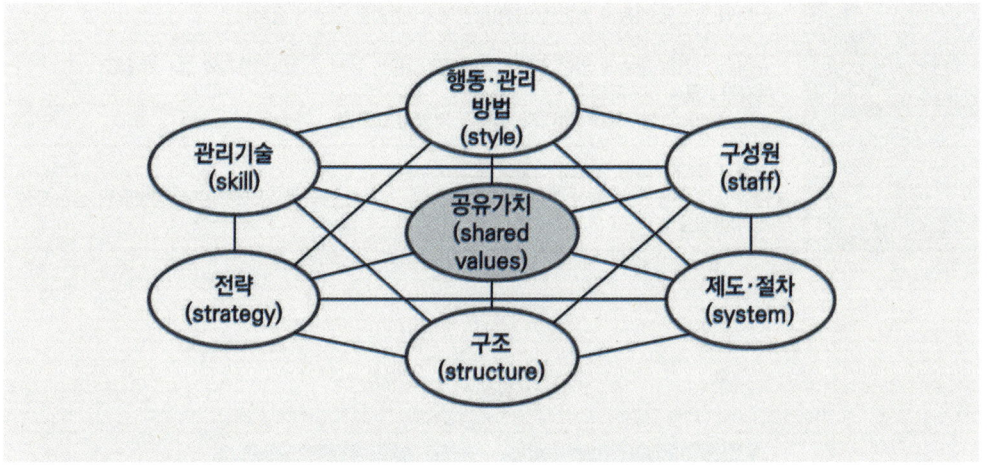

(3) 조직문화의 변동

조직문화 형성	• 조직문화를 형성하는 데 가장 큰 영향을 미치는 요인은 최고관리자 혹은 조직 립자의 경영 이념과 리더십 등이며, 이러한 것들이 구성원들의 인정을 받고 조직 내에 내재화될 때 문화가 형성되기 시작함.
조직문화 유지·전파	• 최고경영자의 언행이나 조직 내 사회화를 통해 기존 구성원들 사이에서 유지되며, 새롭게 선발된 구성원에게도 묵시적 교육을 통해 전파됨.
조직문화 변화	• 조직문화는 쉽게 변하지 않지만 급격한 환경 변화에 부딪치거나 조직이 중대한 위기에 처했을 때, 새로운 가치관을 가진 리더로 바뀌었을 때 변화할 수 있음. • 조직 규모가 상대적으로 작을 때 변화가 용이하며, 기존 조직문화가 강하게 뿌리내려 있을 경우 조직문화의 변화는 큰 저항에 직면함.

2) 조직문화의 종류

① 카메론(K. Cameron)과 퀸(R. E. Quinn)의 경합가치모형에 의한 조직문화 유형화가 가장 대표적

관계지향문화	• 조직구성원들의 장기적 발전과 신뢰, 단결, 참여, 사기 등 내부적 가치 증진에 집중 • 조직 내 가족적인 인간관계 유지에 큰 의미를 부여하기 때문에 조직의 리더는 멘토 혹은 부모의 역할을 담당
혁신지향문화	• 높은 신축성 및 개인성과 함께 조직 외부 환경에 집중(= 격동적 환경 변화에 잘 반응하고 미래에 대한 예측 중요성 강조) • 리더의 혁신적 계획을 통한 창조성 육성에 대한 역할 수행이 중시됨.
위계지향문화	• 규칙의 엄격한 준수에 의한 조직의 안정 및 일관성 유지, 조직 내 통제와 질서가 강조 (= 내부 효율성 증대 목표) • 리더에게도 안정 지향의 관리자, 조정자 역할이 요구됨.
과업지향문화	• 안정과 통제에 대한 필요와 더불어 조직 외부환경에 관심 • 경쟁과 생산에 조직 핵심 가치의 초점을 맞추고 최종 승리를 목표로 하며, 정열적인 생산자적 리더가 필요함.

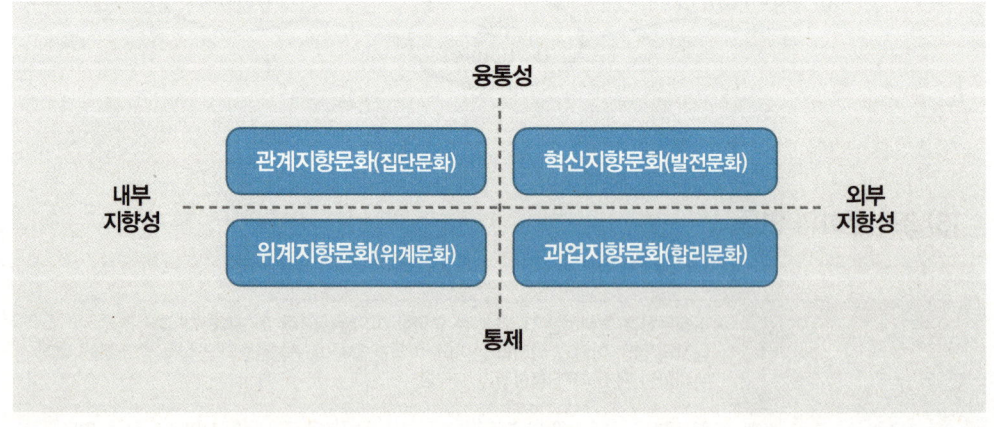

② 그로스버그 외(B. Groysberg, J. Lee, J. Price, & J. Cheng)은 조직문화의 세분화를 시도해 8개 조직문화로 유형화

목적문화	• 리더와 구성원이 변화 지향적이고, 조직 외 사람들과 자원과 이타적 가치를 공유하는 문화
학습조직문화	• 연구, 혁신, 창의성, 학습 개발에 적극적인 문화
즐기는 조직문화	• 즐겁고 유머 감각을 갖고 직무에 임하는 문화
결과조직문화	• 목표 달성을 지향하는 성과 지향적 문화
권위 있는 조직문화	• 경력한 리더십을 지닌 리더와 자신감 넘치는 구성원으로 이뤄진 조직의 문화로 해당 분야에서 최고가 되기 위해 경쟁적으로 활동하는 환경
안전조직문화	• 계산되거나 작은 수준의 위험을 감수하고 과거에 효과가 있었던 활동을 영위해 안전과 위험 회피를 지향하는 문화
주문조직문화	• 규칙과 절차에 철저하게 순응하는 문화
배려하는 조직문화	• 구성원을 배려하고 강한 관여와 충성심으로 구축된 문화

제17장 되돌아보기

- 리더십의 개념에 대해 정확하게 숙지할 것
- 각 리더십 이론들의 유의성이 모두 높기 때문에 연구를 연대기적으로 정리해서 이해할 것
- 경쟁가치모형이 제시하는 리더십 유형과 조직문화 유형을 상호 연계해서 기억할 것
- 조직문화의 7S 모형에서 공유가치가 중심에 위치하는 이유에 대해 생각해 볼 것

⑱ 재정관리

> 이 장에서는 모든 활동의 원동력이라고 할 수 있는 재정과 그 관리 방법에 대해 소개됩니다. 자본주의가 현대 사회의 모든 구조를 지배하는 유일한 이념이 돼 버린 상황에서 재정은 사회복지행정뿐 아니라 모든 인간의 활동에 가장 기초가 됩니다. 그러한 근원적 요인에 대한 관리는 사회복지행정이 원활하게 이뤄질 수 있게 만드는 가장 중요한 영향력이 됩니다.

1. 재정관리와 사회복지재정

1) 재정관리의 개념

(1) 재정관리의 정의

재정관리는 수입에 대한 지출을 합리적으로 관리하는 것

① 조직이 목표 달성을 위해 할당받은 필요한 재정자원을 합리적이고 계획적으로 동

원·배분하고 이를 효율적이고 유효·적절하게 사용·관리하는 과정
② 예산 수립, 세입·세출 활동관리 등의 예산 집행, 재정자원의 수입·지출 사항 기록과 정리 등 회계, 재정평가의 순으로 재정관리가 이뤄짐(= 재정관리의 출발은 예산의 편성과 책정)
③ 기관의 목표 달성을 촉진하고, 재원과 자원의 통제와 계획적 사용을 목적으로 행해지며, 안정적으로 재원을 확보하는 것은 조직의 구조와 형태, 의사결정 과정에 지대한 영향을 미침.

(2) 재정관리의 특징

재정의 지속적 통제 곤란	• 법적으로 위임된 서비스 소요 재정조차 입법이나 관리기관에 의해 할당 처리되기 때문에 재원의 지속적인 조달을 직접적으로 통제, 관리하는 것이 어려움.
다양한 재원	• 재원의 유형은 매우 다양하며, 기관마다 의존하는 재원 형태도 상이함. • 정부보조금·재단지원금·후원금·개별 기부 등 기부금, 서비스요금·대여·상품 판매 등 수익사업에 의한 이용료, 기타 특별행사나 기증, 투자 등
재정 확보 목적의 활동 영위	• 다양한 원천으로부터 재정을 확보하기 위해 사업제안서, 정부와의 계약, 기부자에 대한 후원금 요청, 공동모금회 참가, 홍보와 마케팅 등의 다양한 활동을 영위함.

(3) 재정관리 과정

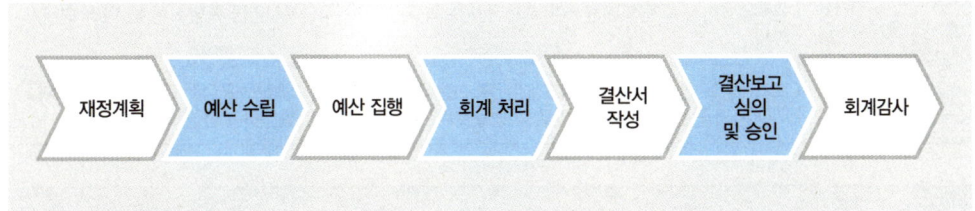

2) 사회복지재정의 의의

① 사회복지정책의 실천을 위해 투입되는 경제적 자원을 의미하며, 조세수입에 의존하

는 경향이 강해서 재정 주체는 주로 중앙 및 지방정부이지만 민간도 가능하고, 소득 재분배 기능이 강함.
② 사회복지재정의 수입은 정부의 재정수입, 조세, 사용자부담금, 자발적 기여금, 이전 등으로 구성되며, 지출은 복지서비스 제공을 위해 필요·소모되는 경비로서 경제발전과 소득 수준의 증가에 따라 지출은 증가세를 보임.

주체	성격	수입	지출
국가	강제적	• 조세	• 복지지출(= 행정비, 기여금, 보험료 등)
	자발적	• 사용료, 재산수입, 기금수입	• 보조금(= 민간시설 지원비, 연구조사비 등)
민간	강제적	• 기여금	• 법정보호비, 보험료 등
	자발적	• 사용료, 수익사업, 재산수입, 기부금품, 출연금	• 관리운영비, 복지사업비

③ 중앙정부의 사회복지재정

일반회계	• 일반적 세입으로 통상의 국가 활동에 사용되는 재정 • 국가 고유 기능을 수행하기 위해 필요한 재정으로 조세수입을 재원으로 하고, 국가의 존립·유지 및 경제 발전을 위해 지출되는 재정 • 조세수입에는 내국세·관세·방위세·교육세·전매수입세가 포함
특별회계	• 특정한 목적에 충당하기 위한 특별히 마련된 재정(= 별도 관리 필요) • 원호특별회계, 국립의료원 특별회계, 산재보험 특별회계, 국민복지연금 특별회계 등 여러 형태가 존재
기금	• 복지재정의 한 부문을 차지하고 있는 것 가운데 「예산회계법」 제7조의 규정에 따라 특정한 목적을 위한 자금을 운영할 필요가 있을 때 법률로써 설치·운영하고 있는 것이 공공기금

구분	수입	용도 또는 부담자
공공부조	• 조세 • 보호기금 • 재해구호기금 등	• 기초생활보장 비용 • 의료보호 비용 • 재해구호, 국가유공자 예우, 의사상자 보호 등
사회보험	• 기여금(정률) • 부담금(정률) • 보험료(정률)	• 연금 가입자(국민연금나 정부 부담 전무) • 보험 가입자(공교 지역건강보험만 정부 부담) • 특수지역건강보험 가입자(군인보험만 정부 부담)
사회복지서비스	• 중앙 : 지방 = 1 : 2	

④ 지방정부의 사회복지재정
- 지방자치단체의 복지정책 시행과 관련된 재정을 의미하며, 지방정부 복지재정은 실천의 현장이라는 측면에서 그 가치가 중앙정부보다 그 의미가 크다고 할 수 있음.

	수입		지출
지방세	• 취득세, 등록세, 면허세, 주민세, 재산세, 농지세, 자동차세	• 도축세, 담배소비세 • 종합토지세, 도시계획세, 공동시설세, 사업소세	• 의회비, 일반행정비, 지역개발비, 사회복지비, 산업경제비, 문화·체육·교육비, 민방위비, 지원 및 기타 경비
세외수입	• 재산수입, 사용료수입, 이월금, 교부금	• 사업장수입, 과년도수입, 융자회수금, 잡수입 기타	
조정교부금, 보조금			
지정재원	• 지방세, 융자금 수입, 재산매각 수입	• 보조금 사용, 부담금	

⑤ 민간복지기관의 사회복지재정
- 민간복지기관의 재정은 정부나 공공복지기관이 담당하기 어려운 영역을 보완하는 활동에 투입되며, 자체 재정과 정부부담금 범위 안에서 다양하게 집행됨.
- 민간복지기관의 재정 수입은 법인부담금(= 전체 예산 중 20% 이상을 법인부담금으로 충당하는 것이 원칙), 정부부담금 및 보조금, 수익자 부담금, 수익금, 기부금, 외국의 원조, 사회복지사업기금 지원 등이며, 지출은 사업비, 수익사업비, 비수익사업비, 운영비, 인건비, 물건비 등
- 정부보조금은 사회복지법인, 사회복지사업을 수행하는 비영리법인, 사회복지시설 보호대상자 수용 혹은 보육·상담 및 자립 지원을 위한 사회복지시설 설치·운영자 등에게 지급되며, 원칙적으로 제공된 목적 이외에는 사용하지 못하지만 예산 집행의 탄력성을 부여하고, 각종 변화에 대응하는 집행 효율화를 위해 예산의 전용과 세출예산의 이월 등의 제한된 예외를 인정함.

2. 예산

1) 예산의 수립

(1) 예산의 수립

① 예산은 미래의 일정한 기간 내 계획된 지출과 그 지출을 위한 자금 조달 계획, 일반적으로 다음 1년간의 조직 목표를 금전적으로 표시한 것으로, 1년 동안의 재정활동의 감시 장치를 제공하는 것
② 예산은 수입과 지출의 종류, 금액을 계통적이고 조직적으로 편성한 예정적 계산이며, 사업계획의 내용과 방향을 계수적으로 표시한 것이어서 재정의 규모와 내용, 방향을 알려 줌.
③ 예산의 기능은 정치적 기능(= 재정 가능성과 정치적 욕구 사이의 협상의 결과), 법적 기능(= 입법부에 의한 행정부에 대한 재정권 부여 형태), 경제적 기능(= 국민 경제 안정, 경제 성장 촉진, 소득재분배, 자원 최적배분, 사회정책 수행) 등
④ 예산의 원천

정부 측 원천	• 정부의 일률적 보조금, 선택적 보조금, 정부의 위탁 혹은 계약, 정부로부터 받는 서비스 비용 등
민간 측 원천	• 일반기부금, 기금조성기부금(= 기부를 위해 조성된 기금을 통해 받는 기부금), 결연후원금(= 후원자와 피기부자 간 결연 체결에 의한 후원금), 특별행사수익금(= 공연, 특별모금방송 등), 유증(= 유언으로 재산을 타인에게 무상으로 양도), 개인 및 다른 조직으로부터 받는 회비, 동료 회원 조직으로부터의 기부 등

(2) 수입 추정 방법

자동 예측 방법	• 예상 수입의 정확한 파악이 어려운 경우에 활용 • 가장 최근의 수입액으로 해당 회기의 수입액을 산정하는 방법
경험적 판단 방법	• 최근 3~5년간 수입을 평균해 산정하는 방법 • 개인의 경험·판단력에 의해 산정하는 경험적 판단 방법
체계적 자료분석 방법	• 과거의 세금·경제 상태와 관련한 상관관계분석과 기부예상자·일반인에 대한 설문조사 등으로 산정하는 방법
조건적 산정 방법	• 체계적 자료 분석 방법과 경험적 판단 방법을 함께 활용해 산정 • 가장 바람직한 방법

(3) 사회복지조직의 예산 수립 과정

① 예산 수립 과정은 제공자에게 사회복지조직이 재원을 어떻게 집행할 것인가에 대한 구체적 정보를 제공하는 의사소통 수단이며, 기관의 사업과 프로그램에 대한 구체적 행동전략 설정을 가능하게 해 주는 과정

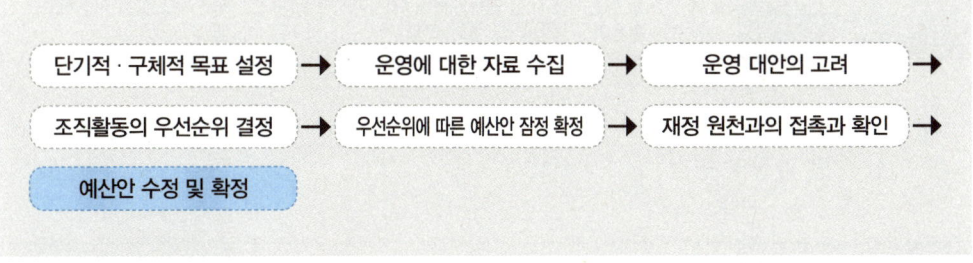

조직의 단기적·구체적 목표 설정	• 예산 수립은 장기적·일반적 목표에 초점을 두는 것이 아니라 단기적·구체적 목표에 초점을 맞춤.
조직 운영에 대한 자료 수집	• 조직 전체·부서별·개인별 업무, 프로그램의 실적·평가, 조직 내외 가용자원, 재정 사항 등에 관한 정보 등 조직의 과거와 현재 운영 전반에 관한 정보와 자료를 수집
운영 대안의 고려	• 수집된 정보를 기초로, 기존 운영 방법, 프로그램의 효율성·효과성 등을 검토해 조직의 기존 목표 및 새로 설정된 목표 달성을 위해 가능한 대안을 고려
조직활동의 우선순위 결정	• 운영 대안들을 장·단기 목표와 관련성, 조직에서의 필요성·시급성·효과성·효율성·재정가용성 등을 감안해 우선순위 결정

우선순위에 따른 예산안 잠정적 확정	• 다양한 수입원에 대한 정보를 수집해 재정자원의 동원 가능성을 검토, 지출예산을 잠정적으로 확정
재정 원천과의 접촉 및 확인	• 예산안을 가지고 가능하다고 생각되는 재정 원천과 접촉해 수입을 확인(= 재정자원 확보는 사회복지법인 이사의 주요 역할)
예산안 수정 및 확정	• 수입 확인 후 수입·지출예산 수정, 그리고 최종 확정, 이사회 제출 승인

② 예산 수립 과정의 성격

정치적 과정	• 예산 수립은 자원 배분을 핵심으로 하며, 자원 배분을 위한 의사결정은 정치성이 매우 강한 과정이기 때문에 정치적 과정임.
사업 및 프로그램 기획 과정	• 예산 수립은 조직 목표 달성을 위한 사업 및 프로그램의 수행 이전에 수행을 위해 실시되기 때문에 목표 설정·대안 개발·기대효과분석·효과성평가 기준 설정 등의 사업기획 절차와 병행 및 통합되는 기획 과정임.
사업 및 프로그램 관리 과정	• 예산 수립은 조직관리자가 조직 각 단위의 활동과 그 책임자 및 시행 일정 등을 검토하는 관리 과정임.
회계 과정	• 예산 수립상 예산서는 회계담당자의 자금 내적·외적 흐름 통제 및 재정활동 승인 근거가 되기 때문에 예산 수립은 회계 과정
인간적 과정	• 예산 수립은 클라이언트·집행조직원·지역사회주민 모두에게 큰 영향을 미치며, 이들과 접촉해 대화할 수 있는 기회를 제공하는 인간적 과정
미래를 변화시키는 과정	• 예산 수립은 장래에 대한 활동계획에 대한 재정계획이므로 미래 목표 설정 가능하고 새로운 활동이 가능한 미래 변화 과정

③ 예산 수립 과정의 원칙

공개성	• 예산과 관련된 모든 내용은 국민에게 공개해야 함.
명료성	• 예산 과정은 쉽게 이해할 수 있도록 명확하고 분명해야 함.
사전의결성	• 예산과 관련된 모든 업무는 사전에 이뤄져야 함.
정확성	• 예산 과정상 예산과 결산은 원칙적으로는 반드시, 현실적으로는 가급적 일치해야 함.
한정성	• 예산 과정은 한정된 목적과 금액, 기간 내에 사용해야 함.
통일성	• 모든 세입은 일단 국고로 납입돼 하나로 통일된 다음 지출 체계를 마련해야 함.
단일성	• 예산은 구조면에서 단일해야 하며, 추가경정예산·특별예산은 가능한 미편성이 원칙

포괄성	• 모든 세입과 세출은 예산에 나타나야 함.
연례성	• 예산은 회계연도 단위로 작성해야 함.
배타성	• 예산에서는 반드시 재정적인 문제만을 취급해야 함.

(4) 예산의 편성 방법

① 품목별 예산(Line-Item Budget: LIB)
- 구입하고자 하는 물품 또는 서비스별로 편성하는 투입 중심의 예산 체계로 가장 오래되고 전통적이며 일반화된 체계(= 전년도 예산이 주요 작성 근거)
- 구체적 대상 품목은 자체 성격별로 구분하며, 예산상 품목이 회계 계정이 되고, 회계 담당자가 지출을 통제하는 근거로 활용(= 통제적 기능이 강함)

유용성	한계
• 전체 예상 지출 항목이 수직으로 나열돼 사용이 간편 · 단순 • 지출 근거를 명확히 하므로 예산 통제에 효과적 • 회계에 편리	• 점진주의적 특성에 기인한 예산 신축성 저해 • 투입 중심적으로 결과 · 목표 달성에 대한 고려 부족 (= 사회적 책임성 요구 종속 곤란) • 예산 증대의 정당성 근거 희박 • 프로그램 특성과 내용을 알기 어려움. • 전반적인 인상률 적용으로 효율성이 무시됨.

- 품목별 예산 표기 예

지출 항목	전년도 예산	금년도 예산
급여	100,380	101,400
임대료	7,500	8,100
소모품비	6,830	7,340
장비비	1,493	2,000
⋮	⋮	⋮
총지출	○○○○○	○○○○○

- 의사결정 과정과 책임성을 표현할 수 없다는 근본적 결함과 통제적 성격이 강해 사회복지 조직에서 단독으로 이용하는 것은 지양해야 함(= 다른 예산 체계와 결합해서 도입하는 것이 바람직).
② 성과주의 예산(Performance Budget: PB)
- 조직활동을 기능별 또는 프로그램 별로 나누고, 이를 다시 세부 프로그램으로 나눠, 세부 프로그램 단위의 원가를 계산하고 업무량을 곱해 편성하는 과정 중심의 예산 체계
- 기능주의 예산으로 장기적 계획을 고려하지 않음(= 관리적 기능이 강함).

유용성	한계
• 합리적 자금 분배 가능 • 목표와 프로그램을 분명히 이해할 수 있으며 프로그램 별 통제 및 효율성 제고에 유리	• 예산 통제가 어려움 • 비용 산출의 단위 설정과 비용 책정이 어려움. • 효과성이 무시됨.

- 성과주의 예산 표기 예

예산 항목	전년도 예산	금년도 예산
집단 식사 제공 프로그램 단위비용이 3,000원인 1,000회 식사 → 3,000 × 1,000 = 3,000,000	.....	3,000,000
사회화 및 오락 프로그램 단위비용이 8,000원인 3,000회 서비스 → 8,000 × 3,000 = 24,000,000 ⋮	.....	24,000,000 ⋮
총지출	○○○○○	○○○○○

- 프로그램 목표를 분명히 하고 실행 단위에서의 비용을 계산하는 과정을 통해 서비스 효율성을 기하는 데 크게 기여(= 사회복지조직에서 도입하는 것이 바람직)
③ 프로그램(계획)예산(Planning-Programming-Budgeting System: PPBS)
- 장기적인 사업계획을 세우고 그것을 실천하기 위한 당해 연도의 프로그램 계획과 이를 뒷받침하는 예산을 통합해 수립하는 예산 체계

- 목표와 목적, 프로그램이 예산 체계의 중요한 부분이며, 프로그램 목표 중심성이 강하고, 과학적·합리적 의사결정에 근간함.

유용성	한계
• 목표와 프로그램을 분명히 함. • 장기적 프로그램 계획의 바탕 위에 이뤄짐. • 프로그램 계획과 예산 수립의 괴리 방지 및 프로그램의 효과성 제고	• 목표 설정 과정이 용이하지 않음. • 결과에만 치중하므로 과정을 등한시 • 의사결정이 중앙집권화되는 문제점

- 프로그램(계획) 예산 표기 예

예산 항목	전년도 예산	금년도 예산
집단 식사 제공 프로그램 3,000,000원의 프로그램 총비용으로 노인 클라이언트들의 영양 유지와 개선	….	….
사회화 및 오락 프로그램 24,000,000원이 프로그램 총비용으로 200명의 노인에 대한 사회적 기능 유지, 개선 ⋮	….	….
총지출	○○○○○	○○○○○

- 목표 설정의 명확성·구체성을 통한 효율성·효과성 달성의 책임 강조(= 사회복지조직에서 도입하는 것이 바람직)

④ 영기준 예산(Zero-Base Budget: ZBB)
- 현재까지의 관행이나 전년도 프로그램의 계속성과 무관하게 처음부터(0의 상태에서) 새로 프로그램을 시작한다는 전제하에 예산을 편성
- 영기준 예산 체계의 의사결정은 의사결정 단위의 확인, 의사결정 단위의 분석, 각 대안의 비교 및 우선순위 부여, 대안에 대한 예산 배정 수준 결정 순으로 이뤄짐.

유용성	한계
• 예산 절약과 프로그램의 쇄신에 기여 • 예산 배분에 합리성, 재정 운영과 예산 배정에 탄력성 제공 • 프로그램의 효과성·효율성 제고 등	• 합리성만 강조(= 정치적 및 심리적 요인을 등한시) • 장기적 계획에 의한 프로그램 수행을 위한 예산으로는 부적합 • 예산 체계가 도입되려면 관리자(= 의사결정 단위)가 의사소통·프로그램 평가에 대한 지식이 있어야 하는 것도 문제

- 사회복지서비스나 사업은 장기적 성향이 강해 사회복지조직에서 도입하는 것은 문제가 있음(= 다른 예산 체계와 결합해 도입하는 것이 바람직).

특성	품목별 예산	성과주의 예산	프로그램 예산	영기준 예산
기본 방향	• 통제	• 관리	• 기획	• 의사결정
범위	• 투입	• 투입과 산출	• 투입, 산출, 효과, 대안	• 투입, 산출, 효과, 대안
담당자의 기능	• 회계	• 관리	• 경제와 기획	• 관리와 기획
주요 정보	• 지출 대상	• 기관의 활동	• 기관의 목표	• 프로그램 혹은 기관의 목표
정책결정 유형	• 점증주의	• 점증주의	• 체계이론	• 정책분석
기획 책임	• 대체로 결여	• 기관에 산발적으로 분산	• 중앙에 집중	• 분권화
예산기관 역할	• 회계적합성	• 효율성	• 정책 방향	• 정책 우선순위

2) 예산의 집행과 결산

(1) 예산의 집행과 통제 기제

① 예산 통제의 원칙

개별화	• 각 조직의 개별적 환경과 요구 사항에 맞게 통제해야 함.
강제	• 규칙의 동일한 적용을 통한 공평성과 활동을 공식화해야 함.
예외	• 예외 상황을 고려해서 적용해야 함.
보고	• 보고가 없으면 예산의 오남용과 같은 재정관리에 대한 감시·통제가 불가능함.
개정	• 예산 통제를 위한 규칙은 개정될 수 있어야 함.
효율성	• 예산 통제에 소요되는 비용과 노력은 최소화할 수 있어야 함.
의미	• 효과적 예산 통제를 위해 모든 사람이 의미 있게 이해할 수 있도록 전달해야 함.
환류	• 여러 결과들은 피드백을 통해 수정·개선에 사용돼야 함.
생산성	• 예산 통제가 사회복지서비스 제공에 장애가 돼서는 안 됨.

② 예산 집행의 통제 기제

분기별 할당	• 세입 및 세출을 분기별로 조정함으로써 수입과 지출의 균형을 유지
사전 승인	• 최고 행정책임자의 사전 승인을 받도록 함(= 균형 유지에 도움).
지출의 취소	• 예산의 미인가·삭감 시에는 지출의 취소는 불가피 • 규정된 절차에 의해 통제를 위한 지출의 잠정적 취소 가능
정기적 재정 현황 보고서 제도	• 지출에 대한 월별·분기별 재정 현황을 규칙적으로 보고받아서 검토
대체	• 사업별로 과다 지출과 과소 지출이 발생한 경우, 과소 지출에서 과다지출분을 충당
지불 연기	• 정당한 방법을 통해 연기 가능
차용	• 은행·사회복지 관련 단체로부터 장기적·단기적 대출

(2) 회계

① 회계는 재정적 거래를 분류, 기록, 요약하고 그 결과를 해석하는 표준화된 기술적 방법

② 회계의 유형

재무회계	관리회계
• 정보이용자의 경제적 의사결정에 유용하도록 일정 기간 동안 수입·지출 사항을 측정·보고 • 거래자료 기록, 분개, 시산표 작성, 재무제표 작성 등이 해당 • 주로 외부 보고 목적, 제도적·정기적 계산	• 행정책임자가 행정적 의사결정을 할 때 필요하도록 예산 단위 비용을 계산해 예산 실행 성과를 분석함으로써 재정 관계 자료를 정리 • 내부보고 목적, 탄력적·적시적 계산

③ 회계의 활동

기록 업무	• 수입·지출에 관한 다양한 기록 장부를 마련하고 회계 원칙에 따라 장부에 기록하는 일. 사회복지조직에서 법인·수익사업 회계는 복식부기, 시설회계는 단식부기로 기장 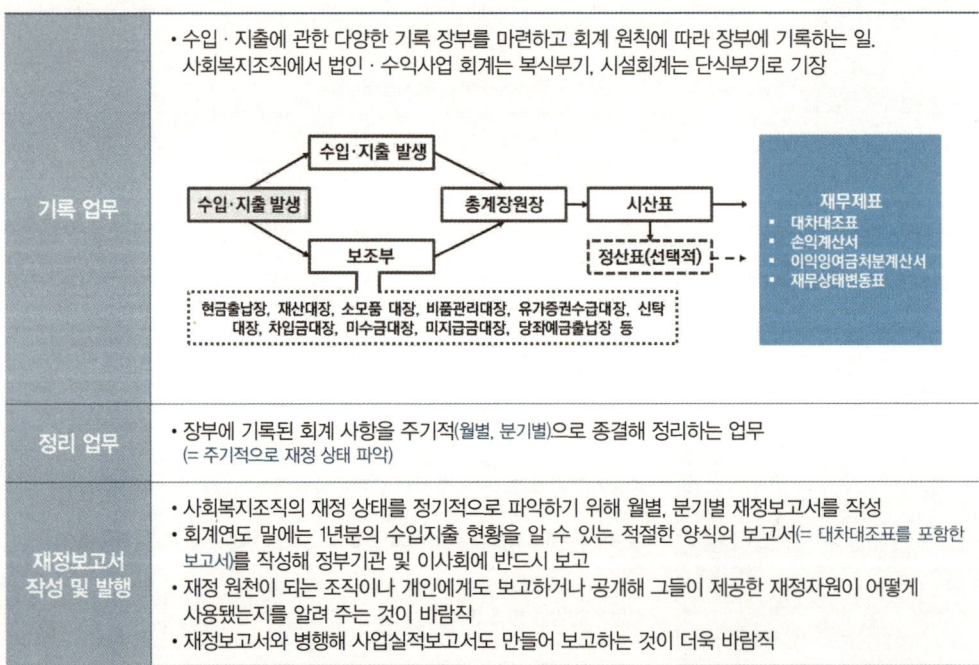
정리 업무	• 장부에 기록된 회계 사항을 주기적(월별, 분기별)으로 종결해 정리하는 업무 (= 주기적으로 재정 상태 파악)
재정보고서 작성 및 발행	• 사회복지조직의 재정 상태를 정기적으로 파악하기 위해 월별, 분기별 재정보고서를 작성 • 회계연도 말에는 1년분의 수입지출 현황을 알 수 있는 적절한 양식의 보고서(= 대차대조표를 포함한 보고서)를 작성해 정부기관 및 이사회에 반드시 보고 • 재정 원천이 되는 조직이나 개인에게도 보고하거나 공개해 그들이 제공한 재정자원이 어떻게 사용됐는지를 알려 주는 것이 바람직 • 재정보고서와 병행해 사업실적보고서도 만들어 보고하는 것이 더욱 바람직

④ 사회복지조직의 회계

회계 방법	• 단식부기(= 개별적 재산의 변동만 단독으로 기록·계산)가 기본 • 법인회계와 수입사업 회계에서 복식부기(= 개별적 재산 변동을 다른 것과의 유기적 관련으로 파악해 대차 평균의 원리 아래 조직적·합리적으로 기록·계산)의 필요가 있는 경우에는 복식부기 기장 • 단식부기는 소규모 조직, 복식부기는 영리기업이나 공기업에서 주로 사용

장부의 종류	• 현금출납부 · 총계정원장 · 총계정원장보조부 · 재산대장 · 비품관리대장 · 소모품대장 · 유가증권수급대장 · 후원금 관련 서류 · 임직원보수일람표 등 필수장부와 신탁대장 · 대부금대장 · 미수금대장 · 미불금대장 · 차입금대장 등 보조장부가 있음.
후원금 관리	• 영수증 발급 : 시장 · 군수 · 구청장이 일련번호를 부여한 후원금 영수증을 발급해야 하며, 계좌입금을 통한 모금은 법인 명의의 후원금 전용계좌를 사용해야 함. • 후원금 수입 · 지출 공개의 의무.

(3) 회계감사와 결산

① 회계감사의 정의 : 조직의 수입 · 지출의 결과에 관한 사실을 확인 · 검증하고, 이를 보고하기 위한 장부 · 기타 기록을 체계적으로 검사하는 행위
② 회계감사의 종류

감사 주체별	• 내부감사 : 조직 내부의 최고 행정책임자 · 중간 행정책임자가 행하는 감사 • 외부감사 : 조직 외부의 독립회계기관 · 회계사 · 업무감독기관이 행하는 감사
감사 대상 조직별	• 정부기관에 대한 감사(= 정부의 감독관청 · 감사원이 감사), • 사회복지법인 · 공익법인 등에 대한 감사(= 법인의 감사 · 법인이 지정한 외부의 회계기관 · 정부 감독관청이 감사) • 법인이 운영하는 사회복지 조직에 대한 감사(= 사회복지 조직의 운영 주체인 법인 · 외부 회계기관 · 정부 감독관청이 감사)
접근 방법별	• 전체 점검 방법 : 관련 재정 사항의 전부를 점검하는 전통적인 방법으로 전산화 회계 방법의 개발로 활용이 확산되는 추세, 복잡한 조직에는 시간이 많이 소요된다는 점과 다른 회계 사항과 관련성을 체계적으로 점검하기 곤란하다는 점 등이 한계 • 일부 점검 방법 : 재정 사항의 일부를 표본으로 추출해 점검, 전산화 회계 방법을 이용하는 경우 실시가 용이(= 자료의 입력 · 처리가 정확히 됐는지 확인이 선행돼야 함)

③ 결산의 정의
- 일정 기간 경과 시점의 재정 상태를 파악하고 일정 기간 동안의 경영 성과를 확인하며, 재무 상태 변동을 밝히기 위해 장부 마감을 통해 결산서를 작성하는 절차
- 사전에 규정한 회계 기간 또는 사업 연도가 경과한 후 재정 상태와 경영 성과를 파악하고, 재정 상태의 변동을 밝히기 위해 당해 연도 장부를 마감하고 결산서를 작성하는 활동
④ 결산의 종류 : 각 기간별 해당 보고서 필수적으로 작성

1일 결산	• 업무일지, 일계표, 예금 입출금 명세서 등
월간 결산	• 예산 대 실적 대비 월간 회계보고서, 목표 대 실적 대비 사업 실적보고서 등
분기별 결산	• 보조금 정산보고 등
반기별 결산	• 후원금 수입명세 및 사용결과보고서 등
연간 결산	• 결산서, 사업실적, 후원금 회계보고서, 재물조사 현황보고 등

⑤ 결산보고서 작성
- 사회복지법인의 대표이사는 법인회계와 시설회계의 세입·세출 결산보고서를 작성해 이사회 의결을 거친 후 다음 연도 3월 31일까지 시장·군수·구청장에게 제출
- 시장·군수·구청장은 제1항의 규정에 의해 결산 보고서를 제출받은 때에는 20일 이내에 법인과 시설의 세입·세출 결산 개요, 후원금품의 수입 및 사용 내용 개요를 시·군·구의 게시판에 20일 이상 공고하고, 법인의 대표이사로 하여금 당해 법인과 시설의 게시판에 20일 이상 공고

제18장 되돌아보기

- 사회복지행정에서 재정관리의 과정과 의미에 대해 생각해 볼 것
- 예산 수립의 원칙과 예산 집행 통제의 원칙을 구분해 숙지할 것
- 대표적인 예산 편성 방법의 차이를 직시하고, 특히 성과주의 예산과 프로그램 예산의 차이를 명확하게 구분해 이해할 것
- 회계가 사회복지행정에 미치는 영향 중 투명성에 대해 생각해 볼 것

정보관리 및 사회복지서비스 전달 체계

이 장에서는 사회복지행정의 현대적 관리 영역인 정보관리와 사회복지서비스를 전달하는 주체들을 지칭하는 전달 체계에 대한 내용이 다뤄집니다. 사회복지행정과 관련된 정보관리는 직무 편의성과 효율성 증진 측면에 유용하고 전달 체계는 집행이라는 관점에서 핵심적 구조라고 할 수 있습니다.

1. 정보관리의 의의

1) 정보관리 체계

(1) 정보관리 체계의 개념

① 공식적인 전산화를 통해 정보를 경영활동에 다양하게 활용할 수 있도록 구축한 체계
  (= 내부 행정효율성에 초점을 둔 사무자동화보다 범위가 넓게 적용, 전 조직구성원이 활용함)
② 활동 내용에 대한 측정이나 보고, 과정에 결과에 대한 표준화된 매뉴얼 등을 하나의

전산화된 체계에서 제공하며, 모든 정보가 체계의 대상이 되며, 체계는 통합되고 함께 작동함을 의미함(= 정보 체계는 정보를 얻고 저장하고 소통하는 체계).
③ 정보관리 체계는 기관의 책임성과 직무 효율성 제고, 직무 편의성 증진, 사회복지서비스 확대, 정보의 중요성 입증 등으로 인해 필요함.

(2) 정보관리 체계의 구성 요소

정보	• 정보관리 체계의 핵심이자 기본 요소 : 인력의 봉급이나 작업시간 같은 것을 나타내는 특성, 수치, 상징 등 공식적 정보 수집, 조작, 복구, 소통하기 위한 장비 체계(= 논리 과정과 수학적 과정으로 조작할 수 있음) • 데이터(data)는 객관적 사실이면서 가공되지 않은 자료이며, 정보(information)는 특정 목적·용도에 적합하게 데이터를 가공한 것이고, 유의미한 데이터이자 정보를 해석하고 체계회해 일반화시킨 것이 지식(knowledge)임 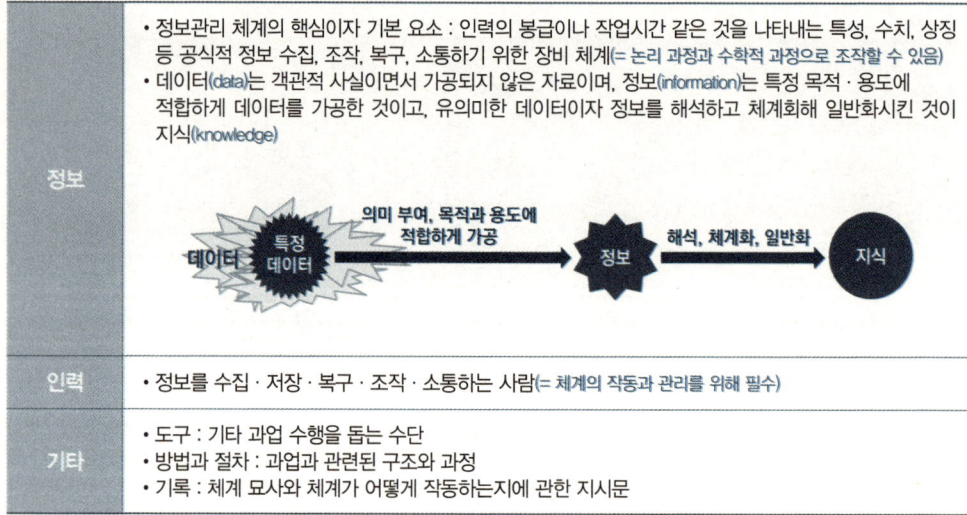
인력	• 정보를 수집·저장·복구·조작·소통하는 사람(= 체계의 작동과 관리를 위해 필수)
기타	• 도구 : 기타 과업 수행을 돕는 수단 • 방법과 절차 : 과업과 관련된 구조와 과정 • 기록 : 체계 묘사와 체계가 어떻게 작동하는지에 관한 지시문

(3) 정보관리 체계의 유형

용도별	• 고객정보 체계 : 클라이언트의 정보관리를 통한 개선된 서비스 제공 목적 • 조직정보 체계 : 조직 내부의 원활한 의사소통 목적
조직 내부 관리 영역별	• 인사관리정보 체계 : 조직구성원의 채용·교육·훈련·승진·근무 태도 등 노무관리 목적 • 조직관리정보 체계 : 서비스 과정과 조직 내부의 의사소통 관리 목적 • 재정관리정보 체계 : 예산, 회계, 입출금 관리 목적
사회복지 영역별	• 사회복지행정정보 체계, 사회보험정보 체계, 노인복지정보 체계, 아동복지정보 체계, 사회서비스정보 체계 등
발전 단계별	• 자료처리 응용 단계(Data Processing: DP) : 자료의 수집과 입력, 조정, 자료 출력 등의 간단한 사무를 가능하게 하는 장비 수준(= 급여대장 출력, 클라이언트 명부 작성 및 관리, 각종 영수증 발송 등) • 관리정보 체계(Management Information System: MIS) : 공식화된 전산 응용 프로그램과 정형화된 구조를 통해 다양한 자료를 수집·저장·처리해, 필요하고 사용 가능한 정보로 전환하는 체제(= 좀 더 정밀하고 구체화된 업무 처리와 빠른 처리가 가능해짐, 내부기관 운영의 관리 목적을 위해 사용하기 시작)

| 발전 단계별 | - 의사결정 지원시스템(Decision Support System: DSS) : 정보 접근성 강화 및 효과성 증대, 의사결정 특성 탐구에 초점을 맞춰 사용자의 자료 검색·관리, 의사결정을 지원
- 업무수행 지원시스템(Performance Support System: PSS) : 데이터 관리기술과 정보기술의 발달과 함께 업무의 성과를 향상시키는 데 초점을 맞추고 개발됨. 현장에서의 업무 수행 능력을 향상시키기 위해 개발된 통합정보 제공 체계이며, 다른 사람으로부터 최소한의 도움을 받아 즉시 그 문제를 해결하거나 업무를 완수할 수 있도록 구성돼 있음.
- 무선식별 시스템(Radio-Frequency Identification: RFID) 체계 : 주파수를 이용해 ID를 식별하는 방식의 체계. 편의성과 신뢰성 확보, 운영의 효율성 확보 등이 가능해짐.
- 지식기반 체계(Knowledge Based System: KBS) : 일종의 전문가 이용 체계로 사용자가 제공한 초기정보를 기초로 컴퓨터에 저장된 전문 지식을 활용해 사례관리에 관한 의사결정. 사례기반 추론시스템(Case-Based Reasoning: CBR)은 수천 개의 사례를 조사한 자료를 분석해 필요한 정보를 산출하는 체계이며, 자연음성 처리시스템(Natural Language Processing: NLP)은 언어를 문서화해 텍스트로 전환하는 체계
- 빅데이터(Big Data) 응용 체계 : 기존의 체계와 비교할 수 없을 만큼 방대하고 처리가 어려운 규모의 데이터를 활용해 타당성과 신뢰성을 크게 확장한 체계. 사회복지시설 업무의 표준화, 서비스 질적 제고, 회계의 투명성, 복지정보화 기반 조성 등을 목적으로 하는 국가복지정보 체계의 효율적 구축과 운영에 큰 도움을 제공 |
|---|---|

2) 사회복지조직의 정보관리 체계

(1) 사회복지조직 정보관리 체계 운용 관련 논의 활성화 배경

① 사회복지를 위한 다양한 예산 집행, 그에 따른 정부와 국민들의 결과에 대한 기대감 증대(= 사회복지조직의 다양한 사업 내용을 효과적으로 국민들에게 전달하기 위해 필요)

② 공적 부문에서의 필요성 증대

- 사회복지서비스는 문제 해결 과정으로 책임성 강화가 요구되고 있으며, 그에 따라 지역 단위의 아동·청소년·노인·장애인 등 공공복지 수요 대상자에 대한 데이터베이스를 체계적으로 수집하고 정리가 필요해짐(= 복지 욕구 증대에 기인한 복지 수요 대상자들의 양과 질에 대한 엄정한 관리가 요구됨).

- 중앙정부·지방자치단체·지역의 복지 관련 단체들이 공동으로 참여해, 복지 대상자 관리 업무의 정보화, 복지 대상자 선정·급여 지급·취업 알선 업무와 복지 대상자의 의견조사·피드백에 이르는 일련의 업무를 통합해 복지 수요자들의 편의와 만족도를 증대해야 함.

(2) 사회복지조직 정보관리 체계 운용 효과

조직구성원에 대한 영향	사회복지조직 효과성·효율성 증진	정보화에 기인한 현상의 보편화
• 프로그램 담당자의 동기·전문적 학습·보상 인식·목표 지향적 성과 등을 증대·강화	• 다양한 활동에 활용함으로써 서비스 이용가능성·다양성 증대 • 서비스의 효율적 제공 • 지식·기술 확보 • 업무 성과에 대한 피드백 등	• 정보화로 인한 변화에 편승 • 자료 처리·정보의 원천이나 분배 과정의 통제·정보형평성 등에 대한 책임의식 강화 • 수평적 조직구조의 보편화 현상

(3) 사회복지조직의 정보관리 체계의 구성 및 구축 과정

서비스 하위 체계	• 프로그램 및 하위 프로그램의 종류, 서비스 수혜지역, 누가 누구에게 무엇을 제공했는지에 관한 자료 등으로 구성된 체계
클라이언트자료 하위 체계	• 나이·성별·주소·문제 등 클라이언트 정보, 클라이언트와 프로그램 간 상호 작용 정보 등을 생성·조직·보급하는 체계
관리 하위 체계	• 위험집단·표적집단·센서스 자료 등, 직원들 소요 시간, 활동의 종류·수입·지출·자산·부채 등으로 구성된 체계
분석 및 평가 하위 체계	• 자료의 합산·통계·모델, 모형·효과성 및 생산성 척도 등, 합의 및 계약 이해 자료, 자격증, 합격 여부 등으로 구성된 체계

① 구축 과정

사전 준비 단계	• 전체 조직구성원의 기술력·가치·보유하고 있는 전산 관련 장비 등 현황에 대한 사정 • 정보관리 체계의 개발 목적 및 미래 비전 등 결정 • 조직구성원 대상 사전 교육 • 정보관리 체계 목표들과 관련한 정보 욕구의 결정
분석 및 구축 단계	• 기존의 정보와 향후 사용될 도구나 절차 분석 • 자료의 수집과 검색 도구 점검 및 지역사회·클라이언트·서비스·직원·자원에 대한 정보 수집 • 사용할 자료의 결정, 초기 자료 저장과 처리 구조 설계 • 정보관리 체계 진행도를 포함한 작업 과정 결정 • 정보관리 체계의 설치 및 운영
점검 단계	• 체계의 운용과 적용 기술의 실행을 모니터링해 목표와의 부합 여부 확인 • 초창기 비용과 효과의 평가, 개선 메커니즘의 작용 여부 확인 • 유지 혹은 수정, 폐기 등 결정

② 구축 과정상 고려 사항 : 직원들의 정보 시스템 수용 가능성, 비용의 고려, 기존 시

스템과의 양립성, 정보의 보완에 관한 사항, 정보 시스템의 효율성을 높이기 위한 직원들의 훈련, 정보 시스템의 정보 활용 등

(4) 사회복지조직의 정보관리 체계 개발 과제

① 쟁점
- 현재 사회복지조직에 대한 하드웨어 보급은 상당히 높은 수준에 도달해 있으나 각종 유용한 소프트웨어 구입에 대한 관심이 높지 않으며, 기관별로 기능에만 치중함으로써 지나친 세분화와 제한성이 확인됨.
- 정보관리 체계에서 창출된 정보나 해결책에 과도하게 의존하거나 정보관리 체계상 클라이언트 정보의 비밀 보장이 잘 되지 않는 경우가 빈번함.
② 사회 변화에 탄력적으로 대응하고 적극적·조직적으로 정보화시대에 적응해 나가는 노력이 요구되며, 인간 본위의 서비스 향상을 지향하는 전산 시스템의 개발, 인간 지향적인 전문적 판단을 합리적으로 활용, 기존 시스템과의 효율적인 통합 등의 조치가 필요하고, 실질적인 관련 교육·훈련으로 심도 있는 정보화를 이룩해야 함. 또한 지속적인 직무 수행 여건의 개선을 위해 고도화된 전산 기술을 접목해서 정보관리 체계의 향상을 도모해야 함.

2. 사회복지서비스 전달 체계의 이해

1) 사회복지서비스 전달 체계의 개념

(1) 사회복지서비스 전달 체계의 정의

사회복지서비스의 집행과 감독 등을 목적으로 사회복지서비스 제공자와 클라이언트를

연결시키기 위한 체계적이고 조직적인 체계

구분	내용
구조·기능에 따른 구분	• 행정 체계 : 중앙정부나 광역지방자치단체 등과 같이 서비스 전달을 기획·지원·관리·지시하는 체계(= 주로 지원 기능 담당, 법규·규정에 의해 움직이는 관료제 체계로 합리적 운영) • 집행 체계 : 기초지방자치단체와 사회복지관 등과 같이 클라이언트와 직접적 대면 관계를 통해 서비스를 직접 전달하는 체계(= 자율성과 가치지향성을 기반으로 전문가들의 합의에 바탕을 두고 운영)
운영 주체에 따른 구분	• 공적 전달 체계 : 정부나 공공기관이 관리·운영하는 체계(= 행정 체계적 성격, 재정적 안정, 관료주의, 복잡성, 외적 요인에 다소 둔감한 특성을 지님) • 사적 전달 체계 : 민간이 담당·관리·운영하는 체계(= 집행 체계적 성격, 재정적 취약, 융통성, 창의성, 유연성, 사회 변화와 요구에 민감한 특성을 지님)
서비스 종류에 따른 구분	• 아동복지서비스 전달 체계 : 해당 공공기관, 보육시설, 일시보호시설 등 • 노인복지서비스 전달 체계 : 해당 공공기관, 주관보호소, 양로원 등 • 장애인복지서비스 전달 체계 : 해당 공공기관, 정신장애인가족협회, 요양원 등 • 생활보호서비스 전달 체계 : 해당 공공기관, 대상자 발굴기관, 의료 관련 기관 등

(2) 구축 원칙

① 전문성의 원칙 : 핵심적 사회복지서비스 제공은 반드시 전문가가 담당해야 한다는 원칙(= 사회복지서비스의 효과성·효율성 확보를 위해 필수 원칙)

전문가	준전문가, 비전문가
• 자격을 객관적으로 공인받고 전문 업무에 대한 권위·자율적 결정권·책임성을 지닌 사람 • 사회복지사, 의사, 간호사, 보육사, 물리치료사, 영양사, 작업치료사 등	• 준전문가 : 객관적 자격 공인은 없지만 경험이 풍부한 실무자 • 비전문가 : 자원봉사자처럼 비숙련 업무나 일반 업무를 담당하는 사람

② 적절성의 원칙 : 사회복지서비스는 양, 질, 제공 기간 등이 클라이언트의 욕구 충족이나 문제 해결, 서비스의 목표 달성에 충분해야 한다는 원칙(= 재정과 연관되고 재정은 한정돼 있기 때문에 적절성 원칙의 확보는 현실적으로 쉽지 않으며, 그에 따라 명목주의에 빠질 가능성이 농후함)

③ 포괄성의 원칙 : 사람의 욕구는 다양하고 다양한 다른 요소들과 복잡하게 연관돼 있기 때문에 다양한 욕구 충족이나 문제 해결을 위한 포괄적인 서비스가 필요하다는 원칙, 포괄성을 확보하는 방법으로는 다음 네 가지가 대표적

일반화 접근 방법	• 1명의 전문가가 다수의 문제를 처리하는 방법 • 전문가의 업무 과부하 우려가 있으며, 전문가라고 하더라도 1명이 모든 전문성을 갖추기 어렵기 때문에 문제 해결을 하는 데 전문성 약화 가능성 상존
전문화 접근 방법	• 다수의 전문가가 1명의 문제를 각자 대응해 처리하는 방법 • 문제 진단 및 서비스 간 통합 조정이 곤란할 가능성 상존
집단 접근 방법	• 다수의 전문가가 한 팀으로 문제를 처리하는 방법 • 전문가들 간 갈등 발생 우려
사례관리 방법	• 복잡·다양한 한 명의 문제를 1명의 전문가가 책임을 지고 지속적으로 필요한 서비스와 전문가를 찾아 연결시켜 주고 서비스를 받을 수 있도록 관리하는 방법 • 가장 합리적이지만 전문 인력과 시간, 비용이 많이 소요

④ 지속성의 원칙
- 욕구 충족이나 문제 해결의 과정은 서비스 종류와 질이 달라져야 하는 경우가 많기 때문에, 요구되는 서비스를 조직이나 지역사회 내에서 연속적·지속적으로 받을 수 있어야 한다는 원칙
- 지속성을 확보하기 위해서는 조직 내 서비스 프로그램 간 긴밀한 상호 협력, 지역사회 내 사회복지 서비스 조직 간 유기적 연계, 사례관리 방법(= 전문가의 지속적인 필요 서비스 연결) 적용 등이 있음.
⑤ 평등성의 원칙 : 특별히 제한을 두는 경우를 제외하고는 기본적으로 성별, 연령, 소득, 지역 등에 무관하게 모든 국민은 사회복지서비스를 받아야 한다는 원칙
⑥ 통합성의 원칙 : 다양한 욕구의 충족이나 문제의 해결을 위해 다양한 서비스를 통합적으로 제공할 수 있는 체계를 정립해야 한다는 원칙
⑦ 책임성의 원칙 : 사회복지조직은 국가나 사회로부터 사회복지서비스 전달을 위임받은 존재로서 사회복지 서비스 전달에 대해 책임을 져야 한다는 원칙

책임 대상	책임져야 할 내용
• 중앙정부, 지방정부, 사회복지조직, 지역사회 주민, 기타 수혜자 등	• 서비스의 수혜자 욕구에 대한 적절성, 서비스 전달 절차의 적합성, 서비스의 효과성 및 효율성 여부, 서비스 전달 과정에서의 불만·불평 수렴장치에 대한 적합성 등

⑧ 접근 용이성의 원칙
- 사회복지서비스는 필요로 하는 사람은 누구나 쉽게 받을 수 있어야 한다는 원칙
- 서비스에 관한 정보 결여·부족과 같은 조건적 장애, 장거리·교통 불편과 같은 지리적 장애, 수치감·개인 문제 노출에 대한 두려움과 같은 심리적 장애, 클라이언트로 선정되는 데 장시간·엄한 심사가 이뤄지는 선정 절차상 장애, 재화나 전문가 부족 등의 서비스 접근에 대한 용이성을 저해하는 장애 요소의 제거가 필수적

2) 공적 및 사적 사회복지서비스 전달 체계

(1) 공적 사회복지서비스 전달 체계

복지자원 연계·조정, 기초적 서비스 제공 및 민간이 제공하기 어려운 서비스 제공, 민간과의 협력 모색 등의 역할을 수행
① 중앙정부는 기획, 법·제도 설정, 재정 확보, 지방정부 간 조정의 기능을 담당하며, 중개자(= 정보통신기술로 더욱 용이해짐), 조정자, 서비스 제공자의 역할을 수행함.
② 지방정부는 지역사회 중심의 기획과 활동, 중앙정부에 협조를 담당함.
③ 문제점
- 중앙정부에서 수립된 기본정책 계획·수행지침 등이 하부 체계로 전달되는 상의하달식 수직적 전달 체계로 돼 있어 수혜 대상자 및 지역사회의 욕구에 자율적이며 능동적으로 대처하기 곤란(= 서비스의 적절성·통합성·포괄성 달성 곤란)
- 국민기초생활보장제도, 의료급여제도 등 사회복지서비스 전달 행정 체계가 행정안전부 지방행정 체계에 편입돼 있기 때문에 일선행정 체계를 획일화해서 관리하는 특성으로 지역의 사회복지 담당자가 전문성을 발휘해 자율적으로 업무를 수행하기 어려움.
- 전문 인력 부족 및 관리 미흡 : 사회복지 전담공무원의 배정이 증가하고 있지만 복지활동의 규모에 비하면 상당히 부족한 실정. 전문 인력 부족은 담당자의 업무 과중, 서비스 질의 저하, 서비스의 효과성을 약화시키는 결과를 초래. 또한 사회복지 전담

공무원은 승진의 가능성이 거의 없는 별정직으로 돼 있어 사기 저하와 업무 개발의 동기가 약함.
- 지방자치단체 간 서비스 공급 연계 부족, 전달 체계 내 자문위원회·심의위원회 등 다양한 위원회의 형식적 운영 등

(2) 사적 사회복지서비스 전달 체계

민간사회복지기관, 사회복지활동가 조직, 종교단체, 경제계, 전문가단체, 학계, 노동조직, 지역시민, 사회단체 등 공적 사회복지서비스 전달 체계를 제외한 모든 사회복지서비스 기관이 포함됨.

① 다양한 주체들의 자발적인 참여와 실천 활동을 통해 자원 조사활동, 사회적 약자 및 가족에 대한 각종 지원 제공의 일선 역할 수행이 이뤄짐.

공적 전달 체계의 공백 대체	• 공적 전달 체계가 제공하는 서비스가 미치지 못하는 자에 대한 서비스 제공 : 정부에서 제공하는 서비스의 대부분은 클라이언트의 자격 기준을 심사해 선별하기 때문에 서비스가 필요함에도 불구하고 누락되는 경우가 있음. 이들을 위한 서비스를 제공하기 위해 존재 • 공적 전달 체계가 제공할 수 없는 서비스 제공 : 클라이언트의 욕구가 날로 다양해지는 현실에서 정부는 서비스의 1차적인 욕구 충족에 목표를 두고 있는 만큼 사적 전달 체계에서 좀 더 다양하고 질 높은 서비스를 제공할 수 있음.
서비스에 대한 선택 기회 제공	• 공적 전달 체계에서 제공하는 서비스와 동일한 서비스를 제공하는 경우, 지리적으로 기호적으로 시간상 편리한 여건을 선택할 수 있게 하여 공사기관의 경쟁을 유발함으로써 서비스의 질을 높일 수 있음.
사회복지서비스의 선도적 개발과 보급	• 사적 전달 체계는 행정적으로 융통성이 있고 의사결정 라인이 신속하므로 환경의 변화와 클라이언트의 새로운 욕구를 민감하게 파악하고 새로운 프로그램을 개발, 보급하는 데 유리
민간의 사회복지 참여 욕구 수렴	• 지역사회 내 인적, 물적 자원을 쉽게 동원할 수 있고 자원봉사자, 후원자의 형태로 민간의 사회복지 참여를 유도할 수 있음.
사회복지에 대한 압력단체 역할	• 사적 전달 체계의 경우, 연합체를 형성해 정부의 서비스를 감시하거나 건의할 수 있고 새로운 서비스를 위한 영향력을 행사할 수 있음.
사회복지비용 절약	• 국민의 복지 욕구는 나날이 높아가지만 서비스의 공급은 한정돼 있는 실정에서 사적 전달 체계가 대신하므로 비용의 절약을 가져올 수 있음.

② 문제점
- 조직구조상 문제점 : 대부분 사적 전달 체계가 운영에 필요한 자원을 정부의 보조에

의존하고 운영에서도 지도 · 감독을 받고 있기 때문에 정부 지원 수준이 낮아지면 서비스 제공과 관련된 다양한 측면에서 부진해짐.
- 관리 운영상 문제점 : 사회복지협의기구 간 조정자로서의 역할 수행 역량이 부족하고, 생활시설 재원의 빈약하기 때문에 클라이언트의 단순 수용 · 보호 정도의 활동만 영위해 궁극적인 클라이언트 복지 목표 달성이 곤란할 수 있음.
- 전달 인력상 문제점 : 서비스의 전문성 부족, 사회복지조직 전문 종사자의 처우가 열악해 전문성과 책임성을 추구하는 데 한계가 있음.

(3) 공적 및 사적 사회복지서비스 전달 체계의 역할 분담

① 공공재 성격이 강하고 파급 효과가 큰 복지재(福祉財)는 국가가 제공하고, 사유재 성격이 강하고 세부 효과가 큰 복지재는 시장 행위자의 참여가 필요함.
② 평등과 공평성 가치를 추구하는 서비스는 국가가 제공하고, 연대적 성격이 강하고 연계 효과가 큰 복지재는 시민사회 조직의 참여가 필요함.
③ 역할 분담 모형

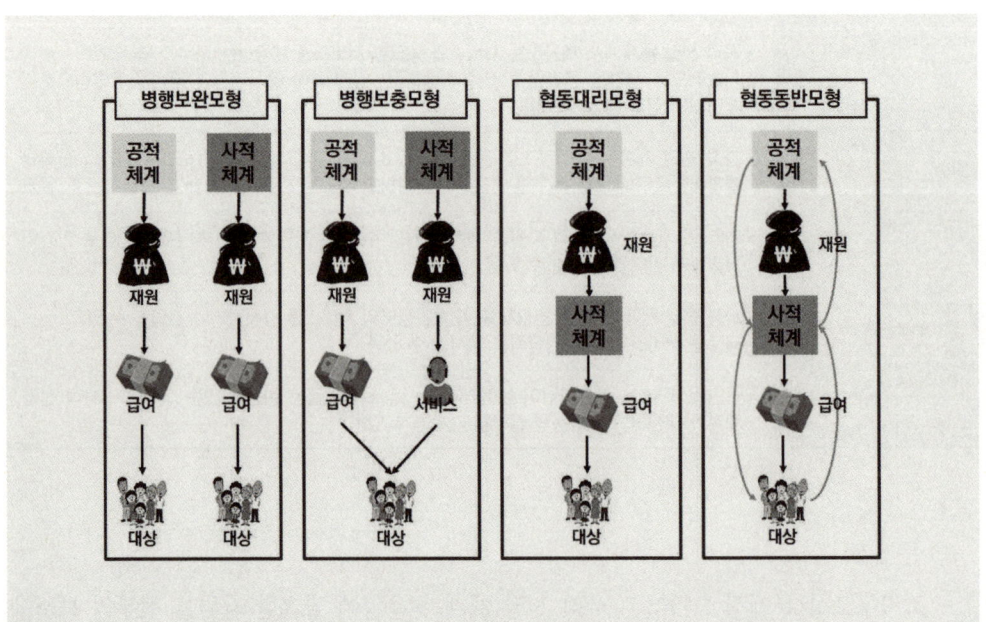

병행보완모형	• 공적 전달 체계와 사적 전달 체계가 각각 재원을 조달하고 각기 다른 대상에게 급여를 별도 지급 • 양 체계의 의사소통과 협력은 급여 대상자를 결정하는 과정에서 이뤄짐.
병행보충모형	• 공적 전달 체계와 사적 전달 체계가 각각 재원을 조달하고, 같은 대상에게 사적 전달 체계는 사회복지서비스를, 공적 전달 체계는 현금 급여를 제공
협동대리모형	• 공적 전달 체계는 재원 조달을 책임지고 사적 전달 체계는 급여를 책임 • 양 체계의 관계는 일방적이며, 사적 전달 체계가 공적 전달 체계의 대리인으로 기능함. • 양 체계의 의사소통과 협력은 재원을 배분하는 과정에서 이뤄짐.
협동동반모형	• 공적 전달 체계는 재원 조달을 책임지고, 사적 전달 체계는 급여를 책임짐. • 양 체계의 관계가 쌍방적이며, 사적 전달 체계는 프로그램 관리나 정책 개발에서 재량권을 가질 뿐 아니라 공적 전달 체계의 정책결정 과정에도 영향을 미침.

(4) 사회복지서비스 전달 체계 개선 전략

의사결정 권위와 통제 재구조화	• 협조 체계 구축 전략 : 전달 체계 기관을 하나로 강제 통일시켜 중앙집권화해 전달 체계의 통합적 발전을 지향하거나 행정기관 간의 자율적 협력을 기반으로 연합화해서 전달 체계의 포괄적 발전을 지향하는 전략 • 시민 참여 체제 도입 전략
업무 분담 재조직화	• 전문가 역할 부여 전략 : 서비스 전달이 어려운 경우 서비스 전달 전문가와 클라이언트를 중간에서 연결해 줄 수 있는 사람을 찾아 그에게 전문가의 역할 일부를 부여하는 전략 • 전문가의 조직적 상황에서의 분리 전략 : 전문가 역할의 자율성을 확보하기 위해 조직 내에서도 통제를 벗어나게 하거나 아니면 전문가 조직을 완전히 별리시키는 전략 (= 공적 사회복지서비스 전달 체계에서 흔히 적용)
전달 체계 구조 변경	• 서비스 접근 촉진 전략 : 클라이언트는 여러 가지 요인(= 정보 부족 · 지리적 및 심리적 장애 · 교통상 장애 등)으로 욕구 · 문제 해결을 위한 서비스에 용이하게 접근할 수 없는 경우 구조 서비스로 접근을 촉진하는 것을 하나의 특별한 서비스로 마련하는 전략 • 의도적으로 같은 서비스 전달 체계를 중복화시키는 전략 : 지리적 장애나 교통상의 장애가 있을 때는 같은 서비스 조직을 지리적 또는 교통 상으로 접근하기 쉬운 곳에 새로 설치하는 전략(= 분사무소 형태)
합리적 서비스 배분 전략의 선택	• 사회복지의 근본 취지에는 부합되지 않지만 사회복지 비용의 증대, 경제 성장의 둔화, 한정된 자원 등의 요인으로 인해 서비스 효율성 제고가 불가피하다고 판단될 때 부득이하게 실행하는 전략 • 클라이언트의 수혜 자격 요건을 강화해 클라이언트의 서비스 이용률을 저하시키는 전략 (= 서비스의 양과 질을 감소시키는 희석화 전략) • 서비스 접근에 물리적 · 시간적 · 사회적 장애를 제거하지 않거나 장애를 생기게 하는 전략

제19장 되돌아보기

- 사회복지행정 영역에서의 정보관리가 갖는 의미와 미래를 숙고해 볼 것
- 다양한 정보관리 체계 유형을 숙지할 것
- 사회복지서비스 전달 체계의 부문별 특성과 체계의 구축 원칙을 이해할 것
- 공적 및 사적 사회복지서비스 전달 체계의 역할 분담 방식 중 우리 사회에 적절한 방식이 무엇일지 생각해 볼 것

⑳ 기획, 의사결정, 의사소통

> 이 장에서는 기획, 의사결정, 의사소통에 대한 내용이 소개됩니다. 이 세 행위는 연관성이 없어 보이지만 실제 하나의 맥락에서 함께 이뤄지는 경우가 대부분이며, 사회복지행정뿐 아니라 일상에서도 빈번하게 발생합니다. 이들이 가진 수단적 가치로 인해 개념과 특성에 대해 명확한 이해가 필요합니다.

1. 기획의 의의

1) 기획의 개념

(1) 기획의 정의

① 조직의 목표를 달성하기 위해 필요한 미래의 행동들에 대한 결정을 준비하는 체계적인 방법이며 과정(= 행동으로 실행하기 전에 무엇을 어떻게 할 것인지 결정)

② 계획을 세워가는 활동 과정으로 계속적인 행동의 동적이고 포괄적인 개념(= 기획의

핵심은 구체적 사업에 대한 연속적 의사결정, 미래에 대한 목표 설정과 달성을 위한 최적의 접근 방법 선택)

• 기획은 계획을 완성해 가는 과정 • 계속적 행동(= 동적 개념)	• 계획은 기획의 결과물 • 기획으로 결정된 행동노선(= 정적 개념)

(2) 기획의 특성 및 필요성

① 기획은 미래 지향적이고, 계속적 과정이며, 결정을 내려야 하는 의사결정과 연관돼 있음. 또한 목표 지향적이지만 목표 달성을 위한 수단적 과정의 성격이 크고, 질서 정연하게 이뤄져 결과가 뚜렷해야 한다는 점이 특징적
② 필요성

불확실성 감소	• 미래에 대한 불확실성을 감소시키고, 목표를 재확인해 모호성을 제거함.
효율성 증진	• 한정된 인적·물적 자원을 잘 활용해 최소의 비용·노력으로 서비스의 목표를 달성할 수 있도록 도와줌.
효과성 향상	• 계획된 활동을 통해 클라이언트의 욕구 만족과 제공된 서비스의 효과성을 얻어 낼 수 있음.
합리성 향상	• 문제의 해결과 의사결정을 위해 타당하게 적용되기 때문에 합리성이 향상됨.
책임성 강화	• 사회복지조직이 국가보조금과 기부금으로 운영되기 때문에 서비스를 효과적·효율적으로 제공할 책임이 있고, 책임성 강화를 위해 반드시 사전 기획이 필요함.
사기 진작	• 조직구성원들이 기획 과정에 참여함으로써 성취감과 인정을 얻을 수 있으며 사기가 진작됨.

(3) 기획의 유형

구분	세부 구분	기획의 유형
위계 수준에 따른	최고관리층	• 목표, 정책, 장기적 계획(= 조직의 전체적인 영역), 높은 책임 부담
	중간관리층	• 배분, 할당, 프로그램 계획, 정책, 보완적 목표, 보통보다 높은 책임 부담
	감독관리층	• 구체적 프로그램 계획, 일정표, 단기 목표, 보통 책임 부담
	관리실무자	• 일상적 업무(= 사소한 절차에 국한), 낮은 책임 부담
시간에 따른	장기 기획	• 1년 이상 5년, 10년 이상, 그 이상에 걸친 기획 • 외부 영향을 중요시하고 조직의 목적과 목표의 재설정 • 높은 책임성 요구
	단기 기획	• 장기 기획에 근거해 1년 미만에 걸친 기획 • 구체적, 행동 지향적, 실행 방법에 관한 내용 • 상대적으로 낮은 책임성 요구
대상에 따른	전략적 기획	• 조직의 구체적 목표의 설정과 변경, 구체적 목표 달성을 위한 자원의 획득과 사용과 배분을 위한 정책을 결정하는 과정 • 목표 설정, 우선순위 설정, 자원 획득과 분배에 관한 기획 과정
	관리운영 기획	• 획득한 자원으로 조직의 목표를 효과적으로 달성하기 위해 사용되도록 하는 과정 • 자원의 관리에 관한 기획 과정

(4) 기획의 과정

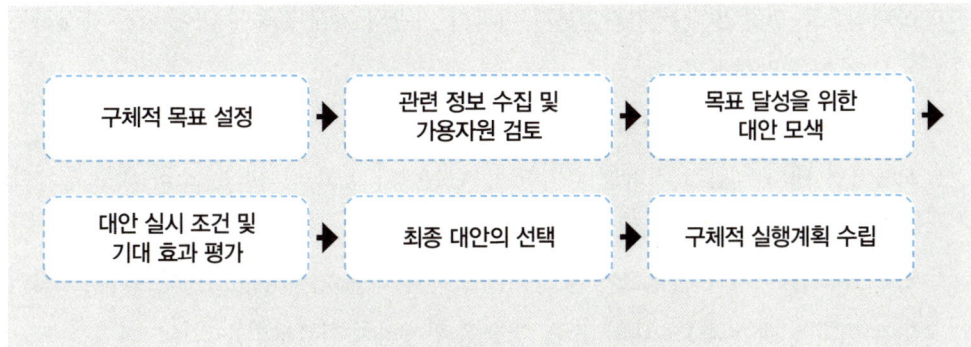

구체적 목표 설정	• 사회복지조직은 조직의 목적하에 특정 사회·지역의 문제 해결을 위해 몇 개의 일반 목표를 설정하고 그에 따라 하위·세부·구체적 목표를 설정 • 목표 : 어떤 활동의 주체가 달성하고자 하는 바람직한 미래 상태(= 미래에 대한 내용이라서 다소 추상적으로 표출되고 표현됨) • 세부 목표 : 명확하게·구체적·측정 가능·관찰 가능·한시적·현실 가능하게·주어진 기간 내에 계량화될 수 있는 의도된 결과여야 하며, 세부 목표의 요소는 명료성, 시간적 기준, 변화 표적, 성취해야 할 산출물 또는 결과, 결과의 문서화, 모니터링, 측정할 기준, 세부 목표와 성취를 실행·측정하는 책임성 등
관련 정보 수집 및 가용자원 검토	• 관계 연구문헌 검토, 면접, 관찰, 설문조사 등을 활용함.
목표 달성을 위한 대안 모색	• 목표 달성 방법은 다양하게 존재하며, 집단 토의나 개별적 대화, 수집된 정보로부터 발견함(= 창의성 발휘 매우 중요).
대안 실시 조건 및 기대 효과 평가	• 평가는 공통적이고 객관적인 검토 및 평가 영역 도출 후 그에 맞춰 평가하는 것이 바람직함.
최종 대안의 선택	• 전 단계의 객관적 기준에 의한 평가 결과를 비교해 적절한 비중으로 가중치를 적용해 우선순위를 정한 후 최고점의 대안을 최종 선정
구체적 실행계획 수립	• 실행을 위한 세부적 계획 산출

(5) 기획과 사회복지조직

① 사회복지조직에서 기획활동의 기능
- 다른 조직의 경우와 마찬가지로 사회복지조직이 현재 어떤 활동을 하고 있으며, 미래에는 어떤 활동을 할 것인가를 상징적으로 제시하는 상징으로서의 기능이 대표적
- 상대적으로 민간의 다른 기관들보다 미약한 기관의 미래 활동에 대한 비전 제시하는 홍보 기능을 강화해 줌.

② 사회복지조직에서의 전략적 기획
- 보통 1년 내외의 단기 기획을 의미하며, 현실성이 높고 변화하는 조직 외부 환경에 대한 적극적 대처 전략으로서의 가치를 보유
- 경쟁 조직을 이기기 위해 조직의 가용한 모든 능력을 기획하는 일련의 행위. 조직의 환경 변화에 대한 적응·대처 도구, 경쟁을 활용하며 환경분석을 강조
- 전략적 기획을 수행하는 이유는 새로운 클라이언트 집단의 발생, 다른 기관과의 직·간접적 경쟁 증가, 재원 제공기관의 요구 등

2) 기획에 활용되는 기법

(1) 시간별 활동계획 도표(Gantt Chart)

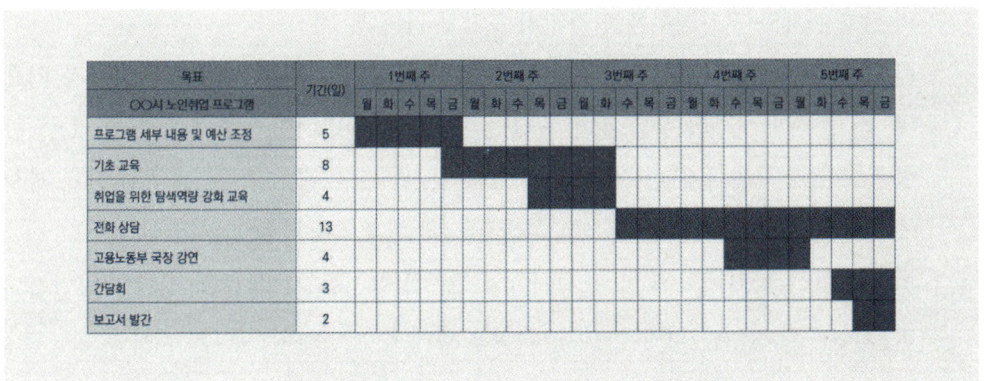

① 1910년경 미국 사업가 간트(H. L. Gantt)가 고안 : 세로에 주요 목표와 관련 활동을 기입하고, 가로에 월별·일별 등 시간을 기입한 도표로서 활동의 시작 또는 완료까지의 기간 동안 계획된 주요 목표 및 활동, 실제 수행 현황을 병행해 막대 모양으로 표시
② 간단명료하게 정리·표기가 가능하며, 다양한 조직에서 활용이 용이해 애용됨.

(2) 프로그램 평가검토 기법(Program Evaluation and Review Technique: PERT)

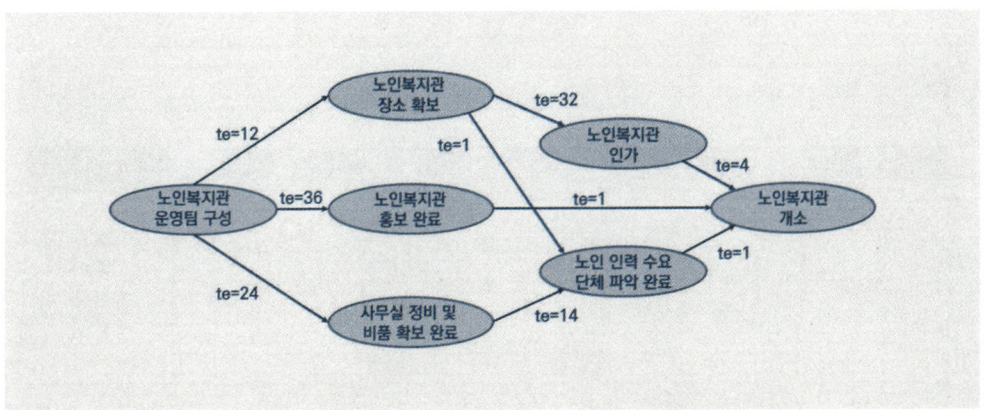

① 1950년대 미 해군의 핵잠수함 건조 과정에서 고안됐는데 우연히 비슷한 시기에 미국 건설회사에서 개발된 주요 경로 방법(Critical Path Method: CPM)과 거의 동일해 일부에서는 CPM으로 불리기도 함.
② 목표 달성의 기한을 정해 놓고 목표 달성을 위해 설정된 주요 세부 목표 또는 활동의 상호 관계와 시간계획을 연결시켜 도표로 나타냄.
③ 시간별 활동계획 도표(= 간트 도표)는 활동만 표현되고 세부 행사가 나타나지 않으며, 각 활동과 행사의 상관 관계가 나타나지 않아 전반적인 계획 이해가 어려움. 반면에 프로그램 평가검토는 명확한 목표를 가진 프로그램 조직화, 진행 시간표 작성 예산 수립, 프로그램 진행 사항을 추적하는 데 매우 유용한 관리기법
④ 활동의 흐름은 좌에서 우로 표시돼야 하고, 각 행사들 사이는 한 직선으로 연결되며, 화살표의 길이는 의미가 없고, 화살표 옆에 활동 시간의 길이를 표시함.

기대시간 (te)	• 낙관적 시간(O, optimistic time) : 이상적인 상황에서 가장 짧게 걸릴 수 있는 시간 • 비관적 시간(P, pessimistic time) : 최악의 사태가 벌어졌을 가장 많이 걸릴 것으로 생각되는 시간 • 통상적 기대시간(M, most likely time) : 비슷한 활동이 여러 번 반복된다면 가장 흔하게 걸리는 시간 • te=(O + 4M + P) X 6
임계통로	• 행사의 연쇄망 속에서 가장 긴 시간이 걸리는 통로로서 기획자가 최종 행사에 도달하는 데 소요될 것으로 생각되는 꼭 필요한 시간 • 임계통로를 계산하면 상황이 변화해 다른 활동을 영위하더도 일정의 진행에 문제가 생기지 않음 (= 애초에 가장 긴 시간으로 설정하고 있기 때문).

(3) 월별 활동계획 카드(Shed-U Graph)

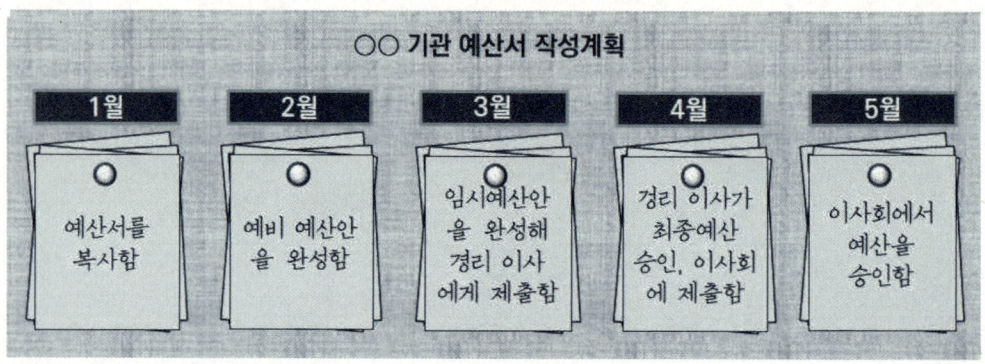

① 미국 기업 레밍턴 랜드(Remington-Rand)에서 고안했으며, 시간별 활동계획 도표와 유사한 속성을 지님.
② 처음 개발했을 때 개발된 모양은 24″×42″(61×107cm) 크기의 바탕 종이에 3″×5″(8×13cm) 크기의 카드를 꽂을 수 있는 주머니가 달려 있었음(= 바탕 종이의 위쪽 가로에는 월별이 기록돼 있고, 특정 활동이나 업무를 조그만 카드(3″×5″)에 기입해 월별 아래 공간에 삽입하거나 붙임)
③ 이 카드는 업무의 시간에 따라 변경해 이동시키는 데 편리하며 시간별 활동계획 도표에서와 같이 과업과 완성된 행사들 간의 상관 관계를 잘 알 수 있음.

(4) 기획과 통제

① 사회복지행정상 통제는 매우 광범위한 속성을 지니며, 기관의 내·외부 통제를 포괄하고, 거시적으로 보자면 기획한 대로 사회복지행정이 행해지고 있는지 여부를 확인함으로써 기획과의 격차를 바로잡는 행위임.
② 통제는 즉각적 조치, 적절한 범위 선정, 인간적·객관적 실행, 융통성 등을 고려해 업무의 전반적 흐름에서 이뤄져야 함.
③ 통제 기준 설정, 현상의 파악, 비교 검토와 평가, 시정 조치 순으로 행해짐.

2. 의사결정의 의의

1) 의사결정의 개념

(1) 의사결정의 정의

조직 목표를 달성하기 위한 여러 가지 대안 가운데 최적의 것을 선택하는 연속된 과정으로 문제 해결에 목적을 둠(= 조직 운영의 원동력이자 핵심적 요인, 조직 운영은 연속적인 의사결정 과정). 또한 의사결정 여부에 따라 조직의 목표 달성 활동이 좌우되고, 일련의 의사결정이 체계적으로 이뤄지는 과정을 기획이라고 함.

(2) 의사결정의 모형

정책결정 과정과 동일한 논리가 적용됨.

합리 모형	• 인간은 이성과 합리성에 따라 결정짓고 행동함으로써, 고도의 합의점을 찾아낼 수 있다고 전제함. • 모든 정보를 체계적으로 수집해 고도의 합리성에 따라 현실적 제한을 고려하지 않고 문제를 정의하고 해결을 위한 모든 대안을 개발해 선택하는 접근법 • 가장 이상적이지만 인간의 능력으로는 사실상 어려우며 현실적인 제약점을 고려하지 않으므로 예측한 결과를 가지고 오는 데 많은 문제점이 있음.
만족 모형	• 제한된 합리주의적 모형으로 인간의 합리성은 제한되고 한계가 있다고 전제함. • 과거의 경험, 현존하는 자극의 선택적 인식, 관습적 대안들을 토대로 해서 단순한 현실 모델을 구성해 만족할 만한 해결책 모색
점증 모형	• 시민과 정치인의 지지를 얻을 수 있는 정치적 합리성을 중요시 • 현실적 제한점을 먼저 고려해 현재의 문제에 초점을 두고 정보 수집, 대안 선택 등 현실에 적당히 적응할 수 있는 것을 선택 • 문제 해결이 결국은 현상 유지라는 측면에서 급변하는 환경에 점진적 모형으로 대응하는 것은 무리가 있음.
쓰레기통 모형	• 집합모형의 일환으로 조직들이 정책을 결정할 때 일정한 규칙에 따라서 행하는 것이 아니라 정책결정에 필요한 요소들이 우연히 하나의 통 안에 들어와서 한 곳에 모여질 때 비로소 결정이 이뤄진다고 설명함. • 고도로 불확실한 조직 상황하에서의 의사결정 형태를 설명하기 위한 모형

(3) 의사결정의 과정

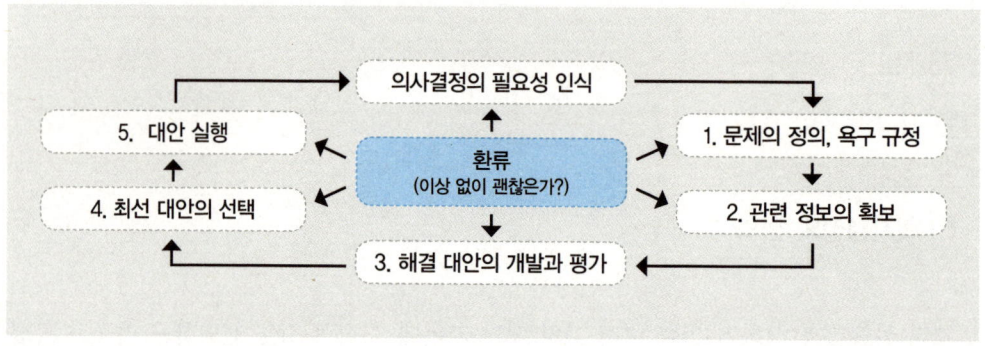

2) 의사결정의 방법

(1) 직관적 · 판단적 · 문제 해결적 결정 방법

직관적 결정	• 합리성보다는 감정에 근거해 결정, 결정자가 옳다거나 최선의 것이라고 느낀 것 혹은 육감에 의한 판단 • 의외로 적지 않은 결정이 이러한 방식으로 이뤄짐.
판단적 결정	• 개인이 갖고 있는 지식 · 경험에 의한 결정, 일상적이고 정해진 절차의 일을 하는 가운데 얻은 경험과 지식에 근거해 결정 • 대부분의 의사결정이 이러한 방식으로 이뤄짐.
문제 해결적 결정	• 관련된 사항에 대한 정보 수집 · 연구 · 분석과 같은 합리적이고 과학적 절차를 밟아 이뤄지는 결정 • 즉각적으로 해결해야 할 사항보다는 시간적인 여유가 있고 중요한 사항에 대한 의사결정에 적합함.

(2) 개인적 · 집단적 결정 방법

① 개인적 결정 방법

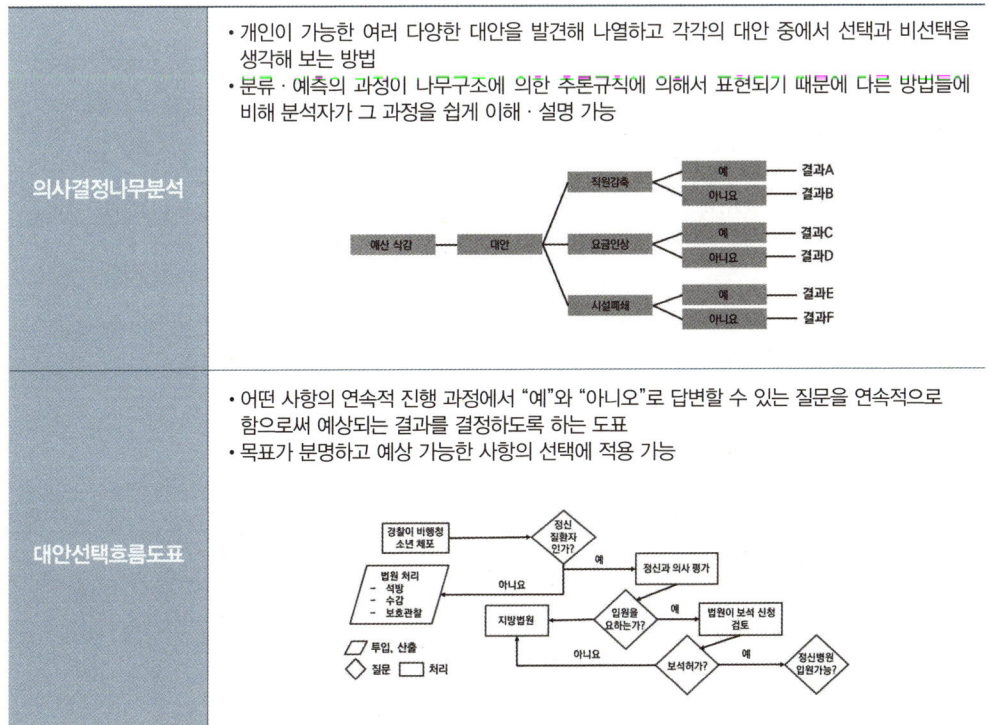

의사결정나무분석	• 개인이 가능한 여러 다양한 대안을 발견해 나열하고 각각의 대안 중에서 선택과 비선택을 생각해 보는 방법 • 분류 · 예측의 과정이 나무구조에 의한 추론규칙에 의해서 표현되기 때문에 다른 방법들에 비해 분석자가 그 과정을 쉽게 이해 · 설명 가능
대안선택흐름도표	• 어떤 사항의 연속적 진행 과정에서 "예"와 "아니오"로 답변할 수 있는 질문을 연속적으로 함으로써 예상되는 결과를 결정하도록 하는 도표 • 목표가 분명하고 예상 가능한 사항의 선택에 적용 가능

② 집단적 결정 방법

델파이 기법	• 델파이(delphi) 기법은 우편을 이용해 어떤 문제에 대해 전문가로부터 합의점을 찾는 방법 • 응답이 무기명이고 대면적인 회의에서와 같은 즉각적인 환류를 통제하고 개인의 의견을 집단적 통계분석으로 처리해 만족스러운 결과를 얻을 때까지 계속 진행 • 불확실한 상황에 대해 권위 있는 전문가들의 합의를 얻으려 할 때 사용
명목집단 기법	• 명목집단 기법(Nominal Grouping Technique; NGT)은 전문가들이 한 장소에 모여 각자의 의견을 적어 내고 이것을 종합해서 정리한 후 각각의 의견을 검토하는 절차를 만족스러운 수준의 합의가 이뤄질 때까지 계속해서 하는 방법(= 기본적으로 6~9명 정도의 소집단을 이용하는 의사결정 방법) • 과정(집단토의에 대한 지침 전달, 개인별 의견 기록, 집단별 순차적 개인 의견 개진, 집단별로 제시된 의견 확인, 집단별 예비투표, 집단별 예비투표 결과 토의, 최종 투표, 전체 집단 보고 순으로 이뤄짐.
브레인스토밍	• 브레인스토밍(brainstorming)은 회의·논의를 통해 창의적 구상·착안을 발견하려는 방법 • 아이디어를 내는 동안 그에 대해 비판·평가를 하지 않으며, 기본적으로 6~12명의 집단을 구성하고 리더와 기록자 각각 1명씩을 선정해 운영함. • 규칙 : 아이디어에 대한 비판은 금지, 자유 발언·행동, 구체적이지 않고 단편적인 의견을 많이 제시할 것, 타인의 아이디어에 도움이 되도록 새롭고 기존의 생각과 다른 생각을 많이 제시할 것

(3) 정형적·비정형적 결정 방법

정형적 결정 방법	• 일상적·반복적 결정 • 조직에서는 이러한 사항의 처리를 위해 기본적으로 절차를 마련하고 있음.
비정형적 결정 방법	• 1회적·임시적 결정 • 모든 조직에는 규정된 절차에 의해 처리할 수 없는 의사결정 사항이 다수 발생하는데, 특히 사회복지조직은 환경에 크게 의존하고 환경은 급속·예측 곤란하게 변화하기 때문에 대처를 위한 의사결정 사항이 많이 발생(= 해결을 위해 비정형적 결정 방법이 많이 활용됨)

	전통적 기법	현대적 기법
정형적	• 관습, 사무처리 관례(= 표준운영절차), 조직구조 (= 일반적 기대, 하위 목표 체계, 잘 규정된 정보 통로)	• 수학적 기술, OR(= 수학적 분석, 모형, 컴퓨터·시뮬레이션), EDPS
비정형적	• 판단, 직관 및 창의성, 주먹구구식 관리자의 선발·훈련	• 브레인스토밍, 시네틱스, 발견적 방법

3. 의사소통의 의의

1) 의사소통의 개념

(1) 의사소통의 정의

① 사회복지조직 내 직원 간·지도자와 직원 간에 상호 원만한 의사소통은 효과적인 서비스 전달을 가능하게 만듦(= 쌍방 의사소통은 민주적 과정의 한 부분이자 효과적 정책결정의 계기).
② 직원 간에 공개적으로 개방적 의사소통을 함으로써 효율성 달성 가능 : 지도자와 직원이 모두 조직에서 일어나고 있는 일들을 공개적으로 인식하고 직원 간 상호 감정·생각들을 잘 이해하고 있을 때 효율성이 높아짐.
③ 지도자와 원활한 의사소통을 통해 서로의 이해가 있을 때 사기가 진작됨.

(2) 의사소통의 유형

공식적, 비공식적 의사소통	• 공식적 의사소통 : 관리자의 직원에 대한 지시·전달, 직원의 관리자에 대한 보고(= 문서·구두 전달 모두 가능) • 비공식적 의사소통 : 소문 등의 형태. 조직 내 비공식적 집단에서 발생, 공식적 의사소통이 제약된 조직일수록 활발하게 표출
수직적, 수평적 의사소통	• 수직적 의사소통 : 조직 내 상하 계층 간의 의사소통. 상의하달(= 명령·일반정보 등), 하의상달(= 보고·품의제도·의견조사 등) • 수평적 의사소통 : 상하 관계에 있지 않는 수평적 관계에 있는 동일 계층 간의 의사소통(= 회의·회람 등). 조직 규모가 전문화돼 있는 집단에 유용
언어적, 비언어적 의사소통	• 언어적 의사소통 : 말·글로써 표현되는 의사소통. 개인-개인, 개인-집단, 집단-집단 간의 대화에서 교환될 수 있는 메시지, 직원들의 언어를 통해 자신의 생각·감정·계획·기술 등을 교환할 수 있음. • 비언어적 의사소통 : 몸짓·눈짓·말의 속도·높낮이 등. 경우에 따라 언어적 전달보다 비중 있고 효과적으로 전달 가능

2) 의사소통의 원칙과 장애 요인

(1) 의사소통의 요소와 원칙

① 의사소통의 요소(5C)

완전성(completeness), 간결성(conciseness), 명확성(clarity), 구체성(concreteness), 정확성(correctness)

② 의사소통의 원칙

관심도 · 수용성	• 의사소통의 목적이 명확하고 전달자와 수신자가 상호 잘 이해해야 함.
명료성	• 내용이 명료해서 한 가지 의미로만 해석될 수 있어야 함.
일관성	• 앞뒤 의사소통이 일관성이 있어야 함.
적정성	• 목적을 수행하기에 적당한 양이어야 하며 예리한 초점과 선택적인 내용을 갖고 있어야 함.
적시성	• 적시에 정곡을 찌르는 내용이 전달돼야 하고 수신자 준비 상태도 고려해야 함.
배포성	• 활용해야 할 경로를 제대로 밟아서 적임자에게 전달돼야 함.

(2) 의사소통의 장애 요인

메시지 간 경쟁	• 불신 · 적대 분위기는 의사소통을 왜곡할 수 있음. • 불신이 만연돼 있을 때는 의사소통의 통로는 막혀버리고 정보의 전달은 최소로 그치고 직원들은 책임감을 상실하게 됨.
계층제 역기능	• 하의상달로 부하 직원이 상관에게 보고할 때 자신의 과오보다는 업적에 대해 보고하게 되고 상사의 구미에 맞도록 조금씩 변형돼 이뤄짐(= 계층이 복잡할수록 더욱 심해짐).
비공식 통로	• 부적절한 비공식적 의사소통은 조직 내 파벌 집단을 형성해 조직에 영향력을 발휘하기도 하고 갈등과 사기 저하가 나타날 수 있음.
집단충성	• 같은 부서 내의 집단적 충성심은 다른 부서와의 경쟁을 불러와서 필요한 정보를 붙잡아두거나 실수를 숨기려 하다가 의사소통을 왜곡하는 결과를 초래

제20장 되돌아보기

- 기획과 계획의 연관성을 숙지하고, 기획에 활용되는 기법들의 특성을 이해할 것
- 의사결정이 갖는 의미와 의사결정 방법에 대한 내용을 숙지할 것
- 의사소통의 중요성과 사회복지행정에서 의사소통이 갖는 의미를 생각해 볼 것

프로그램 설계

> 이 장에서는 사회복지조직이 클라이언트에게 직접적으로 제공하는 프로그램 설계에 대한 내용이 다뤄집니다. 프로그램 설계는 인간의 욕구 충족과 문제 해결을 위한 실질적 수단이라는 점에서 사회복지행정의 중요 대상이 되며 타당하게 설계돼야 사회복지행정의 근본 가치가 달성될 수 있게 됩니다.

1. 욕구조사

1) 욕구의 의미

(1) 욕구의 개념

① 욕구는 무엇이 기준에 미달돼 그것을 필요로 하는 상태, 즉 무엇이 부족해 불편을 겪고 있는 상황을 의미하며, 보통 측정된 기준 내에 있는 유사한 개별 욕구들의 집합체로 표시(needs)됨(= 단순히 정의될 수 없는 복합적이고 다양한 환경적 요인을 의미함).

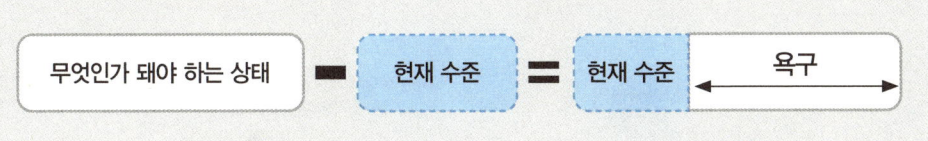

② 탄력적이고 상대적이기 때문에 어느 시점에 고정된 것이 아니라 시간과 여건 변화에 따라 달라지고, 동일한 욕구를 갖고 있는 집단 내에서도 개인별로 욕구의 크기와 내용은 상이함.
③ 정치·사회적 환경에 따라 변화하며, 자원의 유용성과 기술 발전에 따라 변화함(= 욕구의 충족이나 문제의 해결이 현존하는 사회적 자원이나 기술로 해결될 수 있을 때 비로소 욕구로 인정됨).

요구(wants)	욕구(needs)
• 클라이언트 개인 차원에서의 모든 갈망(= 개인적 갈망) • 사회복지 실천은 클라이언트 중심의 요구에 충실한 것이 이상적	• 인간이 사회 속에서 개인으로서 기능하기 위한 갈망(= 사회적 갈망) • 모든 사람의 요구를 다 들어 줄 수 없는 현실적 한계로 사회복지 실천은 클라이언트들의 집합적·사회적 개념인 욕구에 집중(= 공익성)

(2) 욕구의 유형

① 머슬로(A. H. Maslow)의 욕구 유형

- 인간의 욕구는 가장 하위 단계 욕구의 충족이 이뤄진 후 순차적으로 욕구 충족을 바란다고 주장했지만, 생리적 욕구를 무시하고 자아실현의 욕구를 축구하거나 동시에 두 개 이상의 욕구를 추구하기 때문에 이론의 오류라고 할 수 있음.
- 머슬로의 이론 자체는 비판을 받았지만 클라이언트의 문제에 개입할 때 가장 우선해야 할 문제와 순차적으로 처리할 문제의 기준을 설정해 줬다는 점에서 유용성을 가짐.

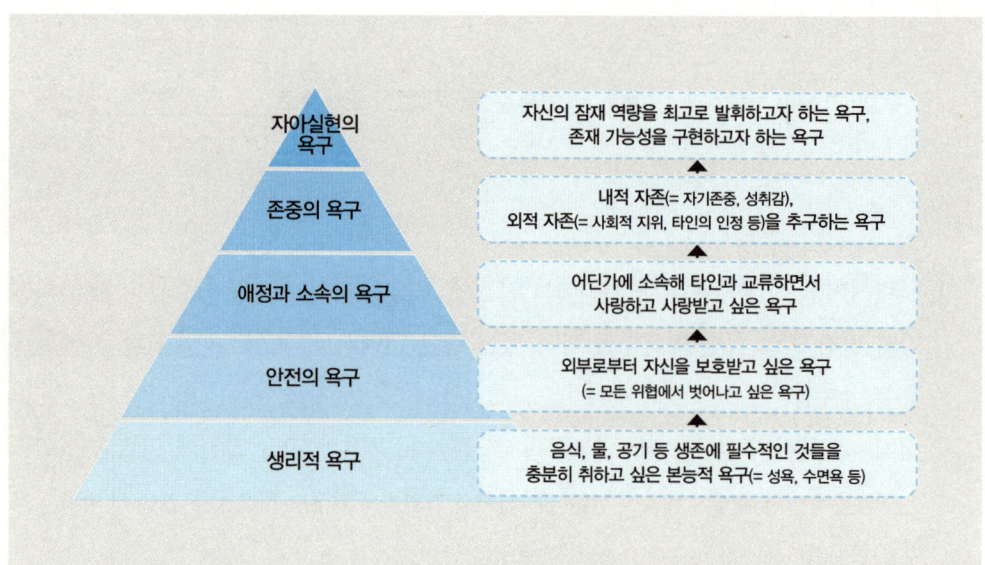

	전형적 프로그램·서비스	후속적으로 진행될 프로그램·서비스
생리적 욕구	• 식사배달서비스, 가사서비스, 가정간호서비스, 의료서비스, 이동목욕서비스, 주거환경 개선서비스	• 가정간호서비스, 주택개량서비스, 병원의뢰서비스
안전의 욕구	• 노인의 집 프로그램, 집단노인거주 프로그램, 안부전화 점검서비스, 노인 학대 예방서비스	• 고도화된 재가노인서비스, 정밀화된 노인 학대 예방 프로그램
애정과 소속의 욕구	• 노인 여가 선용 프로그램, 노인학교 운영 프로그램, 가정봉사원 정서 서비스	• 복합적 노인 건강교실 프로그램, 노인노래교실 프로그램
존중의 욕구	• 심리사회상담 서비스, 정신건강 프로그램, 취업알선 프로그램	• 노년기 적응 프로그램, 노인 취업 프로그램, 노인자립 작업장 운영
자아실현의 욕구	• 서예, 미술 등 교육 프로그램 자원봉사단 조직	• 종합 자원봉사단 조직

② 브래드쇼(J. Bradshaw)의 욕구 유형 : 욕구 인식의 기준에 따라 네 가지로 욕구를 분류했으며, 욕구 측정을 위해 1개의 욕구 유형을 가지고 판단하기보다 다양한 기준으로 욕구를 파악하는 것이 좋다는 방법론을 제시(= 사회복지 프로그램 기획 단계에서 많이 활용하고 있음)

규범적 욕구 (Normative Need)	• 전문가의 판단에 의해 규정된 욕구로, 관련 부분에 대한 연구나 정책에서 제시하는 기준 등 바람직한 욕구 충족 수준을 정해 놓고 그에 미치지 못했을 경우를 욕구로 파악 • 기준 자체가 설정돼 있어 객관적 목표를 설정하는 것이 용이함. 예) 최저생계비와 빈곤	
인지적 욕구 (Felt Need)	• 감지된 욕구로 별칭되며, 지역사회 욕구조사 등을 통해 개개인이 느끼는 욕구가 어떤 것인지 직접 물어봐 파악하는 욕구 • 개인 인식의 정도에 따라 반응이 다를 수 있으므로 인지적 욕구만으로 전체 욕구를 파악했다고 하면 위험 예) 각종 설문조사 결과	
표출된 욕구 (Expressed Need)	• 실제 욕구가 행동으로 표출된 경우에 이를 욕구가 있는 것으로 인정하는 것으로, 개인이 욕구를 충족하기 위해 어떠한 행동을 했는지에 초점 • 의료·건강 관련 욕구 파악에 많이 이용되며 주로 대기자 명단에 의해 파악 예) 노인주간보호센터에 가서 서비스를 받고자 대기자 명단에 등록한 경우에 실제 신청자가 있으므로 욕구가 있다고 판단	
상대적 욕구 (Comparative Need)	• 비교적 욕구로 별칭되며, 어떤 서비스를 받고 있는 사람들과 비슷한 특성을 갖고 있으면서도 그러한 서비스를 받지 못하고 있는 경우 그 사람들도 서비스에 대한 욕구를 가지고 있다고 보는 것	

	진단과 처방	장점과 단점
규범적 욕구	• 진단 : 전문가가 충족 되지 않은 욕구를 진단 • 처방 : 전문가 판단으로 최선의 서비스를 규정	• 장점 : 기준이 설정돼 욕구집단의 규모 파악과 계량화, 측정이 용이 • 단점 : 전문가 견해 차이에 따른 상이함 발생, 지식기술 가치관 변화에 비탄력적
인지된 욕구	• 진단 : 잠재적 클라이언트가 문제와 욕구를 진다 • 처방 : 욕구를 갖는 당사자가 필요하다고 생각하는 서비스	• 장점 : 당사자의 정확한 욕구 파악이 용이, 필요한 서비스 내용과 정도에 대한 정보 획득 가능 • 단점 : 개인차 조정의 문제, 조사의 경우 대표성 문제·과대 추정될 가능성이 있음.
표출된 욕구	• 진단 : 잠재적 클라이언트가 직접 자신의 문제를 진단 • 처방 : 수요로 나타난 서비스	• 장점 : 공급 규모 결정, 대상자 확보에 용이 • 단점 : 표현하지 않은 잠재적 클라이언트 무시, 전달 체계상 장애가 있는 클라이언트 배제
비교된 욕구	• 진단 : 전문가나 사회가 각종 사회지표의 비교로 진단 • 처방 : 서비스 이용률 비교로 유사한 서비스 필요성 인정	• 장점 : 각종 지표로 쉽게 욕구 규모·내용 파악 • 단점 : 유사·비교 집단의 욕구가 실제 욕구와는 다를 수 있음, 비교집단 선정과 대표성 문제

2) 욕구조사의 의미

(1) 욕구조사의 개념

① 일정 지역 내 생활하는 주민의 욕구 수준을 계량적으로 측정하는 것으로, 일반적 기

준에 따라 부족한 지역사회의 재화와 서비스를 발견하고 규명하기 위한 관점을 가지고 자원 분배에 투입할 자료 수집의 체계적인 과정과 분석
② 주민들이 필요로 하는 각종 서비스·프로그램을 식별해 우선순위를 결정하고, 새로운 프로그램 기획의 방향과 기존 프로그램의 방향을 재설정하며, 프로그램 운영에 필요한 예산 할당 기준과 현재 수행 중인 사업의 평가에 필요한 보조 자료를 마련함.
③ 프로그램을 수행하는 지역사회 내 기관들 간의 상호 의존 및 협동 상황, 잠재적 클라이언트의 지리적 분포와 특성, 타 기관의 프로그램 조사와 서비스 활용의 장애 요인 등을 파악함.

(2) 욕구조사의 유형

① 욕구조사의 중심에 따른 분류

클라이언트 중심 조사	• 특정 인구집단을 규정하고 그 집단 내에서 빈번히 나타나는 문제를 해결하기 위해 필요한 서비스 수준을 산정
서비스 중심 조사	• 특정 문제를 해결할 수 있는 서비스 기술이 있는 것을 전제로 문제가 발생할 가능성이 있는 표적 인구집단을 설정하고 서비스 수준을 산정
지역사회 중심 조사	• 클라이언트 중심의 욕구조사와 서비스 중심의 욕구조사의 혼합형

② 자료 수집 방법에 따른 분류

지역사회 설문	• 해당 개인들에게서 직접적으로 자료를 획득하는 방식 • 잠재적 클라이언트들이 생각하는 욕구, 요구되는 서비스, 서비스 활용도 등에 관한 파악이 용이함. • 시간과 비용의 문제, 연구와 관련된 전문적 능력 요구, 시간 격차에 따른 욕구 변화, 프로그램에 대한 기대감 상승 효과 등 한계
지역사회 공개토론회	• 지역사회에서 거주하거나 활동하는 사람들이 직접 참여해 욕구나 문제 파악 • 적은 비용으로 다양한 의견 수렴 가능, 문제에 대한 인식과 관심을 개인, 집단, 기관에 따라 식별 가능, 서베이 조사를 위한 사전 준비 기회를 제공 • 표본 편의 현상, 참석한 소수의 의견 반영 가능성 등의 한계를 지님.
지역사회포럼	• 지역사회의 다양한 구성원들로부터 가치, 태도, 의견 등을 직접 청취해 자료 수집 • 적은 비용, 자유로운 의사 개진이 가능 • 대표성을 고루 갖춘 참석자들의 확보 어려움, 지역사회 내 특수집단의 이익만 대표할 가능성, 의사 진행의 어려움 등의 한계

초점집단기법(FGI)	• 동일한 특성을 갖는 소수 집단을 선정해 욕구를 파악하는 질적 조사 • 심층적이고 신속한 욕구 파악이 가능 • 양적 일반화 불가능, 조사자의 능력에 따라 성과 달라질 수 있다는 한계
서비스 제공자 조사	• 특정 클라이언트 집단 대상의 서비스 운영자를 대상으로 욕구를 간접적으로 파악 • 전문가로부터 다양한 정보 수집, 종단적 자료 수집 가능, 저렴한 비용 • 전문가의 가치 판단, 편견이 가미된 의견이 강조될 수 있다는 한계
델파이 기법	• 특정 주제에 대해 전문가를 대상으로 익명의 설문조사를 수차례 반복함으로써 일종의 집단 협의 방식으로 합의에 이르게 해 조사 • 절차 : 주요 관심사에 대한 설문지 작성, 설문지 배부, 설문회수 및 합의 및 비합의 부분 탐색, 합의점에 도달할 때까지 과정의 반복 순으로 진행 • 응답자의 효율적 시간 활용 가능, 익명성으로 특정인의 영향(= 후광 효과) 및 집단 의견에 동조하는 영향(= 편승 효과) 배제가 가능 • 합의를 위한 반복적인 과정으로 시간이 많이 소요, 판단의 합의를 위해 극단적인 의견들이 제거된다는 한계
2차 자료의 분석	• 사회지표 · 통계자료 또는 기존에 수행된 연구 · 조사 자료를 활용해 욕구 추정 • 시간과 비용 절약 • 특정한 범위 대상의 욕구 측정 불가, 간접적 욕구 추정에 불과(지표 ≠ 욕구), 관련 자료가 없을 수도 있다는 한계

(3) 욕구조사의 기능과 결과 분석 활용

① 욕구조사는 프로그램을 임의로 규정하는 성향의 방지, 프로그램의 홍보와 지지 획득, 자원이나 인력 증대의 필요성에 대한 정당화, 프로그램의 변화에 대한 정당성의 근거가 되는 등의 잠재적 기능을 수행함.
② 욕구조사는 목표와 관련된 프로그램 우선순위 결정, 예산 규모 추정, 서비스 프로그램 평가, 프로그램이나 조직들 간 조정을 위한 근거로 활용됨.

2. 프로그램 설계

1) 프로그램 설계의 의의

(1) 프로그램의 개념

① 측정 가능한 목표를 달성하기 위해 한정된 집단에게 유용하게 제공할 수 있도록 선택된 서비스나 지원의 일련의 배열
② 합목적성과 목표의 일관성, 능력 수준과 흥미에의 적합성, 통합성, 지속성과 지역 연계화 등을 고려해야 함.
③ 프로그램의 구성 요소

목적	• 모든 사회복지 프로그램은 목적을 보유하며, 아래 두 가지 방향성 보유함. • 목표 달성 수단 : 사회복지 프로그램은 조직의 목적 달성을 위한 수단이 됨. • 목표 세분화 수단 : 프로그램 목적은 구체적 목표로 분화되고, 이러한 목표는 개별 클라이언트의 변화 목표로 세분화됨.
자원과 기술	• 사회복지 프로그램은 반드시 자원과 기술이 결합돼야 함. • 자원 : 프로그램 운영에는 재원이 필요하며, 다양한 인력활동이 결합된 하나의 사업 단위가 프로그램 • 기술 : 사회복지 프로그램에는 반드시 클라이언트 변화를 위한 실천이론·모델·방법·기법이 들어 있어야 함.
계획된 활동	• 사회복지 프로그램은 일정한 기간에 순차적으로 진행될 활동이 체계적으로 계획돼 진행됨 (= 반드시 기획을 통해서 이뤄짐). • 서비스 제공 활동 : 직접적으로 클라이언트 집단에 서비스를 제공하는 활동 • 행정활동 : 프로그램 수행과 관련된 서류 작성·기록·프로그램 예산 수립 및 집행·권한의 위임과 보고·수퍼비전과 회의 등 조직 내 프로그램을 효과적으로 진행시키기 위해서 수반되는 활동 • 지역사회활동 : 성공적인 프로그램 목적 달성을 위해 기관 외부·지역사회 차원에서 이뤄지는 활동. 프로그램에 대한 정부·지역사회로부터의 합법성과 지지 확보, 클라이언트와 후원자의 모집과 홍보, 마케팅, 지역사회 네트워크 구축활동 등이 주된 활동

(2) 프로그램 설계의 정의

① 규정된 문제의 해결을 위해 제공할 프로그램을 제작하는 과정이며, 프로그램의 목

적 설정부터 집행 후 평가까지 포괄하는 과정
② 프로그램 설계는 프로그램 개발 과정에서 하나의 산출물인 동시에 방법론

산출물로서 프로그램 설계	• 특정 목표를 달성하기 위해 프로그램 수행자들의 최소한 행동 양식들을 규정하는 문서라는 의미 • 프로그램을 진행하는 과정에서 지속적 지침으로 활용되며, 정확하고 논리적·일관적으로 작성되면 정치적 지지를 획득하는 수단이 됨.
방법론으로서 프로그램 설계	• 프로그램 진행 상 중대한 결정을 내릴 때 고려되는 필수적 기준이라는 의미 • 프로그램 진행에 필요한 직원 채용 등과 같은 과정에서 결정을 내리는 데 분석적 도구가 됨.

③ 사명과 명확한 프로그램의 목표 설정, 프로그램의 효율성 향상, 프로그램 효과성 증진, 외부의 지지도 향상, 업무의 효과성과 직무 만족도 향상, 대상자의 역량 강화 등의 효용과 연결돼 높은 중요성을 가짐.

2) 프로그램 설계의 과정

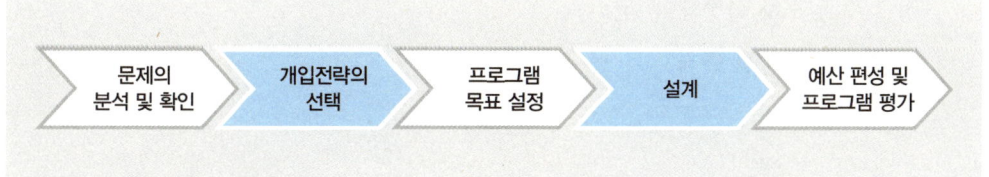

(1) 문제의 분석 및 확인

① 프로그램 개발 필요성과 타당성이 객관적으로 이해될 수 있는 문제를 선택하고 규정해야 하며, 문제와 관련된 역사적 사건, 이론, 연구조사 결과, 문제의 범위와 크기 등을 분석
② 사회문제로 규정되려면, 문제의 원인과 특성이 사회적이어야 하며, 사회의 지배적 가치나 규범에 어긋나는 행동이어야 함. 또한 다수의 사회구성원이나 일부 사회적으로 영향력 있는 사람이 문제로 판단해야 하고, 상당수의 사람에게 부정적 영향을 미치고 개인적 차원에서는 해결될 수 없어야 함.

(2) 개입전략의 선택

① 프로그램 가설 수립을 통해 수행 : 가설 설정을 통해 대략적 개입전략의 윤곽과 내용이 사회문제나 클라이언트의 욕구와 어떤 논리적 관계에 있는지 파악
② 프로그램 가설은 개입전략·수단이 욕구 충족·문제 해결·프로그램 목표와 어떤 관련성이 있는지를 확인하기 위해 사용(= if-then 구조 '만일~이면, ~할 것이다' 활용)하며, 인과관계를 도출하고 원인 중 프로그램에 접근 가능한 요인만으로 개발함.

(3) 프로그램 목표 설정

① 목표 설정 기준 : 클라이언트가 목표 설정 문장의 주어가 돼 클라이언트의 변화 양상을 동사로 설정해야 함(= 클라이언트 중심적), 클라이언트에 대한 성과를 목표로 설정해야 하며, 기관 또는 프로그램의 목적과 논리적으로 연관돼야 함, 클라이언트가 달성할 수 있는 성취 가능한 형태이자 긍정적 방향으로 설정돼야 함, 가능한 한 측정할 수 있도록 설정돼야 함.
② 이상적 목표 설정 원칙

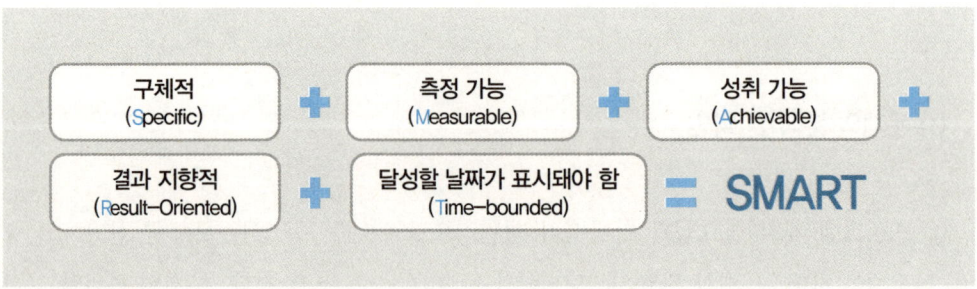

(4) 설계

목표를 달성할 프로그램을 구체적으로 구상하고 작성하는 활동으로, 세부 목표별 단위 프로그램을 구성하고 서비스 대안들의 전달 방법을 결정함.

투입	전환	산출	성과
• 클라이언트 : 적격성, 규모, 특성 • 사회복지사 : 지식과 기술, 자격 요건 • 물리적 자원 : 환경, 장소, 장비, 도구 등	• 서비스 : 제공되는 서비스와 포함되는 활동 • 개입 방법 : 문제에 대한 이해와 프로그램 가설에 근거와 개입 방법	• 서비스 실적 : 건수, 인권	• 프로그램에 참가한 클라이언트가 획득한 삶의 변화

(5) 예산 편성 및 프로그램 평가

① 예산 편성은 실효성과 효율성을 함께 고려한 편성이 필요함.
② 평가는 프로그램의 성과를 환류하기 위해 실시되며, 사회복지조직의 의무이자 윤리이고, 책임성 강화를 위해 반드시 필요함(= 평가 결과를 통해 이론이 형성됨), 계량적 평가 방법인 성과 중심 평가가 주를 이룸.

제21장 되돌아보기

- 욕구와 요구의 차이를 명확하게 구분하고, 욕구조사의 필요성을 이해할 것
- 프로그램 설계 과정을 단계별로 숙지하고 핵심 개념들을 기억할 것
- 현재 한국에서 필요하다고 생각되는 사회복지 프로그램에 대해 생각해 볼 것

22 마케팅 및 홍보

> 이 장에서는 과거에는 무관심했지만 최근 가장 강조되고 있는 마케팅과 홍보에 대한 내용이 설명돼 있습니다. 사회가 다원화되고 복잡해지면서 비영리조직인 사회복지조직의 행정도 경영학적 방법론인 마케팅을 환경 변화에 적응하는 핵심 도구로 사용할 수밖에 없게 됐습니다. 공공 영역과 다른 특성이 많기 때문에 마케팅 관련 내용은 꼼꼼하고 체계적으로 학습해야 합니다.

1. 사회복지조직의 마케팅

1) 마케팅의 기초

(1) 마케팅의 개념

① 영리조직에서는 필수 활동이자 핵심 활동이지만 최근에는 각종 비영리조직에서도 신중하게 검토, 적용하고 있는 경영 전략이자 수단 : 개인과 조직의 목표를 만족시키는 교환 창출을 위한 재화·서비스의 개념 설정, 아이디어, 가격정책, 촉진·유통

활동의 계획·집행 과정, 단순·일시적 활동이 아니라 의도적·계획적 활동
② 마케팅이 필요한 이유
- 마케팅의 기본 요소는 필요(= 기본적 결핍에 기인한 생존·생리적 바람), 욕구(= 필요를 충족시킬 수 있는 구체적인 제품·서비스에 대한 바람), 수요(= 구매 의사·능력이 뒷받침된 욕구)
- 필요와 욕구는 명확하게 드러나지 않고, 파악이 어려우며, 수시로 변화함. 따라서 특정 가격 책정과 매장·프로모션 등을 통해 제품에 대한 고객 욕구가 진정으로 존재하는가에 대한 끊임없는 질문을 해야 하고 마케팅이 필요해짐.
③ 판매 개념과의 차이

	판매 개념	마케팅 개념
출발점과 초점	• 생산 현장, 기존 제품에 초점	• 시장, 고객 욕구에 초점
목표	• 판매와 촉진을 통한 판매량 증대 및 이익 창출	• 통합적 마케팅을 통한 고객 만족 및 이익 창출

(2) 마케팅의 전략(= 마케팅 믹스, 4P)

① 시장을 공략하는 전술을 의미하며, 고객에게 제공되는 통제 가능한 변수들을 하나로 모아 놓은 것

상품 (product)	• 표적시장에 제공하는 물품·서비스에 대한 전략(= 어떠한 상품을 제공할 것인가?) • 다양성, 품질, 디자인, 특성, 브랜드명, 포장, 크기, 서비스, 보증 기간, 반품 등
가격 (price)	• 물품·서비스 획득을 위해 지불하는 금액에 대한 전략(= 어떻게 가격을 결정할 것인가?) • 표시가격, 할인, 공제액, 할부 기간, 상환 조건 등
유통 (place)	• 물품·서비스의 전달·입금 경로, 접근성에 대한 전략(= 어떻게 클라이언트와 접촉할 것인가?) • 채널, 커버리지, 종류, 위치, 재고, 교통 등
촉진 (promotion)	• 물품·서비스의 제공량 증진에 대한 전략(= 어떻게 판매를 더욱 늘릴 것인가?) • 홍보, 판촉, 광고, 영업력, PR, 직접판매 등

② 4C : 판매 지향적 접근인 4P를 고객 지향적 접근으로 대체한 개념. 소비자 혜택(customer benefits, 4P의 상품), 고객부담 비용(cost to customer, 4P의 가격), 편리성

(convenience, 4P의 유통), 의사소통(communication, 4P의 촉진)
③ 완전한 마케팅 믹스(marketing mix)는 없기 때문에 시장의 필요, 경쟁 상황, 이상적 포지셔닝, 조직 내 자원을 분석해 최적의 조합을 만들도록 노력해야 함.
④ 마케팅 믹스는 무한한 조합이 가능하며 동일한 제품이 전 세계의 각기 다른 시장세분화에 적용될 때 각 세분화시장마다 마케팅 믹스가 극단적으로 달라질 수 있다는 점을 인식해야 함(= 4P 요소들은 상호 조화가 중요하며 최저 품질 상품에 최고 가격 적용은 불가능함).

(3) 마케팅의 과정(= 마케팅 프로세스)

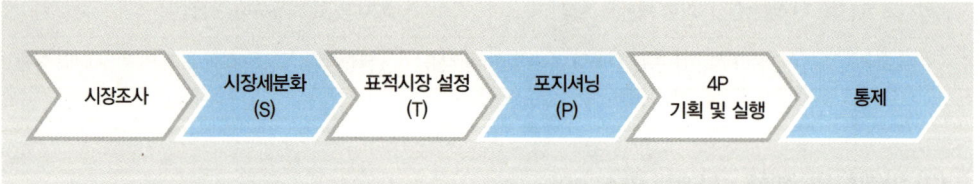

① 시장조사 : 마케팅 전략을 수립하고 마케팅 의사결정을 위해 시장·고객·경쟁 환경에 대한 체계적 정보 획득·분석활동(= 다양한 방법론이 존재)
- 의사결정을 위한 근거는 다양하지만 평균을 근거로 할 경우, 평균의 결함에 빠지지 않도록 주의를 기울여야 함.
- 주요 조사 내용 : 산업환경 및 경쟁자분석(= 시장 규모·경쟁구조·강점·약점 등), 시장 매력도, 경쟁 우위, 고객과 시장에 대한 정보(= 고객의 행태·태도·특성, 다양한 변수에 의한 시장 정의) 등
② 시장세분화(segment) : 시장을 비슷한 특징을 공유하고 있는 특정 혹은 잠재 고객 그룹으로 나눠 세밀하게 구분하는 활동
- 시장 내 그룹 혹은 개인별로 느끼는 필요가 다르고 같은 제품이라도 제품을 해석하는 방식, 지불하는 가격, 구입하는 장소, 접촉하는 매체 등이 모두 상이하기 때문에 시장세분화가 필요함.

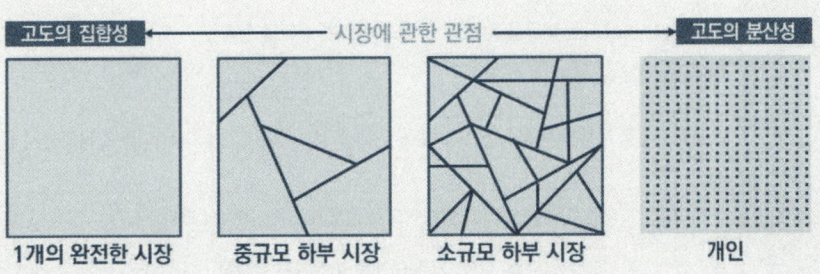

- 상품이나 서비스가 고객에게 주는 가치와 편익이 각기 다르기 때문에 세분화가 중요하며, 우량 고객이 누구인지, 그들이 어떤 세분화 그룹에 속해 있는지, 그들에 어떻게 다가갈 것인지에 대해 고민하고 신중하게 판단하게 해 줌.
- 시장세분화를 위한 변수 : 지리(동네·지역), 인구 통계(나이·성별·가족 형태·직업·소득), 지리와 인구 통계를 동시에 고려(예컨대 강남에 사는 30대 이하의 고소득층), 성격 특성(라이프스타일·태도·개성), 행동양식(특정 제품·서비스)에 관련된 사람의 행동, 소비 용도(제품이 이용되는 양식) 등

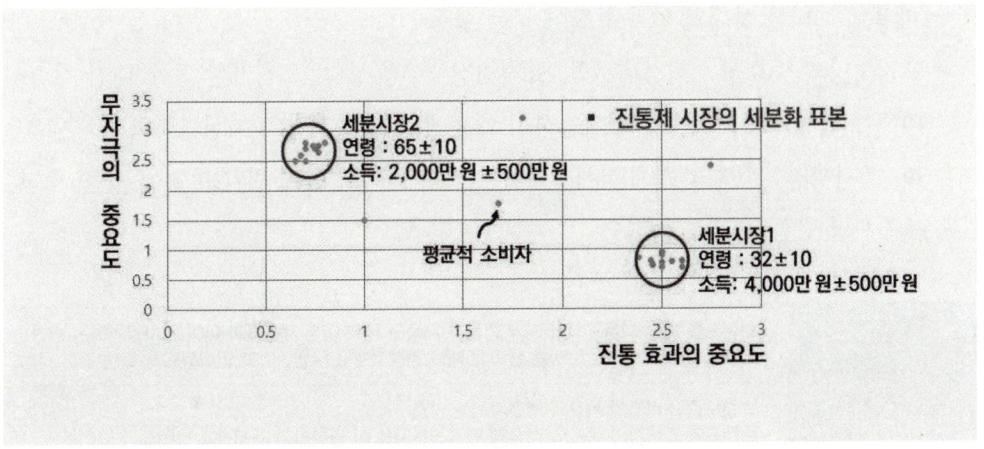

③ 표적시장 설정(targeting) : 세분화된 시장에서 가장 매력적인 그룹을 고르는 활동

표적시장 설정 변수	• 규모 : 해당 세분화 그룹이 수익성을 보장해 줄 만큼 큰지 혹은 너무 규모가 커서 치열한 경쟁을 불러일으키는지 • 수익성 : 소요되는 비용을 감당할 수 있고 적절한 수익을 창출할 수 있는 가격을 적용할 수 있는지 • 성장성 : 성장 · 하락 • 경쟁 상황 : 직접 · 간접, 현재 · 미래 • 능력 : 특정 제품을 특정 세분화 그룹을 위해 특정 가격으로 만들어서 이를 소통하면서 전달할 수 있는지
표적시장 설정 기준	• 매력도 : 시장에 진입한 조직이 잠재적으로 얻을 수 있는 이익의 크기 • 경쟁 우위 : 고객 획득, 유지하는 데 자사의 위치 • 적합성 : 자사의 기업문화, 사명, 기존 마케팅 믹스와의 적합성 매력도 → 이상적 시장 적합성 경쟁 우위
접근 전략	• 세분화 그룹 간 차이를 무시한 매스마케팅 등 획일화 전략 • 세분화 그룹별로 상이한 마케팅 믹스를 적용하는 차별화 전략 • 1개의 마케팅 믹스를 1개의 세분화 그룹에 집중하는 집중화 전략 등

④ 포지셔닝(positioning) : 고객 혹은 잠재 고객 인식 속에 특정 제품 · 서비스의 경쟁 제품에 대비한 상대적 위치를 잡아 주는 활동
- 포지셔닝의 중요성 : 시장세분화, 표적시장, 경쟁 상황, 조직자원 등에 대한 심층적 이해가 전제돼야 포지셔닝이 가능하기 때문에 마케팅 전략의 핵심이라고 할 수 있으며, 포지셔닝이 변화하면 표적시장이나 마케팅 믹스도 함께 변할 수밖에 없음.
- 포지셔닝 방법

경쟁 기반 방법	• 브랜드를 어떤 제품군에 속하게 만들고 제품군 안의 다른 제품들과 대비해 차별화하는 방법 • 고객들이 중요하다고 느끼는 편익에 대해 경쟁자보다 우월하다고 인식되도록 하는 것이 목적
소비자 목표 기반 방법	• 브랜드를 소비자의 목표와 연결시키는 방법 • 브랜드가 소비자의 목표와 어떻게 연결되는지를 더 명확하게 제시하고 브랜드가 그러한 목표를 달성시킬 수 있음을 보여 주는 것이 중요

- 포지셔닝 변수 : 속성, 가격 · 품질, 용도 · 적요, 사용자, 제품 분류, 경쟁자 등
- 포지셔닝 맵(positioning map) : 여러 개의 포지셔닝을 그려 놓은 도표로 포지셔닝과 재포지셔닝 계획을 수립, 이해하는 데 도움을 제공

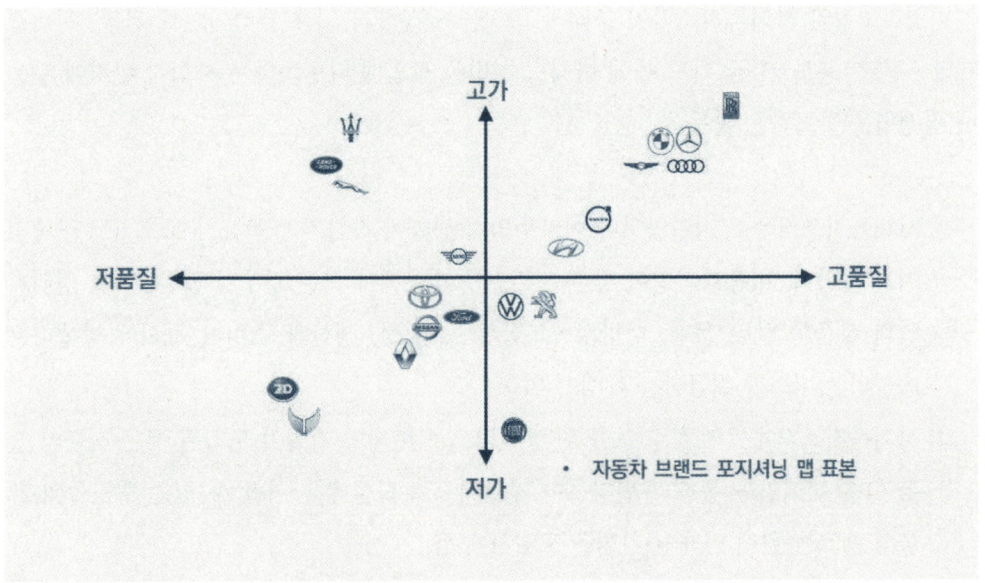

· 자동차 브랜드 포지셔닝 맵 표본

(4) 소셜미디어 마케팅

① 소셜미디어 마케팅은 페이스북, 유튜브, 페이스북, 인스타그램 등 발전된 정보통신 기술에 근간한 플랫폼 서비스의 일환인 소셜네트워크서비스(SNS)를 활용해 최근 성행하는 온라인 마케팅의 주요 수단
② 소셜네트워크서비스는 본인의 정체성(identity)을 표시하고, 사이버상 사용자의 존재감을 과시하며, 관계 수준과 친밀도를 통해 운영됨. 또한 온라인 시스템을 통해 의사소통이 이뤄지고, 공통의 관심사에 근간한 커뮤니티가 운용되거나 공통적 관심사의 콘텐츠를 공유하는 등의 특징을 나타냄.
③ 소셜미디어 마케팅의 활용 분야는 모금, 기관의 홍보, 내부 직원 간 자유로운 의사소통의 수단 등

2) 사회복지조직 마케팅의 의의

(1) 사회복지조직 마케팅의 정의와 특징

비영리조직인 사회복지조직이 조직의 목적을 달성하기 위해 클라이언트 관리, 서비스 개발·전달, 홍보, 자금 확보 등에 마케팅 기법을 도입해 다변화하는 사회적 환경에 부응해 경쟁력을 확보하는 활동

① 사회복지조직은 영리기업보다 이타주의적 성향이 강하지만 목표가 모호하고 구체적이지 못하며, 비용효과성이 낮은 서비스를 제공해야 하는 경우가 많음. 또한 영리기업의 상품과 달리 무형, 다양성·복잡성·소멸성, 생산과 소비가 동시에 발생하는 속성의 서비스를 취급하는 특징이 있음.
② 사회복지조직에서 재정 확보를 위한 전략으로 마케팅 기법이 도입된 것은 최근의 상황이며, 캠페인을 통해 후원자들이 자발적으로 모금에 참여할 수 있는 방안들의 효율성 제고를 위해 마케팅 기법을 도입하게 됨.

(2) 사회복지조직 마케팅의 개념 변화

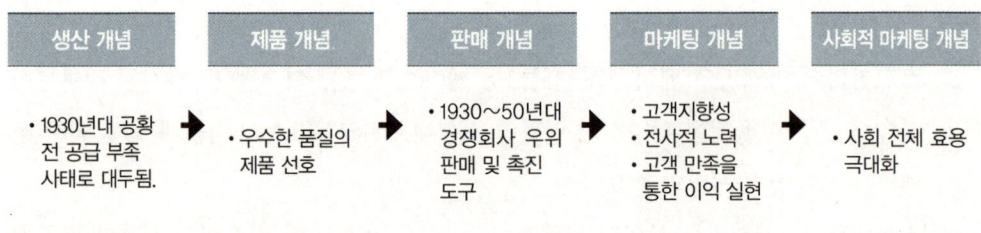

(3) 사회복지조직 마케팅의 필요성

사회복지조직이 마케팅을 도입하는 것에 대해 비영리조직의 경우에는 마케팅은 근본적으로 필요하지 않으며, 마케팅이 개인 사생활을 침해하고, 인지된 품질을 떨어뜨리며, 비

도덕적이라는 반대 의견도 있음. 그러나 아래 이유들로 인해 마케팅은 필수적 요인이 되고 있음.

① 마케팅을 민간기업의 이윤 추구 전략으로 치부해 버리고, 마케팅을 단순히 홍보 차원의 소극적 의미로 받아들임 : 사회복지조직은 생존을 위해 클라이언트·지역사회·자원봉사자·후원자·정부·기업 등 다양한 이해당사자와 우호적 관계를 형성하고, 공중의 마인드에 좋은 이미지로 포지셔닝돼야 하기 때문에 적극적이고 전략적인 활동이 필요하지만 홍보만으로는 조직 목표의 효과성·효율성의 성취가 불가능함.
② 공공서비스의 민간 아웃소싱 증가 : 비영리 조직이 참여하는 공공시장에도 경쟁 원리가 도입되고 있으며, 그에 따라 조직의 효과적 운영·차별적 포지셔닝을 위한 혁신이 필요하게 됨.
③ 정부의 태도 변화 : 자원봉사 운동이 확산됨에 따라 정부가 계획하는 자원봉사 활동을 위해 가장 적합한 비영리조직을 탐색하는 활동이 잦아졌고, 긴축재정을 지향해 복지 예산을 삭감했기 때문에 적극적인 서비스 홍보·판매 등으로 부족한 재정 충당해야만 함.

(4) 사회복지조직 마케팅의 중요성

책임성 측면	• 사회복지조직은 정부의 보조금이나 기타 후원·기부금으로 운영되기 때문에 효과적·효율적 서비스를 제공할 책임이 부여돼 있기 때문
서비스 개발 측면	• 사회복지조직은 외부 환경의 영향을 강하게 받는데 급변하는 정치적·사회적·법적·문화적 환경을 세분화하고 분석해 서비스를 개발할 때 상품 가치를 높여야 하기 때문
재정 확보 측면	• 조직의 목표를 달성하기 위해 필요한 재원의 계획·동원·배분이 필수적이며, 그 과정에서 효율성을 제고해야 하기 때문
대상자 관리 측면	• 사회복지조직은 클라이언트, 기관 이용자, 기부자, 지역사회 등의 고객 만족을 달성해야 하기 때문

(5) 사회복지조직 마케팅의 구성 요소

① 핵심 요소 : 소비자 욕구 · 수요 파악, 소비자 만족 · 가치 인식, 교환, 시장.
② 사회복지조직 마케팅의 4P

상품 (product)	• 표적시장에 제공하는 물품 · 서비스에 대한 전략 • 사회복지조직에서는 기초생활보장 현금급여, 경로연금, 장애수당 등의 현금 · 물품과 고객 만족과 비밀 보장 등이 중요하며, 거의 대부분의 제공 형태가 서비스 • 각종 후원이 함께하면 질과 공신력 확보에 도움이 됨.
가격 (price)	• 서비스 획득을 위해 지불하는 금액에 대한 전략 • 사회복지조직의 상품에 대해서는 거의 대부분 가격을 지불하지 않지만 고통의 감수 · 자존심 상처 · 사회적 낙인 감수 등이 간접적 비용이 될 수 있음.
유통 (place)	• 서비스의 전달 · 입금 경로, 접근성에 대한 전략 • 지역사회 네트워크 형성과 관련되며, 비영리조직의 유통경로는 서비스가 기관에서 클라이언트에게 직접적으로 전달되는 형태를 의미함. • 효율적이기보다 효과적 유통에 대해 고려해야 함.
촉진 (promotion)	• 서비스의 홍보와 함께 더 많은 기부금을 확보하기 위한 인쇄물 제작이나 언론 · 방송 매체를 통한 홍보, 인터넷을 이용한 홍보, 사회복지기관 직원의 후원 요청 등 다양한 방법론을 구상할 필요가 있음. • 과도한 촉진은 재정문제를 야기할 수 있으며, 영리기업처럼 인식되는 부정적 상황을 맞이할 수 있음.

③ 최근에는 사회복지조직의 경우, 영리조직들이 추구하는 4P만으로는 효과적인 마케팅이 어렵다고 판단해 생산자(producer), 구매자(purchaser), 조사(probing) 등 3P를 추가해 비영리조직의 마케팅 믹스(7P)를 제시하고 있음(= 기존의 4P로 전략을 수립하는 사회복지조직도 많이 있음).

(6) 사회복지조직 마케팅의 과정

포괄적으로 보면, 사전 분석 과정과 마케팅 프로세스로 구분되지만, 두 과정이 단절되거나 순차적인 과정이 아니라 유기적으로 연계된 연속선상의 과정임.

① 사전 분석 과정

조직 및 환경 분석	• 조직 분석 : 사회복지조직의 설립 목적, 목표, 세부 목표, 조직문화, 조직의 강약점 등 분석 • 환경 분석 : 사회복지조직의 급여 전달 대상인 공중, 사회복지조직이 경쟁하고 있는 다른 조직, 사회·정치·기술·경제적 환경 등 분석 • SWOT 분석 : 특정 조직의 내부 환경을 분석해 강점과 약점을 발견하고, 외부 환경을 분석해 기회와 위협을 찾아내어 이를 토대로 강점은 살리고 약점은 죽이고, 기회는 활용하고 위협은 억제하는 마케팅 전략을 수립함(= 조직·환경 분석에서 가장 많이 활용됨). **한국의 경제 여건에 대한 SWOT 분석 예시** | 강점(S)	약점(W)
• 근면성실 • 높은 개인 역량 수준 • 강한 위기 극복 능력	• 자본의 양극화 심화 • 심각한 고령화 • 낮은 정치 수준
기회 요인(O)	위협 요인(T)
• 글로벌 교육환경 조성 • 세계적 기술 발달 수준 • 자유와 평등의 조화	• 인접국과의 갈등 양상 • 인력난 및 높은 인건비 • 보호무역 체제 확산	
시장 욕구 분석 및 세부 목표 설정	• 대상자와 그들의 욕구를 찾아내는 작업 • 제품, 가격, 유통, 촉진의 4P 전략이 고려되고 적용됨. • 세부 목표는 사회복지조직의 설립 목적과 목표에 따라 계량 가능하고 일정한 시한을 정해서 설정해야 함.

② 마케팅 프로세스 : 상기 기술한 일반 마케팅 프로세스와 동일한 과정으로 진행됨.

(7) 사회복지조직 마케팅과 모금

모금은 비영리를 표방하는 사회복지조직이 움직일 수 있게 만드는 핵심 원동력으로서 지역사회 주민 혹은 국민들과의 사이에 금품·감사·자선의 만족감을 교환하는 사회복지조직 마케팅 기본 지식과 기술이 적용되는 대표적 활동

① 모금 확보를 위한 원칙 : 조직의 사명을 철저히 내재화하고, 모금을 통해 달성하게 된 조직의 목표와 결과를 명확히 제시해야 하며, 잠재적 후원자에게 수시로 접촉을 시도해야 하고, 모금을 위한 프로그램 기획이 효과적으로 이뤄져야 함.
② 모금기술

구걸	• 가장 초기 단계 모금 • 사회복지조직 차원의 기부가 아니라 경제적으로 빈곤한 존재들이 개인적으로 타인에게 금품을 애걸하는 방법
정기적 수금	• 교회·기부클럽 등이 자발적으로 도움을 약속한 특별한 후원자로부터 정기적으로 기부를 받는 방법
캠페인	• 사회복지조직이 특정 개인·집단을 임명해 그들이 가능한 방법을 모두 동원해 모금을 전개하는 방법
개발	• 사회복지조직이 여러 계층의 지속적 기부자를 체계적으로 개발하고 기부자들도 사회복지조직 으로부터 혜택을 받을 수 있도록 하는 식의 기부자 개발·관리활동으로 모금을 하는 방법

③ 자본모금 : 기관의 신축·건물 보수·설비와 장비 확보 등 사회복지기관의 자산을 증가시키기 위해 실시하며 연중모금에 비해 거액을 지향함. 과거 기부자 등과 같이 기관에 대한 관심과 이해가 높은 인력 자원을 대상으로 하고 철저한 원칙에 의한 과정이 요구됨.

자본모금의 관리	• 큰 금액의 기부 가능성이 있는 개인·단체에 대한 모금을 가장 먼저 유도하고 차차 낮은 금액의 기부 가능성이 있는 개인·단체로 모금을 유도하는 방식(=순차적 원칙) • 기관 내 주요 구성원으로부터 모금을 시작해 기관 외 잠재적 기부자에게 확산시키는 방식 (= 안에서부터 밖으로의 원칙) • 두 방식을 엄수해야 함.
결정 요인	• 거액 모금의 가능성, 이사진의 역할과 리더십 등

④ 연중모금 : 사회복지조직 재정자원을 견고히 유지·확대해 기관 활동을 좀 더 활성화하기 위해 연중 계속적으로 진행하는 자원 개발 도구
- 목표 : 새로운 기부의 확보, 기존 기부의 반복 및 기부 수준 향상, 기존 프로그램의 지원을 위한 재원 확보, 기관 이해관계자의 확보 및 확대 등
- 유형 : 연중 소액 기부(= 특정 개인·집단이 1년 동안 정기적·비정기적으로 소액을 기부하는 방법), 기부클럽(= 기부를 목적으로 결성된 조직에서 기부하는 방법), 자본 기부(= 기업 주식이나 유가증권 등으로 기부하는 방법), 재산 기부 등
- 방법 : 개별 방문, 개별 우편, 전화, 재단 기부금, 특별행사(= 각종 바자회·전시회·자선음악회 등), 광고(= 신문·방송 등 대중매체 활용), 직접 우편(= 기관과 특별한 관계가 없는

불특정 다수에게 활용), ARS모금 등
- 연중모금의 핵심 과정과 구체적 활동 : 기부 가능자를 기부 예상자로 분류하는 기준은 기관이 특정 개인과 맺고 있는 관계(L, Linkage), 기부를 할 수 있는 특정 개인의 능력(A, Ability), 기관의 임무와 목적에 대한 특정 개인의 정보 및 관심(I, Interest) 등 LAI를 이용함.

핵심 활동	과정	구체적 활동
모금 활동	기부 가능자 분석	• 모든 기관 이해관계자에 대한 분석, 기부 가능자 명부 작성
	기부 가능자의 기부 예상자 전환	• 기부 가능자와의 연결 가능성 분석, 기부 예상자의 선정
	기부 예상자를 기부자로 전환	• 기부 예상자의 흥미, 능력에 대한 분석, 개별 방문, 전화접촉, 우편 접촉, 특별행사 등을 활용해 기부 요청
모금 후 활동	기부자에 대한 기록	• 기부자 연결, 흥미, 능력, 기부액 기록, 기부금 사용 내역을 기부자에게 알림.
	기부의 갱신 및 확대	• 감사편지, 기부 갱신 및 증액 목표 설정, 기부자와의 연결, 흥미, 능력에 기초한 추가적 기부 요청

- 연중모금의 관리

과정	구체적 활동
다이렉트마케팅 (DM)	• 우편을 이용해 고객에게 상품과 기업의 정보를 전달하는 방법 • 잠재적 후원자 등에게 현재 기관의 운영 현황이나 이용할 수 있는 서비스와 프로그램에 대한 다양한 정보를 전달하는 방법 • 특히 다양한 모금 상품을 개발해 정기적·지속적으로 발송하는 것도 자원 확보에 유리함.
인터넷마케팅 (IM)	• 인터넷을 통해 고객에게 정보를 전달하고 전자우편이나 홈페이지 등을 통해 이익을 극대화하는 마케팅 기법 • 기관의 사업과 프로그램을 알릴 수 있는 홍보, 기부금 모집 등이 가능하며 메일링 서비스를 통해 개별적인 고객관리를 할 수 있으며, 배너 교환이나 이메일링 서비스 등의 방법이 있음.
고객관계관리마케팅 (CRM)	• 후원자 관리에 유용 • 신규 후원자의 개발, 기존 후원자의 관리, 잠재적 후원자의 개발을 위해 그들의 욕구를 파악해 이른바 '맞춤 서비스'를 지속적으로 제공함으로써 모금 효과를 극대화할 수 있음. • 개인은 기부를 함으로써 사회에 공헌하며 사회적으로는 기부문화의 확산이라는 측면에서 바람직하고, 사회복지조직은 자금을 조달할 수 있음(= 사회복지조직과 개인의 원원 전략)
사회마케팅 (SM)	• 정부나 지방자치단체, 시민과 지역사회를 위한 공중의 행동 변화를 위한 마케팅 기법으로 공익을 실현하기 위해 집단이고 조직적인 노력을 보이는 것

과정	구체적 활동
기업연계마케팅 (CRM)	• 기업이 사회복지조직에 기부함으로써 이윤을 사회에 환원한다는 철학을 달성하고 기업의 이미지는 좋아지는 등 상품 판매를 촉진시킨다는 하나의 홍보전략이 됨(= 사회복지조직과 기업의 윈-윈 전략). • 고객관계관리 마케팅과 약자가 같음.
데이터베이스마케팅 (DM))	• 수익공헌도가 높은 고객에게 마일리지와 같은 차별적인 서비스를 제공하는 등 개별 고객의 정보를 바탕으로 차별적인 전략을 펼치는 마케팅 기법 • 다이렉트 마케팅과 약자가 같음.

2. 사회복지조직의 홍보

1) 지역사회의 이해 : 홍보 전 단계

① 사회복지조직이 지역사회를 이해해야 하는 이유는 지역사회를 이해함으로써 자원 제공의 핵심 원천인 지역사회 주민들의 욕구를 알 수 있고, 사회복지조직의 주요 활동 결정이 이뤄지기 때문임.
② 사회복지조직은 단독으로는 활동 효과성이 떨어져 지역사회 내에서 연대 활동에 집중해야 하고, 급격한 환경 변화에 맞춰 적응하고, 새로운 목적과 프로그램을 계획해야 하므로 지역사회의 이해가 필요함.
③ 거의 모든 사회복지조직은 지역사회에 기반을 두고 운영되고 있으며, 지역사회와 지역사회 주민의 욕구와 기타 조건에 대해 이해하지 못하면 효과적인 서비스 개발이 불가능함.
④ 지역사회는 사회복지조직의 기능 수행과 서비스 질에 지대한 영향을 미치며, 지역사회 홍보를 위해서는 사회복지조직이 지역사회와 꾸준하고 진솔한 의사소통이 이뤄져야 함.

2) 사회복지조직 홍보의 의의

(1) 사회복지조직 홍보의 정의와 특징

사회복지조직을 둘러싼 클라이언트, 가족, 지역사회, 정부, 후원자 등의 이해당사자들과 다양한 관계를 형성하려는 노력을 의미하며, 상대가 원하는 욕구·수준에 맞게 메시지를 가공·전달하고, 상대방이 메시지를 수신한 후 일정한 태도의 변화가 있는지를 환류하게 되면 기관의 의사결정에 반영하는 총체적 과정

① 사회복지조직은 존속과 직결되는 재원 마련을 위해 다양한 노력을 영위하고 있기 때문에 사회적 신뢰의 진작과 유지는 핵심적 활동이 되며, 홍보는 사회복지조직과 클라이언트 간 의사소통 통로로 활용됨.
② 사회적 취약계층의 존재 사실과 그들의 사회적 요구를 사회의 각 구성원들에게 알림으로써 지원을 동원하고 취약계층의 사회복지 프로그램 참여를 촉진함. 또한 공공교육 기능을 수행함으로써 지역사회 내에서 생길 수 있는 문제에 대한 예방의 기능을 담당함.
③ 지역사회로부터 인적·물적 자원을 용이하게 확보할 수 있게 해 주고, 제공한 서비스와 그 효과를 공개해야 할 책임을 다함으로써 조직의 유효성과 사회복지의 필요성을 강조할 수 있으며, 조직의 목표와 서비스에 관해 실제적·잠재적 클라이언트들과 다른 단체 및 일반대중에게 정보를 제공함으로써 그 조직의 서비스를 이용할 수 있도록 유도함.
④ 홍보의 과정

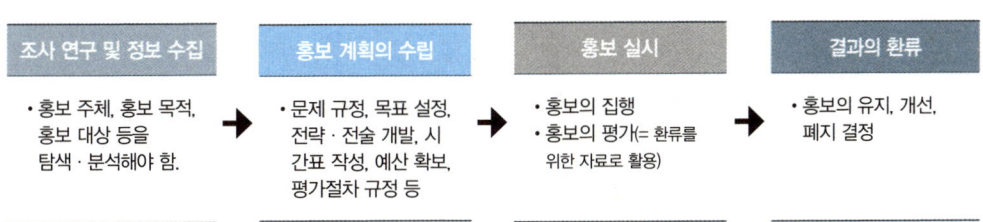

(2) 홍보의 유사 개념

공공관계 (PR, public relation)	• 광의의 홍보 • 다수 이해당사자를 포함한 공중관계에서 조직에 대해 좋은 이미지를 형성할 수 있도록 하는 것
(매스컴을 통한) 홍보(publicity)	• 협의의 홍보 • 언론매체의 관심 혹은 가치 판단에 의해 기사화되는 형태의 홍보
광고	• 홍보보다 공신력이 떨어지며, 비용을 필요로 하고, 홍보에 비해 주체의 사적 이익과 의지가 많이 반영됨.
선전	• 정보가 일방적으로 수용되기를 의도하고 선전 주체에 유리한 정보만 제공하는 방법

(3) 홍보의 수단

대중매체(= TV · 신문 · 잡지 등), SNS, 안내책자, 전단지, 소식지, 대중연설 · 발표회, 기관 · 전문가들의 회합, 지역사회 주민들의 초청행사, 기관 견학 등 매우 다양함(= 정보통신기술의 발달로 더욱 다채로워질 것으로 예상됨).

① 일반적인 조직에서는 대중매체의 홍보 효과가 큰 편이지만, 사회복지조직의 홍보에서는 무엇이 더 효과적인지에 대해 불분명함(= 잠재적 클라이언트 특성 파악 등으로 상황에 맞춰 선택해야 함).
② 아웃리치센터(outreach center) : 출장서비스를 의미. 서비스기관이나 담당자들이 적극적으로 이용자들을 찾아나서는 시도로서, 이용자들이 서비스에 대해 자율적으로 알고 찾아오기를 기다리는 것과는 대조되는 새로운 홍보전략

(4) 홍보의 모델

언론 대리인 모델	• 홍보의 정보가 사회복지조직에서 대중으로 일방적으로 흐르는 전통적 모델 • 홍보 담당자는 조직의 이름이 미디어에서 우호적으로 언급되기를 바라며, 대중의 큰 관심을 유도하는 일에 집중함.
대중 정보 모델	• 대중에게 널리 알리는 것보다 대중에게 정보를 제공하는 것에 관심을 집중(= 의사소통은 일방적)
양방향 비대칭 모델	• 양방향 소통은 사회복지조직과 대중 모두에게 혜택을 제공함. • 대중의 반응을 환류받기도 하지만 대중을 사회복지조직에 맞추는 것을 선호한다는 측면에서 비대칭적이라고 할 수 있음.
양방향 대칭 모델	• 사회복지조직과 대중의 상호 이해 증진과 사회과학적 조사연구 방법을 활용함. • 사회복지조직과 대중이 대칭 관계에서 의사소통한다는 측면에서 양방향적이라고 할 수 있음.

제22장 되돌아보기

- 마케팅의 기본 원리와 기초적 내용을 이해할 것
- 마케팅 믹스와 마케팅 프로세스와 같은 핵심 내용을 확실하게 숙지할 것
- 사회복지조직의 마케팅 믹스에 대해 기억하고, 각자가 가상의 사회복지조직을 설정해 마케팅 믹스를 구성해 볼 것
- 연중모금 방법 중에서 가장 효과적인 방법이 무엇인지 생각해 볼 것
- 사회복지조직의 홍보에서 SNS 홍보에 대한 효과성을 생각해 볼 것

㉓ 사회복지서비스 품질관리

> 이 장에서는 사회복지조직이 행정을 통해 실행하는 사회복지서비스 품질관리에 대한 내용이 다뤄집니다. 프로그램이나 사업이 실행되기 전부터 실행, 그 이후까지 모두 품질과 연관되기 때문에 품질관리는 사회복지행정의 실천적 영역의 중요한 과정이라고 할 수 있습니다.

1. 사회복지서비스 품질관리의 개념

1) 사회복지서비스의 정의와 특성

(1) 사회복지서비스의 정의

① 사회복지서비스는 사적 서비스가 아닌 사회복지, 교육, 국방, 의료, 주택 등 국가를 통해 공공 차원에서 다뤄지는 다양한 서비스를 의미
② 사회복지서비스에 대한 정의는 학술적 영역에서는 개념적으로 유의하게 구분되지만

일치된 정의는 이뤄지지 않음(= 사회서비스와 사회복지서비스에 대한 관계에 대한 명확한 분류 어려움).

③ 가족과 성역할의 변화, 노동시장 변화로 직업 경력 불안정, 민영화의 팽배로 반드시 받아야 할 기본권에 대한 미흡 현상 발생 등 제2차 세계대전 이후 다양한 사회적 위협에 대한 대응 차원에서 고려됨.

(2) 사회복지서비스의 특성

① 이윤 추구를 하지 않고 부족분을 채워 주는 다른 정책들과 달리 사회적 욕구 충족에 중점을 둔다는 점이 가장 큰 특성

대인적 성격	• 인적 자원의 전문성, 인력이 구성하는 조직과 체계가 핵심이 됨.
공공성과 개별성이 혼재	• 사회적 욕구 충족 수단이기 때문에 공공성을 갖지만 개개인 특성에 따라 충족돼야 할 욕구의 내용과 수준이 상이하기 때문에 개별성을 가짐.
복지 혼합이 활성화된 영역	• 중앙정부에서 독점적으로 제공하는 사회보험과 공공부조와 달리 사회서비스는 집합적이고 개별적 속성이 강해 민간 부문이 영향력을 크게 발휘함.
다른 사회보장제도에 비해 고유 장점을 보유	• 사회적 변화에 민감하게 반응 가능하며, 현물 서비스의 경우 욕구 충족을 위한 직접적 서비스를 제공해 효과성이 높음. • 제공 과정에서 제공자와 수혜자가 상호 작용을 통해 서비스를 주고받기 때문에 질 향상이 용이하며 효율성이 높음.

② 무형성, 비분리성, 소멸성, 이질성 등의 특성을 지니며, 활력, 혁신적 행위, 가치성, 환대, 의사소통, 감동, 성의, 정성 등의 속성을 내재함.

2) 사회복지서비스 품질의 개념과 판단 기준

(1) 사회복지서비스 품질의 정의와 특성

① 사회복지서비스의 품질은 고객의 심리적 사전 기대 욕구를 충족시키기 위해 서비스

제공자가 제공하는 유형의 제품과 무형의 서비스 총합(= 사회복지서비스 품질관리의 핵심은 고객 만족)
② 사회복지서비스의 품질을 측정하는 이유는 클라이언트의 욕구가 다양해지고 요구 수준 역시 강해지면서 서비스의 지속적 개선과 경쟁 우위 확보를 위해 반드시 필요하기 때문
③ 고객 개개인마다 만족 기준이 상이해 사회복지서비스 품질의 정의와 측정은 매우 어려우며, 사회복지서비스의 경우, 생산과 소비가 동시에 일어나 전달이 완료되기 이전에는 품질을 검증하기 곤란하고, 측정을 위해 고객으로부터 청취를 통해 데이터를 수집하는 일은 시간과 비용이 많이 소모됨.

(2) 사회복지서비스 품질의 판단 기준

① 판단 기준의 초점

서비스에 초점	이용자 관점에 초점	제품과 서비스의 가치에 초점
• 서비스를 구성하고 있는 프로그램이나 구성 요소의 양을 통해 판단 • 우수성: 고객의 오랜 경험을 통해 축적되기 때문에 일시적으로 단순히 평가하기 어려움. • 과정: 제공 과정이 욕구 충족을 위해 얼마나 체계적으로 구축됐는지에 대해 판단	• 사회복지서비스가 이용자 욕구 충족과 직결되기 때문에 이용자의 관점은 매우 중요한 기준이 됨.	• 투입비용, 서비스 가격 등으로 평가됨. • 객관적 기준

② 과정, 구조, 성과 측면에 따른 세분화

	세부 내역	세부 내역에서 도출되는 지수
과정 측면	• 서비스 이용자 문제 • 제공된 서비스 종류 • 욕구와 서비스 연결의 적절성 • 의뢰한 서비스의 성공 여부	• 업무의 활동량 • 클라이언트 방문 횟수 • 의뢰 건수 • 클라이언트와 대면 시간 등
구조 측면	• 서비스 형태의 다양성 • 시설의 적합성과 접근성 • 직무 종사자들의 교육 수준과 자격 • 정보·회계·보고 절차 등 서비스 지원구조의 적합성	• 서비스 프로그램의 양 • 시설 위치와 도달 시간 • 사회복지사의 교육 정도와 자격증 • 정보화·자동화 수준 등

성과 측면	• 클라이언트로의 행동과 의식 변화 표출 수준 • 만족도 조사, 여론 등	• 행동 변화 수치, 의식 변화 정도에 대한 질적 판단 • 만족도 수준

③ 기능적 측면에 따른 세분화

접근성	• 서비스에 접근하거나 획득하기가 용이함.
확신성	• 직무 종사자의 친절, 공손, 신중함, 관련 지식의 박학다식함.
의사소통	• 서비스 정보가 간단하고 이해가 용이한 수준으로 제공
능력성	• 직무 종사자가 서비스를 제공하는 데 필요한 지식과 기술 요건을 갖춤.
준수성	• 서비스가 규칙을 준수함.
존중성	• 직무 종사자들이 클라이언트를 존중함.
결핍성	• 서비스가 어떠한 특징이나 요소를 빠트림(= 역기능적 기준).
지속성	• 성과, 산물, 결과가 소멸되지 않음.
공감성	• 직무 종사자들이 클라이언트에게 제공하는 개별적 배려와 관심
인격성	• 클라이언트의 존엄성과 자존심을 보호하는 방식으로 서비스 제공
수행성	• 서비스가 계획대로 수행됨.
신뢰성	• 약속한 서비스를 믿을 수 있고 정확하게 수행할 수 있는 능력
즉응성	• 서비스 전달이 시기적절함.
안정성	• 서비스가 안전하게 제공되며 위험이 존재하지 않음.
유형성	• 물리적 시설, 장비, 직원, 의사소통 자료의 외형이 적절함.
대응성	• 고객을 돕고 신속한 서비스를 제공

2. 사회복지서비스 품질관리의 기법

1) 일반적 품질관리 기법

(1) 조직문화 조성을 통한 성과로서 사회복지서비스 품질관리

① 조직의 핵심 가치를 공유하는 조직구성원이 많을수록 성과로서 서비스 질이 향상됨
 (= 조직문화가 조직의 전략과 일치할수록 성과로서 서비스 질을 향상시킴).
② 환경 적응적 조직문화는 조직 외부 이해당사자들의 기대 실현을 적절한 수준으로 고려해 성과로서 서비스 질을 강화함.
③ 조직문화는 변화가 쉽지 않고 성과에 긍정적인 영향만 주는 것은 아니라는 점을 유념해야 함.

(2) SERVQUAL 모형

5개 차원의 각 세부 항목에 대한 관리가 품질관리의 핵심이라고 설명함.

유연성	신뢰성	응답성	확신성	공감성
• 최신장비 • 시설 • 직무 종사자의 외모 • 분위기 • 다른 고객 • 의사소통 도구	• 철저한 서비스 • 정확한 청구 • 정확한 기록 • 약속 시간 엄수	• 서비스 적시성 • 즉각적 응대 • 신속한 서비스	• 직무 종사자 능력 • 정중한 태도 • 믿음직한 자세 • 안정성	• 개별적 관심 • 접근용이성 • 원활한 의사소통 • 고객 이해 • 고객 이익 중시

(3) QC & TQM

전통적 품질관리(QC)는 클라이언트가 원하는 품질의 제품을 창출하기 위해 행하는 관리를 의미하며, TQM은 제품뿐만 아니라 제품의 기획부터 판매, A/S까지 모든 과정에서

품질의 관리를 의미함.

(4) 균형성과표 & 감마

균형성과표 (BSC)	• BSC(balance score card)로 통칭됨. • 매출액이나 순수익 등으로 평가하는 성과평가모형은 단기적 성찰에 불과하기 때문에 재무지표는 물론 고객, 내부 프로세스, 성장, 학습 등 네 가지 지표 상 종합적·균형적 관리가 필요하다는 인식에서 창출된 개념 • 2001년부터 한국의 사회복지기관을 포함한 거의 대부분 공공기관에서 도입하고 있음.
감마 (GAMA)	• 총체적 마케팅 경영(das GAnzheitliche Marketing MAnagement)의 약자 • 행동, 목표 중심, 고객 중심, 환경 중심 세 가지 영역이 균형을 이루도록 관리하고 개인과 공동체의 조화를 통해 개인과 조직 성장을 돕는 것을 목적으로 함.

2) 위험관리

(1) 위험관리의 정의

① 개인이나 소식 어떠한 존재이든 위기가 없는 상황은 존새할 수 없나는 전제하에, 위험에 의해 발생할 수 있는 개인과 조직의 손해를 최소화하려는 관리활동을 의미함.
② 고객 안전은 물론 직무 종사자들의 안전까지 포함

(2) 위험관리의 필요성

① 사회복지시설 종사자의 기본적 안녕을 보장해 안전한 근무환경을 창출함으로써 양질의 사회복지서비스 제공 기반을 마련함(= 직무 종사자들의 직무 소진을 최소화하기 위한 대응).

• 업무생활의 질 향상 운동(QWL: Quality of Working Life)	• 직원 참여 및 자기계발 기획 확대하는 직무환경 조성
• 관리자의 감성적, 정서적 측면 지지 역할을 강화함.	• 성과평가에 따른 연봉제 도입은 신중해야

② 사회복지사의 전문성 확보와 전문가의 윤리적 기준 실행 및 클라이언트 복지와 직결된 종사자들의 직무 스트레스와 심리적 지원을 위해 필요함.
③ 위험관리를 통해 안전을 확보받은 클라이언트에게 사회복지서비스 품질 강화를 인정받기 위함.
④ 위험으로 인한 법적 소송과 분쟁을 대비하고, 사회복지조직의 안정적 운영 및 관련된 일체의 생명 보전 목적

(3) 위험관리 대상

① 사회복지사의 잘못된 진단과 처우 위험
② 부당 청구 혹은 클라이언트와의 결탁 등 부정행위 위험
③ 종사자들의 기능적 손상 위험
④ 성적 위험
⑤ 보호 의무 태만이나 소홀의 위험
⑥ 클라이언트 사생활 등에 대한 비밀 보장 위험

(4) 위험관리 방법

위험 요인에 대한 대응은 조직 전 부문에서 대응하는 조직적 대응, 금전적으로 대응하는 재무적 대응으로 구분됨.

위험 감수	• 위험에 대응하지 않고 그대로 수용
위험 회피	• 위험에 노출된 사업 영역에서 철수하거나 위험자산을 처분하는 등 전략적 의사결정
위험 감소	• 대부분 조직적 대응을 통해 경영 및 관리 방식을 개선하고 위험관리 역량을 강화함으로써 개선을 추구
위험 공유	• 파생금융 및 보험상품을 이용해 위험을 재무적으로 해소하거나 떠넘기는 방법

(5) 위험관리 과정

위험의 인식과 확인	• 위험의 본질이 무엇이고 어떠한 사고가 발생하고 있는지 사회복지시설에서의 위험 실태를 파악
위험의 분석과 평가	• 발생한 사고의 상황이나 사고에 의한 영향을 분석 및 평가함. 위험 대응 처리 방법의 선택과 수행
위험의 재평가 및 재발 방지	• 가장 중요함 • 재발 방지를 위해 기존의 위험과 관련된 요인에 대한 전면 검토가 필요함.

제23장 되돌아보기

- 사회복지서비스 품질관리가 필요한 이유와 현실적 장애 요인에 대해 생각해 볼 것
- 민간 기업에서 행하고 있는 품질관리 기법을 찾아보고 사회복지조직에 접목이 유용할 것인지에 대해 생각해 볼 것

㉔ 사회복지행정의 평가

이 장에서는 사회복지행정의 마지막에 이뤄지는 평가에 관한 내용이 소개됩니다. 평가는 활동의 끝을 의미하지만 또 다른 시작이기도 합니다. 평가 결과를 새로운 활동의 지침으로 삼기 때문입니다. 혼란스러울 수있는 명칭의 평가들이 많이 나오기 때문에 명확하게 숙지할 필요가 있습니다.

1. 사회복지행정의 책임성

1) 책임성의 개념

책임성은 특정 활동에 따른 결과와 과정 전반에 걸쳐 잘잘못과 무관하게 정당성을 부여받은 의무를 맡아 다하려는 정도를 의미함(= 책임과 과정에 대한 정당성 강조).

① 책임성이 요구되는 주체는 국가와 시장(= 사회복지조직, 사회복지전문가 등), 클라이언트, 국민 모두가 해당되며, 사회복지서비스 실천 과정에서 클라이언트의 자기결정

이나 비밀 엄수, 사회적 공동 목표에 부합하는 활동 영위 등 다양한 측면이 책임성의 대상이 됨.

② 사회복지행정의 책임성은 국가나 공공 부문의 사회복지서비스 전달을 충실하게 수행했는지 판단할 수 있는 기준이 됨.

도덕적 책임	• 사회복지행정 활동은 공익을 증진시켜야 하며, 클라이언트의 욕구에 기반을 둬 이뤄져야 함을 의미함.
법률적 책임	• 활동에 관한 명문화된 기준을 추종해야 함을 의미함.
책무적 책임	• 활동 기준이 명문화돼 있지 않을 경우 책무성 증진을 위해 활동이 이뤄져야 하고, 사회복지사로서의 윤리강령과 전문적 기준을 따라야 함을 의미함.
기타	• 적용, 서비스 전달, 재정, 욕구, 영향, 효율성, 이미지, 윤리에 대한 책임성 등

③ 책임성에 영향을 미치는 요인은 내부적으로 서비스의 다양성, 기술의 복잡성, 목표의 불확실성 등이며, 외부적으로는 공급 주체 다원화, 민영화 경향, 법률 정비 등

2) 책임성 수행을 위한 사회복지행정 관리자의 역할

지휘자	• 복잡하고 다각적으로 변화하는 외부 환경에 전략적으로 대응하고 미래 지향적 조직 목표와 과업을 설정하는 등 합리적 관리자의 역할(= 자원 동원 등)
생산자	• 행동·과업 지향적 업무에 전념하는 역할(= 양질의 성과를 도모)
점검자	• 정보, 의사 전달 등 다양한 직무 과정상 유능하고 기술적이어야 하며 사전 대비를 철저하게 하는 역할(= 업무 흐름에 집중)
조정자	• 조직 목표 달성을 위한 리더십 발휘 및 합리적 통제, 업무의 재배치 등을 담당하는 역할
조력자	• 조직구성원들에 대해 지지와 인정으로 보호하고, 그들의 개인적 문제와 욕구에 예민하게 대응하는 역할(= 조직구성원의 발전 촉진)
촉진자	• 조직구성원들 간 상호 작용과 관계성 고취, 조직 목표 지향성 등을 자극하는 역할
혁신자	• 개방적 사고를 기반으로 창조적·진취적 태도를 표방해야 하는 역할 (= 현명한 리더로서의 역할)
중개자	• 고도의 정치성을 갖고 외부 환경 변화에 민감하게 대처하고, 자원과 권력, 영향력 동원, 조직의 긍정적 이미지 유지 등을 수행하는 역할

2. 사회복지행정에 적용되는 평가

1) 평가의 의의

(1) 평가의 사전 단계 : 제안서 작성

사회복지기관의 운용 프로그램이나 사업의 평가를 위한 사전 단계로 사회복지기관의 제안서(proposal)를 작성하며, 반드시 사실만 기록해야 하고, 지나친 성과 부풀리기나 과오 숨기기는 지양해야 함.

① 표지 : 기관 현황, 신청 프로그램의 현황·개요를 기재

기관 현황	신청 프로그램의 현황·개요
• 사회복지조직의 특성·신청·프로그램과 관련된 실적을 강조한 연혁, 조직기구표 등을 제시	• 제안서 전체의 내용을 함축적으로 담고 있는 중요한 부분 • 문제의 심각성·프로그램의 필요성과 기대 효과 등 제안서의 핵심 내용이 함축적으로 전달할 수 있어야 함.

② 문제분석 : 특정 사회 현상을 사회문제로 파악할 수 있는 통찰력을 기반으로 문제를 분석. 문제의 심각성은 객관적 자료와 함께 제시해야 함.
③ 대상자 선정

대상 구분	대상자 산출 근거
일반 대상	• 대상집단이 속한 일반 인구집단(행정구역 내의 일반 사람 포함) • 예) **시 초등학생(2006년 **교육청 통계자료)
위기 대상	• 일반집단 중 문제에 노출됐거나 문제를 겪은 경험이 있는 사람 • 예) 초등학생 중 학교 부적응 아동
표적 대상	• 문제에 노출돼 신청 프로그램이 해결 대상으로 삼은 인구집단 • 예) 학교 부적응 아동 중 저소득가정 아동

클라이언트	• 신청 프로그램이 서비스 대상으로 삼은 인구 수 • 예) 표적 대상 중 프로그램에 참여에 동의한 아동

④ 목표 설정 : 목적(= 프로그램을 통해 궁극적으로 달성하고자 하는 포괄적·추상적 지향점), 목표(= 방향성의 구체적인 제시), 세부 목표(= 명료하고 현실적이며 측정 가능하게 표현)

⑤ 프로그램 혹은 사업 구성 내용

담당 인력	• 수퍼바이저와 담당인력, 자원봉사자까지 모두 실명으로 기재해야 하며, 담당인력의 경력·학력은 프로그램의 수행 능력을 평가하는 중요한 기준이기 때문에 구체적으로 기재해야 함.
프로그램 구조	• 세부 목표를 중심으로 프로그램 내용과 수행을 위한 방법 매개물, 직원, 클라이언트의 역할 등을 구체적으로 명시할 것
일정표	• 프로그램의 진행 일정에 관한 것으로서 기간, 간격, 소요 시간 등

⑥ 예산 수립 : 프로그램의 총예산을 인건비, 관리비, 기자재 및 집기 구입비, 수용비, 사업비 등의 항목으로 나눠 각 항목의 산출 근거를 구체적으로 제시할 것

(2) 평가의 개념

① 한 기관의 전체 또는 선별된 프로그램과 사업, 제반 관련 활동의 효율, 효과 및 적절성을 철저하게 비평적으로 검토하고, 전반에 걸친 결정을 위한 총괄적 정보 수집 과정
② 프로그램이나 사업·제반 관련 활동이 거쳐야 하는 각 발달 과정에서 성취하게 되는 결과를 자원 투입, 효과, 효율, 책무성, 이용자의 만족도 등을 기준으로 체계적 자료 수집 및 분석하는 모든 행위
③ 프로그램이나 사업·제반 관련 활동의 가치, 질, 중요성, 타당성, 업무 수행에 관한 효과, 효율 및 책무성을 체계적으로 분석하는 데 필요함.

(3) 평가의 목적과 기능

① 조직 내 활동의 체계화를 강화하는 것이 핵심 목적(= 체계적으로 사회복지조직의 업무

수행의 효과성 · 효율성을 추적할 수 있음)

② 일반적인 문제 해결 과정의 첫 단계로서 다른 활동 및 표적 집단에 적용할 수 있는 일반화 가능성을 검토하게 해 주며, 공정한 논리적 · 체계적 연구로써 일반적 법칙을 발견하고, 업무 수행 · 표적집단에 관한 문제를 규명할 수 있음(= 과정상 환류, 책임성 이행, 여러 변수 간의 인과관계 검증을 통해 이론 형성).

③ 사회 개혁을 제도화하기 위한 정치활동으로, 합리적 방법으로 자원을 할당할 수 있는 근거를 제시하고, 예상했던 행동 변화의 표출 추정, 변화 요인 규명, 변화 소요 비용의 산출 등을 가능하게 해 줌.

(4) 평가의 초점

평가는 일반적 현황, 조직관리 · 인사관리 · 재정관리 상태, 지역사회 관계성 등 사회복지기관의 조직과 운영에 관한 하드웨어적 측면과 노력성, 효과성, 효율성, 서비스의 질, 만족도 등 소프트웨어적 측면 양측에 초점을 맞춰 진행함.

① 노력성
- 프로그램이나 사업 · 제반 관련 활동의 노력 혹은 각 활동을 대변할 수 있는 변수들의 축약적 의미를 수치나 자료로 표현
- 프로그램이나 사업 · 제반 관련 활동의 수행에 관한 정보와 참여도, 수행된 활동들의 양이나 질, 투입된 자원의 정도 등을 측정하고 확인해 판단함(= 다른 일반적 행정평가와 달리 사회복지행정 측면 평가에서는 가장 강조됨).

클라이언트	• 수, 나이, 성별, 소득 수준, 가족 구성 등 • 표적 인구의 서비스 활용 정도도 중요한 기준
클라이언트에 의한 서비스 경험	• 서비스 접촉 수와 빈도, 서비스 요청과 최초 접촉 사이에 걸린 시간, 중도 탈락 사례의 수 등
서비스 담당자들의 활동	• 케이스 부담률, 제공된 서비스의 단위 등, 진단과 치료 등 서비스 유형, 서비스 방법 등
서비스 담당자들의 업무 수행 질	• 적절한 치료 기법의 활용 · 구체적 계획에 의해 서비스가 진행되는지 · 행정적 규칙들과 보고의 의무를 준수하는지 등

지출과 자원 활용	• 예산 항목의 지출 · 물품 사용 · 공간과 시설의 적합성 등
서비스 이용	• 서비스 단위의 전달에서 발생한 실질적 비용

② 효과성
- 제공된 서비스와 성취된 결과 사이의 관계를 밝히는 것으로 프로그램이나 사업 · 제반 관련 활동에 의해 의도된 결과나 급여들이 성취됐는지 확인해서 판단함.

직접 자료	간접 자료
• 클라이언트에 대한 의도된 성과를 직접 측정 • 예) 취업률 향상 · 가족 기능 증진 등	• 성과를 추정할 수 있는 간접적인 지표를 측정 • 예) 클라이언트의 서비스 참여도 · 서비스 만족도 등

- 개별 클라이언트에 대한 특정 개입의 효과에 관한 정보 획득, 사회복지조직을 비롯한 관계자 일체의 책무성 향상을 위해 효과성 평가를 실시함.
③ 효율성 : 프로그램이나 사업 · 제반 관련 활동에 따른 비용(= 산출물 단위와 관련된 비용, 목표 성취에 관해 부과된 비용)과 편익을 수치화함으로써, 주어진 인력 · 자산 · 공간 등 자원들을 경제적 방법으로 적절하게 활용했는지, 서비스 급여는 비용에 견줘서 합당한 것이지, 동일한 목적을 달성하기 위해 더 경제적 방법들은 없었는지 등을 확인해 판단함.
④ 서비스의 질 : 사회복지기관이 서비스 목적을 달성하기 위해 필요한 방법과 기술을 얼마나 적절하게 사용했는가의 문제를 확인하는 것으로, 일관성, 시기적절성, 접근성, 인간성, 우월성, 서비스 기술의 숙련성 등을 측정해 판단함.
⑤ 만족도 : 설문지를 이용해 클라이언트가 직접 서비스의 효과와 질을 확인하는 방식이 주로 사용되며, 프로그램 출석률 · 조기 종결 · 서비스 재신청 · 과거 클라이언트의 의뢰 등의 자료를 통해 측정해 판단함.
⑥ 과정 : 노력이 산출로 옮겨지는 중간 과정 또는 절차 확인하는 것으로, 산출물이 만들어지기 위한 이전 단계로서의 중간 과정이 체계적 · 합리적으로 어떻게 구조화돼 있는지, 미리 정해진 절차나 규정에 따라 서비스가 제공되는가에 초점을 둠.

(5) 평가의 성격

긍정적 평가	부정적 평가
• 질적으로 훌륭한 결과의 평가 • 평가 수혜자의 기대 충족 수준이 높은 평가 • 행동 지향적인 평가 • 현상 유지에 대한 도전과 변화 지향적 평가	• 눈가림 평가 : 자랑할 만한 프로그램이나 활동만 선별해서 평가하는 방식 • 흰색 칠하기 평가 : 객관적이지 못한 방식으로 프로그램이나 활동의 실패를 은폐하기 위해 실시되는 평가 방식

- 잠수함형 평가 : 프로그램이나 활동의 장단점과 무관하게 무조건 폐기시키려는 의도를 가지고 실시되는 평가 방식(= 강한 정치적 의도 개입됨)
- 포즈형 평가 : 객관적 전문적 평가인 것처럼 포장하고 시늉만 하는 평가 방식
- 지연작전형 평가 : 평가를 핑계로 서비스 전달을 소홀히 하는 행태로 실시되는 평가 방식
- 대체형 평가 : 중요하지 않은 프로그램이나 행동을 평가하게끔 하여 원래 프로그램이나 행동의 실패를 은폐하기 위해 실시되는 평가 방식

(6) 평가 논리모형

① 투입, 활동, 산출, 성과 간의 관계를 논리적으로 설명하는 도식을 활용해서 프로그램이나 사업·제반 관련 활동의 성과를 체계적으로 평가하는 모형(= 체계모형 차용)
② 상황에 대한 투입·산출·성과의 논리적 관계를 그림으로 표현해 평가에서 측정하고자 하는 요소들 간의 연속성을 도표로 보여 주며, 각 범주를 가로지르는 정보의 흐름을 요약해 줌.
③ 프로그램이나 사업·제반 관련 활동 과정과 성과를 간결하게 표현해 프로그램이나 사업·제반 관련 활동이 다루게 될 특정 상황과 연관된 활동과 그 활동들의 예상 결과를 나타내 줌.
④ 형태는 투입(= 투입 자원), 전환(= 자원으로 행한 프로그램, 사업, 제반 활동), 산출(= 프로그램 활동의 직접적 생산물), 성과, 영향 순이며, 투입과 전환은 프로그램이나 사업·제반 관련 활동의 개입과 연관되고, 산출과 성과는 프로그램이나 사업·제반 관련 활동이 의도하는 결과를 의미함.

(7) 평가의 단계

① 예비점검 및 준비, 실행, 수집 및 분석, 보고 및 활용 순으로 실시됨.
② 예비점검 단계와 준비 단계는 명확하게 구분돼 있는 과정이 아니라 혼재되는 과정(= 1개 과정이 끝나고 다음이 이뤄지는 것이 아니라 동시다발적으로 진행)

예비점검 및 준비	평가 동기	• 정치적 · 문화적 · 경제적 · 조직적 · 윤리적 평가를 위한 자원
	평가 대상	• 평가의 대상, 프로그램 관리, 서비스 전달
	평가의 구체적 초점	• 서비스 목표, 성공의 척도
	평가 유형의 검토	• 평가자 선정, 평가 대상자와의 관계
실행	평가 실시	• 평가 방법 선정
수집 및 분석	평가 결과 자료 수집	• 기존 자료 · 설문조사 · 관찰 등, 측정 및 참여자들의 피드백 관련 문제
	평가 결과 자료 분석	• 평가 · 자료에 대한 자문, 적합성 · 신빙성 · 타당도 · 질 등
보고 및 활용	평가보고	• 결과의 통합 및 소통 · 교환, 활용성, 진실성
	정책결정에 활용	• 예상 · 발생 가능한 상황 규명, 활용의 일반화

(8) 평가 결과의 활용

① 평가의 가장 중요한 목적은 평가 결과로 얻은 지식과 정보를 정책 과정에 다양하게 활용하기 위함(= 평가 결과 활용을 위해 다른 상황에서도 적용이 가능한지, 미래 상황에 대한 예측이 가능한지 등의 활용성과 진실성에 대한 숙고가 필요함).
② 평가 결과로 획득한 지식과 정보는 정책결정자 · 사업관리자들이 관련 지식 · 정보를 직접적 · 구체적인 수단으로 활용(= 도구적 이용)하거나, 정책결정자 · 사업관리자 · 이해 관련자들의 사고방식 · 관념을 변화시켜 정책에 간접적으로 영향을 미치게(=개념적 이용)하거나, 지식 · 정보가 특정 정책 관련자들에 의해 그들의 견해를 옹호하기 위해 이용(= 상징적 · 설득적 이용)하게 됨.
③ 평가 결과 활용의 장애 요인

상황적 장애 요인	• 정책결정에서는 다양한 사실과 정보, 가치가 통합돼야 하지만 현실적으로 상호 모순과 대표성 결여로 통합이 불가능 • 평가 결과가 과학적 조사 결과라고 하더라도 엄밀히 말해 예측 값일 뿐. 사회과학에 절대적 진리는 없음. 예측치 자체도 확률적이기 때문에 불분명함. • 정책결정자는 자기가 책임지고 있는 정책의 성공 여부에 따라 입신과 출세에 대한 이해관계를 다분히 갖고 있기 때문에 비판적인 평가 결과를 회피하거나 무시하게 됨(= 평가 결과의 편향적 활용).
인지적 장애 요인	• 다양한 평가 결과가 상호 모순되는 경우 최종적 선택은 결국 개인의 경험이나 육감에 의존하게 됨 (= 과학적 평가 결과의 비과학적 활용). • 평가 결과에 대해 정책 활용자의 가치관이나 선호가 반영되기 때문에 평가 결과 활용 시 정책 활용자들끼리 갈등과 경쟁이 발생하기도 하므로 평가 결과가 배제될 수 있음. • 정보통신기술의 발달로 다양한 평가 결과가 대량 생산되기 때문에 모두 활용하는 것 자체가 불가능(= 정보의 과잉 현상)
기타	• 평가 결과 획득한 정보 · 지식의 적용 가능성 · 객관성 · 효용성 등 결여 • 사회복지조직의 권위주의 · 관료주의 · 수구적 태도 등, 평가 결과를 무시하는 조직문화 등으로 인해 평가 결과 활용에 장애가 생기기도 함.

2) 평가의 종류

(1) 평가 목적에 따른 분류

총괄평가	형성평가(≒ 과정평가)
• 프로그램이나 사업 · 제반 관련 활동의 종료 후 수행 • 프로그램이나 사업 · 제반 관련 활동 투입에 대한 총체적 판단을 내리기 위함. • 프로그램이나 사업 · 제반 관련 활동의 지속 · 중단 · 확대 등에 관한 총괄적인 의사결정을 할 경우	• 프로그램이나 사업 · 제반 관련 활동 수행 · 전달 과정에서 이뤄지는 평가 • 프로그램이나 사업 · 제반 관련 활동 내용의 수정 · 변경 여부 결정에 도움. • 사회의 효과 · 부작용의 경로를 밝힘으로써 총괄평가를 보완하는 기능 수행 • 서비스 전달 체계 향상 및 서비스의 효율성 증진을 도모

	총괄평가	형성평가(≒ 과정평가)
평가자 역할	• 독립적	• 정책기관과 상호 작용
평가 방법	• 양적 방법 강조	• 양적, 질적 방법
자료 수집	• 제한적 수집	• 지속적 점검
보고 절차	• 공식적(= 보고서 제출 의무)	• 비공식적
보고 빈도	• 평가 완료 시점	• 관찰 · 연구의 전(全) 기간

(2) 평가 대상에 따른 분류

기관평가	개인평가
• 프로그램이나 사업 · 제반 관련 활동의 성과 및 서비스 전달 진행 상황에 대한 확인	• 프로그램이나 사업 · 제반 관련 활동 운영자에 대한 평가(= 자기평가, 동료평가, 행정가에 의한 구두평가 등)

(3) 평가 규범에 따른 분류

효과성, 효율성, 만족도 등 특정 가치의 충족 여부를 확인하는 평가들로 유형화되며, 가치의 수만큼 분류도 다양함.

(4) 평가 주체에 따른 분류

자체평가	• 프로그램 담당자 스스로 행하는 평가 • 많은 정보 습득 가능, 적은 비용 • 공정성 확보의 문제
내부평가	• 직접적 담당자를 제외한 담당기관 내 직원이 평가자로 참여하는 평가 • 많은 정보 습득 가능, 친밀도를 중심으로 정확한 평가 작업 수행 가능 • 정당성이 결여된 형식적 평가 가능성, 공정성 확보의 문제
외부평가	• 담당기관이 정책 결정 · 집행에 무관한 외부 전문가 · 집단과의 계약 등으로 평가 • 긍정적 이미지 부각, 변화에 대한 수용적 태도 유도, 평가 대상자와 신뢰 관계 형성 용이 • 정확한 정보 획득 곤란, 평가에 대한 저항 등

(5) 평가 방법에 따른 분류

종합평가	• 여러 기준의 평가를 종합적으로 실시하는 평가(= 효과성과 민주성 기준 평가, 효율성, 접근성, 대응성 기준 평가 등) • 본질적으로 다른 여러 개의 평가 연구 결과를 체계적으로 구성하는 절차
통합평가	• 단순히 총괄평가와 형성평가를 통합해 실시하는 평가 방식 • 사후평가 방식
메타평가	• 평가의 평가 • 평가 주체가 실시한 1차적인 평가에 대해 평가 자체의 강점과 약점은 물론 그 평가의 전반적인 유용성, 정확성, 타당성, 실현 가능성에 대한 비평적인 2차 평가 • 평가의 신뢰도, 타당도, 유용도, 평가 의식, 보고의 문제, 적정성, 평가비용 등을 평가함.

(6) 프로그램 단계에 따른 분류

표적문제평가	• 문제 혹은 욕구의 내용, 해결 정도, 문제 해결에 대한 사람들 태도 등을 평가
의제평가	• 의제 형성 과정에서 영향력을 발휘하는 존재와 어려움을 겪는 존재의 욕구 반영 정도에 대한 평가
프로그램결정평가	• 문제의 반영 여부와 사회적 형평성, 능률성, 공정성, 기술성 등
프로그램설계평가	• 문제에 의해 영향을 받는 자, 해결대책, 필요한 비용, 비용 조달 방법 등
프로그램집행평가	• 지원 부족, 프로그램 수행 능력 부족, 서비스 전달 체계 등
프로그램영향평가	• 프로그램 이후의 효과, 목표 성취 정도 등
평가가능성평가	• 프로그램이 이뤄질 수 있는지에 대한 종합적인 평가 • 평가 필요성, 평가비용, 평가이익 간 비교, 평가 실현 가능성 등

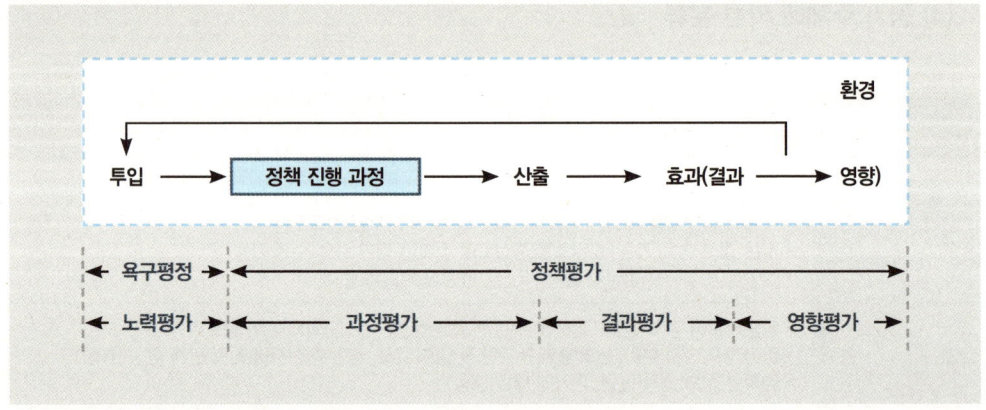

3) 한국 사회복지조직 평가의 현재와 미래

(1) 한국 사회복지조직 평가의 흐름

한국 사회복지조직 평가는 1996년 서울특별시에서 사회복지관 평가의 최초 실시와 함께 시작됐으며, 1997년에 사회복지사업법이 개정되면서 사회복지시설에 대한 정기적 평가가 의무화됐음.

① 평가 의무화 당시 사회복지서비스가 양적으로 팽창하고 있었으며, 그에 따라 사회복지관은 주요 평가 대상이 되기에 충분한 규모로 증가해서 책임성 검증이 필요하게 됐음.
② 사회복지와 관련된 다양한 개입 활동들의 효과성에 대한 검증 압력도 급증했는데, 막대한 자원과 인력이 투입되고 있는 사회복지조직들이 원래의 사업 목적을 달성하고 있는지에 대한 검토가 필요했기 때문
③ IMF 이후 한정된 자원과 효율성의 원칙 강조, 구조조정 압력이 공공 부문과 밀접한 관련을 맺고 있는 사회복지 분야에도 영향을 미친 것으로 봐야 하며, 사회복지 평가의 필요성에 대한 사회복지계 내부의 자생적 이해가 확산된 것도 한 원인

(2) 사회복지조직 평가의 특징과 과제

특징	과제
• 개인평가는 제한적이고, 대부분 기관평가에 집중돼 있음. • 효과성 평가 연구보다 평가모형 연구에 집중하는 경향이 강함 (= 실용보다 이론 치중). • 평가 영역을 시설기관의 물리적 환경·조직 운영과 인력관리·거주자 만족도 등으로 설정 • 정량적 실적평가지표(10~20%)보다 정성적 질적 평가지표 활용 비중이 높음(= 사회복지의 속성으로 인한 불가피한 측면도 있음). • 전반적 평가모형의 경향이 사업의 성패를 판단하기 위한 영향평가 혹은 결과평가보다 문제 발견을 통한 개선을 시도하는 모니터링과 감사의 형식을 취하고 있음.	• 기관평가에 집중된 평가 방식을 다변화해 다양한 평가 유형과 방법을 개발해 실용적으로 활용해야 함. • 평가모형을 정교화 및 안정화하는 작업이 추진돼야 함. • 평가 주체와 피평가 대상이 서로 신뢰할 수 있는 평가 문화가 정착돼야 함.

제24장 되돌아보기

- 평가의 성격에 따른 분류에서 다양한 부정적 평가 방식에 대해 숙지할 것
- 평가 논리 모형의 내용을 체계 모형 내용과 연관해서 이해할 것
- 종합평가와 통합평가의 차이를 명확하게 이해할 것
- 향후 사회복지행정에 적합하고 바람직한 평가 방식은 무엇이 있을지 생각해 볼 것

참고 문헌

[국내 문헌]

강종수(2019). 『사회복지행정의 이해』. 서울: 학지사.

고명석 · 박준범 · 박명혜 · 정종모(2016). 『사회복지행정론』(개정판). 서울: 동문사.

고미영(2003). 사회복지지식의 정치성과 예술성. 『비판사회정책』, 15: 45-79.

구재관 · 김성철 · 김재원 · 박경숙 · 박종팔 · 이양훈(2015). 『사회복지정책론』(2판). 파주: 양서원.

김기덕(2004). 한국의 사회복지윤리와 철학 교과서 분석. 『비판사회정책』, 17: 13-46.

_____(2003). 사회복지 지식의 인식론적 기초. 『비판사회정책』, 15: 13-43.

김기원(2020). 『사회복지정책론』(2판). 서울: 학지사.

김보영 · 김성이(2007). 미국의 사회복지교육제도가 한국의 사회복지교육에 주는 함의. 『한국사회복지교육』, 11(3): 57-79.

김영종(2017). 『사회복지행정』(4판). 서울: 학지사.

_____(1998). 사회복지행정. 서울: 학지사.

김인춘(2011). 스웨덴의 복지체제와 재정: 복지재정과 국민부담의 조화. 『유럽연구』, 29(3): 1-31.

김정우 · 이주열 · 엄명용(2000). 보건복지서비스 전달체계의 효율적 운영 방안에 관한 연구 II: 모델개발 및 평가. 『보건과 복지』, 35: 9-33.

김준기(2006). 『한국 사회복지네트워크의 구성과 효과성』. 서울: 서울대학교출판부.

김형식(1999). 『21세기의 복지환경과 사회복지 주체의 역할』. 서울: 동국대학교출판부.

김훈 · 김근식(2011). 고령화와 그 해결책으로서의 사회보장. 『한국자치행정학보』, 25(1): 255-279.

나병균(2013). 한국 사회복지학의 정체성. 『한국사회복지교육』, 24: 101-125.

남기민(2015). 『사회복지정책론』(3판). 서울: 학지사.

남찬섭(2019). 한국사회복지교육의 현안과 미래의 쟁점: 교과목이수제의 개편과 4차 산업혁명에 대한 대비를 중심으로. 『한국사회복지교육』, 48: 233-266.

노기남 · 이승현 · 정종화(2021). 『사회복지정책론』(개정판). 서울: 동문사.

도세록(2006). 『생활보호 및 공공복지서비스 업무의 전산화 방안』. 서울: 한국보건사회연구원.

대통령자문정책기획위원회(2007). 「선진복지 한국의 비전과 전략」. 서울: 동도원.

박경숙·강혜규(1992). 「사회복지사무소 모형개발」. 서울: 한국보건사회연구원.

박경일(2008). 사회복지행정 교재의 검토와 교육의 방향. 「한국사회복지교육」, 4(1): 69-95.

박차상(2009). 「사회복지정책학」. 서울: 형설출판사.

박태룡(1997). 「사회복지행정」. 서울: 홍익출판사.

성규탁(1993). 「사회복지행정론」. 파주: 법문사.

손병덕(2020). 「사회복지정책론」. 서울: 학지사.

심상용(2017). 「사회복지행정론」. 서울: 학지사.

양승일(2020). 「사회복지정책론」(2판). 파주: 양서원.

_____(2018). 「사회복지행정론」(개정판). 파주: 양서원.

원석조(2022). 「사회복지행정론」(6판). 파주: 양서원.

이상은(2022). 「사회복지정책론 기초, 이론 그리고 분석」. 서울: 학지사.

이정우(2017). 「사회복지정책론」(3판). 서울: 학지사.

이재무(2017). 정책서사모형 분석요소를 활용한 한국 규제정책 형성과정의 담론 양상 분석. 「행정논총」, 55(1): 291-331.

_____(2016). 한국 개혁정책의 도입 과정 분석을 통한 복합적 정책변동모형 검증: 로스쿨정책과 노동개혁정책을 중심으로. 「행정논총」, 54(1): 139-177.

_____(2015a). 정책시업기로서 한국 대통령의 지질 및 전략 형태에 따른 정책의 결정 양상과 집행 결과에 대한 탐색적 고찰. 「행정논총」, 53(2): 153-179.

_____(2015b). 외부환경과 초점사건의 내재적 속성에 따른 정책변동 특성 연구: 한국 산업정책 변동 사례를 중심으로. 「행정논총」, 53(1): 205-238.

_____(2014a). 보육료지원정책 변동과정 분석을 통한 정책담론모형의 한국 정책 변화 설명에 대한 적용 가능성 탐색. 「행정논총」, 52(4): 111-138.

_____(2014b). 정책네트워크 내 핵심 정부행위자의 구조 성분과 정책효율성 간 관계에 대한 연구: 보건복지부 중심의 보육정책네트워크를 대상으로. 「한국정책학회보」, 23(4): 265-286.

이재무·박용성(2014). 정책변동 분석모형을 활용한 정책 변화 예측에 대한 탐색적 연구: 영유아 교육복지 관리체계의 일원화 정책을 중심으로. 「행정논총」, 52(3): 31-58.

이재무·송영선(2014). 사회연결망분석을 활용한 국공립어린이집 보육교사의 동료신뢰 형성요인 연구. 「한국영유아보육학」, 85: 19-43.

_____(2012). 영유아 보육료 지원정책의 확대 시행에 따른 만족도 조사 연구. 「한국영유아보육학」, 72: 379-399.

이재무·조경서·송영선(2012). 한국보육정책 협력네트워크의 발전적 구축에 관한 연구. 「한국영유아보육학」,

73: 27-54.

이재환(1988). 「사회복지행정론」. 서울: 홍익재.

이준영(2019). 「사회복지행정론」(2판). 서울: 학지사.

이혜경(2009). 사회복지정책 교재에 있어 길버트와 스펙트 분석틀의 활용에 관한 연구. 「한국사회복지교육」, 9: 77-96.

임정문·신미애·원유나·이지복·나직균(2020). 「사회복지정책론」. 서울: 동문사.

임현승·김준경·김철희·정한채(2015). 미국의 사회복지 교과과정에 관한 연구. 「한국사회복지교육」, 29: 1-18.

전해황·김종명·송낙길·송혜자·이영희·이장희·조추용·이지복(2022). 「사회복지행정론」(6판). 파주: 양서원.

정선욱·장연진(2013). 사회복지 프로그램 질적 평가 연구논문에 대한 질적 분석. 「사회복지연구」, 44(4): 321-349.

최성재·남기민(2016). 「사회복지행정론」(3판). 서울: 나남출판사.

_____(1993). 「사회복지행정론」. 서울: 나남출판사.

최용민·김태량·김경희·이종모(2019). 「사회복지행정론」. 서울: 동문사.

한국복지행정학회(2014). 「사회복지행정론」(2판). 파주: 양서원.

[국외 문헌]

Abramovitz, M. (1993). Should all social work students be educated for social change? *Journal of Social Work Education*, 29(1): 6-11.

Archambeault, W. G. & Archambeault, B. J. (1982). *Correctional Supervisory Management: Principles of Organization, Policy, and Law*. NJ: Prentice-Hall, Inc.

Ballew, J. R. (1996). *Case Management in the Human Services*. IL: Charles C. Thomas Publisher.

Barker, R. L. (2003). *The Social Work Dictionary*(5th ed.). Washington, DC: NASW.

Compton, B. (1980). *Introduction to Social Welfare & Social Work*. IL: Dorsey Press.

Compton, B. & Galaway, B. (1989). *Social Work Processes*(4th ed.). CA: Wadsworth Publishing Company.

Dobelstein, A. (1996). *Social Welfare: Policy and Analysis*(2nd ed.). IL: Nelson-Hall.

Dolgoff, R. & Feldstein, D. (1980). *Understanding Social Welfare*. NY: Harper & Row.

Frederickson, H. G. (1980). *New Public Administration*. AL : The University of Alabama.

Friedlander, W. & Apte, R. (1968). *Introduction to social welfare*. NJ: Euglewood Cliffs, Prentice-Hall.

Friedlander, W. & Conover, M. B. (1949). *Introduction to Social Welfare*. NJ: Euglewood Cliffs, Prentice-Hall.

Glasser, W. (1972). *The Identity Society*. NY: Harper & Row.

Healy, L. Y. (2001). *International social work: Professional action in an interdependent world*. NY: Oxford University Press.

Hodgtts, R. M. (1982). *Management*. IL: Cryden.

Jansson, B. (1993). *Social policy: From theory to policy practice*(2nd ed). CA: Brooks/Cole.

Johnson, L. C. (1995). *Socal Work Practice*. MA: Allyn and Bacon.

Martin, Jr., G. T. (1990). *Social Policy in the Welfare State*. NJ: Prentice-Hall.

Michael, H. & Bramley, G. (1993). *Analysing Social Policy*. Oxford: Blackwell.

Midgley, J. (2001). Issues in international social work: Resolving critical debates in the profession. *Journal of Social Work*, 1:21-35.

Mishra, R. (1997). *Society and Social Policy : Theoretical Perspectives on Welfare*. Hongkong: The Macmillan Press, Ltd.

Netting, F. E., Kettner, P. M., & McMurtry, S. L. (1998). *Social Work Macro Practice*(2nd ed.). NY: Longman.

Nigro, F. A. (1965). *Modern Public Administration*. New York : Harper & Row.

O'Higgins M. (1987). Egalitarians, equalities and welfare evaluation. *Journal of Social Policy*, 16(1): 1-18.

Patti, R. J. (1983). *Social Welfare Administration*. NJ: Prentice-Hall.

Payne, M. S. (1997). *Modern Social Work Theory*. NY: Macmillan Press LTD.

Pincus, A. & Minahan, A. (1973). *Social Work Practice: Model and Method*. IL: F. E. Peacock.

Reisch, M. & Gambrill, E. (1997). *Social work in the 21st century*. CA: Pine Forge Press.

Rimlinger, G. V. (1971). *Welfare Policy and Industrialization in Europe, America and Russia*. NY : John Wiley & Sons, Inc.

Robert-DeGennaro, M. (1987). Developing Case Management as a Practice Mode. *Social Casework*, 8(10): 466-470.

Romanyshyn, J. M. (1971). *Social Welfare*. NY: Random House.

Skidmore, R. A. (1995). *Social Work Administration*. MA: Allyn and Bacon.

_____.(1990). *Social Work Administration: Dynamic Management and Human Relationships*(2nd ed.). NJ: Prentice-Hall.

Spencer, S. (1959). *The Administration Method in Social Work Education*. NY: Council on Social Work Education.

Tawney, R. H. (1964). *Equality*. London: Unwin.

Taylor-Gooby, P. & Dale, J. (1981). *Social theory and social welfare*. London: Arnold.

Tracker, H. B. (1971). *Social Work Administration*. NY: Association Press.

Titmuss, R. M. (1963). *Social administration in a changing society, in Essays on the Welfare State*. MA: Beacon Press.

Weiner, M. E. (1990). *Human Services Management*. IL: Wadsworth Publishing Company.

Weil, M. (1985). Key Component in Providing Efficient and Effective Services. in M. Weil & J. Karls(eds.) *Case Management in Human Service Practice: A Systematic Approach to Mobiling Resources for Clients*(pp. 29-71), CA: Jossey-Bass Publishers.

Weiss, I. (2003). Social work students and social change: on the link between views on poverty, social work goals and policy practice. *International Journal of social welfare*, 12: 132-141.

Weiss, I., Gal, J., & Katan, J. (2006). Social policy for social work: A teaching agenda. British. *Journal of Social Work*, 36: 789-806.

Wilding P. & George V. (1975). Social values and social policy. *Journal of Social Policy*, 4(4): 373-390.

Wilensky, H. & Lebeux, C. (1965). *Industrial Society & Social Welfare*. NY: Free Press.

Wilson D. (1979). *The welfare state in Sweden*. London: Heinemann.

Zastrow, C. (1993). *Introduction to Social Work and Social Welfare*(5th ed.). CA: Brooks/Cole.

찾아보기

[ㄱ]

가계 지출	146
가족 중심의 원칙	108
가짜 이슈	75
가치	30
간병급여	173
간트(H. L. Gantt)	299
갈등이론	185
갈등주의적 관점	20
감마(GAMA)	339
강제 배분식	243
강제적 권력	230
개인 사회서비스	26, 29
개인선택 이론	147
개인주의	34
개인평가	351
개입전략	316
개조 서열식	243
거래적 리더십	260
건(L. A. Gunn)	77
결과의 평등	35
결과이론	68
결과조직문화	267
결산	281
결정분석	80
결정 지향적 평가	98
결핍성	337
경로-목표이론	258
경쟁성의 원칙	107
경제적 분석	133
경합가치모형	261, 266
경향성 분석	79
계급정치에 의한 재편론	188
고객관계관리마케팅(CRM)	329
고용보험	105, 173
고용주 책임제도	152
고전이론	247
고전적 엘리트 이론	59
고전주의 이론	206
공간적 전파	68
공감성	337
공개성	274
공공 부문 전달 체계	109
공공부조	27, 125, 152, 154, 270
공공사회복지조직	235
공공재	109
공식조직	226
공식화	225
공적 공제기금	152
공적연금	164
공적 의제	76
공정성이론	251
과업지향문화	266
과업형 행동	257
과정분석	134
과정이론	250
과정 지향 모형	82, 88
과정평가	99, 350
과학적 관리론	207
관계지향문화	266
관료제이론	208
관료제조직	231

관리격자이론	257	**[ㄴ]**	
관심 공중	75	나카무라(R. T. Nakamura)	94
관심 집단	75	낙인 효과	18, 35
교육급여	157	내부접근형(음모형)	78
교환주의적 관점	21	내부주도형(동원형)	78
구빈법	45, 203	내부평가	99, 351
구빈법 보고서	49, 204	노동시장분절 이론	148
국가론	186	노력성	346
국가중심 이론	58	노블리스 오블리주	37
국민건강보험	105, 169	노인복지정책	180
국민기초생활보장제도	156	노인장기요양보험	105, 170
국민연금제도	166	뉴딜정책	53
국제노동기구(ILO)	149	능력성	337
권위 있는 조직문화	267		
귀납적 방법	132	**[ㄷ]**	
규범적 권력	230	다원주의 이론	60
규범적 욕구	102, 311	다이렉트마케팅(DM)	329
균형성과표(BSC)	339	다이(T. R. Dye)	20, 73
귤릭(L. Gulick)	209	단순 조정	115
그로스버그(B. Groysberg)	266	단일성	274
근대화이론	68	단일 통솔 원칙	207
근로 연계 복지	161	단체통합주의	190
근로 장려 세제(EITC)	162	당연적용사업	172
급여	124	대공황	53
급여 전달 전략	128	대안선택흐름도표	303
급진적 엘리트 이론	59	대응성	34, 203, 337
기계적 구조	228	데이터베이스마케팅(DM))	330
기계적 연대	32	델파이 기법	79, 304, 313
기관평가	351	도덕적 해이	25, 166
기능주의 이론	147	도표 평정식	243
기능주의적 관점	20	동기부여	246
기대이론	250	동기부여이론	247
기업연계마케팅(CRM)	330	동기-위생이론	249
기초연금제도	158	동일시 집단	75
기회의 평등	31	드러커(P. F. Drucker)	215
기획	295	디니토(D. M. DiNitto)	20, 73
긴급 복지제도	159		
길버트(N. Gilbert)	73, 128, 134	**[ㄹ]**	
길버트법	17, 203	라스웰(H. D. Lasswell)	19, 73

라스키(H. J. Laski)	39
라운트리 방식	145
램(C. M. Lamb)	92
레이거노믹스	54
레이닝거(L. Leighninger)	133
레자(G. E. Rejda)	152
로리스(D. Lawless)	212
로스(M. H. Ross)	77
로크(J. Locke)	37
롤러(E. E. Lawler)	250
룬드스테드(S. Lundstedt)	212
르보(C. N. Lebeaux)	62
리더십	252
리처드(P. J. Richards)	102
리커트(R. Likert)	220

[ㅁ]

마르코프 모형	79
마르크스(K. Marx)	39
마르크스주의	39, 60
마르크스주의 계급이론	148
마르크스주의 이론	61
마셜(T. H. Marshall)	26
마케팅	318
마케팅 믹스	319
만족 모형	84, 302
매즈매니언(D. A. Mazmanian)	93
매트릭스구조 조직	229
맥그리거(D. M. McGregor)	211
맥클리랜드(D. C. McClelland)	250
머슬로(A. H. Maslow)	102, 211, 247, 309
머튼(J. S. Mouton)	257
메식(R. E. Messick)	68
메이요(G. E. Mayo)	210
메타평가	351
멘토십	245
명료성	274
명목집단 기법	304
모의실험	79

목적문화	267
목적 지향적 평가	98
목표관리론(MBO)	215
무관심형 행동	257
미국 사회보장법	149
미쉬라(R. Mishra)	62
민간복지지관	271
민간 부문 전달 체계	111
민간사회복지조직	235
민영화	237
민주국가	189
민주성	33
민주화 정부	55
밀리반드(R. Miliband)	39

[ㅂ]

바그너(A. G. H. Wagner	28
반 미터(D. Van Meter)	92
반응적 평가	99
반집합주의	38
반 호른(C. Van Horn)	92
발전국가	189
발전 전략	114
배려하는 조직문화	267
배타성	275
벌록(C. S. Bullock)	93
법정 민간보험	152
베버(M. Weber)	185, 208
베버리지(W. H. Beveridge)	39, 149, 152
베버리지 보고서	25, 49, 204
벤치마킹(benchmarking)	221
변혁적 리더십 이론	260
병행보완모형	293
병행보충모형	293
보건의료	180
보상모형	250
보상적 권력	230
보수 정부	57
보편주의	34

보험료	120	사전의결성	274
복잡성	225	사전평가	99
복지국가	184, 189	사회마케팅(SM)	329
복지국가 불가역성	188	사회문제	20, 74
복지다원주의 재조정론	188	사회민주주의 이론	61
복지행정국가	48, 50	사회민주주주의 실용주의론	188
본인부담상한액	170	사회보장	148
볼만(H. Wolman)	93	사회보험	37, 48, 125, 152, 163, 274
분권화	226, 228	사회복지	17, 198
분더리히(F. Wunderlich)	28	사회복지서비스	176, 274, 334
분립 복지	36	사회복지서비스 전달 체계	287
분석	130	사회복지서비스 품질관리	338
브래드쇼(J. Bradshaw)	102, 310	사회복지 예산	123
브레인스토밍(brainstorming)	304	사회복지재정	269
브룸(V. H. Vroom)	250	사회복지정책	20, 25, 30, 36, 43, 51, 55,
블라우(P. M. Blau)	230		58, 72, 89, 101, 117, 130, 191
블레어(T. Blair)	41, 155, 204	사회복지조직	223, 298, 330
블레이크(R. B. Blake)	257	사회복지조직 마케팅	324
비공식조직	226	사회복지조직 평가	352
비교된 욕구	102	사회복지행정	197, 199, 342
비례적 평등	31	사회사업	28
비스마르크(O. E. L. von Bismarck)	27, 51	사회사업행정	199
비영리사회복지조직	236	사회서비스	152, 176
비영리조직(NPO)	236	사회양심이론	64, 65
비용편익분석	80, 136	사회적 급여	128
비용효과분석	80, 142	사회적 분석	132
비정부조직(NGO)	235	사회적 적절성	32
빈곤	18, 144, 193	사회적 할당	128
빈곤과의 전쟁	53	사회적 형평성	80
빈곤문화 이론	148	사회적 효과성	80
빈곤의 덫	24, 35, 155	사회정의이론	70
		사회정책	26, 27
[ㅅ]		사회정치	26
사다리 원칙	207	사회주의	42
사단법인	232	사회행정	26, 199
사례관리	116	사후평가	99
사바티어(P. A. Sabatier)	93	산업재해보상보험	172
사용자 부담	121	산업화이론	66
사적 의제	76	산재보험	105

산출분석	134	스키너(B. F. Skinner)	248
산출 지향 모형	82	스펙트(H. Specht)	73, 134
상대적 빈곤선	146	스핀햄랜드법	47, 203
상병보상연금	173	시간별 활동계획 도표(Gantt Chart)	299
상속 이론	147	시민권론	65
상호작용주의 이론	147	시민 참여	115
상호작용주의적 관점	21	시설급여	172
상황이론	218, 257	시장세분화	320
상황적합이론	258	시장실패	109
생계급여	157	시장조사	320
생존권	32	신고전이론	247
서번트 리더십 이론	263	신고전주의 이론	209
서비스 제공자 조사	313	신구빈법	47, 203
선별주의	34	신뢰성	337
선형계획	80	신마르크스주의 복지국가모순론	188
섬김의 리더십	263	신엘리트 이론	59
성과주의 예산	276	신자유주의	40, 54, 70
성취동기이론	250	신자유주의 국가실패론	188
세분화 원칙	207	신청주의	156
셔우드(C. C. Sherwood)	73	실업급여	174
소극적 자유	31	실현가능성	80
소극적 집합주의	38	쓰레기통 모형	87, 302
소득재분배	164		
소셜미디어 마케팅	323	**[ㅇ]**	
수급권자	156	아동복지정책	177
수급자	157	안전조직문화	267
수량적 평등	31	안정성	337
수렴이론	66	애덤스(J. S. Adams)	251
수직조직	227	애드호크라시(adhocracy)	221
수퍼바이저	207, 245	애서튼(C. R. Atherton)	134
수퍼비전	245	앨더퍼(C. R. Alderfer)	248
수평조직	227	어윅(L. Urwick)	209
수행성	337	억압된 이슈	75
쉬몰러(G. von Schmoller)	28	에스핑-앤더슨(G. Esping-Andersen)	63, 190
슈뢰더(G. F. K. Schröder)	41	에치오니(A. W. Etzioni)	230
슈미터(P. Schmitter)	190	엘더(C. D. Elder)	77
스몰우드(F. Smallwood)	94	엘리자베스 구빈법	46, 203
스미스(G. Smith)	230	엘리트 이론	59
스콧(R. W. Scott)	230	엘버펠트 제도	51

여성복지 및 가족복지정책	182	유추	79
역선택	166	유형성	337
역할연기	245	윤리경영	221
연결고리구조 조직	229	음모이론	67
연대	32	의료구조법	52
연례성	275	의료급여	157
연역적 방법	131	의사결정나무분석	303
연중모금	328	의사소통	305, 337
영기준 예산	277	의제평가	352
영리사회복지조직	237	의제형성	76
예산	272	이분 비교식	243
예산 통제의 원칙	279	이사회	232
예외의 원칙	207	이슈화	74
오바마 케어	54	이스턴(D. Easton)	19, 214
오샨스키 척도	145	이익집단 이론	60
오우치(W. G. Ouchi)	212	인간관계 이론	210
온정주의	36	인격성	337
옹호-대립적 평가	99	인기형 행동	257
완전 통합	115	인보관 운동	48, 204
외부주도형	78	인사계획	240
외부평가	99, 351	인적자본 이론	147
요양급여	173	인적자원관리	239
욕구	101, 308	인지된 욕구	102, 311
욕구계층이론	247	인터넷마케팅(IM)	329
욕구이론	247	일반 공중	75
욕구조사	311	일선조직	231
욕구충족이원론	249	임의적용사업	172
우연성 이론	147		
워커(J. L. Walker)	77	**[ㅈ]**	
월별 활동계획 카드(Shed-U Graph)	300	자발적 기여	121
위계적 전파	68	자본모금	328
위계지향문화	266	자본주의	42, 61
위원회	232	자선조직협회(COS)	48, 51, 203
위험관리	339	자유	31, 35
윌다브스키(A. Wildavsky)	92	자유방임주의	52
윌딩(P. Wilding)	38, 62	자체평가	99, 351
윌렌스키(H. L. Wilensky)	62, 190	자활급여	158
유기적 구조	228	잔여적 관점	18
유족급여	173	장애인복지정책	181

장의비	173	조사와 연구의 원칙	108
장제급여	158	조세	119
장해급여	173	조스팽(L. Jospin)	41
재가급여	172	조정	114
재단법인	232	조직문화	264
재설계(reengineering)	221	조직환경이론	218
재원	117	조지(V. George)	38, 62
재원 배분	122	조합주의	190
재원 전략	128	조합주의 이론	59
재정관리	268	존스(C. O. Jones)	73
재활 및 자활 목적의 원칙	108	존중성	337
적극적 자유	31	종속이론	69
적절성의 원칙	108, 288	종합평가	351
전달 체계	106	주거급여	157
전략적 관리	218	주문조직문화	267
전략적 리더십 이론	260	준수성	337
전면적 통제조직	231	줄서기분석	80
전문성에 따른 업무 분담의 원칙	107	중간관리층	253
전문성의 원칙	288	중도형 행동	257
전통적 직무설계	241	중상주의	37
전파이론	68	중앙정부	109, 114, 270, 290
절대적 빈곤선	145	중요사건 평가식	243
점증모형	85	즉응성	337
접근성	34, 202, 337	즐기는 조직문화	267
접근 용이성의 원칙	108, 290	증서	127
정보관리	283	지방정부	110, 114, 271
정복·약탈 국가	189	지속가능성	118
정부보조금	271	지속성	337
정의	31	지속성의 원칙	108, 289
정책	18	지시적 리더십	254
정책결정	81	지역사회	330
정책대안	78	지역사회 참여의 원칙	108
정책집행	89	지역사회포럼	312
정책평가	94	직무기술서	241
정치경제이론	219	직무명세서	241
정치적 분석	133	직무설계	241
정확성	274	직무평가	242
제3의 길	41	직업능력개발사업	175
제적 분석	133	직업재활급여	173

질서이론	185
집권화	226, 228
집단행동	245
집합주의	34

[ㅊ]

참여적 리더십	255
채용	241
책임성	34, 203, 342
책임성의 원칙	107, 289
청소년복지정책	178
체제 이론	212
초점집단기법(FGI)	313
총괄평가	100, 350
총체적 품질관리(TQM)	216
최고관리층	253
최적 모형	86

[ㅋ]

카리스마 리더십 이론	259
카메론(K. Cameron)	266
칸(R. L. Kahn)	73
케인스(J. M. Keynes)	39, 40
코포라티즘	59, 190
콜리어(D. Collier)	68
콥(R. W. Cobb)	77
퀸(R. E. Quinn)	261, 266
크로슬란드(A. Crosland)	39

[ㅌ]

타운센드(P. Townsend)	26
타운센드 방식	146
탈목적 연구	99
테렐(P. Terrell)	128
테일러(F. W. Taylor)	207
톰슨(A. M. Thomson)	102
통일성	274
통제	301
통합 복지	36

통합성의 원칙	289
통합 전략	115
통합 조정의 원칙	108
통합평가	351
투과성 조직	231
투명성	118
특별급여	173
특별현금급여	172
특성이론	255
티트머스(R. M. Titmuss)	19, 26, 39, 63
틸턴(T. A. Tilton)	63, 189
팀구조 조직	229
팀제형 행동	257

[ㅍ]

파레토(V. Pareto)	217
파스칼(R. Pascale)	265
파슨스(T. Parsons)	213
파커(J. Parker)	63
파트너십구조 조직	229
퍼니스(N. Furniss)	63, 189
페미니즘	60
페미니즘 이론	60
페이비언 사회주의	39
평가	344
평가가능성평가	352
평가 논리모형	348
평가 연구	99
평등	31
평등성의 원칙	108, 289
페욜(H. Fayol)	209
포괄성	275
포괄성의 원칙	108, 288
포더(A. Forder)	190
포지셔닝(positioning)	322
포터(L. W. Porter)	250
포플(P. R. Popple)	133
표적문제평가	352
표적시장	321

표준운영절차(SOP)	91	혁신지향문화	266
표출된 욕구	102, 311	현금 급여	125, 126
품목별 예산	275	현대적 조직관리 이론	215
프레스만(J. L. Pressman)	92	현대적 직무설계	241
프로그램결정평가	352	현물 급여	127
프로그램(계획)예산	276	협동대리모형	293
프로그램 설계	314	협동동반모형	293
프로그램설계평가	352	협동체주의	190
프로그램영향평가	352	형성평가	100, 350
프로그램집행평가	352	형평성	118, 202
프로그램 평가검토 기법(PERT)	299	호그우드(B. W. Hogwood)	77
프로젝트 조직	229	호손 실험	210
프리그모어(C. S. Prigmore)	134	혼합 모형	85
프리드먼(M. Friedman)	38	혼합 체계	113
프리먼(H. E. Freeman)	73	홍보	330, 331
피들러(F. E. Fiedler)	258	확산이론	68
피터스(T. Peters)	265	확신성	337
		환경결정이론	70
[ㅎ]		활용 중심적 평가	99
하우스(R. J. House)	258	회계	279
하위관리층	254	회계감사	281
하이에크(F. Hayek)	38	회귀분석	79
하찮은 이슈	75	회안전망	149
학습조직문화	267	효과성	33, 80, 118, 202, 347
학습조직이론	217	효과성 및 효율성의 원칙	107
한정성	274	효과성 측정	141
할당	103	효율	35
할인율	140	효율성	33, 80, 118, 202, 347
함부르크 구빈제도	51	휴업급여	173
합리 모형	83, 302		
합리성 기반의 모형	87	ERG이론	248
합리이론	70	QC	338
해산급여	158	SERVQUAL 모형	338
행동계류 평정식	243	TQM	338
행동수정이론	248	X-Y 이론	211
행동이론	255	Z 이론	212
행정관리론	209	4C	319
허즈버그(F. Herzberg)	249	4P	319, 327
헤퍼만(J. Heffernan)	73	7S 모형	265

사회복지의 정책과 관리
Policy and Management of Social Welfare

저자 소개

이재무

- 단국대학교 행정학 박사
- 한국네트워크거버넌스연구원 원장
- 국가균형발전위원회 교육, 복지전문위원
- 단국대학교 행정학과 겸임교수
- 정책네트워크 내 핵심 정부행위자의 구조성분과 정책효율성 간 관계에 대한 연구
  (2014, 한국정책학회보)
- 한국 개혁정책의 도입 과정 분석을 통한 복합적 정책변동모형 검증(2016, 서울대 행정논총)